Pasaje 1

BACHILLERATO

Lengua castellana y Literatura

Pasaje 1

Esta obra ha sido impresa sobre papel ecológico y 100% reciclable.

En los libros de Lengua castellana y Literatura de Bachillerato se han incorporado normas de la Nueva Gramática de la Lengua Española (2011) y de la Ortografía de la Lengua Española (2010) de la Real Academia Española.

Cubierta
P. y O. Sallés

Diseño de maqueta
Naono, S. L.

Fotografías
Age Fotostock, Album Archivo de Fotografía, Archivo Teide, Getty Images, Latinstock – Stockphotos, Prisma Archivo, Shutterstock Inc.

Maquetación
Admagraf

info@editorialteide.com
www.editorialteide.com

ISBN: 978-84-307-5404-5
Depósito legal: B 8060-2019
Impreso en Índice, S. L.

BACHILLERATO

Lengua castellana y Literatura

Pasaje 1

S. Martí, J. Fortuny, M. López, J. Ráfols

TEIDE

ÍNDICE

UNIDAD 6

UNIDAD 7

APÉNDICE

Con la activación de la licencia, se accede a mundodigital, espacio donde se pueden encontrar recursos y materiales complementarios tan útiles como necesarios.

Audio en el web

La lengua literaria

En la lengua literaria predomina la **función poética**, ya que es tan importante el contenido como la forma de expresarlo. Se potencian las posibilidades expresivas del lenguaje, no solo para transmitir una información sino también para crear una **obra artística**.

Rasgos característicos de la lengua literaria

Las artes plásticas, como la literatura, son a menudo el resultado de una afanosa búsqueda de nuevas fórmulas, al margen de los cánones establecidos. Ejemplo característico de ello en nuestros tiempos puede ser este poema del escritor surrealista francés André Breton.

En los libros de retórica griegos y latinos ya se recogen los **recursos expresivos** de la lengua literaria, es decir, las **figuras literarias**. En conjunto, estas figuras presentan dos rasgos característicos: el alejamiento de la lengua común y el lenguaje connotativo.

▶ El **desvío** o **alejamiento de la lengua común** se manifiesta en todos los niveles a través de la creación de expresiones inesperadas y originales:

- **Orden de las palabras** de la frase muy alejado del usual (hipérbatos).
- **Repetición de sonidos** que imitan la frase o expresión o se asocian con su significado (onomatopeyas y aliteraciones).
- **Repetición de nexos, palabras o estructuras** (polisíndeton, anáforas y paralelismos).
- **Supresión de nexos o palabras** (asíndeton, elipsis).

▶ El **lenguaje connotativo** sugiere significados secundarios mediante asociaciones subjetivas.

- Se contrapone al **lenguaje denotativo** u objetivo, que es el que encontramos en los diccionarios.
- La capacidad de sugerencia del lenguaje se refleja en **asociaciones de significados** (comparaciones, metáforas, metonimias, personificaciones, símbolos, alegorías...).
- Algunas **asociaciones** tienen su raíz en la naturaleza y forman una especie de **sustrato cultural** común a muchas culturas. Un ejemplo de ello son las relaciones entre conceptos, como: *primavera-nacimiento*; *otoño-decadencia*; *luz-alegría*; *oscuridad-tristeza*; *río* (o *camino*)-*vida*; *fuego-pasión*...

Pero los **recursos expresivos** aparecen también en la **comunicación no literaria**, en expresiones como *ser una víbora*, *estar muerto de risa*, *admirar un Miró*, *decir algo mil veces*, *virus informático*, etc. Son frecuentes en la publicidad, los titulares de los medios de comunicación, los títulos de películas, etc., y en ellos se emplean con la misma finalidad que en la lengua literaria –llamar la atención sobre la forma del mensaje–, pero, en general, sin perseguir un objetivo estético.

El verso y la prosa

La obra literaria se presenta en **dos formas rítmicas: el verso y la prosa**. El verso tiene una estructura rítmica fija; la prosa no está sujeta a un patrón determinado.

El **verso** es una **unidad rítmica** creada por los **acentos**, el número de **sílabas** y las **pausas**; cada verso se escribe en una línea. En una composición en verso se puede esperar un ritmo determinado a partir de la lectura de los primeros versos.

Los versos se agrupan formando **estrofas**, con formas fijas que recogen los estudios de **métrica**, pero también existen poemas de **versos libres**.

La **prosa** es la forma espontánea del lenguaje. Se contrapone al verso porque no está sujeta a un ritmo preciso. No presenta una disposición tipográfica determinada.

En ocasiones, las fronteras entre verso y prosa no son tan claras: los **versículos** son versos muy largos y sin un ritmo preciso, cercanos a la prosa; la **prosa poética**, que cultiva la musicalidad, se acerca al verso por su valor rítmico.

Los géneros literarios

La lírica

La literatura **lírica** es aquella en la que el escritor expresa su **subjetividad**, sus sentimientos o emociones.

Hay una lírica de origen **culto** y otra de tradición **popular**.

La lírica **culta** es de **autor conocido** y **se transmite** por medio de la **escritura**.

La lírica de tradición **popular** es **anónima** y **se transmite oralmente** con **soporte musical**; se cantaba en las fiestas y mientras se desarrollaban distintos trabajos y actividades de la vida cotidiana: hay canciones de bodas, de siega, nanas, etc.

Composiciones de la lírica culta

- La **oda**: expresa entusiasmo, admiración o amor.
- La **canción** culta: es un poema breve de tema amoroso.
- La **elegía**: manifiesta dolor y tristeza por sucesos personales o colectivos.
- La **égloga**: en ella, unos pastores dialogan sobre el amor en una naturaleza idealizada.
- La **sátira**: ridiculiza y critica acciones o personas, con tono grave o burlesco.
- La **epístola**: es una composición en forma de carta.
- El **epigrama**: es un poema muy breve y, en general, de carácter festivo.

La tumba del poeta, de Pedro Sáenz.

Torneos, combates y batallas constituyen las secuencias de acción de la poesía épica. Miniatura del manuscrito francés *Roman de toute chevalerie*, de Thomas de Kent. Biblioteca Nacional, París.

Formas líricas de tradición popular

- En sentido amplio, se denomina **canción** a los poemas líricos tradicionales destinados al canto. Son de arte menor (versos de 5, 6, 7 u 8 sílabas), con estribillos o paralelismos.
- **Zéjel:** composición lírica de origen árabe, con estribillo (y forma *aa-bbba-aa*).
- **Villancico:** composición de temas diversos, entre ellos el navideño, que aún perdura. Tiene un estribillo y una mudanza en forma de redondilla (*abba*).
- **Romances líricos:** romances en los que predomina el tema amoroso.

La narrativa

En la **narrativa**, el escritor **relata acontecimientos ajenos a él mismo**; crea un mundo ficticio, en un **tiempo** y un **espacio** determinados, donde viven unos **personajes** y ocurren unos **sucesos**.

Formas de la narrativa

La **épica** es una narración extensa que relata las hazañas guerreras de un héroe.

- La **epopeya** constituye la épica clásica. Es una composición de tono grandioso, en la que intervienen dioses y héroes y que trata sobre los orígenes y las creencias de un pueblo, como la *Ilíada* y la *Odisea*, de Homero, o la *Eneida*, de Virgilio.
- Los **cantares de gesta,** cantados por los juglares, representan la narrativa épica medieval. Relatan las hazañas de un héroe guerrero, como el *Cantar de Mio Cid*.

La **novela** es una narración extensa escrita en prosa. En la actualidad, la novela es una forma literaria muy compleja y flexible.

El **cuento** es una narración breve, con un argumento simple y lineal. En su origen presentaba elementos fantásticos como rasgo característico.

El teatro o género dramático

El **teatro** tiene como finalidad la **representación escénica** ante un público. Combina rasgos literarios (texto) y elementos propios del espectáculo (escenografía, actores, etc.). Se expresa básicamente mediante el **diálogo**.

En las obras dramáticas se plantea un **conflicto** al que se subordinan todos los otros elementos; esa tensión dramática se resuelve al final, en el **desenlace**.

Formas teatrales

- La **tragedia** presenta un conflicto en el que el protagonista se enfrenta a un destino adverso y sucumbe en esa lucha desigual. En su origen, exigía un tono elevado, tanto en los personajes (reyes y héroes) como en el estilo, y no admitía elementos cómicos ni personajes vulgares. En la Grecia clásica, los espectadores acudían a ver tragedias para compartir la lucha del protagonista contra el destino; esa vivencia (*catarsis*) era considerada una purificación. Un elemento característico de la tragedia es el **coro,** un personaje colectivo que va comentando la acción que ocurre en la escena.

Hamlet, *Tres sombreros de copa* y *Las bicicletas son para el verano*: una tragedia de Shakespeare, una comedia de Miguel Mihura y un drama de Fernando Fernán-Gómez, respectivamente.

- La **comedia** nació para divertir, a menudo como una representación satírica. En sus orígenes se consideró un género menor, pero se ha convertido en una forma teatral –y cinematográfica– bastante compleja. Mantiene el tono desenfadado, las situaciones cómicas de la vida cotidiana y el final feliz. La comicidad puede basarse en las situaciones (comedias de enredo), en la caricatura de defectos humanos (comedias de carácter) o bien en el lenguaje, a través de los diálogos cómicos.

- El **drama** participa de los rasgos de la tragedia y de la comedia: combina conflictos dolorosos con elementos cómicos y no exige personajes de rango. Ofrece una visión más realista que la puramente trágica o la cómica, pues el sufrimiento o la tensión quedan aliviados por las escenas cómicas.

Géneros teatrales menores

- El **auto sacramental** es una pieza breve de tema religioso y personajes alegóricos. Fue muy popular desde la Edad Media hasta el siglo XVII.

Escena de la ópera *Tristán e Isolda*, de Richard Wagner, representada en el Teatro del Liceo de Barcelona en 1989.

- El **entremés**, el **paso** y el **sainete** son obras breves, de tono alegre y carácter popular, que se representaban en el entreacto de las comedias.

- El **género lírico** lo componen aquellas obras que combinan música y texto.
  - La **ópera** es una pieza para ser cantada cuyos textos suelen basarse en obras literarias. Uno de los grandes compositores de ópera fue Richard Wagner, quien recogió en sus obras temas de leyendas germánicas.
  - La **zarzuela** es la forma hispánica de la opereta, que combina piezas musicales cantadas y diálogo hablado. Tiene un tono costumbrista y alegre.

Otros géneros

El **género didáctico** agrupa las obras cuya finalidad es enseñar o instruir al lector:

- El **ensayo** es un texto en el que el escritor da su visión personal sobre cualquier tema.
- El **artículo periodístico** es un breve escrito en el que el periodista ofrece un comentario personal sobre un tema de actualidad.
- La **fábula** es una narración breve, protagonizada habitualmente por animales, de la que se desprende una enseñanza o moraleja.
- La **epístola** es una composición en forma de carta dirigida a una persona real o imaginaria y, con frecuencia, tiene el propósito de moralizar, instruir o satirizar.

ACTIVIDADES

1. En parejas o grupos de tres personas, escribid las connotaciones (significado connotativo) y la definición (significado denotativo) de las siguientes palabras: *amanecer*, *mar*, *examen*, *infancia*, *Asia* y *río*.

▶ Proponed al resto del grupo algunas palabras y, tras redactar sus significados denotativo y connotativo, contrastad los resultados.

2. Con la ayuda del cuadro de recursos expresivos o figuras retóricas (página 308), identifica los recursos que aparecen en los siguientes textos:

a) En la tristeza del hogar golpea
el tic-tac del reloj.

Antonio MACHADO

b) Hojas del árbol caídas
juguetes del viento son:
¡Las ilusiones perdidas
¡ay! son hojas desprendidas
del árbol del corazón!

José de ESPRONCEDA

c) Nuestras vidas son los ríos
que van a dar a la mar,
que es el morir.

Jorge MANRIQUE

d) Como estatua de sal brillaba el sueño.

Concha ZARDOYA

e) El prado y valle y gruta y río y fuente
respondieron a su canto entristecido.

Fernando de HERRERA

f) Hay un color demasiado cansado.

Carlos Edmundo de ORY

g) Voy repitiendo gestos y palabras mientras
lejos escucho
el inmenso bostezo de los siglos pasados.

Luis CERNUDA

3. Haz un esquema de los géneros literarios citando ejemplos de cada género. Si no conoces ningún título de algún género, busca la información en manuales de la biblioteca o a través de internet.

4. En parejas o en grupo, señalad los rasgos característicos de la lengua literaria en la Rima LX de Bécquer. Poned en común vuestras conclusiones.

Mi vida es un erial,
flor que toco se deshoja;
que en mi camino fatal
alguien va sembrando el mal
para que yo lo recoja.

5. La función poética del lenguaje y los recursos expresivos se emplean con frecuencia fuera del ámbito literario: en la publicidad, en los titulares periodísticos y también en los nombres de locales o conjuntos musicales o artísticos.

▶ Comenta los recursos expresivos de los siguientes nombres de grupos musicales y crea tres nuevos nombres inspirados en algunos de ellos:

- A de Animal
- Miss Caffeina
- Niños Mutantes
- Se Atormenta una Vecina
- Alerta Roja
- Boikot
- Efecto Mariposa
- Jarabedepalo
- Canteca de Macao
- El Sueño de Morfeo
- La Caja de Pandora
- Very Pomelo
- CENSURADOS
- STEREOTIPOS

UNIDAD 1

La literatura de la Edad Media

Miniatura de las cantigas de Alfonso X el Sabio que representa una imagen que se dio, sin duda, en los reinos hispánicos: un músico musulmán junto a otro cristiano.

La Edad Media abarca un periodo muy amplio, desde el siglo V (tras la desintegración del Imperio romano) hasta el siglo XIV, pues el siglo XV se considera transición al Renacimiento. Dentro de la Edad Media se distinguen dos etapas:

- En la **alta Edad Media** (hasta mediados del siglo XII), el mundo gira en torno a la religión y a la guerra. La figura de Dios (teocentrismo) es fundamental en el pensamiento, en el arte y en la vida cotidiana de una sociedad feudal llena de enfrentamientos bélicos por disputas territoriales, políticas y religiosas.
- En la **baja Edad Media** (desde mediados del siglo XII hasta el siglo XIV), la sociedad feudal sufre una paulatina transformación con la aparición de las ciudades, donde se forma una nueva clase social: la burguesía, que introducirá nuevos valores.

MARCO HISTÓRICO Y CULTURAL

Sociedad y cultura en la alta Edad Media

Hasta mediados del siglo XII aproximadamente, la sociedad europea es **feudal**, es decir, está dividida en **señores**, **vasallos** y **religiosos**.

Los señores feudales ofrecen protección a cambio de los impuestos y la obediencia de sus vasallos; y el señor es la autoridad y la ley. En torno a los **castillos** feudales, que eran verdaderos poblados-fortalezas, se establecen los campesinos, la población mayoritaria en la época. En periodos de guerra, frecuentes en la Edad Media hispánica por la Reconquista, esta protección resultaba vital para el campesinado.

Junto a estos dos estamentos, señores-guerreros y vasallos-campesinos, están los eclesiásticos o **religiosos**, que en los **monasterios**, auténticas ciudadelas, recopilan el saber a través de la copia manuscrita de los libros.

De los castillos y los monasterios surgen los **modelos sociales**: el **caballero** y el **monje**, quienes encarnan los ideales guerreros y religiosos que conforman el universo medieval. En la Edad Media, la vida se entiende como un camino para ganar la salvación del alma, y el guerrero que lucha por la religión conjunta ambos ideales. En general, todo el arte y la cultura medievales son didácticos y ensalzan los ideales guerreros y religiosos.

Sociedad y cultura en la baja Edad Media

A mediados del siglo XII, la sociedad medieval muestra cambios notables con la aparición de las **ciudades**, las **cortes** y las **universidades**.

Con el nacimiento de los primeros núcleos urbanos, llamados **burgos**, en los que habitaban artesanos y comerciantes, surge un nuevo grupo social: la **burguesía**, que vive con cierta comodidad e incluso con refinamiento. La cultura y la literatura encuentran en esta clase un público antes inexistente.

Miniatura que muestra los calígrafos de Alfonso X de Castilla en su labor de copistas.

La **aristocracia** se hace **cortesana**, ya que gran parte de la antigua aristocracia feudal deja los castillos y se instala en los palacios urbanos, formando una corte jerárquica en torno al noble de mayor rango. Esta clase, que antes era guerrera, se convierte en una clase ociosa y refinada que se entretiene en torneos, fiestas y competiciones de ingenio. La poesía es un ornamento indispensable del perfecto caballero, que debe conocer también las danzas, la caza, el juego y las conversaciones ingeniosas. La valoración de la poesía explica que algunos nobles protegieran a los trovadores, ya que daban prestigio a su corte.

Nacen las **universidades** en las ciudades europeas más importantes, como París (La Sorbona), Oxford y Salamanca, y se convierten en los focos culturales de la baja Edad Media. La cultura ya no es exclusiva de los clérigos, y junto a los ideales guerreros caballerescos y religiosos, aparece el gusto por la belleza y el interés por lo cotidiano.

Edad Media hispánica. Las tres culturas

La península Ibérica comparte con la Europa medieval los rasgos señalados, pero hay que recordar que en ella se da como factor específico la **Reconquista**, es decir, la lucha contra los musulmanes. La llamada Reconquista abarca un largo periodo en el que se suceden momentos de duros enfrentamientos bélicos (más abundantes en la alta o primera Edad Media) y etapas de pactos relativamente pacíficas.

En amplias zonas de la península Ibérica conviven, y a veces luchan, cristianos, judíos y musulmanes, y en las ciudades coexisten los barrios cristianos con las juderías y las morerías.

De esta convivencia se derivan algunas actitudes sociales que se reflejan especialmente en la literatura castellana de la Edad Media y de los Siglos de Oro, como:

- La abundancia del tema **morisco**.
- La actitud crítica de los **conversos** o **cristianos nuevos** (judíos convertidos al cristianismo) hacia una sociedad que los desprecia.
- El orgullo de los **villanos** del teatro del XVII por ser **cristianos viejos**, es decir, por no descender de judíos ni musulmanes.
- Las abundantes representaciones folclóricas en las que aparecen moros y cristianos son fruto de esta coexistencia histórica.

Por último, hay que señalar que en la Edad Media adquirieron mucha importancia para el intercambio cultural las rutas de peregrinos, como el Camino de Santiago, por donde entraron numerosas influencias europeas.

Lengua hablada y lengua escrita

En el periodo medieval, además de la fragmentación política, hay una fragmentación lingüística; el latín vulgar ha ido evolucionando hacia las nuevas lenguas romances o románicas, ya bastante diferenciadas hacia el siglo VIII. Sin embargo, no aparecen escritos en romance hasta el siglo X, porque para la escritura se usaba el latín, la lengua de prestigio, que era conocida por la minoría culta de la época.

Preciosa miniatura del siglo XIII que muestra la lucha de guerreros musulmanes en la conquista de España.

LOS GÉNEROS LITERARIOS DE LA EDAD MEDIA			
SIGLOS XII-XIV	Lírica	Anónimo	Albas, canciones de siega, serranillas, mayas...
		Alfonso X	*Cantigas de Santa María* (en gallego)
		Arcipreste de Hita	*Libro de Buen Amor*
	Narrativa	Anónimo	*Cantar de Mio Cid*
		Gonzalo de Berceo	*Milagros de Nuestra Señora*
		Arcipreste de Hita	*Libro de Buen Amor*
		Don Juan Manuel	*El conde Lucanor*
	Teatro	Anónimo	*Representación de los Reyes Magos*

1/1

La literatura medieval: la lírica

Lírica tradicional

La **lírica tradicional** la componen las canciones **anónimas** que se transmiten **oralmente** y tienen como **tema** el sentimiento **amoroso**; se cantaban en los trabajos agrícolas, las fiestas, las bodas, cuando alguien moría... Son las llamadas *mayas* (canciones del mes de mayo), *canciones de siega*, *serranillas*, *albadas*, etc.

Canciones anónimas componen la lírica tradicional y se transmiten oralmente. Miniatura de las *Cantigas de Santa María*.

La poesía oral se convierte en poesía **tradicional** cuando es transmitida por la colectividad. Su carácter oral y el menosprecio que sentían los poetas cultos por estas manifestaciones populares explican la pérdida de gran parte de estas composiciones. Las primeras manifestaciones de la lírica tradicional, que es anterior a la culta, parecen ser del siglo X o del XI.

Se trata de una poesía **anónima** –tiene autor, pero no interesa conocerlo– que la colectividad hace suya y la transmite a las generaciones posteriores, cambiando, a veces, algún fragmento; por eso nos han llegado algunas composiciones con **variantes**, es decir, en varias versiones.

Estructura. En muchas culturas europeas hay una lírica tradicional basada en las estructuras rítmicas del **estribillo** y del **paralelismo**. Esta coincidencia ha llevado a pensar que, en sus orígenes, la lírica no solo era cantada, sino bailada o representada por coros que cantarían y danzarían formando corros. Así, en los poemitas paralelísticos, dos coros irían alternándose en el canto y, quizás, en el baile, y en las composiciones con estribillo, un (o una) solista cantaría la glosa o mudanza y el coro le respondería con el estribillo.

Tema. El tema principal de la literatura tradicional popular es el **amor**, quizá más abundante el **femenino** que el masculino. El amor puede mostrarse como gozo, dolor, ausencia, espera, despedida, lamento de la mujer **malcasada** o forzada a casarse con un hombre al que no ama, quejas de la joven a la que han obligado a ser monja... Se acompañan estos temas de breves pinceladas paisajísticas que evocan la vida medieval: romerías, primaveras, fuentes, conventos, albas, el canto de los gallos, el tañer de las campanas, las murallas de las ciudades... A veces, la muchacha enamorada toma como confidentes a la madre, a las hermanas o a la naturaleza.

Estilo. El estilo de la lírica tradicional suele ser **sencillo** y **condensado**. En general, son poemas breves intensos y emotivos; la subjetividad y la emoción del yo que habla se manifiesta a través de exclamaciones, interrogaciones y diminutivos, como corresponde a los textos en que predomina la función emotiva. A veces, la condensación y la falta de referentes confieren un tono misterioso y dramático a los poemas. Por ejemplo:

Malferida[1] iba la garza
enamorada:
sola va y gritos daba.
Donde la garza hace su nido,
ribericas de aquel río,
sola va y gritos daba.

1. **malferida:** malherida.

Métrica. La lírica tradicional suele expresarse en versos de **arte menor**, de diferentes medidas y de rima **asonante**. El ritmo de estos poemas suele basarse en el estribillo y el paralelismo.

Lírica culta: trovadores y juglares

Miniatura del *Codex Manesse* que muestra a un grupo de trovadores.

La **lírica culta** o cortesana es una poesía de **autor conocido** (el trovador) que se transmite mediante la **escritura**; en general, es una poesía **elaborada** que aparece más tarde que la lírica tradicional.

La primera lírica culta en lengua romance fue la **provenzal**, que tuvo un gran florecimiento hacia el siglo XII, al amparo de los señores provenzales, en cuyas cortes se celebraban famosos **torneos poéticos**.

El poeta lírico culto que escribe la letra y música de su composición es el **trovador**, nombre que adoptan algunos poetas cultos catalanes, gallegos y castellanos en la Edad Media. El trovador a veces daba a cantar sus composiciones a un profesional, el **juglar** lírico. La lírica provenzal influyó poderosamente en la poesía culta catalana y gallega.

Lírica hispánica

Podemos hablar de cuatro grandes focos de lírica, que se corresponden a cuatro lenguas románicas: mozárabe, castellano, gallego y catalán.

Lírica mozárabe o andalusí: las jarchas

Las **jarchas** son unos breves poemas escritos en **lengua mozárabe** (romance hablado por los cristianos en el territorio ocupado por los árabes) que tratan el tema **amoroso** desde una perspectiva **femenina**. Datan del siglo XI y son la muestra más antigua de la lírica tradicional hispánica.

Las jarchas se encontraron escritas con caracteres árabes al final de unos poemas en lengua árabe o en hebreo culto: la **moaxaja**, composición que debía acabar con un poemita breve que no tenía por qué ser original del autor. Algunos poetas andalusíes incorporaron a sus moaxajas pequeñas canciones en lengua romance, a modo de estrofa final.

El **tema** de la jarcha es el amor femenino; en general, el lamento por la ausencia del amado o *habib.* Aparecen como confidentes de la muchacha enamorada la madre o las hermanas.

Las jarchas son poemas muy breves –de tres, cuatro o cinco versos, a menudo octosílabos–. Abundan las exclamaciones o interrogaciones, las cuales junto a la brevedad, dan a la composición un tono vehemente e intenso.

Actividades

Jarchas

Garid vos, ay yermaniellas, ¿com' contener é mieu mali? Sin el habib non vivreyu, et volarei demadari.	Decid vosotras, ay hermanillas, ¿cómo refrenaré mi pesar? Sin el amado yo no viviré, y volaré a buscarlo.
*	*
Gar, ¿qué fareyu? ¿Cómo vivrayu? Est al-habib espero por él morrayu.	Di, ¿qué haré? ¿Cómo viviré? A este amado espero, por él moriré.
*	*
¡Tanto amare, tanto amare, habib, tanto amare! Enfermaron olios nidios e dolen tan male.	¡Tanto amar, tanto amar, amado, tanto amar! Enfermaron (mis) ojos brillantes y duelen tanto.

1. Identifica quién es el *yo-emisor* de las jarchas. ¿Responde a un mismo tipo en todas ellas?
2. Señala si en algunas jarchas aparece un *confidente-receptor*.
3. Comprueba si hay un tema común a todas ellas.
4. La falta de referencias concretas, por ejemplo respecto a la localización y al amado, ¿contribuye a dar un valor más genérico al significado del poema? ¿Crees que cualquier muchacha enamorada de la época podría cantar estas jarchas e identificarse con su contenido?
5. Haz una lista de rasgos de estilo de las jarchas anteriores atendiendo a lo siguiente:
   - longitud o brevedad del poema,
   - modalidades oracionales,
   - función del lenguaje que predomina,
   - léxico más repetido.

La temática de las jarchas es el lamento amoroso puesto en boca de una joven enamorada: el universo femenino es el principal protagonista de estas breves poesías.

La poesía de los trovadores se desarrollaba sobre todo en las cortes. Miniatura de las *Cantigas de Santa María*. Biblioteca de El Escorial.

Lírica galaicoportuguesa. Las cantigas

La **lírica galaicoportuguesa** alcanzó un gran desarrollo en la Edad Media con tres tipos de composiciones o **cantigas**: las cantigas de amigo, las de amor y las de escarnio (o maldecir). Las primeras pertenecen a la lírica tradicional, mientras que las de amor y las de escarnio son una muestra de la lírica culta.

Lírica tradicional: las cantigas de amigo. Son lo más valioso de la poesía medieval gallega y representan la lírica tradicional popular. Podemos datarlas en el siglo XII, aunque no fueron recogidas en los cancioneros hasta el siglo XIII. Autores cultos de los siglos XIII, XIV y XV recrearon este tipo de composiciones.

El **tema** de las cantigas de amigo es el amor: el **amigo** es el amado. Generalmente, las cantigas de amigo manifiestan la queja de una muchacha enamorada, que toma como confidentes a la naturaleza, a la madre o a las hermanas. En las cantigas de amigo aparecen abundantes referencias a la naturaleza: el mar, los pinos, las montañas...

Estas composiciones tienen una **estructura paralelística**, que confiere al poema una musicalidad lenta muy especial y característica.

Lírica culta. Las cantigas de amor y las cantigas de escarnio. En las cantigas de amor habla el autor, que se lamenta de no ser correspondido por su dama; manifiestan una clara influencia de la poesía provenzal trovadoresca por el amor cortés, el ambiente cortesano y el estilo culto. Las cantigas de escarnio son poemas satíricos dirigidos contra otros poetas o cortesanos. Interesan más como juego de ingenio que por su valor estrictamente lírico.

Las cantigas de amigo, de amor y de escarnio fueron recogidas en los cancioneros del siglo XIII.

Los poetas líricos castellanos usaron el gallego para la poesía hasta el siglo XV, porque se consideraba una lengua poética de prestigio. El rey Alfonso X el Sabio, por ejemplo, escribió en gallego las *Cantigas de Santa María* en el siglo XIII.

Actividades

Cantigas de amigo

Sediame eu na ermida de San Simon

Sediame eu na ermida de San Simon
e cercaronmi as ondas, que grandes son;
¡eu atendendo o meu amigo,
eu atendendo o meu amigo!

Estando na ermida ante o altar,
e cercaronmi as ondas grandes do mar;
¡eu atendendo o meu amigo,
eu atendendo o meu amigo!

E cercaronmi as ondas, que grandes son;
non hei barqueiro nen remador;
¡eu atendendo o meu amigo,
eu atendendo o meu amigo!

E cercaronmi as ondas do alto mar;
non hei barqueiro nen sei remar;
¡eu atendendo o meu amigo,
eu atendendo o meu amigo!

Non hei barqueiro nen remador,
morrerei fremosa no mar maior;
¡eu atendendo o meu amigo,
eu atendendo o meu amigo!

Non hei barqueiro nen sei remar;
morrerei fremosa no alto mar;
¡eu atendendo o meu amigo,
eu atendendo o meu amigo!

MEENDINHO (s. XIII)

[Estaba yo en la ermita de San Simón]

Estaba yo en la ermita de San Simón
y me cercaron las olas que grandes son;
¡esperando yo a mi amigo,
esperando yo a mi amigo!

Estando yo en la ermita ante el altar,
me cercaron las olas grandes del mar;
¡esperando yo a mi amigo,
esperando yo a mi amigo!

Cercáronme las olas que grandes son;
ni tengo barquero ni remador;
¡esperando yo a mi amigo,
esperando yo a mi amigo!

Cercáronme las olas de la alta mar
ni tengo barquero ni sé remar;
¡esperando yo a mi amigo,
esperando yo a mi amigo!

Ni tengo barquero ni remador;
moriré hermosa en el mar mayor;
¡esperando yo a mi amigo,
esperando yo a mi amigo!

Ni tengo barquero ni sé remar
moriré hermosa en la alta mar;
¡esperando yo a mi amigo,
esperando yo a mi amigo!

Ondas do mar de Vigo

Ondas do mar de Vigo,
se vistes meu amigo?
E ai Deus, se verrá cedo!

Ondas do mar levado,
se vistes o meu amado?
E ai Deus, se verrá cedo!

[Olas del mar de Vigo]

Olas del mar de Vigo,
¿habéis visto a mi amigo?
¿Vendrá pronto, por Dios?

Olas del mar alzado,
¿habéis visto a mi amado?
¿Vendrá pronto, por Dios?

Se vistes meu amigo,
o porque eu sospiro?
E ai Deus, se verrá cedo.

Se vistes meu amado,
por que ei gran cuidado?
E ai Deus, se verrá cedo!

Martín CODAX (s. XIII)

¿Habéis visto a mi amigo,
aquel por quien suspiro?
¿Vendrá pronto, por Dios?

¿Habéis visto a mi amado,
que me tiene en cuidado?
¿Vendrá pronto, por Dios?

6. Señala el tema de las cantigas de amigo anteriores.

7. ¿Qué elemento hace de confidente de la protagonista?

8. Compara las alusiones a la naturaleza que aparecen en las cantigas y en las jarchas.

9. Comprueba la existencia de estribillos y paralelismos.

10. Señala rasgos de estilo comunes a las cantigas de amigo y las jarchas (función del lenguaje que predomina, modalidad oracional más utilizada, etc.).

Lírica castellana

En la **lírica tradicional** castellana destaca la forma del **villancico**, estructura basada en un estribillo. La **lírica culta** o cortesana, muy influida por la gallega, se escribe en gallego hasta el siglo XIV y desarrolla el tema del **amor cortés**, propio de la poesía trovadoresca.

Lírica tradicional. Componen la lírica tradicional castellana poemas que tienen como tema principal el amor, femenino y masculino. Tratan el gozo amoroso, el dolor por la ausencia, por la despedida o por el amor no correspondido. Aparecen fuentes, amaneceres, pastores, serranos y serranas en composiciones como las **albadas** (canciones del alba), las **canciones de siega**, las **serranillas**, etc.

Una composición muy frecuente es el **villancico**, cuya estructura combina el estribillo (dos o tres versos que se repiten a lo largo del poema) y una glosa o copla más larga, que desarrolla el tema del estribillo. Podría corresponder al coro y al solista de una composición cantada.

El estilo de las composiciones de la lírica tradicional es sencillo, intenso y emotivo, de ahí la abundancia de exclamaciones, repeticiones y diminutivos.

Los poetas cultos medievales menospreciaban la lírica tradicional, por eso se ha perdido en gran parte. Sin embargo, con la llegada del Renacimiento se incorporan a la literatura culta a través de los cancioneros y alcanzan su esplendor con los poetas cultos que las incluyen en sus obras en los siglos XVI y XVII, como Gil Vicente y Lope de Vega. En el siglo XIV, el Arcipreste de Hita introduce en el *Libro de Buen Amor* poemas líricos: serranillas y canciones a la Virgen, y en el siglo XV, el marqués de Santillana imita el tono de la lírica tradicional en las serranillas.

Lírica culta. Los poetas castellanos emplearon el gallego como idioma de la lírica culta castellana hasta la segunda mitad del siglo XIV. La influencia gallega, provenzal e italiana se refleja al tratar el tema del **amor cortés**, un amor que se entiende como vasallaje. El enamorado llama

La temática del amor cortés será una constante en la lírica del siglo XV. La miniatura pertenece al *Codex Manesse* y representa una escena amorosa.

señor o *señora* a su amada como metáfora de la relación entre el señor y el vasallo. Es una lírica refinada, muy elaborada, artificiosa y llena de juegos de ingenio.

En el siglo XV, la lírica culta alcanza su esplendor en los **cancioneros** (colecciones de poemas de muchos autores) y, sobre todo, en la obra de dos grandes poetas, el marqués de Santillana y Jorge Manrique.

Actividades

Lírica castellana de tipo tradicional

a) Estas noches atán[1] largas
para mí
no solían ser ansí[2].
Solía que reposaba
las noches con alegría
y el rato que no dormía
en sospiros lo pasaba:
mas peor estó que estaba;
para mí
no solían ser ansí.

1. atán: tan.
2. ansí: así.

b) Gritos daba la morenica
so[1] el olivar,
que las ramas hace temblar.
La niña, cuerpo garrido,
morenica, cuerpo garrido,
lloraba su muerto amigo
so el olivar:
que las ramas hace temblar.

1. so: bajo.

c) Que no cogeré yo verbena
la mañana de San Juan,
pues mis amores se van.
Que no cogeré yo claveles,
madreselva ni mirabeles,
sino penas tan crueles
cual jamás se cogerán,
pues mis amores se van.

11. ¿Qué tema predomina en los poemas?

12. La composición *b* es muy ambigua y misteriosa, pero ¿se puede relacionar temáticamente con los otros poemas?

13. ¿Quién es el yo-emisor de cada uno de los poemas? ¿Hay alguna novedad respecto a lo que hemos visto hasta ahora?

14. Comprueba los rasgos de métrica típicos de la poesía tradicional que se manifiestan en las composiciones anteriores.

Lírica catalanoprovenzal

En la **lírica catalana**, gran parte de la poesía **culta** se escribió en **provenzal**, por el gran prestigio de la poesía trovadoresca. La lírica tradicional muestra las formas comunes europeas: paralelismos y estribillos, y tema amoroso.

Lírica tradicional. En la lírica catalana encontramos canciones compuestas por autores cultos que imitan la tradición popular. Así ocurre, por ejemplo, en la *viadeyra*, o viadela (canción que se cantaba al caminar, para entretener el viaje), de Cerverí de Girona, un trovador del siglo XIII, que puedes leer en las actividades.

Lírica culta. La lírica culta catalana, influida por la provenzal, desarrolla el tema del **amor cortés**. Es tanto el prestigio de lo provenzal que muchos poetas catalanes escriben poesía en provenzal, con lo cual se reproduce el mismo esquema que existe en la lírica castellana respecto a la gallega –recordemos las *Cantigas de Santa María*, de Alfonso X, escritas en gallego.

Actividades

Lírica catalana

Esta *viadeyra* recuerda a las cantigas de amigo galaicoportuguesas por la estructura, que combina paralelismo y estribillo:

No.l prenatz lo fals marit,
Jana delgada.
No.l prenatz lo fals jurat,
que pec es mal enseynat,
Jana delgada.
No.l prenatz lo mal marit,
que pec es ez adormit,
Jana delgada.
Que pec es mal enseynat,
no sia per vos amat,
Jana delgada.
Que pec es ez adormit,
no jaga ab vos el lit,
Jana delgada.
No sia per vos amat,
mes val cel c'avetz privat,
Jana delgada.
Na jaga ab vos el lit;
mes vos y valra l'amich,
Jana delgada.

Cerverí de Girona (s. XIII)

No toméis el falso marido,
Jana delicada.
No toméis el perjuro,
que es un necio ignorante,
Jana delicada.
No toméis el mal marido,
que es necio y adormilado,
Jana delicada.
Que es necio e ignorante,
no sea por vos amado,
Jana delicada.
Que es necio y adormilado,
que no yazca con vos en el lecho,
Jana delicada.
No sea por vos amado,
pues más vale aquel que tenéis en secreto,
Jana delicada.
Que no yazca con vos en el lecho;
más os valdrá el amigo,
Jana delicada.

15. Señala el estribillo del poema anterior y comprueba si las estrofas repiten, con variantes, la misma idea.

16. ¿Quién habla en esta poesía? ¿Quién es la protagonista?

17. ¿En qué medida coincide el tema de la composición con el de otras que hemos visto anteriormente?

18. Indica los rasgos de contenido y de forma de la lírica tradicional que aparecen en el poema.

COMENTARIO Canciones tradicionales

a)
Al alba venid, buen amigo,
al alba venid.
Amigo el que yo más quería,
venid al alba del día.
Amigo el que yo más amaba,
venid a la luz del alba.
Venid a la luz del día,
non trayáis compañía.
Venid a la luz del alba,
non trayáis gran compaña.

b)
Ya cantan los gallos,
amor mío, y vete:
cata[1] que amanece.
Vete, alma mía,
más no esperes,
no descubra el día
los nuestros placeres,
cata que los gallos,
según me parece,
dicen que amanece.

1. **cata:** mira.

c)
¿Agora[1] que sé de amor me metéis monja?
¡Ay, Dios, qué grave cosa!
Agora que sé de amor de caballero,
agora me metéis monja del monesterio[2].
¡Ay, Dios, qué grave cosa!

1. **agora:** ahora.
2. **monesterio:** monasterio.

d)
No quiero ser monja, no,
que niña namoradica[1] só.
Dejadme con mi placer,
con mi placer y alegría,
dejadme con mi porfía,
que niña malpenadica[2] só.

1. **namoradica:** enamoradita.
2. **malpenadica:** apenadita.

Los poemas *a* y *b* son albadas, composiciones amorosas que tratan el tema del amanecer o el alba como momento importante en la relación entre los enamorados. En los poemas *c* y *d*, el lamento amoroso se mezcla con un nuevo tema: la joven que ha sido forzada a ser monja.

Localización

1. En grupos de dos o tres personas, comprobad en los poemas anteriores las características de la poesía tradicional, fijándoos en los siguientes aspectos:

- la métrica: versos de arte mayor/menor, tipo de rima, estructura paralelística y/o estribillo.
- el tema: identifica el *yo* que se expresa y el interlocutor al que se dirige.

Análisis del contenido y de la expresión

2. Comparad cómo se vive el momento del alba en los dos primeros poemas.

3. Resumid en una frase los poemas *a* y *b*. Leed los resúmenes al resto del grupo y justificad vuestra opción; después, comentad los aspectos positivos de los diferentes resúmenes.

4. ¿Creéis que los poemas *a* y *b* expresan un mismo sentimiento? ¿Y el *c* y el *d*?

5. En los poemas *c* y *d*, ¿qué argumento aduce la joven para rechazar ser monja? ¿Creéis que ese argumento es el tema común de la lírica tradicional?

6. Comparad los poemas anteriores con las jarchas y las cantigas de amigo en los siguientes aspectos:

- el tema
- el estilo: longitud/brevedad de los poemas, rasgos del lenguaje emotivo o expresivo, empleo de recursos que aportan musicalidad a los poemas.

Valoración y creación

7. Se dice que el ser humano tiende a manifestar más habitualmente las penas que las alegrías. Incluso se ha dicho que si fuéramos felices no existiría el arte.

- En conjunto, ¿la lírica tradicional viene a dar la razón a este planteamiento?
- En grupos de tres o cuatro personas, preparad una breve exposición oral comentando la cuestión planteada sobre el arte y la felicidad.

8. ¿Conoces canciones tradicionales que pervivan en ciertas zonas rurales y que recuerden las personas mayores? Investiga en tu entorno y, en caso afirmativo, comprueba si se mantienen los rasgos típicos de la lírica tradicional.

9. ¿Conoces canciones actuales en las que una muchacha enamorada se lamente? ¿Hay estribillos o paralelismos en esas canciones?

10. Por parejas buscad información sobre las diez o quince canciones más populares o más vendidas. ¿Qué temas tratan? En las que tratan sobre el amor, ¿qué subtemas aparecen ligados al tema principal?

11. ¿Quiénes son los «trovadores» y los «juglares» en la actualidad?

La literatura medieval: la narrativa y el teatro

La narrativa oral. El Mester de Juglaría (el siglo XII)

Juglares y músicos. Miniatura del manuscrito *De Universo* o *De rerum naturis*, de Rabano Mauro Magnentius (780-856). Archivo de la Abadía de Montecasino, Italia.

Los **juglares** eran unos verdaderos actores profesionales que recorrían pueblos, cortes, castillos, romerías y caminos **recitando o cantando poemas**. Al «oficio» de juglar se le llamó **Mester de Juglaría**.

Había diferentes tipos de juglar: los especializados en las narraciones de hazañas guerreras, los que entonaban lírica más culta en las cortes de los palacios, juglares que se acompañaban de instrumentos musicales, otros que componían sus propios poemas (trovadores) e incluso parece que existieron algunas juglaresas. A veces, el espectáculo del juglar, con música, acrobacias, juegos malabares y con la participación de algún animal amaestrado, se acercaba a un espectáculo teatral callejero. Los juglares debían agradar al público, entretenerlo, divertirlo o emocionarlo, porque vivían de lo que los espectadores les daban al finalizar el espectáculo.

De entre todos los juglares, los más numerosos eran los juglares de narraciones épicas o **juglares de gesta**, aquellos que narraban las hazañas de los héroes locales. Gracias a los libritos que los juglares llevaban encima para repasar o memorizar estos relatos, los *libros de juglar*, conservamos algunas de estas narraciones orales medievales.

La poesía épica y los cantares de gesta

Los **cantares de gesta** son extensas **narraciones** en verso que relatan sucesos históricos y legendarios en torno a un **héroe** que representa los valores de un pueblo.

Los cantares épicos siempre tienen un tono **heroico**, ya que exaltan las hazañas de un guerrero, de ahí el nombre de *gestas* (hazañas).

Es difícil conocer el origen de los cantares de gesta, ya que, por ser de carácter oral y anónimo, se han perdido en gran parte. En principio, la épica cumplía una función informativa, pues daba a conocer al pueblo iletrado fragmentos gloriosos de su historia, pero también parece evidente que la épica proponía un modelo de héroe a la colectividad, ya que exalta las virtudes guerreras, caballerescas y aristocráticas.

La épica castellana

De la épica castellana se conservan solo **tres cantares**, entre ellos destaca el *Cantar de Mio Cid*, el poema más extenso (3 730 versos), que está prácticamente completo en un manuscrito del siglo XIV.

Los juglares fueron los grandes difusores de la literatura narrativa heroica durante largos siglos. Su arte, el Mester de Juglaría, influyó notablemente en la literatura culta posterior. Miniatura de las *Cantigas de Santa María* que representa un juglar que se aloja en casa de un caballero.

Los otros poemas épicos conservados son un fragmento del *Cantar de Roncesvalles*, sobre la muerte de Roldán en la batalla de Roncesvalles (un documento del siglo XIII), y un fragmento de *Las mocedades de Rodrigo*, sobre la juventud del Cid (un manuscrito del siglo XIV).

Sin embargo, en algunos libros de historia, las **crónicas**, encontramos relatos épicos que recogen en prosa cantares de gesta perdidos. Así se han podido reconstruir algunos poemas como *Los siete Infantes de Lara* (en la *Crónica General*). También es posible que otros cantares perdidos dieran lugar a los romances del siglo XV que tratan temas histórico-legendarios.

El *Cantar de Mio Cid*

Como toda la épica, el *Cantar de Mio Cid* relata las hazañas de un héroe. En este caso, el protagonista es el Cid Campeador, noble que ha sido injustamente desterrado y debe luchar para recuperar su honor. A lo largo del relato, repleto de anécdotas, el héroe se perfila como un modelo de caballero.

El **documento** en que se encuentra el *Cantar de Mio Cid* es un típico manuscrito de juglar del siglo XIV, de pequeño tamaño y de apariencia modesta; está firmado por **Per Abbat** (Pedro Abad), un copista. La fecha de composición del *Cantar de Mio Cid* se sitúa a principios del siglo XIII (1207), aunque parece que se basa en composiciones anteriores sobre el mismo tema.

El **autor** del poema es desconocido; por tanto, el *Cantar de Mio Cid* es una obra **anónima**, como ocurre en toda la épica medieval. Sin embargo, se ha especulado sobre si hubo más de un autor y sobre el origen culto o popular del poeta que lo compuso. Actualmente se considera que el poema lo creó un único autor culto que se basó en composiciones anteriores y empleó el estilo típico de los juglares tradicionales, insertando anécdotas literarias que hacían más eficaz el relato en aspectos emotivos, humorísticos, etc.

En cuanto al **argumento**, el *Cantar de Mio Cid*, como otros cantares de gesta, relata una historia que empieza con enormes dificultades y acaba de forma gloriosa. El poema se divide en tres partes o *Cantares*.

- ***Cantar del destierro.*** El poema nos introduce directamente en el asunto: el héroe, llorando, abandona su casa porque ha sido desterrado injustamente por su rey. Tras dejar a su mujer y sus pequeñas hijas en un monasterio, se lanza a la conquista de tierras. El Cid ha sido desterrado y debe recuperar su honor, la gloria y la confianza del rey partiendo de la infamia y el deshonor en que se encuentra.

  Tras ganar muchas batallas, a veces aliado con cristianos y otras con moros, va adquiriendo prestigio y riquezas. A cada nueva victoria, el Cid envía mensajeros al rey con regalos y le reitera su fidelidad: «Tan ricos se han hecho, que ya no saben lo que tienen», acaba diciendo el primer cantar.

- ***Cantar de las bodas.*** El Cid conquista Valencia y consigue el perdón real. El monarca permite que su mujer e hijas se reúnan con él y, además, pide al Cid que case a sus hijas con dos nobles castellanos, los infantes de Carrión. El protagonista recela de estas bodas, pero accede porque no puede negar nada a su señor. El juglar se despide tras el episodio de la celebración de las bodas.

  En este cantar, el Cid recupera su honor como caballero porque se le reconoce su fidelidad al rey y porque casa a sus hijas con unos nobles.

«La afrenta de Corpes» es uno de los pasajes más dramáticos del poema y está protagonizado por las dos hijas del Cid. Grabado del siglo XI. A la derecha, doble página del *Cantar de Mio Cid*. Manuscrito del siglo XV conservado en la Biblioteca Nacional de Madrid.

Jura de Alfonso VI en Santa Gadea, óleo de Marcos Hiraldez Acosta que retrata este episodio legendariamente atribuido a la actuación del Cid.

- ***Cantar de la afrenta de Corpes.*** Comienza con unas anécdotas que revelan la cobardía de los infantes de Carrión (ante un león que ha escapado de una jaula y en una batalla contra los moros). Como los vasallos del Cid se burlan de los infantes, estos deciden vengarse: marchan con sus mujeres a Carrión y, al llegar al robledo de Corpes, los infantes las desnudan, las azotan y las abandonan. El Cid pide justicia al rey, quien convoca las Cortes en Toledo; en ellas vencen los representantes del Cid y los infantes de Navarra y Aragón piden casarse con las hijas del héroe, que así culmina su ascenso social. El cantar termina diciendo: «[...] los reyes sus parientes son».

El **tema** central del poema es la **recuperación del honor** en dos vertientes:

- El honor **social** como vasallo. El Cid pasa del destierro a ser un héroe emparentado con los reyes.
- El honor **personal** como padre injuriado. Recuperada la honra social, los infantes de Carrión obligan al héroe a reparar una afrenta personal y familiar. El resultado del juicio intensifica el ascenso social del Cid.

El **protagonista** del *Cantar* reúne diferentes virtudes. Como caballero, es el modelo de perfecto vasallo, fiel a su rey, valiente en la batalla, generoso con sus amigos y clemente con sus enemigos. Como individuo, el Cid es un hombre familiar, que se preocupa por el bienestar de su mujer, de sus hijas y de sus vasallos o deudos. Es también un hombre que confía siempre en restablecer la justicia siguiendo las normas establecidas en la época; por eso no se rebela ante las injusticias. En definitiva, el Cid representa el **modelo de caballero** que difunde la épica en la Edad Media.

La **historicidad** del poema es notable. El *Cantar de Mio Cid* relata una parte de la biografía de un personaje histórico, Rodrigo Díaz de Vivar, que vivió entre 1043 y 1099, pertenecía a la baja nobleza y logró ascender socialmente tras batallar y conquistar nuevas tierras a los musulmanes. A diferencia de otros cantares franceses y alemanes, y de algunos castellanos, el *Cantar de Mio Cid* es verosímil, pero eso no quiere decir que sea totalmente histórico. La poesía épica parte de una biografía y la convierte en mito, mezclando lo histórico con leyendas que ayudan a que el pasado tenga un tono ejemplar; esa es la finalidad de la épica. Así pues, hay algunas anécdotas de origen folclórico que se encuentran en numerosos cuentos medievales, como, por ejemplo, el suceso de la cobardía ante el león. Esta mezcla de datos verídicos y anécdotas literarias confirma que el objetivo de la épica no es solo informar, sino también mostrar artísticamente modelos sociales y humanos.

En cuanto al **estilo**, el *Cantar de Mio Cid* presenta versos de distinta medida (de diez a veinte sílabas) que riman en asonante. En la mitad del verso hay una pausa o cesura que lo divide en dos partes o hemistiquios; esta forma es un indicio de la evolución hacia el romance.

Todos los rasgos estilísticos del *Cantar de Mio Cid* se explican por su carácter de **narración oral** y son los propios del **estilo juglaresco**, como, por ejemplo:

- **Epítetos épicos** que van configurando en el oyente las características de los personajes a los que se alude: *El Cid, que en buena ora cinxó espada; Martín Antolínez, el burgalés de pro.*
- **Cambio del punto de vista narrativo**, del estilo indirecto (tercera persona) al diálogo.
- **Valoraciones que hace el propio juglar** sobre personajes o situaciones: *Dios, ¡qué fermoso!*
- **Expresiones juglarescas** que reclaman la atención de los oyentes: *yo vos diré, dirévos, veríades...*
- **Lenguaje arcaizante**, más antiguo que el que se usaba en la época, con la finalidad de dar al poema un **valor histórico** y un **tono aristocratizante**, como exigía el propio tema.

Actividades

Cantar de Mio Cid

El *Cantar de Mio Cid* comienza con el siguiente texto, que recoge el momento en el que el protagonista sale desterrado:

Camino del destierro

El Cid entra en Burgos, donde el Rey ha prohibido que le den posada y le vendan provisiones. Alza su tienda en un arenal del Arlanzón, cerca de la ciudad.

[Comienza el manuscrito de Per Abbat]

Con lágrimas en los ojos, muy fuertemente llorando,
la cabeza atrás volvía y quedábase mirándolos.
Y vio las puertas abiertas, y cerrojos quebrantados,
y vacías las alcándaras sin las pieles, sin los mantos,
sin sus pájaros halcones, sin los azores mudados.
Suspiró entonces el Cid, que eran grandes sus cuidados.
Habló allí como solía, tan bien y tan mesurado:
–Gracias a ti, Señor Padre, Tú que estás en lo más alto,
los que así mi vida han vuelto, mis enemigos son, malos.

Allí aguijan los caballos, allí los sueltan de riendas.
En saliendo de Vivar voló la corneja a diestra,
y cuando en Burgos entraron les voló a la mano izquierda.
Se encogió de hombros el Cid, y meneó la cabeza:
–¡Albricias, Fáñez, albricias!, pues nos echan de la tierra,
[con gran honra por Castilla entraremos a la vuelta.]

Nuestro Cid Rodrigo Díaz   en Burgos con su gente entró.
Es la compaña que lleva,   de sesenta, con pendón.
Por ver al Cid y a los suyos,   todo el mundo se asomó.
Toda la gente de Burgos   a las ventanas salió,
con lágrimas en los ojos,   tan fuerte era su dolor.
Todos diciendo lo mismo,   en su boca una razón:
–*¡Dios, qué buen vasallo el Cid!   ¡Así hubiese buen señor!*

1. Analiza la psicología del protagonista a través de las siguientes cuestiones:
   - ¿Cómo reacciona al abandonar su casa?
   - ¿Qué comenta el juglar sobre la forma de hablar del Cid?
   - ¿Cuáles son las primeras palabras que pronuncia el protagonista?
   - ¿Qué dicen las gentes de Burgos sobre el Cid?

2. El vuelo de la corneja por la derecha como señal de buena suerte aparece en el verso 11. Este hecho, unido a la reacción del protagonista ante el suceso, rompe el clima dramático del fragmento: le da un tono de esperanza y optimismo que el héroe mantendrá a lo largo de la narración.
   - Teniendo en cuenta cómo acaba el poema, ¿se cumple el deseo que el Cid expresa en los versos 14 y 15?

3. Por los rasgos psicológicos que se atribuyen al Cid, ¿crees que es representativo de los héroes épicos?

4. Analiza cómo se describe aquello que el protagonista deja tras de sí.
   - ¿Qué léxico es más eficaz para mostrar el abandono?
   - ¿Qué palabra se repite más veces?
   - ¿Cómo calificarías este ambiente?

5. El espíritu de la épica pervive en numerosos relatos actuales que narran las hazañas de un héroe: novelas, películas, series de televisión, cómics o juegos de ordenador.
   - En grupos de cuatro personas, intentad identificar ejemplos de esos relatos épicos actuales; después, poned en común los resultados con el resto del grupo y valorad el conjunto de obras: los espacios físicos donde se desarrollan, las características de los nuevos héroes...
   - Buscad información sobre el cine épico:
     - Comentad qué rasgos de la épica medieval perviven en ese género cinematográfico.
     - Analizad algunos aspectos de la estética épica en las imágenes con las que se anuncian las películas (carátulas de vídeo o de DVD) o en las portadas de los cómics.

Espada llamada *Tizona*, siglo XI. Museo del Ejército, Madrid.

La narrativa culta. El Mester de Clerecía en el siglo XIII

En el **siglo XIII**, nació una nueva forma narrativa conocida como **Mester de Clerecía**, es decir, 'oficio de clérigos (o personas cultas)'. La inició Gonzalo de Berceo, quien marcó el estilo de esa escuela: **narraciones didácticas** en una nueva forma métrica (la **cuaderna vía**) que recogen **temas** de la **tradición culta** y utilizan **recursos juglarescos**.

Ante el éxito de los juglares con sus cantares de gesta, Gonzalo de Berceo inicia, en el siglo XIII, el Mester de Clerecía, cuyas narraciones se caracterizan por los siguientes rasgos:

Miniatura que muestra a un monje en su *scriptorium*, dedicado a su tarea. El papel de los monjes en el desarrollo de la cultura medieval fue muy importante, puesto que fueron los artífices del paso de la literatura oral a la escrita.

- **Son narraciones escritas en romance por autores cultos**, que pueden ser sacerdotes o simplemente tener una cultura que abarca el conocimiento de los textos latinos, propios de los monasterios. A estos hombres cultos se les llamaba clérigos.
- **Tienen un objetivo didáctico y moral**, ya que proponen modelos de conducta moral, no modelos guerreros o caballerescos como el Mester de Juglaría.
- **La estrofa que se usa es la cuaderna vía**, cuatro versos de catorce sílabas, con una fuerte cesura en mitad del verso, y rima consonante: 14*A*, 14*A*, 14*A*, 14*A*. La habilidad que exige esa métrica tan regular es mencionada con orgullo en varios libros del Mester de Clerecía, porque eso distingue a los clérigos del juglar inculto.
- **Se recurre a expresiones juglarescas** para mantener la atención de los espectadores, ya que es una poesía para ser recitada ante el público. Así, encontramos epítetos épicos, apelaciones a los oyentes e incluso la petición de alguna recompensa al final del recitado, como hacían los juglares, aunque en este caso la recompensa es un vaso de buen vino.
- **Combinan temas de la tradición culta y la popular.** De la literatura libresca, proceden los cuentos latinos, por ejemplo, que conviven con temas de la tradición popular.

Gonzalo de Berceo

Gonzalo de Berceo es el primer autor castellano del que se tiene noticia. Inició el **Mester de Clerecía** con narraciones de **tema religioso**, como *Milagros de Nuestra Señora*, escritas en una forma **métrica culta**: la cuaderna vía. Para llegar a un público iletrado, se expresa en un lenguaje relativamente sencillo que incluye recursos expresivos juglarescos.

Gonzalo de Berceo nació en La Rioja, era un hombre culto que trabajó en la administración del monasterio de San Millán de la Cogolla. Parece que la biblioteca monástica le proporcionó muchos temas que tradujo y reelaboró en castellano.

La obra más conocida de Gonzalo de Berceo es *Milagros de Nuestra Señora*. En ella, el autor reúne breves relatos que repiten un mismo esquema: personajes devotos de la Virgen se encuentran en algún problema o peligro y se salvan por un milagro de esta, como la monja portera de un convento que marcha, enamorada, tras un caballero, y cuando vuelve arrepentida ve que la Virgen

Monasterio de Suso, próximo a San Millán de la Cogolla, donde Gonzalo de Berceo pasó la mayor parte de su vida. Berceo representa el comienzo del Mester de Clerecía o arte de los clérigos, que en el siglo XIII empieza a oponer su producción culta a la de los juglares con una intención aleccionadora.

la ha sustituido en su ausencia en la puerta del convento; o el ladrón devoto que se salva de la horca porque la Virgen impide que la cuerda se tense. Muchos relatos de Gonzalo de Berceo tienen origen folclórico y en ellos abundan los detalles humorísticos. La misma Virgen María se presenta con rasgos humanos, típicos de la religiosidad popular.

El estilo de Gonzalo de Berceo es, en general, sencillo, aunque pese a su aparente simplicidad, incluso ingenuidad, encontramos muchos cultismos que reflejan los textos latinos que le han servido como base.

Gonzalo de Berceo también escribió vidas de santos ligados a la zona de su monasterio, con el objetivo de fomentar la devoción, las peregrinaciones y las limosnas al monasterio de San Millán. Así, escribió *Vida de san Millán*, *Vida de santo Domingo de Silos* y *Vida de santa Oria*.

Otros libros del Mester de Clerecía del siglo XIII

En la segunda mitad del siglo XIII, encontramos otros libros escritos en cuaderna vía cuyos autores desconocemos:

- El *Libro de Alexandre*, que relata la vida de Alejandro Magno, mezclando el tono épico con el moralizante.
- El *Libro de Apolonio*, que narra las aventuras «bizantinas» (naufragios, raptos, viajes...) del protagonista, el rey de Tiro.
- El *Poema de Fernán González*, que relata la independencia de Castilla del reino de León a través de las hazañas del primer conde castellano, mezclando un tema épico con numerosos elementos religiosos.

Actividades

***Milagros de Nuestra Señora*, de Gonzalo de Berceo**

MILAGRO XI

El labrador avaro

Érase en una tierra un hombre labrador
que usaba de la reja más que de otra labor;
más amaba la tierra que no a su Criador,
y de muchas maneras era revolvedor.

Hacía una enemiga bien sucia de verdad:
cambiaba los mojones por ganar heredad;
hacía en todas formas tuertos y falsedad,
tenía mal testimonio entre su vecindad.

Aunque malo, quería bien a Santa María,
oía sus milagros muy bien los acogía;
saludábala siempre, decíale cada día:
«*Ave gratia plena* que pariste al Mesías».

Finó el arrastrapajas de tierras bien cargado,
de los diablos fue luego en soga cautivado;
lo arrastraban con cuerdas, de coces bien sobado,
le pechaban al doble el pan que dio mudado.

Doliéronse los ángeles de esta alma mezquina
por cuanto la llevaban los diablos en rapina;
quisieron acorrerla, ganarla por vecina,
mas para hacer tal pasta menguábales harina.

Si les decían los ángeles de bien una razón,
ciento decían los otros malas, que buenas non;
los malos a los buenos tenían en un rincón,
la alma por sus pecados no salía de prisión.

Levantándose, un ángel dijo: «Yo soy testigo,
verdad es, no mentira, esto que ahora os digo:
el cuerpo que traía esta alma consigo
fue de Santa María buen vasallo y amigo.

Siempre la mencionaba al yantar y a la cena,
decíale tres palabras: *Ave, gratia plena*.
Boca por que salía tan santa cantilena
no merecía yacer en tan mala cadena».

Luego que este nombre de la Santa Reina
oyeron los demonios, salieron ta aína,
derramáronse todos como una neblina,
desampararon todos a esa alma mezquina.

Los ángeles la vieron quedar desamparada,
de manos y de pies con sogas bien atada,
estaba como oveja cuando yace enzarzada:
fueron y la llevaron junto con su majada.

Nombre tan adonado, lleno de virtud tanta,
y que a los enemigos los seguda y espanta,
no nos debe doler ni lengua ni garganta
que no digamos todos: *Salve, Regina sancta*.

6. Resume el cuento en unas seis o siete líneas.

7. ¿Qué vicio caracteriza al protagonista del relato?

8. ¿Qué ocurre con el alma del labrador cuando muere?

9. ¿Qué palabra es clave para resolver el conflicto?

10. Realizad las siguientes actividades por parejas:

- Señalad los versos en los que se recoge la lección moral del relato.
- Confeccionad un esquema del cuento en el que se señalen las siguientes partes: presentación del protagonista, conflicto, desenlace y enseñanza final.
- Comprobad si la métrica es la que corresponde al Mester de Clerecía y señalad algún otro rasgo típico del Mester de Clerecía.

11. Elabora un breve guion inspirado en el cuento de Gonzalo de Berceo en el que el protagonista tenga otro defecto.

La lengua en el siglo XIII. Alfonso X

En el **siglo XIII**, el **castellano** se convierte en una **lengua de cultura**, es decir, un idioma capaz de transmitir todos los conocimientos de la época. Para lograr ese desarrollo, fue crucial la ingente labor del rey Alfonso X el Sabio.

El rey Alfonso X el Sabio, siguiendo una tradición anterior, iniciada por la Escuela de Traductores de Toledo, del siglo XII, hizo verter al castellano textos latinos y árabes. Como la cultura arábiga y la romana habían tenido un gran desarrollo literario y científico, el castellano, una lengua aún primitiva, tuvo que adaptarse para convertirse en una lengua de cultura y expresar conocimientos de todo tipo: jurídicos, científicos, históricos, etc. Para ello, se fijó una ortografía, se ampliaron los nexos sintácticos y se creó un nuevo léxico culto, que proviene, en su mayoría, del latín y el árabe.

La figura del diablo está presente en cualquier actividad y condiciona los comportamientos humanos, como trasluce esta imagen perteneciente al *Breviario de Amor*, del Maestro Armengol, siglo XIII. Biblioteca de El Escorial.

El Mester de Clerecía en el siglo XIV: el *Libro de Buen Amor*, del Arcipreste de Hita

Juan Ruiz, Arcipreste de Hita, escribió la obra más brillante y original del siglo XIV: el ***Libro de Buen Amor***. Por su forma, podría incluirse en el Mester de Clerecía, pero los temas y el vitalismo que encontramos en él reflejan una sensibilidad muy alejada del didactismo.

Del **autor** del *Libro de Buen Amor* solo conocemos el nombre y su condición de sacerdote en la localidad de Hita. Sin embargo, su obra refleja una acusadísima personalidad: era un hombre divertido y vital, que cantaba los placeres del mundo y, al mismo tiempo, tenía una sincera religiosidad. Esta aparente paradoja es típica del final de la Edad Media. Del mismo modo, el hecho de que la obra esté escrita en forma autobiográfica se debe interpretar como un recurso expresivo de aproximación al lector. Por otra parte, el libro refleja que su autor era un gran conocedor de la literatura culta y popular de su época.

9

El progresivo desarrollo de la vida urbana favoreció la aparición de una mentalidad mundana, claramente perceptible en el *Libro de Buen Amor*. La ilustración alude al comercio en el Mediterráneo en la baja Edad Media.

El *Libro de Buen Amor*

Tema y estructura. Se trata de una obra escrita en verso, con predominio de la cuaderna vía; por eso se incluye en el Mester de Clerecía. Sin embargo, hay otros aspectos en los que difiere de las obras del Mester de Clerecía, sobre todo la ausencia de didactismo, es decir, la ambigüedad de su objetivo.

El *Libro de Buen Amor* narra de forma autobiográfica diferentes episodios amorosos. En ellos, el autor (o el *yo narrativo*) intenta conseguir el amor de alguna mujer y, para ello, recurre a veces a intermediarias o alcahuetas (aquí, *Trotaconventos*).

Junto a estos episodios narrativos de tema amoroso (escritos casi todos en cuaderna vía), se encuentran mezclados textos muy diferentes: cuentos o **ejemplos**, composiciones **líricas** (poemas a la Virgen, serranillas...); una batalla alegórica entre don Carnal y doña Cuaresma (parodia de las batallas épicas); **digresiones morales** (sobre el vino, sobre la confesión...), y composiciones **burlescas**, como un elogio a la mujer pequeña o un poema sobre el poder del dinero.

Originalidad. Lo más innovador del *Libro de Buen Amor* es la mezcla de elementos aparentemente contradictorios: la **religiosidad** y el **vitalismo** profano; el tono serio, incluso grave, junto al aire divertido y burlesco de algunas parodias sobre el amor cortés o la pedantería de algunos eclesiásticos, por ejemplo. Esa suma de temas y tonos hace que el *Libro de Buen Amor* sea difícil de interpretar, es decir, el objetivo del autor al escribir este libro no queda claro; la ambigüedad aparece ya en el mismo prólogo, en el que nos dice que quiere prevenir contra «el loco amor, pero que si algunos no desean hacerle caso y quisieren usar del loco amor, aquí hallarán algunas maneras para ello».

En conjunto, lo que llama la atención en el *Libro de Buen Amor* es que aparece por primera vez una **actitud irónica** y **vitalista** en una **obra culta**.

El **estilo** del *Libro de Buen Amor* muestra un lenguaje rico y muy variado. Se emplea el registro culto y el coloquial; un léxico muy amplio y de enorme plasticidad, con expresiones pintorescas, afectivas y populares que reflejan la variedad del habla urbana del siglo XIV.

Las formas métricas también son variadas; así, junto a la cuaderna vía aparecen formas típicas de la poesía popular, como el zéjel.

Actividades

***Libro de Buen Amor*, del Arcipreste de Hita**

Elogio de la mujer chica

Así como en pequeña rosa hay mucho color,
en muy poco oro gran precio y gran valor,
así como en poco bálsamo hay mucho buen olor,
también en mujer pequeña hay muy gran sabor,
así como un rubí pequeño tiene mucha bondad,
color, valor y precio, nobleza y claridad,
también la mujer pequeña tiene mucha beldad,
hermosura, donaire, amor y lealtad.
Pequeña es la calandria y pequeño el ruiseñor,
pero más dulce cantan que otra ave mayor,
la mujer que es pequeña por eso es mejor,
con galanteo es más dulce que azúcar o flor,
son aves pequeñuelas papagayo y oropéndola,
pero cualquiera de ellas es dulce trinadora,
graciosa, hermosa, preciada cantadora,
bien igual es la mujer pequeña para el amor.
Con la mujer pequeña no hay comparación,
es el paraíso terrenal y gran consuelo,
deleite y alegría, placer y bendición,
es mejor en la prueba que en la presentación.
Siempre quise a mujer pequeña más que a grande o mayor,
no es desacierto del gran mal ser huidor,
del mal tomar el menos, lo dice el sabio,
por lo tanto de las mujeres la mejor es la menor.

12. El poeta dice varias veces que prefiere la mujer pequeña y hace algunas comparaciones.
- Confecciona una lista de las cosas con las que el autor compara a la mujer pequeña.

13. ¿En la última estrofa se mantiene el mismo esquema comparativo? ¿Cambian el tono y el sentido global del poema?

14. Por el tema, ¿responde al Mester de Clerecía?

La narrativa en prosa en el siglo XIV

En el siglo XIV empieza a desarrollarse en castellano una narrativa en prosa que abarca narraciones sobre temas caballerescos.

Gracias, en parte, a la labor de Alfonso X, la prosa castellana del siglo XIV incorpora nuevos temas y nuevas formas narrativas, como, por ejemplo:

- **Novelas de caballerías.** *La gran conquista de ultramar*, de finales del siglo XIII, es una narración anónima que relata las cruzadas en forma de novela. Se ha considerado el antecedente directo de las novelas de caballerías. La primera obra de este tipo que se conoce en castellano es *El caballero Cifar*, de 1304, probablemente escrita por Ferrand Martínez.

- **Colecciones de apólogos o ejemplos.** Son conjuntos de narraciones que tienen una finalidad didáctica y cuya enseñanza o moraleja se resume al final. Las diferentes narraciones, en general, tienen un hilo conductor argumental. Recogen la influencia de obras de la literatura oriental, como el *Calila e Dimna*, una colección de cuentos

Alfonso X el Sabio desarrolló una importante labor científica y literaria, a menudo a partir de fuentes orientales, como en el caso de la traducción de los cuentos del *Calila e Dimna*, a los que pertenece la miniatura reproducida.

El castillo de Alarcón (Cuenca) es una fortificación de origen árabe reconstruida por el rey Alfonso VIII en el siglo XII. Don Juan Manuel escribió gran parte de su obra entre los muros de este castillo.

de la literatura india, que había sido traducido por Alfonso X. Este tipo de narraciones tuvo mucho éxito en toda Europa. Buenos ejemplos de ello son *El Decamerón*, de Boccaccio, en la literatura italiana, y los *Cuentos de Canterbury*, de Geoffrey Chaucer, en la inglesa. En esta línea se encuentra la obra de don Juan Manuel.

El conde Lucanor, de don Juan Manuel

Don Juan Manuel es autor de *El conde Lucanor*, un **conjunto de cuentos** enlazados por dos personajes: el conde Lucanor y su criado Patronio. Esta obra, del siglo XIV, se considera la primera **prosa narrativa** de autor en castellano.

Los relatos que aparecen en *El conde Lucanor* (también llamado *Libro de Patronio*) proceden, en su mayoría, de la tradición oriental o romana, pero don Juan Manuel, sobrino de Alfonso X el Sabio, es el primer escritor que manifiesta su voluntad de crear un estilo literario personal, que aspira, sobre todo, a la precisión. Como exigía el género en la época, los cuentos tienen una finalidad didáctica: de ellos se extrae una lección moral.

La **estructura** de las narraciones o ejemplos sigue siempre un mismo esquema:

- El conde Lucanor plantea a su sirviente Patronio algún problema.
- Patronio responde que sobre el mismo tema conoce un ejemplo o cuento y se lo explica; de esa narración se deriva una enseñanza.
- Se dice muy brevemente que el conde puso en práctica el consejo y le fue bien.
- El autor resume la idea didáctica en una moraleja.

Los **temas** que plantea don Juan Manuel reflejan, en conjunto, las preocupaciones de los aristócratas de la época, como, por ejemplo, el mantenimiento del prestigio y de la riqueza, o el comportamiento moral y social que deben seguir los nobles.

Don Juan Manuel también escribió el *Libro del caballero y el escudero*, donde se presenta la caballería como el mejor oficio para el hombre, y el *Libro de los estados*, que es una adaptación de la leyenda de Buda.

Actividades

***El conde Lucanor*, de don Juan Manuel**

CUENTO XIII

Lo que sucedió a un hombre que cazaba perdices

Hablaba otra vez el conde Lucanor con Patronio, su consejero, y díjole así:

–Patronio, algunas personas muy importantes, y también otras que no lo son tanto, me hacen daño a veces en mi hacienda o en mis vasallos y, cuando me ven, me dicen que les pesa mucho y que lo hicieron obligados por la necesidad y porque no podían en aquel momento hacer otra cosa. Como quiero saber qué conducta seguir cuando tales cosas me sucedan, os ruego me digáis qué pensáis de esto.

–Señor conde Lucanor —respondió Patronio—, lo que os pasa y os preocupa tanto se parece mucho a lo que sucedió a un hombre que cazaba perdices.

El conde le rogó que se lo contara.

–Señor conde —dijo Patronio—, un hombre puso redes a las perdices y, cuando cayeron, se llegó a ellas y, conforme las iba sacando, las mataba a todas. Mientras hacía esto le daba el viento en la cara con tanta fuerza que le hacía llorar. Una de las perdices que aún estaba viva empezó a decir a las que quedaban dentro de la red:

–Ved, amigas, lo que hace este hombre, que, aunque nos mata, nos compadece y llora por eso.

Otra perdiz, que por ser más sabia que la que hablaba no cayó en la red, le dijo desde fuera:

–Amiga, mucho le agradezco a Dios el haberme guardado, como le ruego haga en adelante, no solo conmigo, sino con todas mis amigas, del que quiere matarme o hacerme daño y simula sentirlo.

Vos, señor conde Lucanor, guardaos siempre del que os perjudica y dice que le pesa; pero si alguien os perjudicara involuntariamente y el daño o pérdida no fuera mucho y esa persona os hubiera ayudado en otra ocasión o hecho algún servicio, yo os aconsejo que en este caso disimuléis, siempre que ello no se repita tan a menudo que os desprestigie o lesione mucho vuestros intereses. De otra manera, debéis protestar con tal energía que vuestra hacienda y vuestra honra queden a salvo.

El conde tuvo por buen consejo este que le daba Patronio, lo puso en práctica y le fue muy bien. Viendo don Juan que este cuento era muy bueno, lo mandó poner en este libro y escribió unos versos que dicen así:

Procúrate siempre muy bien guardar
del que al hacerte mal muestra pesar.

15. En parejas, localizad las partes del texto: planteamiento del problema, cuento, lección moral que se deriva de él, etc.

16. Comprobad si esas partes coinciden con puntos de vista narrativos diferentes: narración en tercera persona, diálogo...

17. ¿Cuál es el tema de la narración?

18. Comparad el didactismo de Berceo y el de don Juan Manuel. ¿En qué difieren?

9

El teatro medieval

Quedan muy pocos documentos del **teatro medieval** peninsular. Sabemos, sin embargo, que el primitivo teatro nació unido a las ceremonias y **festividades religiosas**, sobre todo a los temas de la Navidad, la Pasión o muerte de Jesús, la eucaristía y los temas referidos a la Virgen María.

Las representaciones de tema religioso se escenificaban dentro y fuera de las iglesias y tenían un carácter didáctico, ya que recordaban al pueblo la historia sagrada. En el reino de Aragón (los actuales territorios de Aragón, Cataluña, Valencia y Baleares), parece ser que estas representaciones fueron muy abundantes y populares; el *Misterio de Elche*, de tema mariano, es un vestigio de este tipo de teatro representado dentro de los templos.

Del teatro medieval castellano solo se conserva un fragmento de la *Representación de los Reyes Magos*, o ***Auto de los Reyes Magos***, del siglo XII, escrito en verso y que refleja cierta influencia francesa.

A partir del siglo XIII se introdujeron elementos populares profanos que desbordaban el marco religioso, con música, danzas y escenas de tono burlesco. Como las autoridades religiosas y civiles consideraron que esas obras eran poco adecuadas para ser representadas dentro de las iglesias, emitieron algunos documentos en los que decían que los clérigos no debían permitir esas representaciones en sus templos. Así pues, esas nuevas escenificaciones, a veces irreverentes, pasaron a representarse en las plazas, sobre carros que funcionaban como escenarios portátiles.

En muchas poblaciones de la Península se celebran anualmente actos para rememorar su pasado medieval. Sobre estas líneas, juglares en la feria medieval de Balmaseda (Vizcaya). Al lado, representación del auto sacramental *La divina Filotea* en la plaza de la Villa de Madrid, tal como la imaginó, en 1918, el pintor Joaquín Muñoz Morillejo.

COMENTARIO *Libro de Buen Amor*, del Arcipreste de Hita

Fábula sobre el poder que tiene el dinero

Mucho hace el dinero, mucho se ha de amar,
convierte al torpe en bueno y hombre respetable,
hace correr al cojo y al mudo hace hablar,
el que no tiene manos dinero quiere atrapar.
Aunque uno sea necio y rudo labrador,
el dinero le convierte en hidalgo y sabio,
cuanto más se tiene tanto más se vale,
el que no tiene dinero no es dueño de sí.
Si tienes dinero lograrás consuelo,
placer, alegría, y prebenda papal,
comprarás el paraíso y ganarás la salvación,
donde hay mucho dinero hay mucha bendición.
Yo vi en la corte de Roma, donde está la santidad,
que todos se inclinaban ante el dinero,
le hacen grandes honras y gran solemnidad,
todos se arrodillaban ante él como ante el Crucifijo.
Hacía muchos priores, obispos y abades,
arzobispos y doctores, patriarcas, autoridades,
a muchos clérigos necios les daba dignidades.
Hacía muchos clérigos y muchos ordenados,
a muchos monjes y monjas, religiosos sagrados,
el dinero les daba por bien examinados,
a los pobres les decían que no eran letrados.
Ganaba muchos juicios, daba malas sentencias,
entre malos abogados tenía su sustento,
en conseguir malos pleitos y hacer malos acuerdos,
en fin, por dinero obtenían penitencia.
El dinero rompe las cadenas dañosas,
libra de cepos y grillos y prisiones peligrosas,
al que no da dinero le ponen las esposas,
en todo el mundo hace cosas asombrosas.
Vi hacer portentos donde él frecuentaba,
a muchos que merecían la muerte vida les daba,
otros estaban sin culpa y pronto les mataba,
perdía a muchas almas y a muchas otras salvaba.
Al pobre le hacía perder su casa y su viña,
bienes muebles y raíces, todo lo descompone.
Donde está en juego el dinero, allí el ojo se guiña,
por todo el mundo se extienden su sarna y su tiña.
Convierte en caballeros a necios aldeanos,
en condes y hombres de pro a algunos villanos,
todos los hombres andan con el dinero satisfechos,
cuantos hay en el mundo le besan las manos.
Vi que el dinero tenía las mejores viviendas,
altas y muy costosas, hermosas y pintadas,
castillos, haciendas y villas con torres
servían al dinero y eran por él compradas.
Comía muchos manjares de diversas clases,
vestía paños nobles y doradas vestiduras,
ornamentos extraños y nobles cabalgaduras,
llevaba hermosas joyas entre lujos y jaranas.
[...]
En resumen te lo digo y entiéndolo cabal,
el dinero es del mundo un gran perturbador,
en señor vuelve al siervo y al señor en servidor,
todas las cosas del mundo se hacen por su amor.

Localización

1. En grupos de dos o tres personas, haced un esquema de la narrativa medieval y situad en ella el *Libro de Buen Amor*.

2. ¿A qué *escuela narrativa* pertenece la obra?

Análisis del contenido y de la expresión

3. El Arcipreste de Hita trata aquí un tema clásico (el poder que da el dinero), un tema que, sin embargo, es la primera vez que aparece en castellano. A partir de este motivo, se critican los diferentes estamentos sociales por su servilismo ante el dinero.

- Haced una lista con los nombres que se refieren al estamento religioso.
- Confeccionad otra lista con palabras que aluden a la justicia.
- Señalad qué defectos físicos o psicológicos puede solucionar el dinero, según el poema.
- ¿Aparece en alguna estrofa el tema del dinero como motivo de ascenso social?

4. ¿Opináis que el primer verso tiene un tono irónico?

5. Elegid los adjetivos que creáis más adecuados para calificar el tono general del poema: dramático, humorístico, grave, irónico, trágico, épico, lírico.

Valoración y creación

6. Plantead un debate o escribid una redacción sobre el poder del dinero en la actualidad, señalando en qué medida continúa vigente la visión del poeta. ¿Aparecerían otros grupos sociales? ¿Se eliminarían algunos? ¿Sirve el dinero para ascender socialmente?

7. Esta composición ha sido musicada y cantada en el siglo XX por un conocido cantante, Paco Ibáñez. Buscad información sobre ello en Internet, escuchad la versión e indicad qué otros poetas aparecen en el mismo disco.

1 GUÍA DE LECTURA

Milagros de Nuestra Señora, de Gonzalo de Berceo

Introducción

1. Elabora un esquema de la narrativa medieval y especifica la época y la corriente narrativa a la que pertenecen los *Milagros de Nuestra Señora*.

2. Indica los rasgos que caracterizan las obras del Mester del Clerecía.

Estudio de la obra

Los ***Milagros de Nuestra Señora*** se inician con una introducción, donde se explica el objetivo del libro, y tras ella se narran **veinticinco milagros** de la Virgen.

La introducción

La obra empieza con una alegoría, es decir, con una serie de imágenes cuyo significado se aclarará más tarde. Berceo cuenta que, yendo de romería, llegó a un prado tan agradable que lo invadió un gran bienestar espiritual. Tras esa escena, el autor explica que el prado simboliza la Virgen y justifica el propósito del libro: dar a conocer sus milagros.

3. Identifica en la introducción las siguientes partes:

- Apelación a los oyentes para que presten atención.
- Presentación del propio autor.
- Descripción del paisaje.
- Narración del efecto que el paisaje provoca.
- Explicación de las claves para interpretar lo anterior.
- Exposición del objetivo del autor.

4. Indica si en la introducción aparecen rasgos característicos del Mester de Clerecía: la métrica (de las dos primeras estrofas), el tipo de tema, el empleo de fórmulas juglarescas...

5. Las estrofas 17, 18 y 19 expresan de forma alegórica la concepción medieval de la vida. Explica en una o dos líneas la idea de la frase «Todos somos romeros que en el camino andamos».

6. Escribe tres expresiones del poema que se refieran a la Virgen.

7. Indica el significado alegórico de las siguientes imágenes: los romeros y la romería; el prado; los árboles y las flores.

Los *Milagros*

Son breves historias que muestran las diferentes formas en que la Virgen interviene en la vida de diversos personajes. A pesar de la unidad temática, algún especialista (J. M. Rozas) distingue tres tipos de narraciones:

a) Milagros en que la Virgen premia y castiga a los hombres.

b) Milagros «del perdón», en los que la Virgen salva a sus devotos, a pesar de que han cometido faltas.

c) Milagros «de conversión», cuyos protagonistas sufren una crisis espiritual.

■ **Milagros en que la Virgen premia y castiga a los hombres:** *La casulla de san Ildefonso* (I), *El clérigo y la flor* (III), *El premio de la Virgen* (IV), *El pobre caritativo* (V), *El nuevo obispo* (XIII), *La imagen respetada* (XIV), *El niño judío* (XVI), *Los judíos de Toledo* (XVIII), *El náufrago salvado* (XXII), *La deuda pagada* (XXIII) y *La iglesia robada* (XXIV).

8. *La casulla de san Ildefonso* (I) presenta dos protagonistas humanos (positivo y negativo) y cuenta la diferente reacción de la Virgen ante ellos.

▶ Redacta un resumen que recoja los siguientes datos:

- Quién es el protagonista positivo y cómo muestra su amor a la Virgen.
- Cómo le corresponde esta.
- Rasgos que caracterizan a Siagrio.
- Qué le sucede a Siagrio con la casulla.
- Cuál es la lección moral del relato.

9. *El clérigo y la flor* (III), *El premio de la Virgen* (IV) y *El nuevo obispo* (XIII) responden a un planteamiento similar.

▶ Elabora un esquema que recoja los siguientes datos:

- condición social de los protagonistas,
- rasgo común que caracteriza a los protagonistas,
- intervención milagrosa de la Virgen.

10. *El pobre caritativo* (V) y *La imagen respetada* (XIV) son los milagros más sencillos de contenido y expresión. Resume uno de estos milagros en tres líneas (unas treinta palabras).

11. *El niño judío* (XVI), *Los judíos de Toledo* (XVIII) y, en menor medida, *La deuda pagada* (XXIII) muestran el sentimiento antijudío presente en gran parte del mundo católico medieval.

- Resume los dos milagros.
- Indica cómo se caracteriza a la comunidad judía.
- Desde la sensibilidad actual, ¿crees que estos relatos pueden considerarse moralizantes y didácticos? Justifica tu respuesta.

12. *El náufrago salvado* (XXII) es una interesante estampa de la época.

- Indica adónde se dirigen los peregrinos.
- Resume la concepción medieval del cristianismo que se expresa en las estrofas 600-603.

13. En *La iglesia robada* (XXIV) se explicita la idea de que la Virgen premia a los buenos y castiga, a veces cruelmente, a los malos.

- Indica las estrofas donde se expresa esa idea.
- Resume el milagro.
- ¿La actuación de la Virgen responde a la sensibilidad actual? Justifica tu respuesta.

■ **Milagros «del perdón»:** *El sacristán impúdico* (II), *El ladrón devoto* (VI), *El monje y san Pedro* (VII), *El romero de Santiago* (VIII), *Los dos hermanos* (X), *El labrador avaro* (XI), *El prior y el sacristán* (XII) y *Un parto maravilloso* (XIX).

14. *El sacristán impúdico* (II), *El monje y san Pedro* (VII) y *El prior y el sacristán* (XII) presentan un mismo esquema: hombres de iglesia con defectos morales que logran salvarse.

- Indica los defectos morales de los protagonistas y las causas por las que son perdonados.
- Analiza cómo se expresa la Virgen en *El sacristán impúdico* (estrofas 89-93).
- Compara el paisaje idílico (*locus amoenus*) que aparece en *El prior y el sacristán* (estrofa 297) con el de la introducción. ¿Simbolizan lo mismo?

15. *El ladrón devoto* (VI) y *El labrador avaro* (XI) tienen protagonistas laicos, con vicios y con alguna virtud. El milagro de la Virgen en *El ladrón devoto* (VI) es uno de los más ingeniosos. Resume la narración.

16. *Los dos hermanos* (X) ofrece una visión humanizada de los santos y de la Virgen.

- Señala la causa de la «venganza» de san Lorenzo y santa Inés (estrofas 242-243).
- ¿Qué negocia la Virgen con Jesucristo para salvar a Esteban?

17. *El romero de Santiago* (VIII)

- Señala cómo engaña el demonio al joven Giraldo.
- Indica quién pide ayuda a la Virgen y justifica la intervención de este personaje.

18. *Un parto maravilloso* (XIX) es de los pocos milagros con una protagonista femenina. Resume el relato.

■ **Milagros «de conversión»:** *El clérigo ignorante* (IX), *La boda de la Virgen* (XV), *La iglesia profanada* (XVII), *El clérigo embriagado* (XX), *La abadesa encinta* (XXI) y *El milagro de Teófilo* (XXV).

19. *El clérigo ignorante* (IX), *La boda de la Virgen* (XV), *La iglesia profanada* (XVII) y *El clérigo embriagado* (XX) muestran una Virgen con rasgos muy humanos: furiosa, maternal y tierna, ingeniosa, vengativa, celosa...

- Califica los rasgos humanos que presenta la Virgen al defender a los clérigos (IX y XX), cuando se queja al novio (XV) y al castigar a los profanadores (XVII).

20. *La abadesa encinta* (XXI) presenta un planteamiento más complejo de lo habitual en Berceo.

- Explica la virtud de la abadesa que más se valora en el milagro.

21. *El milagro de Teófilo* (XXV), una de las narraciones más complejas de la obra, trata sobre un tema clásico: el pacto con el diablo. Resume el texto y señala sus partes principales.

Propuestas de trabajo

Los *Milagros* ofrecen una interesante visión del mundo medieval. Aunque predomina todo lo que se refiere a la religión, aparecen otros aspectos que pueden ser objeto de diferentes trabajos:

- Protagonistas de los milagros: eclesiásticos/legos; hombres/mujeres; buenos/pecadores; ricos/pobres...
- Actividades y lugares que aparecen en la obra.
- Tipos de milagros de la Virgen: intervención directa; mediación ante Jesucristo; santos que interceden ante la Virgen.
- Caracterización de la Virgen en los *Milagros*.
- Virtudes que justifican los diferentes milagros.

Aspectos estilísticos: estructura más habitual, recursos expresivos, léxico, preocupación del autor por dejar constancia de que se basa en textos escritos, etc.

UNIDAD 2

La literatura del siglo XV

Tapiz de la dama y el unicornio, alegoría de la vista que forma parte de una serie de tapices del siglo XV dedicados a los sentidos.

Lo que define al **siglo** XV es su carácter de **transición**, porque supone el final de la Edad Media y el comienzo de la Edad Moderna. Es, por tanto, una época de profundos cambios históricos, sociales y culturales, en la que **conviven elementos medievales y modernos**. Todo ello genera una conciencia de **crisis**, de **inseguridad** y **pesimismo**: el mundo se concibe como un caos inestable, regido por el azar o por la diosa Fortuna (una alegoría muy presente en la época).

MARCO HISTÓRICO Y CULTURAL

Historia y sociedad

El siglo XV comienza en Castilla con **guerras civiles, conflictos dinásticos, rebeliones de la nobleza** y **revueltas de los campesinos**.

El clima de inestabilidad dominó los dos primeros tercios del siglo, bajo la dinastía de los Trastámara. A partir del último tercio, los Reyes Católicos, que suman el reino de Castilla y el de Aragón, imponen una monarquía autoritaria y centralista. Durante su reinado, liquidan los restos de feudalismo, dominan a la nobleza y la Iglesia, acaban la Reconquista en 1492, expulsan a los judíos e instauran la Inquisición.

A lo largo del siglo XV aparecieron **tensiones entre las distintas comunidades**; la convivencia entre musulmanes, judíos y cristianos se había ido deteriorando y el clima de antisemitismo fue profundo en muchos momentos de la centuria. Por ello, la expulsión de los judíos acrecentó la popularidad de la monarquía y también dio lugar a la aparición de **conversos** o cristianos nuevos, muchos de los cuales formaban parte de la minoría culta del país: médicos, juristas, etc.

Al mismo tiempo, el incremento del comercio favoreció el **crecimiento de las ciudades** y el conocimiento de nuevas culturas. A partir del desarrollo comercial, la burguesía más rica se asimila a la nobleza e imita sus maneras y gustos.

Cultura

La cultura del siglo XV se caracteriza por la influencia del **humanismo**, que supone la revalorización del conocimiento racional, de la cultura clásica y de las lenguas vulgares. Con la invención de la **imprenta**, el ideal humanista se difunde más fácilmente.

El **humanismo**, que centra su atención en el ser humano y en el conocimiento racional, es el primer elemento renacentista que aparece en la cultura hispánica. El entusiasmo humanista por la cultura clásica grecolatina llega de Italia, sobre todo a través de los escritores Dante, Petrarca y Boccaccio.

Taller de imprenta en Nuremberg (s. XV). La imprenta, inventada en la década de 1450 por el alemán Johann Gutenberg, hizo posible la producción de grandes cantidades de libros y, con ello, una mayor difusión de la cultura.

La **creación de nuevas universidades** que se interesan por el saber humanístico, como la de Alcalá de Henares, contribuye a la formación de hombres letrados que, frente a los clérigos medievales, son más rigurosos y eruditos.

El **prestigio de las lenguas vulgares** deriva también de la visión humanista y convive con el entusiasmo por las lenguas clásicas: el latín y el griego. El influjo humanista explica las traducciones de los libros religiosos –hasta entonces solo en latín–, la aparición de las primeras gramáticas, como la de Elio Antonio de Nebrija, y el interés por la literatura tradicional popular.

Las **cortes palaciegas** se convierten en verdaderos focos culturales, desde donde los mecenas protegen a los hombres cultos o letrados. En los palacios, el saber se valora como una de las virtudes imprescindibles del cortesano, y la aristocracia se interesa tanto por las nuevas formas de cultura como por la cultura popular tradicional.

La **invención de la imprenta** supuso un cambio radical en la difusión de los libros, hasta entonces reservados a una minoría aristocrática o religiosa. Sin la imprenta no se entiende el éxito de géneros como las novelas sentimentales o de caballerías, que llegaron a un público muy amplio, en gran parte femenino, aristócrata y burgués.

SIGLO XV	LOS GÉNEROS LITERARIOS DEL PRERRENACIMIENTO		
	Lírica	Anónimo Marqués de Santillana Jorge Manrique	Cancioneros y Romancero *Serranillas* *Coplas a la muerte de su padre*
	Narrativa	Anónimo Anónimo Diego de San Pedro Arcipreste de Talavera	Romancero *Amadís de Gaula* *Cárcel de amor* *El Corbacho*
	Teatro	Anónimo Fernando de Rojas	*Danzas de la Muerte* *La Celestina*

El prerrenacimiento

Tradición y renovación literaria

La literatura del siglo XV abarca temas, formas y géneros en los que **se mezclan rasgos medievales** y **humanistas** o prerrenacentistas. Los modelos literarios de la época son los humanistas italianos Dante Alighieri, Francesco Petrarca y Giovanni Boccaccio.

Retrato de Dante en un fresco de la catedral de Orvieto (Italia). El influjo de Italia, representado sobre todo por Dante, Boccaccio y Petrarca, fue un fenómeno capital en la cultura castellana.

La combinación de medievalismo y humanismo se manifiesta en diversos aspectos. Por ejemplo, surge una moda medievalizante, que se refleja en el gusto por el tema caballeresco y por la alegoría, y en la influencia de la lírica provenzal. Al mismo tiempo, el influjo humanista se manifiesta en temas como la valoración de la fama, la admiración por el estilo culto latinizante y la desaparición de las escuelas medievales de clerecía y juglaría. En literatura, se reconocen como maestros los humanistas italianos: Dante, autor del poema alegórico la *Divina Comedia*, tuvo una enorme influencia en la poesía culta alegórica; Boccaccio fue el modelo en la prosa sentimental, y, más tardíamente, la poesía amorosa de Petrarca se impuso como ideal de toda la lírica europea.

La poesía culta. Los cancioneros

La **poesía culta** del siglo XV es de estilo **conceptista** y trata sobre temas variados: amorosos, satíricos, morales, etc. También se denomina **poesía cancioneril**, porque se conserva en los **cancioneros** de la época.

Los cancioneros muestran la producción de diferentes épocas y lugares. Así, en el *Cancionero de Baena* se recopilan obras de los poetas de la corte de Juan II, y en el *Cancionero de Stúñiga*, obras de los poetas de la corte napolitana de Alfonso V, de la corona de Aragón.

La poesía **amorosa** sigue el modelo del **amor cortés** medieval, de tradición trovadoresca provenzal; la lírica de tema **moral** imita la corriente italiana alegórico-dantesca, siguiendo el estilo de la *Divina Comedia* de Dante, y refleja el entusiasmo por la cultura grecolatina propio de los humanistas. En esta corriente se encuentran el marqués de Santillana, con *Infierno de los enamorados*, y Juan de Mena, con el *Laberinto de Fortuna*, poema que provocó la admiración de sus coetáneos.

Del marqués de Santillana hoy se valoran especialmente las composiciones que imitan la poesía tradicional, como las *Serranillas*, versión estilizada de las pastorelas medievales. No obstante, en su momento, el autor las consideró de poco interés.

Jorge Manrique. Las *Coplas a la muerte de su padre*

Jorge Manrique fue un buen poeta de *cancionero*. Su poesía amorosa, dentro de lo artificioso del género, muestra una de las voces más personales del momento. Pero si hoy se le valora como el mejor poeta de su siglo es por un único poema, las ***Coplas a la muerte de su padre***.

El autor. Jorge Manrique perteneció a una de las grandes familias de la nobleza castellana. Participó en diferentes batallas junto a su padre y murió en pleno combate, a la edad de treinta y nueve años. Su figura encarna el ideal cortesano, la valentía en el combate y la habilidad en las letras. Fue uno de los últimos **representantes de la aristocracia guerrera** en la que aún pervivían muchos ideales medievales, y un hombre culto, como exigía el modelo **humanista**.

Jorge Manrique compuso las *Coplas* a raíz de la muerte de su padre, don Rodrigo; el poema es, pues, una **elegía**, una composición que expresa el dolor del poeta.

El tema. Las *Coplas* desarrollan el tema de la **muerte**: parten de una meditación genérica sobre la fugacidad de la vida y acaban presentando la muerte del padre del poeta. El progreso de lo general a lo particular acentúa la emotividad del final de la composición.

Toda Europa sintió, a finales de la Edad Media, la obsesión de lo macabro; de ahí el constante cultivo poético y pictórico del tema de la *danza de la muerte*. No obstante, Jorge Manrique, al evocar el paso de las cosas, supo sustituir la nota de horror por una elegante nostalgia. De su éxito en los tiempos sucesivos da fe una serie de «glosas» a sus famosas *Coplas*.

Gloſa famoſiſſima ſobre las coplas que hizo don Jorge Manrique a la muerte del maeſtre de Santiago ſu padre.

PASCUAL de GAYANGOS

La vanda y cadena ſon ciertas ſeñales
De armas y gloria de hechos nombrados
De ſtuñiga fueron los antepaſſados
Que aqueſtas dexaron por ſer immortales
Fueron fundadas por coſas reales
Dignos de toda perpetua alabança
Que agora ſe hallan no menos mas tales
En eſte que es quinto de no tranſuerſales
En quien tienen pueſta muy firme ſu eſtãça

Primera página de unas glosas sobre las *Coplas* de Jorge Manrique. Estas composiciones arrancan del carácter proverbial de la obra manriqueña.

El tema de la muerte fue muy frecuente en la Edad Media; desde la perspectiva cristiana, la muerte era vista como liberadora, ya que abría las puertas a la vida eterna. Sin embargo, en los siglos XIV y XV, era habitual presentar la muerte como un personaje terrorífico (un esqueleto con una guadaña) que igualaba a todos bajo su poder, como escenificaban las populares *Danzas de la muerte*; también era usual exponer la descomposición del cuerpo humano de forma detallada y macabra.

En general, el poema de Manrique se inscribe en la visión medieval de la muerte, pues exalta los valores espirituales que no perecen y los contrapone a los caducos bienes terrenales. No obstante, Manrique ofrece una novedad: presenta un tema muy tratado anteriormente con una visión serena, exenta de cualquier tono macabro desagradable.

La estructura. La composición consta de 40 estrofas de 12 versos: las **coplas de pie quebrado**, formadas por una **sextilla** doble de versos de ocho y cuatro sílabas, llamada desde entonces **manriqueña** en honor al poeta. Su esquema métrico es 8a, 8b, 8c, 8a, 8b, 4c; 8d, 8e, 4f, 8d, 8e, 4f. Es una forma sencilla que obliga a una cierta concisión y Manrique, mediante los acentos, consigue un ritmo muy marcado, a veces funerario. Lo habitual en la época era emplear versos de arte mayor para las composiciones de tono grave.

Por los temas sobre los que trata, la obra se organiza en tres partes:

- **Reflexión** sobre la **fugacidad de la vida** y la **certeza de la muerte**. Recrea los temas clásicos, o *tópicos*, que se conocen con las expresiones latinas *tempus fugit* 'el tiempo pasa' y *memento mori* 'recuerda que has de morir'. Ambos motivos van **ligados** inevitablemente a la reflexión sobre la vanidad de las cosas terrenales, es decir, lo inconsistente y efímero de los bienes mundanos, tema que enlaza con el apartado siguiente.
- **Evocación** emotiva y nostálgica del **pasado**, ya desaparecido, que concreta con ejemplos las ideas generales anteriores. El retrato brillante y sensorial de la vida cortesana se intensifica porque se va recordando su fugacidad mediante las interrogaciones: *¿qué fue de...?* o *¿qué se hizo de...?*, fórmulas que representan el tópico literario *ubi sunt?* '¿dónde están?'.
- **Individualización** en torno a la figura del **padre**, don Rodrigo, presentado como ejemplo por sus virtudes, sus hazañas, su resignación cristiana y su serenidad ante la llegada de la muerte. Al final, en un sosegado diálogo, la muerte consuela al caballero diciéndole que le esperan dos formas de vida: la fama, que le permite vivir en la memoria de las generaciones futuras, y la vida eterna y verdadera. A esas dos vidas contrapone la caducidad y lo engañoso de la vida terrenal.

El estilo. Es sencillo, antirretórico, sobre todo si se compara con el modelo dominante en la época. La **naturalidad** del lenguaje contrasta con la gravedad del tema. Posiblemente, esa combinación de **sencillez** y **profundidad** es la que convierte a Manrique en un autor especialmente valorado por los poetas posteriores; es un poeta de poetas.

El sentido. La obra de Jorge Manrique recoge la sensibilidad del final de la Edad Media, mientras que la figura de su padre, el protagonista del poema, encarna las **virtudes caballerescas y cristianas** medievales. La obra refleja las contradicciones de la época cuando expresa la tensión entre la concepción cristiana medieval y una nueva sensibilidad, más receptiva a la belleza de la vida. Mientras que la visión cristiana infravalora los bienes terrenales por efímeros, el amor a la vida se manifiesta en la nostalgia por la brillantez del mundo desaparecido, nostalgia que se intensifica cuando el poeta evoca el esplendor del pasado más cercano. Asimismo, Manrique muestra otros rasgos **prerrenacentistas**, como la valoración de la fama (despreciada anteriormente) y la delicadeza y elegancia con que trata el tema de la muerte.

Actividades

***Coplas a la muerte de su padre*, de Jorge Manrique**

Recuerde el alma dormida,
avive el seso y despierte,
contemplando
cómo se pasa la vida,
cómo se viene la muerte
tan callando;
cuán presto se va el placer,
cómo, después de acordado,
da dolor,
cómo, a nuestro parescer,
cualquiera tiempo pasado
fue mejor.

Nuestras vidas son los ríos
que van a dar en la mar
que es el morir:
allí van los señoríos
derechos a se acabar
y consumir;
allí los ríos caudales
allí los otros, medianos
y más chicos;
allegados son iguales
los que viven por sus manos
y los ricos. [...]

1. Realizad una lectura expresiva del poema.
2. En parejas, resumid las sextillas con un lenguaje actual y un registro estándar.
3. Señalad las expresiones contrapuestas (antónimos y paralelismos) que aparecen en la primera sextilla.
4. Indicad con qué conceptos se relaciona la muerte y con cuáles, la vida.
5. Confeccionad el esquema métrico de la primera sextilla.
6. Calificad con dos adjetivos el pensamiento de Manrique respecto al tema de la vida y la muerte.
7. Escribe una redacción de unas diez o doce líneas sobre cómo se considera la muerte en el mundo actual (puedes exponer tu opinión sobre el tema o bien hacer una exposición objetiva e impersonal).

El Romancero

El prestigio de los **romances** va unido a la valoración de lo **tradicional**, que nace hacia finales del siglo XV por influencia del **humanismo**. Los poetas cultos y los cortesanos se interesan por las canciones que se transmitían oralmente, al margen de la poesía culta, y las incorporan a los **cancioneros musicales**, que recogen letra y música, y que se usaban para cantar en las cortes. Se recopilan las canciones líricas tradicionales y los romances. En los siglos XVI y XVII se confeccionarán las colecciones de romances: los **romanceros**.

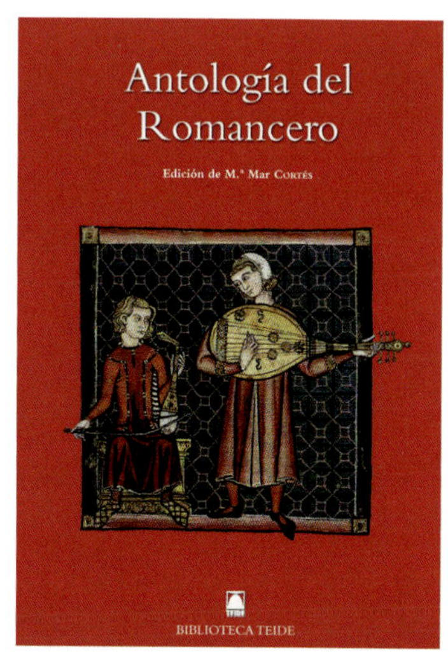

Los romances se clasifican según su origen en romances *viejos* y *nuevos*.

- Los **romances viejos** son los romances **anónimos** que se transmitían oralmente y que por eso presentan variantes de un mismo poema; en el siglo XV tuvieron una gran difusión. Algunos de esos romances tratan sobre los mismos temas que los **cantares de gesta** perdidos. La coincidencia de temas y la similitud métrica parecen justificar la hipótesis de que los romances proceden de los cantares, es decir, que serían fragmentos desgajados que permanecieron en la memoria popular; partes especialmente líricas o intensas, de ahí el tono épico-lírico de la mayoría de estos

Los romances novelescos son a menudo protagonizados por personajes de la épica europea, como muestra esta miniatura de Roldán y Carlomagno. Caballeros moros (como el que muestra esta pintura de la Alhambra) protagonizan los romances fronterizos.

romances. Sin embargo, otros estudiosos destacan las semejanzas de los romances viejos con la lírica de tipo tradicional y los consideran producto de un autor anónimo.

- Los **romances nuevos o artísticos** son las composiciones escritas por autores conocidos a imitación de los anteriores. Los romanceros incluyen romances viejos y nuevos.

Características del romance

El **romance** es una composición **lírico-narrativa** creada para ser cantada. Está formado por versos **octosílabos** que **riman en asonante los versos pares**, mientras quedan sueltos los impares, es decir, su esquema métrico es: 8–, 8a, 8–, 8a.

La métrica del romance recuerda la de los cantares de gesta, pues cada verso del romance correspondería a un hemistiquio del cantar, de ahí la teoría citada:

cantar de gesta	romance
_______ _______16A >	_______8– ________ 8a

- **Es una composición lírico-épica**, esto es, cuenta una pequeña historia combinando recursos propios de la lírica y de la épica. De raíz lírica es el lenguaje expresivo o emotivo, como las exclamaciones, interrogaciones, diminutivos, repeticiones (de palabras, estructuras o sonidos), y la sintaxis sencilla. Al mismo tiempo, como la épica, el romance emplea un lenguaje arcaizante, muy alejado del coloquial, así como otros recursos característicos de la literatura oral: apelaciones al público, cambio en el punto de vista narrativo (narración, diálogo, monólogo...), epítetos épicos, uso especial de los tiempos verbales, etc.

- El romance **tiene un carácter fragmentario**, es decir, es una pequeña historia, a veces una simple escena, aislada del contexto; por eso parece un fragmento de un relato más largo del que desconocemos el comienzo y el final. El romance va a lo esencial, sin introducciones, y suele acabar de forma abrupta; ese fragmentarismo confiere un tono misterioso y dramático a la composición.

Estilo

En general, el romance presenta un estilo muy definido y particular, por la **suma de recursos líricos, épicos y dramáticos**. Tiene siempre un tono sencillo, intenso, ágil en la narración y emotivo. Suele predominar la narración sobre la descripción, y ambas formas incluyen elementos líricos. Asimismo, la combinación de diálogo y su carácter fragmentario (el hecho de recoger solo escenas aisladas de intensa emoción) proporciona un intenso tono teatral o dramático a los romances.

Clasificación de los romances

Según los temas que tratan, los romances se clasifican en:

- **Épicos.** Recogen temas y personajes de los cantares de gesta: Roldán, el Cid, Fernán González...
- **Históricos** o **noticieros.** Tratan de la **historia** más **reciente** y tienen una función propagandística. Dentro de este grupo están los **fronterizos**, sobre las últimas guerras contra los moros, y los **moriscos**, que presentan con simpatía a los musulmanes.
- **Líricos** y **novelescos.** Los romances **líricos** son muy **breves** y emotivos, y tratan sobre temas característicos de la lírica: el amor, la muerte, la soledad... Los romances **novelescos** suelen centrarse también en el tema amoroso, pero en ellos hay más narración y a veces aparecen asuntos y **personajes de la épica europea**, como el rey Arturo y los caballeros de la Mesa Redonda, Carlomagno, etc. También suelen incluir elementos fantásticos.

Romance del conde
Dirlos: y delas grandes ven-
turas que vuo. Nueuamente
añadidas ciertas cosas que
fasta aquí no fueron pue-
stas. Y vna canció de
nuestra Señora.
Año. 1538.

Romance del conde Dirlos, perteneciente al ciclo carolingio. Junto a los romances de tema heroico castellano, los de tema francés también fueron acogidos favorablemente.

Actividades

El Romancero

Romance del enamorado y la muerte

Un sueño soñaba anoche,
soñito del alma mía,
soñaba con mis amores,
que en mis brazos los tenía.
Vi entrar señora tan blanca,
muy más que la nieve fría.
–¿Por dónde has entrado, amor?
¿Cómo has entrado, mi vida?
Las puertas están cerradas,
ventanas y celosías.
–No soy el amor, amante:
la Muerte que Dios te envía.
–¡Ay, Muerte tan rigurosa,
déjame vivir un día!
–Un día no puede ser,
una hora tienes de vida.
Muy deprisa se calzaba,
más de prisa se vestía;
ya se va para la calle,
en donde su amor vivía.
–¡Ábreme la puerta, blanca,
ábreme la puerta, niña!
–¿Cómo te podré yo abrir
si la ocasión no es venida?
Mi padre no fue al palacio,
mi madre no está dormida.
–Si no me abres esta noche,
ya no me abrirás, querida;
la Muerte me está buscando:
junto a ti, vida sería.
–Vete bajo la ventana
donde labraba y cosía,
te echaré cordón de seda
para que subas arriba,
y si el cordón no alcanzare
mis trenzas añadiría.
La fina seda se rompe;
la Muerte que allí venía:
–Vamos, al enamorado,
que la hora ya está cumplida.

Romance del rey moro que perdió Alhama

Paseábase el rey moro
por la ciudad de Granada
desde la puerta de Elvira
hasta la de Vivarrambla.
«¡Ay de mi Alhama!»

Cartas le fueron venidas
que Alhama era ganada;
las cartas echó en el fuego,
y al mensajero matara.
«¡Ay de mi Alhama!»

Descabalga de una mula,
y en un caballo cabalga:
por el Zacatín arriba
subida se había al Alhambra.
«¡Ay de mi Alhama!»

Como en el Alhambra estuvo,
al mismo punto mandaba
que se toquen sus trompetas,
sus añafiles[1] de plata.
«¡Ay de mi Alhama!»

Y que las cajas de guerra
apriesa toquen al arma,
porque lo oigan sus moros,
los de la Vega y Granada.
«¡Ay de mi Alhama!»

Los moros que el son oyeron
que al sangriento Marte llama,
uno a uno y dos a dos
juntado se ha gran batalla.
«¡Ay de mi Alhama!»

Allí habló un moro viejo,
de esta manera hablara:
«¿Para qué nos llamas Rey,
para qué es esta llamada?».
«¡Ay de mi Alhama!»

«Habéis de saber, amigos,
una nueva desdichada;
que cristianos de braveza
ya nos han ganado Alhama.»
«¡Ay de mi Alhama!»

Allí habló un Alfaqui
de barba crecida y cana:
«¡Bien se te emplea, buen Rey!
¡Buen Rey, bien se te empleara!».
«¡Ay de mi Alhama!»

»Mataste los Abencerrajes,
que eran la flor de Granada;
cogiste los tornadizos
de Córdoba la nombrada.
«¡Ay de mi Alhama!»

»Por eso mereces, Rey,
una pena muy doblada;
que te pierdas tú y el reino,
y aquí se pierda Granada.
«¡Ay de mi Alhama!»

1. **añafiles:** trompetas rectas moriscas.

Rosa fresca, rosa fresca

¡Rosa fresca, rosa fresca,
tan garrida y con amor,
cuando yo os tuve en mis brazos
no vos supe servir, non,
y agora que os serviría
no vos puedo yo haber, non!
«Vuestra fue la culpa, amigo,
vuestra fue, que mía non;
»enviástesme una carta
con un vuestro servidor,
»y en lugar de recabdar1,
él dijera otra razón:
»qu'érades casado, amigo,
allá en tierras de León;
»que tenéis mujer hermosa
y hijos como una flor.»
«Quien os lo dijo, señora,
non vos dijo verdad, non,
»que yo nunca entré en Castilla,
ni allá en tierras de León,
»sino cuando era pequeño
que no sabía d'amor.

1. **recabdar:** alcanzar con súplicas algo que se desea.

Romance de una morilla

Yo m'era[1] mora Moraima,
morilla d'un bel catar[2];
cristiano vino a mi puerta,
cuitada, por me engañar.
Hablóme en algarabía,
como aquel que la bien sabe:
«Abrasme las puertas, mora,
si[3] Alá te guarde de mal».
«¿Cómo t'abriré[4], mezquina,
que no sé quién te serás?»
«Yo soy moro Mazote,
hermano de la tu madre,
que un cristiano dejo muerto;
tras mí viene el alcaide,
si no me abres tú, mi vida,
aquí me verás matar.»
Cuando esto oí, cuitada,
comencéme a levantar,
vistiérame un almejía[5];
no hallando mi brial[6],
fuérame para la puerta
y abrila de par en par.

1. **m'era:** me era.
2. **d'un bel catar:** de un bello mirar, bonita de ver.
3. **si:** así.
4. **t'abriré:** te abriré.
5. **almejía:** manto pequeño y de tela basta.
6. **brial:** vestido a modo de túnica de tela rica.

Miniatura francesa que representa a un amante con una rosa en la mano.

8. Como puede verse, los romances son muy variados: unos son realistas y otros fantásticos, en algunos predomina lo narrativo y en otros lo lírico, etc.

- Señalad el romance que os parezca más lírico y el que consideréis más narrativo.
- Indicad cuántas *voces* se manifiestan en los diferentes romances (personajes que dialogan y *narrador*); distribuid esas *voces* (o *papeles*) y realizad una lectura expresiva o dramatizada de los romances.

9. El *Romance del enamorado y la muerte* es quizás el más dramático. En grupos de dos o tres personas:

- Señalad las partes del poema que corresponden a la presentación, el nudo y el desenlace.
- ¿Qué rasgos físicos caracterizan al personaje de la muerte? Lo que realmente confiere dramatismo al poema, ¿es el personaje de la muerte o el mensaje que transmite?
- ¿Se puede representar como una pequeña pieza teatral? ¿Qué elementos son teatrales?

10. El *Romance del rey moro que perdió Alhama* trata del final del reino de Granada y alude a las luchas intestinas entre musulmanes como una causa de la pérdida de territorios.

- Clasificad este romance según el tema de que trata.
- El verso «¡Ay de mi Alhama!» puede considerarse un estribillo. ¿Qué tipo de composiciones usan habitualmente el estribillo?
- La exclamación manifiesta una función del lenguaje. ¿Recordáis cuál?, ¿con qué género literario se asocia?
- Señalad algunos versos que repiten el significado, es decir, versos que presentan un paralelismo semántico. ¿Recordáis composiciones paralelísticas?
- Anotad algunos usos especiales de los tiempos verbales que aparecen en este romance.

11. El romance *Rosa fresca, rosa fresca* comienza con una repetición, un recurso típico del romance.

- Señala otras repeticiones que hay en el poema (repeticiones de palabras, anáforas y paralelismos).
- ¿Cuál es el tema?
- Indica elementos líricos, narrativos y dramáticos del poema.

12. El *Romance de una morilla* narra el suceso desde la perspectiva de la joven mora, que aparece como narradora y como personaje que dialoga.

- ¿Qué recursos emplea el «cristiano» para que la joven abra su puerta? ¿Qué empuja a la joven a abrir? ¿Qué personaje queda caracterizado de forma negativa? Compara esta visión con la mención a los cristianos que aparece en el *Romance del rey moro que perdió Alhama*.
- El final del romance es muy abrupto. ¿Cómo acabarías tú la historia?
- ¿Qué rasgo característico del romance (fragmentarismo, tono épico-lírico, dramatismo...) es el más acusado en este poema?

La prosa en el siglo XV

El desarrollo de la prosa castellana sigue los modelos de la época: auge de las **novelas idealistas** y de la **sátira de costumbres**.

- **La novela idealista.** Es aquella que presenta una realidad estilizada o embellecida y que, por ello, se aleja del realismo. En esta corriente triunfaron las novelas **sentimentales** de Juan Rodríguez del Padrón, como *Siervo libre de amor*, y de Diego de San Pedro, como *Cárcel de amor*. La novela **de caballerías** más valorada fue *Amadís de Gaula*, un relato que más tarde, en el siglo XVI, reelaboró Garci Rodríguez de Montalvo con gran éxito y que dio lugar a toda una saga de *Amadises*.

- **La sátira de costumbres.** La obra más representativa de la sátira de costumbres del siglo XV es el *Corbacho*, de Alfonso Martínez de Toledo, arcipreste de Talavera. Es una sátira que trata del amor desde una perspectiva cristiana y anticortesana, que incorpora numerosos tópicos misóginos (prejuicios contra las mujeres) muy comunes en la época. Interesa porque recoge el lenguaje vivo y desenfadado de la época: la lengua coloquial llena de refranes y de giros populares, que recuerda a la del *Libro de Buen Amor* y se asemeja a la de *La Celestina*.

Portada de *El Corbacho*, del Arcipreste de Talavera.

El teatro del siglo XV

El teatro es el género que menos se desarrolla en esta época. Continúa el **teatro religioso** de tradición medieval y aparece una nueva generación que inicia el **teatro renacentista**, pero el género teatral más interesante del siglo XV lo constituye el **teatro para ser leído**, a imitación de la **comedia humanística** italiana, modalidad a la que pertenece *La Celestina*.

En el teatro religioso de finales del siglo destaca Lucas Fernández y en el teatro renacentista, Juan del Encina, quien refleja la influencia humanista en obras como *Égloga de Plácida y Victoriano*, donde combina el tono sentimental y los personajes mitológicos.

La Celestina, de Fernando de Rojas

La Celestina es la obra más significativa del **clima espiritual del siglo XV**: refleja el desconcierto y pesimismo de un **periodo de transición**, en el que han desaparecido los valores medievales y aún no se ha impuesto el optimismo renacentista. Por primera vez en la literatura castellana se manifiesta la **sensibilidad moderna**, pero desde una **perspectiva pesimista**, pues el radical **individualismo** de los personajes los conduce al dolor y la muerte.

El autor y su época

Fernando de Rojas fue un hombre de leyes, converso, que vivió en diferentes ciudades castellanas a finales del siglo XV. Según sus propias declaraciones, encontró escrito el primer acto de la obra y la acabó en «quince días de vacaciones».

A finales del siglo XV, en las ciudades, el clima vital era ya renacentista, ajeno a los ideales caballerescos y cristianos que reflejan las *Coplas* de Manrique. *La Celestina* ofrece una visión pesimista, de desorientación moral y social, que era común a muchos escritores de la época y más acentuada, si cabe, entre los conversos. Fernando de Rojas representa el escritor moderno, universitario y urbano, que no procede de la aristocracia ni de la cultura eclesiástica.

Estudio de *La Celestina*

El libro apareció en 1499, y en esa edición no constaba el nombre del autor. En 1502 se publicó una edición ampliada, con un prólogo donde Fernando de Rojas dice que lo escribió para advertir a los locos enamorados de los peligros del amor, y justifica que ha añadido unos actos porque las gentes le pedían que ampliase los episodios amorosos. Esa edición también incluye unos versos acrósticos: a través de las letras iniciales se lee que «Fernando de Rojas es el autor de *La Celestina*».

El género literario. *La Celestina* es una obra **dialogada** que sigue el modelo de la comedia humanística italiana, que, a su vez, imitaba a los clásicos latinos Plauto y Terencio. En Italia, este tipo de composición se escribía en latín y era un teatro para ser leído, no para ser representado.

La alcahueta y el joven (1660), de Michael Sweerts. Celestina es un personaje que se mueve por la codicia y el dinero, mientras que Calisto, como Melibea, actúa por amor y pasión.

En la comedia humanística abundaba lo sentimental y el análisis psicológico, aspectos que la asemejan a la novela. *La Celestina,* como comedia humanística, combina rasgos del teatro (la forma dialogada) y de la novela (el tono sentimental y psicológico, y los frecuentes cambios de escenario).

El argumento. El joven y noble Calisto ve casualmente a Melibea, hija de un gran comerciante, queda enamorado de ella y se le declara en ese mismo momento, pero la joven lo rechaza. Aconsejado por su criado Sempronio, Calisto acude a la alcahueta Celestina para que lo ayude. El otro criado de Calisto, Pármeno, opone ciertos reparos a la intervención de Celestina, pero esta logra la complicidad de los criados prometiéndoles ganancias y proporcionándoles compañía femenina. La vieja alcahueta visita a Melibea, le ablanda el corazón con mentiras y hechizos, y consigue que la joven proponga una cita con Calisto. El joven enamorado, feliz por la cita, regala una cadena de oro a Celestina. Al enterarse, los criados reclaman su parte de la recompensa a la alcahueta, pero Celestina se resiste a compartirla y muere en la disputa. Los criados Sempronio y Pármeno son detenidos y ajusticiados, mientras Calisto, ajeno a todo lo que no sea su pasión, los sustituye por otros y acude a una nueva cita. Cuando los amantes están en el jardín de Melibea, se oyen gritos en la calle y Calisto, al intentar escalar el muro para acudir en ayuda de sus criados, cae y muere. Melibea, tras explicar a su padre que su vida no tiene sentido sin Calisto, se suicida arrojándose al vacío desde una torre. El padre de Melibea cierra la obra manifestando su dolor y el sinsentido de un mundo regido por la Fortuna.

En la imagen, portada de una edición de 1502 de la *Comedia de Calisto y Melibea*.

Los personajes. Son **realistas** y evolucionan a lo largo de la obra. En conjunto, parece que todos son arrastrados por las pasiones: Calisto y Melibea actúan movidos por el amor, mientras que la codicia domina a Celestina y a los criados. Sin embargo, cada uno de ellos muestra matices variados, como ocurre con las personas: son personajes diferenciados, que **no responden a los modelos literarios** anteriores. Un rasgo renacentista e innovador de la obra es que los personajes comparten un fuerte **individualismo** y una visión del mundo pagana y trágica: no se sienten culpables, sino víctimas de la caprichosa Fortuna, que rige sus destinos.

El tema. *La Celestina* combina los tres temas del momento: **fortuna**, **amor** y **muerte**. La fortuna, el azar, mueve a los personajes mediante las pasiones y los conduce hacia la muerte. Sin embargo, junto a esta visión del mundo como un caos, el argumento encadena los acontecimientos con una sólida lógica de causa-efecto. Así, el final se presenta como algo inevitable, lo que aumenta el tono trágico de la obra. La fuerza de la pasión amorosa mueve a Calisto y Melibea, la codicia empuja a los criados y a Celestina, y todos van hacia la muerte víctimas de un destino incomprensible.

▶ **La intención.** Fernando de Rojas dijo que había escrito la obra para «prevenir a los locos enamorados que, vencidos por su desordenado apetito, a sus amigas llaman e dizen ser su Dios» y para avisar «contra los engaños de las alcahuetas y de los malos sirvientes». En ese sentido, la **intención moralizadora** parece clara, como en la literatura medieval, ya que presenta la muerte de los personajes como un castigo divino por su rebelión contra las normas morales de la época. Sin embargo, el texto presenta también otros aspectos que no son moralizantes, sino que reflejan la influencia renacentista y el **pesimismo** del siglo XV: el individualismo de los personajes, la visión pagana del mundo y el sentido trágico de la vida, la sensualidad de ciertas escenas y la inclusión de un suicidio que no se condena. Esta visión global del mundo se resume en el monólogo del padre de Melibea que cierra el libro.

▶ **El estilo.** Es el más **variado** de su época. En general, cada personaje habla como le corresponde desde una perspectiva realista. Por ejemplo, la clase alta –Calisto, Melibea y sus padres– refleja el habla **culta** de la época, más retórica en el joven Calisto; los criados y las prostitutas, en cambio, usan el habla viva de la calle, espontánea y **coloquial**. Celestina, como la vida le exige, es el personaje que se mueve entre esos ambientes y se adapta con gran facilidad a las diferentes situaciones: es retórica con Calisto y emplea el lenguaje popular con sus compañeras y con los criados.

Actividades

La Celestina, **de Fernando de Rojas** (fragmento del Acto primero)

Sempronio, el criado de Calisto, aconseja a este que recurra a las habilidades de Celestina para contactar con Melibea.

SEMPRONIO. Yo te lo diré. Días ha grandes que conosco en fin desta vezindad vna vieja barbuda, que se dize Celestina, hechicera, astuta, sagaz en quantas maldades ay. Entiendo que passan de cinco mill virgos los que se han hecho é deshecho por su autoridad en esta cibdad. A las duras peñas promouerá é prouocará á luxuria, si quiere.

CALISTO. ¿Podríala yo fablar?

SEMPRONIO. Yo te la traeré hasta acá. Por esso, aparéjate, seyle gracioso, seyle franco. Estudia, mientra vo yo, de le dezir tu pena tan bien como ella te dará el remedio.

CALISTO. ¿Y tardas?

SEMPRONIO. Ya voy. Quede Dios contigo.

CALISTO. E contigo vaya. ¡O todopoderoso, perdurable Dios! Tú, que guías los perdidos é los reyes orientales por el estrella precedente á Belén truxiste é en su patria los reduxiste, humilmente te ruego que guíes á mi Sempronio, en manera que conuierta mi pena é tristeza en gozo é yo indigno merezca venir en el deseado fin.

13. Comprueba que la intervención de Sempronio cumple la función de presentar al personaje de Celestina.

▶ Elabora una lista de rasgos psicológicos y físicos que caracterizan a Celestina, según el texto.

▶ Por lo que sabes sobre el desarrollo de la obra, ¿tiene razón Sempronio respecto a la capacidad persuasiva de Celestina?

14. Calisto emplea dos registros lingüísticos diferentes: uno cuando interviene en el diálogo y otro cuando se queda solo.

▶ Califica los dos registros.

15. En las obras dialogadas, los personajes se van dando a conocer a través de sus intervenciones. Aquí, la manera de expresarse de Calisto nos dice algo de su carácter.

▶ ¿Qué se puede deducir sobre Calisto a partir de esta escena?

16. Analiza en qué contexto y con qué finalidad aparecen elementos religiosos en la intervención de Calisto.

COMENTARIO *La Celestina*

En la primera entrevista que tiene con Melibea, Celestina actúa de tal manera que consigue que la joven la cite para el día siguiente. La alcahueta ha dicho a Melibea que hay alguien que necesita la ayuda de la joven. (Fragmento del Acto IV, escena V)

MELIBEA. Pide lo que querrás, sea para quien fuere.

CELESTINA. ¡Donzella graciosa é de alto linaje!, tu suaue fabla é alegre gesto, junto con el aparejo de liberalidad, que muestras con esta pobre vieja, me dan osadía á te lo dezir. Yo dexo un enfermo á la muerte, que con sola una palabra de tu noble boca salida, que le lleue metida en mi seno, tiene por fé que sanará, según la mucha deuoción tiene en tu gentileza. [...]

MELIBEA. Por Dios, sin más dilatar, me digas quién en esse doliente, que de mal tan perplexo se siente, que su passión é remedio salen de vna misma fuente.

CELESTINA. Bien ternás, señora, noticia en esta cibdad de vn caualero mancebo, gentilhombre de clara sangre, que llaman Calisto.

MELIBEA. ¡Ya, ya, ya! Buena vieja, no me digas más, no pases adelante. ¿Esse es el doliente por quién has fecho tantas premissas en tu demanda? ¿Por quién has venido á buscar la muerte para ti? ¿Por quién has dado tan dañossos passos, desuergonçada barvuda? ¿Qué siente esse perdido, que con tanta passión vienes? De locura será su mal. ¿Qué te parece? ¡Si me fallaras sin sospecha desse loco, con qué palabras me entrauas! No se dize en vano que el mas empezible miembro del mal hombre ó muger es la lengua. ¡Quemada seas, alcahueta falsa, hechizera, enemiga de onestad, causadora de secretos yerros! ¡Jesú, Jesú! ¡Quítamela, Lucrecia, de delante, que me fino, que no me ha dexado gota de sangre en el cuerpo! Bien se lo mereçe esto é mas, quien á estas tales da oydos. Por cierto, si no mirasse á mi honestidad é por no publicar su osadía desse atreuido, yo te fiziera, maluada, que tu razón é vida acabaran en vn tiempo.

CELESTINA. *(Aparte.)* ¡En hora mala acá vine, si me falta mi conjuro! ¡Ea pues!: bien sé á quien digo. ¡Ce, hermano, que se va todo á perder!

MELIBEA. ¿Avn hablas entre dientes delante mi para acrecentar mi enojo é doblar tu pena? ¿Querrías condenar mi onestidad por dar vida á vn loco? ¿Dexar á mí triste por alegrar a él é llenar tú el prouecho de mi perdición, el galardón de mi yerro?

(CELESTINA *explica que* CALISTO *necesita una oración conocida por* MELIBEA *para sanar un dolor de muelas.)*

MELIBEA. ¡O quanto me pesa con la falta de mi paciencia! Porque siendo él ignorante é tu ynocente, haués padescido las alteraciones de mi ayrada lengua. Pero la mucha razón me reliena de culpa, la qual tu habla sospechosa causó. En pago de tu buen sofrimento, quiero complir tu demanda é darte luego mi cordón. E porque para escribir la oración no haurá tiempo sin que venga mi madre, si esto no bastare, ven mañana por ella muy secretamente.

LUCRECIA. *(Aparte.)* ¡Ya, ya, perdida es mi ama! ¿Secretamente quiere que venga Celestina? ¡Fraude ay! ¡Más le querrá dar, que lo dicho!

MELIBEA. ¿Qué dizes, Lucrecia?

LUCRECIA. Señora, que baste lo dicho; que es tarde.

MELIBEA. Pues, madre, no le dés parte de lo que passó a esse cauallero, porque no me tenga por cruel ó arrebatada ó deshonesta.

LUCRECIA. *(Aparte.)* No miento yo, que ¡mal va este fecho!

Localización

1. Sitúa *La Celestina* en su época y en su contexto social.

2. Caracteriza al autor por su origen social y su formación cultural.

3. Indica el género literario al que pertenece *La Celestina.*

Análisis del contenido y de la expresión

4. Analiza los recursos que usa Celestina para convencer a Melibea.

5. Hay un momento en que Celestina cree que la situación se le pone difícil. Señala en qué parte del fragmento se encuentra.

6. Melibea pasa por distintos estados anímicos. Analiza cómo reacciona ante las palabras de Celestina y las variaciones que ofrece.

7. ¿Por qué crees que Melibea no quiere que Calisto se entere de cómo ha reaccionado?

8. ¿Por qué Melibea pacta con Celestina a espaldas de su madre?

9. ¿Cómo reacciona la criada de Melibea, Lucrecia, cuando observa lo anterior? ¿Crees que tiene razón?

10. Analiza los diferentes tratamientos que usa Melibea cuando se dirige a Celestina, ¿qué indican?

11. Según lo que se ha visto en el texto anterior, el aparte (intervención de Celestina que no oyen los otros personajes, pero que sí llega al lector) nos dice lo que piensa un personaje. ¿Cumple aquí esta función?

12. ¿El lenguaje del aparte cambia de registro? ¿Qué cualidad de Celestina se manifiesta en él?

Valoración y creación

13. ¿Crees que la visión del mundo en esta obra es demasiado pesimista? ¿El mundo es incomprensible y está regido por el azar? ¿Conoces historias que lo confirmen o lo desmientan? Por parejas, preparad una breve exposición (de unos cinco minutos) en la que argumentéis a favor o en contra de esta visión. Ejemplificad vuestra postura con historias reales, películas, novelas...

14. La habilidad en la creación de personajes teatrales viene dada por la eficacia de los diálogos, apartes y monólogos. Tomando como modelo el texto anterior, inventad una escena similar: un personaje convence a otro de alguna cosa y un tercer personaje comenta algo sobre la situación.

2

GUÍA DE LECTURA

Coplas a la muerte de su padre, de Jorge Manrique

Introducción

1. Sitúa la obra de Jorge Manrique en la época y la corriente literaria que le corresponde.

2. Indica el nombre que reciben las composiciones como las *Coplas*, escritas a raíz de la muerte de una persona.

Estudio de las *Coplas*

3. Tras la lectura del texto, señala las tres partes que se han indicado:

- **Reflexión** de carácter filosófico y universal sobre la **fugacidad de la vida** y la **certeza de la muerte**: recreación de los tópicos *tempus fugit* y *memento mori*.
- **Evocación** emotiva y nostálgica **del pasado**. Tópico *Ubi sunt?* que desarrolla con hechos concretos lo anterior.
- **Individualización** en la figura **del padre**.

4. Análisis de la copla I

- Resume la sextilla.
- Señala los versos que recogen el tema central.
- La obra se inicia con un imperativo. ¿Qué propósito crees que persigue el poeta con este recurso? (Relaciona el imperativo con las funciones del lenguaje y las modalidades oracionales.)
- Indica si se repite ese procedimiento y comenta su valor expresivo.

5. Copla II

- Señala si continúa desarrollando el mismo tema.
- Observa que el poeta emplea la primera persona del plural y, por tanto, se refiere a un «nosotros». ¿Qué aporta esa forma de expresión?

6. Copla III

- Resume la copla con un lenguaje sencillo.
- Esta sextilla expresa, mediante una alegoría, el poder igualatorio de la muerte. Señala cuál es la metáfora inicial.
- La palabra *allí* es la más repetida de la copla. Indica a qué alude en sentido literal y en sentido metafórico, y argumenta el valor expresivo de la repetición.
- Apunta cómo se alude a los pobres.

7. Copla IV

- En esta copla, Manrique interrumpe la reflexión general y pasa a invocar ayuda o amparo. ¿A quién se encomienda el poeta y a quién excluye?
- ¿Te parece propio de la época? Razona tu respuesta.

8. Copla V

- Manrique establece un paralelismo entre las etapas de la vida y un viaje. Explica los términos con que expresa esa relación.
- Comenta las connotaciones que adquiere el concepto de la vida en la metáfora: vida = caminar. Pon en relación esa metáfora con la concepción medieval de la existencia.

9. Coplas VI y VII

- Resume las sextillas.
- Relaciona el contenido de las coplas con la época en la que se escribieron.

10. Coplas VIII y IX

- Enuncia el tema general de estas coplas.
- Analiza la palabra con que se inicia la estrofa VIII y comenta si ya había aparecido este recurso.
- En la copla IX, Manrique se dirige al lector para ejemplificar lo que ha dicho anteriormente. Señala los ejemplos que propone.

11. Coplas X y XI

Los nobles se enorgullecían de descender de los godos, gloria que también es una vanidad, según Manrique. Sin embargo, en la estrofa X se revela una visión clasista, propia de los aristócratas de la época. Los «oficios no debidos» eran los considerados impropios de la nobleza, que debía dedicarse a la guerra y a la diplomacia exclusivamente.

- ¿Con qué conceptos se asocia la sangre de los godos?
- En la copla XI se introduce el tema de la Fortuna. Ya la cultura romana representaba la Fortuna como una diosa con una rueda que siempre gira y que regala o quita los bienes y las desgracias terrenales. En el siglo XV, la figura de la Fortuna está muy presente, pero se funde con la visión cristiana, pues la Fortuna no es la señora absoluta, sino una enviada de Dios. Indica la expresión con que se alude a la Fortuna.

12. Coplas XII y XIII

Recoge en un esquema los paralelismos que Manrique establece en estas coplas.

13. Copla XIV

El tema de la sextilla repite el de otra anterior. Enuncia ese tema e identifica la sextilla en la que aparecía.

14. Coplas XV-XXIV

Estas coplas forman un conjunto temático. Indica el tema del que tratan y la expresión latina que designa ese tópico o tema común.

Analiza cuántas estrofas se refieren al pasado lejano y cuántas, al pasado reciente. Indica, asimismo, las coplas que aluden a personas anónimas de la corte y las que se refieren a personajes famosos de la época.

Comprueba el detenimiento con que se describe ese mundo perdido en las sextillas XVI, XVII y XIX. ¿En qué parte de la estrofa aparece la pregunta del *Ubi sunt*? ¿Intensifica la eficacia del mensaje el lugar donde aparece la pregunta y su repetición?

Manrique desarrolla el tema del *Ubi sunt?* haciendo referencia a personajes contemporáneos. ¿Crees que ese recurso revitaliza el tópico literario? Razona la respuesta.

15. Copla XXV

Indica el personaje que aparece y los rasgos que, según Manrique, lo caracterizan.

16. Coplas XXVI-XXXII

Las coplas de este conjunto presentan la figura del padre del poeta, modelo de caballero medieval. Resume con lenguaje sencillo qué dice el autor acerca de las virtudes de su padre.

17. Copla XXXIII

¿Qué metáfora emplea el poeta para indicar que su padre se jugó la vida muchas veces?

¿Qué valor expresivo adquiere la anáfora formada por la repetición de *después*?

La aparición de la Muerte se produce al final de la estrofa y rompe el ritmo marcado por la anáfora. ¿Cómo se llama el recurso que consiste en presentar como humano un concepto o algo inanimado?

18. Coplas XXXIV-XXXVII

Señala qué tratamiento da la Muerte a don Rodrigo cuando inicia su diálogo en la copla XXXIV.

Por las palabras que dice la Muerte, ¿parece un personaje terrorífico?

La copla XXXV introduce un nuevo tema: la fama. Indica cómo la define y con qué objetivo la nombra la Muerte.

Analiza qué virtudes parecen asegurar la salvación del alma, según dice la Muerte en las coplas.

Resume las *tres vidas* a las que se ha referido la Muerte.

19. Coplas XXXVIII y XXXIX

¿Con qué talante recibe el protagonista a la Muerte? ¿Es coherente con la vida que ha llevado?

20. Copla XL

Acabado el diálogo, la estrofa cierra el poema reflejando la escena de la muerte desde una perspectiva distinta, externa al protagonista. ¿Qué añade al personaje protagonista esa escena: morir rodeado por familiares y servidores? ¿Y la perspectiva narrativa en tercera persona?

Propuestas de trabajo

Las siguientes propuestas pueden desarrollarse como monografías, trabajos en equipo, debates o temas de exposiciones orales. Son meramente indicativas y pueden fácilmente complementarse con otras que se consideren oportunas.

- Análisis de la figura del protagonista, don Rodrigo, padre de Jorge Manrique: valores que representa y relación con el mundo del siglo XV.
- El mundo que reflejan las coplas. Buscad información sobre la vida cotidiana de los caballeros, sus actividades, sus aficiones, los ambientes que se muestran, las modas, los grupos sociales que aparecen, etc.
- El tema de la muerte y la vanidad de las cosas mundanas, según Manrique: expresiones (metáforas, alegorías...) que emplea para referirse a la vida, a la muerte y a la caducidad de los bienes terrenales.
- La historia en las *Coplas*: personajes y hechos históricos que aparecen y la visión que de ellos ofrece el poema.
- Las imágenes o representaciones de la Muerte y la Fortuna a lo largo de la historia, en el arte, la literatura, el cine... Buscad imágenes en libros y en Internet.
- Recreación personal de la figura de la Muerte o la Fortuna en una composición alegórica en la que el personaje aparezca actuando.

UNIDAD 3

La literatura del siglo XVI

La primavera, de Sandro Botticelli. Galería de los Uffizi, Florencia.

Con el **siglo** XVI se inicia el **Renacimiento**, una palabra que empezaron a usar los **humanistas**. El término aludía al deseo de **volver a nacer a la cultura grecolatina** tras el periodo medieval, que consideraban oscurantista y primitivo. Con el Renacimiento se inician los Siglos de Oro de la cultura española, que abarca el siglo XVI, o **Renacimiento**, y el XVII, o Barroco. El nombre **Siglos de Oro** hace referencia al esplendor político y literario que se alcanzó en esa etapa.

MARCO HISTÓRICO Y CULTURAL

Historia y sociedad

En política, Carlos I continúa la línea de fortalecimiento del poder real de los Reyes Católicos: la monarquía autoritaria y centralista somete a la alta nobleza y a la Iglesia, aliándose con la baja nobleza. En lo social, destaca que el comercio se desplaza del Mediterráneo hacia el Atlántico. Finalmente, en lo religioso y cultural, se distinguen dos etapas: en la primera, con Carlos I, se expande el humanismo renacentista; la segunda, con Felipe II, está marcada por el movimiento conservador de la Contrarreforma.

En general, tanto el reinado de Carlos I, en la primera mitad del siglo XVI, como el de Felipe II, en la segunda mitad, suponen periodos de estabilidad, si bien hay momentos de tensión social que se manifiesta, por ejemplo, en las revueltas de los Comuneros, en Castilla, y de las Germanías, en Aragón, y en la expulsión de los moriscos.

A partir del descubrimiento de América, en 1492, el desarrollo comercial se centra en el *eje Atlántico* (Cádiz, Sevilla, Lisboa, América) en detrimento del eje mediterráneo. No obstante, el mantenimiento de un imperio tan grande y el esfuerzo de la colonización llevaron, a la larga, a diversas bancarrotas. Así pues, en el siglo XVI comienza la decadencia económica y política, mientras que la cultura vive un periodo muy brillante.

Etapas

En el siglo XVI pueden distinguirse dos periodos que aproximadamente corresponden a los reinados de Carlos I (primera mitad) y Felipe II (segunda mitad).

Época de Carlos I. Representa el momento de esplendor político y económico, de optimismo y apertura a las nuevas corrientes europeas. Carlos I reunió un imperio inmenso, ya que sumó Alemania a la herencia de los Reyes Católicos –que incluía la América conquistada– y se convirtió en el emperador más poderoso de su tiempo. Su educación fue alemana, y llegó a España con un séquito en el que figuraban notables humanistas. Desde el poder fomentó el clima de aceptación de las corrientes renacentistas y los contactos culturales con Italia y los Países Bajos. Su reinado supuso la aceptación del **Renacimiento europeo** y la asimilación del **humanismo**.

Época de Felipe II. En los territorios europeos que formaban parte del imperio se extiende el movimiento luterano, que desemboca en el protestantismo. Como reacción, España se alía con el papado y se convierte en la defensora del catolicismo, sobre todo a partir del concilio de Trento. Se inicia así el periodo conocido como **Contrarreforma**, etapa de desconfianza hacia la cultura y de aislamiento respecto a Europa: se prohíbe, por ejemplo, importar libros, estudiar en el extranjero o traducir la Biblia en lengua vulgar. Paralelamente, se entra en un periodo de fervor religioso que da lugar a la aparición de una abundante literatura religiosa, a la vez que proliferan numerosas herejías. En ese momento de afirmación nacional y católica, cobran una gran fuerza los mitos que identifican los valores hispánicos con la noción de **cristiano viejo**, como el concepto de **hidalguía** (que implica el desprecio al trabajo, sobre todo el comercial y el financiero, por ser considerados propios de judíos); la **honra**, asociada también con la ascendencia religiosa y el prestigio social y la obsesión por la **limpieza de sangre**. Numerosas obras literarias recogen este ambiente, como, por ejemplo, el *Lazarillo de Tormes*, como veremos más adelante. De la misma forma, excelentes escritores fueron víctimas de los prejuicios contra los conversos o contra quienes planteaban una nueva religiosidad, como fray Luis de León, santa Teresa de Jesús y san Juan de la Cruz, que fueron perseguidos o encarcelados.

La cultura renacentista

La cultura renacentista refleja la **asimilación del humanismo**, que concibe al ser humano como eje del universo. De ahí derivan todos los rasgos que la definen: se admira la **cultura clásica grecolatina** (mitología, amor por la naturaleza y la belleza, etc.); se confía en el **pensamiento racional**, y se defiende una **nueva espiritualidad**, basada en la experiencia individual. Los humanistas más influyentes en la cultura española fueron **Erasmo de Rotterdam** (en la esfera religiosa y literaria) y **Baltasar de Castiglione** (en la social).

Asimilación del humanismo. Recordemos que el humanismo comenzó a influir sobre la cultura hispana en el siglo XV. El modelo de humanista era el intelectual que se interesa por todos los saberes y que se rige por la razón. En ese sentido, los humanistas se alejan de la cultura medieval, moldeada a partir de la visión judeocristiana, que concibe el mundo y la existencia humana como simple camino hacia la vida eterna.

El erasmismo. Erasmo de Rotterdam (1467-1536) representó el arquetipo de humanista, y su influencia fue profunda en lo religioso y en lo cultural. En su libro *Enchyridion* proponía una nueva religiosidad más intimista y tolerante, que criticaba la religiosidad externa, ciertas prácticas como los ayunos y el culto a las reliquias (restos materiales de algún personaje sagrado).

La influencia de Erasmo fue intensa en toda Europa y en la corte de Carlos I. Su huella aparece, por ejemplo, en la nueva concepción religiosa, intimista y antiformalista, y en el uso de la sátira como instrumento para la crítica. Se observan rasgos erasmistas en las obras de Gil Vicente, de los hermanos Valdés, en el *Lazarillo de Tormes* y en el *Quijote*.

El hombre renacentista, el cortesano. El modelo de conducta social renacentista se encuentra expuesto en el libro *El cortesano*, de Baltasar de Castiglione, que fue traducido al castellano por Juan Boscán y tuvo una enorme difusión en la época. El hombre renacentista debía cultivar de forma equilibrada y armónica el alma y el cuerpo, las letras y las armas. Además, el cortesano debía perseguir sobre todo la elegancia, que se basaba en la naturalidad y la sencillez, huyendo de cualquier afectación o vulgaridad.

Estética

La estética del Renacimiento es **clasicista**. Por ello, se valora el **equilibrio**, la **serenidad**, lo **armónico** y lo **natural**. El arte renacentista recoge la idea de **Aristóteles**, según el cual las obras artísticas reflejan lo que la realidad tiene de bello; es decir, **el arte estiliza la realidad**, la embellece. El arte renacentista tiene, pues, una **finalidad estética**, ya que aspira a la belleza.

La influencia de los clásicos no se limita a Aristóteles. En la estética renacentista está muy presente una concepción del mundo que deriva de Platón. Según el **platonismo**, la belleza del mundo es un reflejo apagado de la belleza suprema, que solo se encuentra en el mundo de las ideas. Por eso, la contemplación de cualquier rasgo de belleza (en la mujer, en la naturaleza o en el arte) mejora al ser humano, porque lo eleva y lo acerca a la divinidad. Esta es la base del **amor platónico** que recoge Petrarca y que está presente en toda la lírica renacentista.

El esteticismo renacentista representa la desaparición del didactismo medieval, porque no pretende transmitir lecciones morales o sociales.

La lengua y la literatura

El modelo del **lenguaje** renacentista aspira a la **elegancia** y la **naturalidad**, como ocurre en todos los ámbitos. En la **literatura**, la admiración por la cultura grecolatina explica el esteticismo, el platonismo y la **imitación de los escritores griegos y latinos**, que se toman como modelo. Su influjo se refleja en los temas (mitología, naturaleza, amor) y en las formas (se revitalizan géneros clásicos, como las églogas y las epístolas).

En la lengua renacentista, el concepto de distinción o elegancia está unido al de sencillez, como expuso Juan de Valdés en el libro *Diálogo de la lengua.* Los modelos de estilo son los escritores clásicos: la frase amplia y equilibrada, el uso del epíteto y el léxico culto, pero no cultista.

En la literatura renacentista de la primera mitad del siglo XVI, la admiración por la cultura grecolatina se manifiesta en la incorporación de temas paganos y en el esteticismo. En la segunda mitad, se acentúa el tono moral, la búsqueda del sosiego espiritual (por influjo del estoicismo de Horacio). En conjunto, la literatura renacentista es muy diferente de la anterior y la renovación es evidente en los temas, las formas y los géneros.

El concilio de Trento, impulsor de la Contrarreforma católica, determinó la orientación que había de seguir la cultura española, desde mediados del siglo XVI, frente a las innovaciones del protestantismo. Sesión del concilio, según un grabado de la época.

LOS GÉNEROS LITERARIOS DEL RENACIMIENTO			
SIGLO XVI	Lírica	Anónima (lírica tradicional) Garcilaso de la Vega Fray Luis de León San Juan de la Cruz	Cancioneros y Romancero Sonetos y églogas Odas *Cántico espiritual*
	Narrativa	Garci Rodríguez de Montalvo Jorge de Montemayor Anónimo Miguel de Cervantes	*Amadís de Gaula* *La Diana* *Lazarillo de Tormes* *La Galatea*
	Didáctica	Juan de Valdés Santa Teresa de Jesús	*Diálogo de la lengua* *El libro de su vida*
	Teatro	Gil Vicente Lope de Rueda Miguel de Cervantes	*Auto de la sibila Casandra* Pasos Tragedias, comedias, entremeses

3/1

El Renacimiento: la lírica

Formas y temas de la lírica renacentista

A pesar de que en el siglo XVI conviven varias tendencias poéticas, lo que define la lírica del siglo XVI es la irrupción del **petrarquismo**, un nuevo modelo de lírica que transforma el panorama literario. La huella de Petrarca, que se observa por primera vez en la obra de **Garcilaso de la Vega**, se evidencia en todos los grandes poetas de los siglos XVI y XVII y llega hasta la poesía actual. El influjo de Petrarca supone una renovación esencial, no solo de temas y formas literarias, sino de la sensibilidad estética, y se debe, sobre todo, a su **intimismo**.

Al comienzo del siglo XVI conviven tres corrientes:

- **Poesía de cancionero:** es la continuación de la del siglo XV, con predominio del octosílabo y de tono cultista-conceptista**.**
- **Poesía tradicional:** romances y canciones líricas, que tuvieron una gran difusión oral y también empiezan a recogerse por escrito
- **Poesía italianizante:** toma como modelo a **Petrarca** y es la más representativa de la lírica culta renacentista. El poeta más relevante de esta corriente es **Garcilaso de la Vega**, cuya obra renovó la forma y los temas.
  - **Forma:** el **endecasílabo** sustituye al octosílabo, y se cultivan estrofas como el soneto, los tercetos encadenados y aquellas en las que el endecasílabo combina con el heptasílabo, como la silva y la lira.

Júpiter, Mercurio y la Virtud (hacia 1524), óleo del artista renacentista Dosso Dossi que recoge dos de las temáticas más representativas: la mitológica y la naturaleza.

- **Temas:** el amor, la naturaleza y la mitología son los temas más representativos.
  - El **amor** petrarquista es platónico, es decir, ennoblece al enamorado porque a través de la amada se acerca a la perfección. En general, la lírica presenta un amor no correspondido que produce insatisfacción y melancolía. La poesía expresa esa sensación ambivalente de exaltación y tristeza, y sobre todo se entretiene en el minucioso análisis de los sentimientos del enamorado.
  - La **naturaleza** es el símbolo de la perfección y de la vida sencilla. En la poesía se presenta idealizada, como escenario amable (en latín, *locus amoenus*), o como reflejo de los estados de ánimo del poeta, el bucolismo. La naturaleza cobra gran importancia en composiciones como las églogas, poemas en los que unos pastores hablan de sus amores en un ambiente natural idealizado. Los poetas renacentistas toman como modelos en el tratamiento del paisaje las *Bucólicas*, del poeta latino Virgilio, y al poeta renacentista italiano Jacopo Sannazaro.
  - Los **temas mitológicos** reflejan la admiración por la cultura grecolatina y dan un tono pagano a la literatura renacentista. Las personas cultas de la época estaban familiarizadas con los personajes, historias y símbolos mitológicos.

Garcilaso de la Vega (1501?-1536)

El poeta más representativo del **espíritu renacentista** es Garcilaso de la Vega, introductor del petrarquismo, quien marcó el rumbo de la poesía posterior. Por su vida y por su poesía, encarna el modelo del hombre renacentista: era el perfecto cortesano, cultivado y sensible, y a la vez un valiente guerrero. Su breve obra inicia una nueva **sensibilidad intimista**, que se expresa en el análisis de los sentimientos del poeta.

Vida

De origen noble, descendiente del marqués de Santillana, fue un poeta-soldado cuya vida estuvo marcada por la del emperador Carlos V, ya que formaba parte de su séquito. En 1526, en la boda del rey con Isabel de Portugal, conoció a una de las damas de la reina, Isabel Freyre, quien le inspiró muchos de sus poemas amorosos. Con el rey viajó a Italia, y por él estuvo desterrado en una isla del Danubio y en Nápoles, donde residió durante un tiempo y se familiarizó con los poetas italianos. Su formación cultural fue la de un humanista: conocía el griego, el latín, el toscano y el francés, y había leído a Virgilio, a Horacio y a los poetas italianos renacentistas como Petrarca y Sannazaro. Murió a los treinta y seis años en el asalto a una fortaleza en Provenza.

Aunque su obra fue breve, Garcilaso de la Vega está considerado como uno de nuestros grandes poetas.

Obra

La obra de Garcilaso fue breve, como su vida. En ella destacan los **sonetos**, unos cuarenta, y las tres **églogas**.

- La *Égloga I* es la más valorada. En ella, los pastores **Salicio** y **Nemoroso** expresan sus quejas en una naturaleza dulce y bucólica. Mientras Salicio se lamenta por los desdenes de su amada **Galatea**, Nemoroso llora la muerte de **Elisa**. En realidad, ambos pastores representan al propio Garcilaso, que canta a su amada, en vida y tras su muerte (como Petrarca había hecho en su *Cancionero*). La composición refleja de forma magistral el tono emotivo renacentista, contenido y melancólico.
- La *Égloga II* recoge la historia de los desgraciados amores de **Albanio** (seguramente representa al duque de Alba o a su hermano) y la pastora **Camila**. Es la égloga más extensa, la primera que escribió y la menos brillante.
- En la *Égloga III*, en medio de una naturaleza suave y bucólica, cuatro ninfas tejen, en unos tapices, trágicas historias amorosas. Las tres primeras historias aluden a personajes mitológicos, y la cuarta trata de los amores entre Nemoroso y Elisa (como vimos, el propio Garcilaso e Isabel Freyre). La égloga termina con el canto de dos pastores.

Garcilaso compuso, además, cuatro *Canciones* petrarquistas, la oda *A la flor de Gnido* (donde introdujo la lira), dos elegías y una epístola a Boscán.

En 1543, la viuda del poeta barcelonés Juan Boscán, amigo de Garcilaso, publicó conjuntamente las obras de ambos poetas, y enseguida la poesía de Garcilaso alcanzó una gran difusión. A los pocos años, Garcilaso era comentado como **modelo** en la Universidad de Salamanca, y en 1580, Fernando de Herrera realizó una edición crítica de su obra como si ya fuera un **clásico**. A partir de ese momento, Garcilaso se convierte en uno de los poetas más admirados y, como Jorge Manrique, es un «poeta de poetas» al que se cita y a quien se dedican muchas composiciones.

Garcilaso transformó la métrica y renovó el tratamiento del tema amoroso y de la naturaleza.

Flora (1515), del pintor italiano Tiziano, recoge el ideal de belleza femenina presente en algunos sonetos de Garcilaso.

El amor y la naturaleza en la poesía de Garcilaso

La poesía de Garcilaso gira en torno a dos grandes **temas**: el **amor** y la **naturaleza**. El sentimiento amoroso, dichoso o desgraciado, es el centro de su lírica. Por eso su poesía es intimista, y en ella la naturaleza –idealizada– siempre acompaña a los personajes.

Garcilaso es uno de los grandes poetas del amor, porque suma la moda petrarquista del tema amoroso y el sentimiento real, vivido, del poeta. Pero ese sentimiento, aunque apasionado, se expresa de una forma contenida y grave; es lo que él mismo llama «el dolorido sentir». Garcilaso inaugura con el tema amoroso una poesía **intimista** que lo convierte en el maestro de otros poetas posteriores que tienen como tema central el amor, como Gustavo Adolfo Bécquer, en el romanticismo, o Pedro Salinas, en el siglo XX.

Garcilaso también incorpora la **naturaleza** a la poesía castellana, sobre todo en las *Églogas*. En ellas, el elemento natural adquiere tanta importancia como el diálogo entre los pastores o los personajes mitológicos que protagonizan las historias. La extensión de la égloga permite al poeta la descripción detallada de los sentimientos y de la naturaleza.

Estilo

La obra de Garcilaso supone la **creación del lenguaje poético renacentista**, elegante y natural al mismo tiempo. La renovación del estilo se basa en el léxico refinado pero al mismo tiempo sencillo (es decir, sin afectación ni arcaísmos), en los abundantes epítetos y en la suave musicalidad del endecasílabo. A partir de Garcilaso, el soneto se convierte en la estrofa básica de la poesía culta castellana y llega hasta el siglo XX en la obra de autores como Miguel Hernández o Federico García Lorca. Puede decirse que toda la poesía posterior está condicionada por la obra de Garcilaso.

Actividades

***Sonetos*, de Garcilaso**

a) Hermosas ninfas, que en el río metidas,
contentas habitáis en las moradas
de relucientes piedras fabricadas
y en columnas de vidrio sostenidas;
agora estéis labrando embebecidas
o tejiendo las telas delicadas
agora unas con otras apartadas
contándoos los amores y las vidas:
dejad un rato la labor, alzando
vuestras rubias cabezas a mirarme,
y no os detendréis mucho según ando,
que o no podréis de lástima escucharme,
o convertido en agua aquí llorando,
podréis allá despacio consolarme.

b) Escrito está en mi alma vuestro gesto,
y cuanto yo escribir de vos deseo,
vos sola lo escribisteis, yo lo leo
tan solo, que aun de vos me guardo en esto.
En esto estoy y estaré siempre puesto;
que aunque no cabe en mí cuanto en vos veo,
de tanto bien lo que no entiendo creo,
tomando ya la fe por presupuesto.
Yo no nací sino para quereros;
mi alma os ha cortado a su medida;
por hábito del alma misma os quiero.
Cuanto tengo confieso yo deberos;
por vos nací, por vos tengo la vida,
por vos he de morir y por vos muero.

1. Los dos poemas anteriores son sonetos, una forma métrica muy representativa del Renacimiento.
   - Escribe el esquema métrico del soneto.
   - ¿Recuerdas otras estrofas que contengan endecasílabos y que se cultivaran en el Renacimiento?
2. En el primer poema se habla de *ninfas*, personajes mitológicos femeninos que habitaban en las aguas de los ríos. ¿Cómo explicas este tema en la poesía de Garcilaso?
3. ¿Cuál es el estado de ánimo del poeta en el primer soneto? ¿En qué versos lo explica?
4. Señala la parte del poema que se refiere a las ninfas y el verso en que el poeta comienza a hablar de sí mismo. ¿Cuál de las dos partes es más extensa?
5. Garcilaso mezcla dos temas: el amor y la mitología; pero se ha detenido más en la descripción de las ninfas que en sus propios sentimientos.
   - Anota los rasgos físicos de las ninfas, sus actividades y su entorno.
   - Señala dos epítetos.
6. En el segundo soneto, Garcilaso hace un análisis de sus sentimientos. Dice que el «gesto», la figura de la amada, está dibujado o escrito en su alma y, a partir de ahí, desarrolla el primer cuarteto.
   - Resume el contenido del primer cuarteto.
7. El segundo cuarteto es la parte más conceptista; hay cierta influencia de la poesía de cancionero del siglo xv en el juego de palabras de origen religioso: tener fe es creer aquello que no se entiende.
   - Señala con qué expresión se alude a la mujer en este cuarteto.
8. ¿Qué idea del amor expresa el primer terceto? Comprueba que la palabra *hábito* puede entenderse como 'costumbre' o como 'vestimenta'. ¿Cuál es el significado más lógico en el contexto del poema?
9. En el último terceto se acelera el ritmo. ¿Qué recursos se usan para conseguirlo?
10. Realizad una lectura expresiva de los sonetos.

La lírica en la segunda mitad del siglo XVI

Pintura anónima del siglo XVI que refleja el sobrio ambiente de una clase en la Universidad de Salamanca.

En la segunda mitad del siglo XVI, la lírica incorpora **temas religiosos y morales**, con autores tan señalados como **fray Luis de León**, **santa Teresa de Jesús** y **san Juan de la Cruz**. Al mismo tiempo, **Fernando de Herrera** inicia un estilo cultista y continúa los temas renacentistas (amor, naturaleza, mitología...).

Con la Contrarreforma y el aislamiento, la lírica pierde los ideales de universalidad y el entusiasmo pagano anterior, y aunque las corrientes renacentistas no se pierden, quedan fundidas con el catolicismo y se asimilan a él. Es lo que se ha llamado Segundo Renacimiento o Renacimiento cristiano, en el que aparecen poetas moralistas y religiosos, como fray Luis de León, santa Teresa de Jesús y san Juan de la Cruz. Paralelamente, Fernando de Herrera continúa la lírica amorosa e inicia una poesía épica culta, con un estilo que se aleja de la naturalidad del primer Renacimiento, el de Garcilaso, y anuncia la complicación del Barroco.

En este periodo se ha hablado de dos **escuelas** o tendencias poéticas:

- La *Escuela salmantina*, representada por fray Luis de León, que tiende hacia una lírica **elegante y natural** en el lenguaje, y de **temas morales y filosóficos**.
- La *Escuela sevillana*, representada por Fernando de Herrera, más **cultista**, que busca la belleza formal, brillante y sonora, y que trata sobre **temas profanos**.

Junto a estas dos tendencias surge la **poesía religiosa**: la ascética, que trata sobre cómo conseguir la perfección moral, y la mística, que refleja la unión del alma con la divinidad. San Juan de la Cruz es el mejor representante de este tipo de poesía.

Fray Luis de León (1527-1591)

Fray Luis de León, símbolo de la cultura de su tiempo, en la que se funden la tradición clásica y la herencia bíblica y patrística, según un retrato de Pacheco.

La poesía de fray Luis León sintetiza la **cultura renacentista** y el **pensamiento cristiano**. Plantea **temas morales**, influido por Platón, Virgilio y Horacio, de quien procede su **estoicismo**: el deseo de lograr la virtud, el ansia de paz espiritual o la alabanza de la vida sencilla.

Vida

La vida de fray Luis de León, como la de Santa Teresa y san Juan de la Cruz, refleja fielmente el confuso momento que se vivía, las tensiones entre las tendencias humanistas o renacentistas y la susceptibilidad de los poderes eclesiástico y civil.

Fray Luis de León fue un hombre muy culto, un humanista, descendiente de conversos y fraile agustino, que enseñó teología en la Universidad de Salamanca. La Inquisición lo condenó por defender la lectura de la Biblia en su lengua original (no a través de las traducciones latinas) y por haber vertido al castellano el libro bíblico del Cantar de los Cantares, obra que fue fundamental para el desarrollo de la mística posterior. Tras cuatro años de cautiverio, lo absolvieron y acabó alcanzando un alto cargo dentro de su orden religiosa.

Obra

Además de poeta, fray Luis de León fue un extraordinario traductor del latín y del hebreo: tradujo a los poetas latinos Horacio y Virgilio, y también tradujo los Salmos bíblicos. Como prosista, escribió libros de tema moral y religioso, como *La perfecta casada*, obra didáctica sobre la conducta de las esposas, y *De los nombres de Cristo*, comentario sobre las diferentes denominaciones que recibe Jesucristo en los libros sagrados.

La poesía de fray Luis de León

La mayor parte de la poesía de Fray Luis son **odas**, cantos de alabanza, escritas en liras, siguiendo el modelo introducido por Garcilaso. Los temas de que trata tienen un tono moral que refleja la influencia de los clásicos: Platón, Virgilio y, sobre todo, Horacio, de quien toma el estoicismo, es decir, el anhelo de la virtud mediante el dominio de las pasiones, la búsqueda de lo espiritual o el elogio de la vida sencilla campestre, que contrapone a las vanidades mundanas o sociales. Muy conocida es la *Oda a la vida retirada*, que recrea el tópico del *beatus ille* 'feliz aquel', a imitación de Horacio. También compuso odas a sus amigos, como la que dedica al músico Salinas, cuya melodía le hace percibir la armonía del universo, que recuerda a Platón. Esa misma influencia muestra *Noche estrellada*, donde manifiesta el anhelo y la nostalgia del cielo. En la obra poética de Fray Luis se funden el platonismo y el cristianismo, porque presenta el mundo como un destierro doloroso, a partir del cual el ser humano puede elevarse a las verdades eternas a través de la contemplación de la naturaleza y el arte.

Fray Luis también compuso algún poema de tono épico, como *La profecía del Tajo*.

Estilo

La lengua de fray Luis de León es similar a la de Garcilaso y al modelo renacentista porque es **natural** y **elegante**, pero también refleja el influjo de Horacio por la amplitud de las frases y por los numerosos cultismos que encontramos en ella. Su estilo es muy cuidado, como demuestran el magistral uso de los encabalgamientos que marcan el ritmo de los poemas, y el uso de las aliteraciones, pero siempre huye de la brillantez formal que podría desdibujar el contenido, y todos los recursos se subordinan al significado de sus poemas.

Estatua de bronce de Fray Luis de León frente a la portada de las Escuelas Menores de la Universidad de Salamanca.

Actividades

***Oda a Francisco Salinas*, de fray Luis de León** (Francisco Salinas, amigo del poeta, era un excelente músico).

El aire se serena
y viste de hermosura y luz no usada,
Salinas, cuando suena
la música extremada[1]
por vuestra sabia mano gobernada.

A cuyo son divino
mi alma que en olvido está sumida,
torna a cobrar el tino
y memoria perdida
de su origen primera esclarecida.

Y como se conoce,
en suerte y pensamientos se mejora;
el oro desconoce[2]
que el vulgo ciego adora,
la belleza caduca engañadora.

Traspasa el aire todo
hasta llegar a la más alta esfera,
y oye allí otro modo
de no perecedera
música[3], que es la fuente y la primera.

Ve cómo el gran maestro
a aquesta inmensa cítara aplicado,
con movimiento diestro
produce el son sagrado
con que este eterno templo es sustentado.

Y como está compuesta
de números concordes, luego envía
consonante respuesta
y entre ambas a porfía
se mezcla una dulcísima armonía.

Aquí la alma navega
por un mar de dulzura, y finalmente
en él ansí se anega,
que ningún accidente
extraño o peregrino oye o siente.

¡Oh desmayo dichoso!,
¡oh muerte que das vida!, ¡oh dulce olvido!,
¡durase en tu reposo
sin ser restitüido
jamás a aqueste bajo y vil sentido!

A este bien os llamo,
gloria del apolíneo sacro coro[4],
amigos, a quien amo
sobre todo tesoro;
que todo lo visible es triste lloro.

¡Oh!, suene de contino,
Salinas, vuestro son en mis oídos,
por quien al bien divino
despiertan los sentidos,
quedando a lo demás adormecidos.

1. extremada: excelente, sublime.
2. desconoce: ignora, desprecia.
3. música: se refiere a la armonía universal o música de las esferas.
4. apolíneo sacro coro: el coro de los poetas, secuaces de Apolo.

11. Lee atentamente el poema y redacta un resumen de las ideas fundamentales.

12. Justifica si, por su tema, es representativo de fray Luis de León.

13. Cuando se oye la música de Salinas, ¿qué es lo primero que sucede, según este poema? ¿Crees que el verbo *serenarse* o el adjetivo *sereno/a* reflejan bien el ideal renacentista?

14. ¿Qué parte del poeta reacciona ante la música de Salinas? ¿Aparecía el *alma* en algún soneto de Garcilaso?

15. En la segunda estrofa da la impresión de que el alma vaya recordando algo que había olvidado: es una visión platónica. La música parece poner en contacto el alma del poeta con una serie de elementos superiores, y lo separa del mundo terrenal. Nombra alguna visión o cualidad que sugiera la música, o algún lugar al que transporte. Confecciona una lista con aspectos del mundo terrenal que podemos olvidar a través de la música.

16. Hay una estrofa que expresa la mayor intensidad emotiva: el clímax. ¿Cuál es? ¿Qué modalidad de oración predomina en ella?

17. Resume la última estrofa. ¿Es representativa del pensamiento del autor? De entre todos los clásicos que influyen en fray Luis de León, ¿cuáles crees que se reflejan con mayor intensidad en este poema? ¿Te parece que esta composición es representativa del Renacimiento cristiano? Justifica tu respuesta.

18. El poema trata sobre el poder evocador de la música. Redacta un texto de unas quince líneas en el que expongas tu opinión sobre este tema.

San Juan de la Cruz (1542-1591)

La poesía **mística** es aquella que expresa la vivencia excepcional de la **unión del alma con la divinidad.** La lírica de san Juan de la Cruz –como la de Santa Teresa– expresa esa experiencia amorosa mediante **símbolos** sugerentes y emotivos, que se inspiran en la Biblia, el lenguaje amoroso y la naturaleza.

Vida

De familia humilde, fue protegido por un noble, lo que le permitió estudiar filosofía y teología en la Universidad de Salamanca como religioso carmelita. Seguramente allí conoció a fray Luis de León y tuvo acceso a sus traducciones bíblicas.

Por su admiración hacia santa Teresa de Jesús, pasó a ser un **carmelita descalzo**, aquellos que querían acercarse al cristianismo primitivo, y se dedicó, junto con Santa Teresa, a la fundación de nuevos conventos. San Juan de la Cruz escribió poemas sobre sus experiencias religiosas. Los frailes de su comunidad leían sus poemas, pero, dada la dificultad que los religiosos encontraban en algunos textos, Santa Teresa le sugirió que escribiera unos comentarios en prosa que aclarasen el sentido de la poesía.

Como Fray Luis, también san Juan de la Cruz padeció prisión. Fue acusado por sus excompañeros, los carmelitas calzados, que desconfiaban de la renovación religiosa que llevaban a cabo los descalzos.

Escena que pertenece a una serie de grabados sobre la vida de San Juan de la Cruz y que muestra la imposición de los hábitos a los primeros novicios de los carmelitas descalzos.

La poesía mística

La poesía mística expresa la experiencia de la **unión del alma con la divinidad**, lo que se denomina «éxtasis místico». En este sentido, la poesía de San Juan y la de Santa Teresa son **poesía mística**, porque tienen como tema central la expresión de esta vivencia religiosa. Para conseguir la unión entre el alma y la divinidad hay que emprender el camino de la **ascética**, la **purificación del alma** a través del sacrificio, las oraciones y el desprendimiento de las vanidades del mundo. La ascética es, por tanto, una vía que todo el mundo puede seguir, pero la experiencia mística, según el cristianismo, es un don que Dios concede a unos cuantos elegidos.

Retrato de san Juan de la Cruz que aparece en un libro de retratos de 1599.

La poesía de san Juan de la Cruz

La obra de san Juan de la Cruz se editó en 1618. Hasta entonces circulaban manuscritos de su obra entre los religiosos y las religiosas de su orden; por eso encontramos numerosas variantes de los textos. La primera poesía de san Juan de la Cruz suele tomar poemas amorosos tradicionales, a los que da un sentido religioso introduciendo pequeños cambios. Es lo que se llama poesía **a lo divino**. Este es el caso, por ejemplo, de algunos poemas amorosos que tienen como protagonista a un pastor.

La poesía más original de san Juan de la Cruz es, sin duda, aquella que recoge su experiencia mística. El poeta se encuentra con un lenguaje insuficiente para transmitir este tipo de vivencia y, como no puede describirla, la manifiesta a través de símbolos.

Los grandes poemas de san Juan de la Cruz, *Noche oscura del alma*, *Cántico espiritual* y *Llama de amor viva*, escritos en liras, reflejan el camino que lleva a la unión con Dios y el placer que ello proporciona. *Noche oscura del alma* narra cómo una joven, el alma, sale a escondidas de su casa para reunirse con el Amado, a quien se entrega. *Cántico espiritual* es una imitación del Cantar de los Cantares y, al igual que el libro bíblico, constituye un diálogo amoroso entre la esposa y el esposo o la pastora y el pastor, a quien ella busca hasta que lo encuentra. Este poema transmite, a través de símbolos, las sensaciones vividas en el proceso de la unión con la divinidad y el éxtasis final. En él, la naturaleza cobra mucha importancia. *Llama de amor viva* es una pura exclamación jubilosa, un canto al placer de la unión mística.

Como se ha señalado, la obra en prosa nace más tarde que la poesía y tiene como finalidad explicar el sentido de los poemas.

Estilo

San Juan de la Cruz crea una nueva lengua poética a través de los **símbolos** que tienen su origen en el lenguaje del amor humano, en la Biblia y en la naturaleza: *el amado, la noche, los montes, la cueva, el ciervo, el esposo, la esposa*, etc. Es un lenguaje muy **emocional**, **expresivo** e **intenso**; en él abundan las exclamaciones, las aliteraciones y las enumeraciones, y para expresar lo inexpresable, el poeta recurre a contrastes y antítesis, como, por ejemplo, *soledad sonora, música callada, ¡Oh cautiverio suave!...*

El estilo de san Juan de la Cruz asimila diversas influencias, como la de la lírica tradicional, la de Garcilaso, la de Fray Luis y, como hemos señalado, la de la Biblia.

Actividades

***Noche oscura del alma*, de san Juan de la Cruz**

Canciones del alma que se goza de haber llegado al alto estado de la perfección, que es la unión con Dios, por el camino de la negación espiritual.

En una noche oscura,
con ansias, en amores inflamada,
¡oh dichosa ventura!,
salí sin ser notada,
estando ya mi casa sosegada.
A escuras, y segura
por la secreta escala, disfrazada,
¡oh dichosa ventura!,
a escuras y en celada[1],
estando ya mi casa sosegada.
En la noche dichosa,
en secreto, que nadie me veía,
ni yo miraba cosa,
sin otra luz y guía
sino la que en el corazón ardía.
Aquésta me guiaba
más cierto que la luz del mediodía,
adonde me esperaba
quien yo bien me sabía,
en parte donde nadie parecía.
¡Oh noche, que guiaste!
¡Oh noche amable más que el alborada!
¡Oh noche que juntaste
Amado con amada,
amada en el Amado transformada!
En mi pecho florido,
que entero para él solo se guardaba,
allí quedó dormido,
y yo le regalaba,
y el ventalle[2] de cedros aire daba.
El aire de la almena,
cuando yo sus cabellos esparcía,
con su mano serena
en mi cuello hería,
y todos mis sentidos suspendía.
Quedéme y olvidéme,
el rostro recliné sobre el Amado,
cesó todo, y dejéme,
dejando mi cuidado
entre las azucenas olvidado.

1. **en celada:** a escondidas.
2. **ventalle:** abanico.

19. La palabra *noche*, según explica san Juan de la Cruz, es un símbolo del duro y largo camino que el alma debe recorrer antes de que le llegue la luz. Es lo que se llama **vía purgativa** o ascética, de negación de los sentidos y del intelecto. La **vía iluminativa** se alcanza cuando el alma, tras pasar las difíciles *noches*, comienza a vislumbrar la divinidad y, tras ella, el místico entra en la **vía unitiva**, donde se funde con la divinidad. La unión se expresa habitualmente con la imagen de una llama o como un abandono en el Otro.

- Comprueba que el poema recoge las tres vías y señala las partes que corresponden a cada una de ellas.

20. En sentido literal, el poema es un canto amoroso. Lo que le da sentido religioso es el uso que hace el poeta de los símbolos. ¿Cómo interpretarías el verso 25?

21. Indica qué modalidad oracional usa el poeta para expresar la unión amorosa. ¿Con qué tipo de poesía la relacionarías?

22. ¿Aparece la naturaleza en este poema? ¿Con qué se asocia? ¿Es la visión de la naturaleza típica del Renacimiento?

23. La poesía de san Juan de la Cruz ha sido musicada y cantada por Amancio Prada. Buscad información sobre ello y averiguad qué otros poetas ha versionado el cantante. Escuchad la versión que hace de san Juan de la Cruz y valorad el resultado.

3 COMENTARIO *Égloga I*, de Garcilaso de la Vega

Recogemos un fragmento de la *Égloga I* que canta el «dulce lamentar de dos pastores». Tras el lamento de Salicio por la indiferencia de Galatea, Nemoroso llora la muerte de su amada Elisa.

NEMOROSO

Corrientes aguas, puras, cristalinas;
árboles que os estáis mirando en ellas,
verde prado de fresca sombra lleno,
aves que aquí sembráis vuestras querellas,
hiedra que por los árboles caminas,
torciendo el paso por su verde seno;
yo me vi tan ajeno
del grave mal que siento, que de puro contento
con vuestra soledad me recreaba,
donde con dulce sueño reposaba,
o con el pensamiento discurría
por donde no hallaba
sino memorias llenas de alegría.

Y en este mismo valle, donde agora
me entristesco y me canso, en el reposo
estuve ya contento y descansado.
¡Oh bien caduco, vano y presuroso!
Acuérdome durmiendo aquí algún hora,
que, despertando, a Elisa vi a mi lado.
¡Oh miserable hado!
¡Oh tela delicada,
antes de tiempo dada
a los agudos filos de la muerte!
Más convenible suerte
a los cansados años de mi vida,
que es más que el hierro fuerte,
pues no la ha quebrantado tu partida.
¿Dó están agora aquellos claros ojos
que llevaban tras sí, como colgada,
mi alma doquier que ellos se volvían?

¿Dó está la blanca mano delicada,
llena de vencimientos y despojos
que de mí mis sentidos le ofrecían?
Los cabellos que vían
con gran desprecio el oro,
como a menor tesoro,
¿adónde están? ¿Adónde el blando pecho?
¿Dó la coluna que el dorado techo
con presunción graciosa sostenía?
Aquesto todo agora ya se encierra,
por desventura mía,
en la fría, desierta y dura tierra.

¿Quién me dijera, Elisa, vida mía,
cuando en aqueste valle al fresco viento
andábamos cogiendo tiernas flores,
que había de ver con largo apartamiento
venir el triste y solitario día
que diese amargo fin a mis amores?
El cielo en mis dolores
cargó la mano tanto,
que a sempiterno llanto
y a triste soledad me ha condenado;
y lo que siento más es verme atado
a la pesada vida y enojosa,
solo, desamparado,
ciego sin lumbre en cárcel tenebrosa.

Cual suele el ruiseñor con triste canto
quejarse, entre las hojas escondido,
del duro labrador, que cautamente
le despojó su caro y dulce nido
de los tiernos hijuelos, entre tanto
que del amado ramo estaba ausente,
y aquel dolor que siente
con diferencia tanta
por la dulce garganta
despide, y a su canto el aire suena,
y la callada noche no refrena
su lamentable oficio y sus querellas,
trayendo de su pena
al cielo por testigo y las estrellas;
desta manera suelto ya la rienda
a mi dolor, y así me quejo en vano
de la dureza de la muerte airada.
Ella en mi corazón metió la mano,
y de allí me llevó mi dulce prenda;
que aquél era su nido y su morada.
¡Ay muerte arrebatada!
Por ti me estoy quejando
al cielo y enojando
con importuno llanto al mundo todo:
el desigual dolor no sufre modo.
No me podrán quitar el dolorido
sentir, si ya del todo
primero no me quitan el sentido.

La primavera (detalle), de Sandro Botticelli.

Localización

1. ¿A qué época pertenece Garcilaso y qué tipo de literatura representa?

2. ¿Qué es una **égloga**? ¿Por qué es un género típico del Renacimiento?

Análisis del contenido y de la expresión

3. Indica los temas fundamentales de la poesía renacentista y de Garcilaso. Comprueba si aparecen en este poema.

4. Nemoroso empieza su intervención refiriéndose a los elementos de la naturaleza. Observa cómo es ese entorno natural. ¿Qué nombre se daba en latín a este tipo de paisaje? Identifica dos epítetos.

5. Indica hasta dónde llega la enumeración de elementos naturales y cuándo aparece el yo poético. ¿Qué relación se establece entre el yo y la naturaleza?

6. Resume el contenido de las restantes estrofas.

7. ¿Qué tema aparece en la tercera estrofa? Además de tratar sobre un tema clásico, esta estrofa contiene un retrato de la amada que responde al modelo de belleza femenina de la época. Escribe una lista de sus rasgos físicos. Busca pinturas renacentistas en algún libro de arte o en Internet y comprueba si coinciden en el tipo de mujer bella del momento.

8. La quinta estrofa (v. 57) empieza con un *cual* comparativo. Busca el segundo elemento de la comparación. ¿Son frases cortas o largas?

9. ¿El tema de la amada muerta es un tema real o ficticio en Garcilaso? ¿Recuerdas si coincide con algún otro poeta en este aspecto?

10. En algún punto del poema también aparece el **bucolismo**, la referencia al paisaje que acompaña los sentimientos del poeta. Señala en qué estrofa aparece.

Valoración y creación

11. En parejas, preparad una respuesta oral a las siguientes cuestiones:

- ¿Es éste un poema representativo del Renacimiento? Justificad vuestra respuesta usando, como mínimo, tres argumentos.
- Comparad la actitud que expresan Jorge Manrique y Garcilaso de la Vega ante la muerte. ¿Representan dos épocas y dos sensibilidades? ¿Qué visión predomina en el arte y en el mundo actual?

12. Garcilaso es el mejor representante de la poesía italianizante o petrarquista, es decir, de la corriente lírica italiana que crea Petrarca. El Renacimiento italiano fue muy brillante en todas las artes, y su influencia alcanzó todas las culturas europeas. Buscad información sobre el Renacimiento italiano y escoged alguna pintura o escultura que refleje un ambiente o unos gustos similares a los que aparecen en la poesía de Garcilaso.

Pintura de la escuela flamenca del siglo XVI, que muestra un paisaje bucólico.

El Renacimiento: la prosa y el teatro

La narrativa del siglo XVI

En el siglo XVI conviven dos tendencias narrativas: la novela **idealista** (novelas sentimentales, libros de caballerías, novelas pastoriles, bizantinas y moriscas) y la novela **realista** (representada en la novela picaresca).

A finales de siglo, la narrativa culmina en la obra de **Miguel de Cervantes.**

En la literatura castellana del siglo XVI triunfaron, como en el resto de Europa, las **narraciones idealistas**, tanto las que provenían de la Edad Media –**novelas sentimentales** y **libros de caballerías**– como las propias del Renacimiento: **novelas pastoriles** y **bizantinas**.

Junto a ellas, aparecen otros tipos de relatos distintos: las **novelas moriscas**, narración idealista que entronca con la temática de los romances moriscos, y, sobre todo, la **novela picaresca**, que contrasta con las anteriores por su intenso **realismo**.

La narrativa del siglo XVI alcanza su plenitud en la obra de **Cervantes**, que reúne todos los géneros de la época y que culmina en los primeros años del siglo XVII.

La novela idealista

Las novelas **idealistas** que más triunfan en el siglo XVI son:

- La novela de **caballerías**, que sitúa la acción en la Edad Media y cuyo protagonista es un caballero que representa el modelo de héroe épico.
- La novela **pastoril**, que narra historias amorosas entre pastores en un ambiente bucólico.
- La novela **bizantina**, que cuenta aventuras protagonizadas por una pareja de enamorados de altísimo linaje.
- La novela **morisca**, que desarrolla la acción en un idealizado mundo musulmán.

Los **libros de caballerías** eran la lectura preferida en la corte; luego, la moda se extendió a estamentos inferiores. Se presentaban como relatos verídicos que habían sido escritos en alguna lengua extraña, y el autor se declaraba mero traductor de la novela (una ficción que repetiría Cervantes en el *Quijote*). El éxito de los relatos caballerescos pudo deberse a que presentaban un **modelo de caballero** heredero del héroe épico: ejemplar guerrero, fiel enamorado y aventurero idealista, y a la tajante división entre personajes positivos y negativos. Las novelas de caballerías, que situaban la acción en la Edad Media y en países lejanos, y que narraban sucesos fantásticos, reflejaban una cierta nostalgia de la **estética medieval**, ya que empleaban un lenguaje arcaizante y estaban escritas en letra gótica; esos rasgos les daban un aire antiguo y aristocratizante. Los erasmistas y humanistas criticaron las novelas de caballerías por su inverosimilitud y sensualidad.

La novela pastoril narra historias amorosas entre pastores. Detalle de un grabado de Burgos realizado por Georg Braun en el siglo XVI.

Entre las novelas de caballerías destaca el ***Amadís de Gaula***, obra que había reelaborado Garci Rodríguez de Montalvo en 1508 sobre un texto anterior muy popular, que dio lugar a numerosas continuaciones. El libro narra las aventuras de Amadís, hijo de los amores secretos entre el rey Perión de Gaula y la princesa Elisena de Bretaña. Amadís, desde niño, está enamorado de Oriana, a quien dedica sus hazañas. De este amor nacerá Esplandián, héroe de libros posteriores. Las aventuras de Amadís transcurren en diferentes escenarios europeos, y la fantasía y la magia tienen una función importante en la vida del caballero. Otros héroes caballerescos también originaron su propia saga, como *Palmerín de Inglaterra.*

El *Amadís de Gaula* es una de las novelas de caballerías más destacadas de esta época; tanto es así, que don Quijote la citará como una de sus lecturas favoritas. Portada de una edición de 1533.

La **novela pastoril** incorpora el ambiente **bucólico** de las églogas; se inspira en Virgilio y en *La Arcadia,* de Sannazaro, y narra **historias amorosas** entre **pastores**. La más famosa es *Los siete libros de la Diana*, de Jorge de Montemayor. También Cervantes, como veremos, escribió una novela pastoril, *La Galatea*, publicada en 1585.

La **novela bizantina** o **novela griega** imita un relato de Heliodoro descubierto en 1534 y cuenta las **aventuras** de una pareja de enamorados, siempre de alto linaje. Combina la historia amorosa con innumerables peripecias: viajes, raptos, naufragios, separaciones y encuentros fortuitos. Suele tener un final feliz, muchas veces termina con la boda de los protagonistas, que han superado muchas pruebas antes del encuentro final. Este tipo de novela fue valorado por los erasmistas por su visión moralizadora y su exaltación del amor casto.

La **novela morisca** triunfó a raíz de la publicación de la historia de *El Abencerraje*, también conocida como *Abindarraez y la hermosa Jarifa.* El relato apareció intercalado dentro de otra novela, como una historia que narra una pastora dentro de *La Diana,* de Montemayor, quien probablemente fue el autor de este primer relato morisco. El protagonista es un joven moro, valiente y galante, tipo que ya había aparecido en los romances moriscos. El gusto por el exotismo, el refinamiento y el colorido de un **idealizado mundo musulmán** pervivirá en muchos escritores posteriores, como Cervantes, en el *Quijote*, y Lope de Vega, autor de romances moriscos.

Actividades

Amadís de Gaula En este fragmento se observa el tono sentimental de las novelas de caballerías. Narra el inicio del enamoramiento entre el Doncel del Mar, Amadís, y Oriana, cuando son aún niños.

Cómo el rey Lisuarte navegó por la mar, y aportó al reyno de Escocia donde con mucha honrra fue recebido

La embaxada oyda por el rey Lisuarte, ayudándole su suegro con gran flota en la mar entró, por donde navegando fue aportado en el reyno de Escocia, donde con mucha honrra del rey Languines recebido fue. Este Lisuarte traya consigo a Brisena su muger, y una hija que en ella ovo quando en Denamarcha morara, que Oriana avía por nombre, de hasta diez años, la más hermosa criatura que se nunca vio, tanto que esta fue la que sin par se llamó, porque en su tiempo ninguna ovo que le ygual fuesse. Y porque de la mar enojada andava, acordó de la dexar allí, rogando al rey Languines y a la reyna que ge la guardassen. Ellos fueron muy alegres dello, y la reyna dixo: Creed que la yo guardaré como su madre lo haría [...].

El auctor dexa reynando a Lisuarte con mucha paz y sossiego en la Gran Bretaña, y torna al Donzel del Mar, que en esta sazón era de XII años, y en su grandeza y miembros paresçía bien de quinze. Él servía ante la reyna, y assí della como de todas las dueñas y donzellas era mucho amado; mas de que allí fue Oriana, la hija del rey Lisuarte, diole la reyna al Donzel del Mar que la sirviesse, diziendo:

–Amiga, este es un donzel que os servirá.

Ella dizo que le plazía. El donzel tovo esta palabra en su coraçón, de tal guisa que después nunca de la memoria la apartó, que sin falta, assí como esta historia lo dize, en días de su vida no fue enojado de la servir y en ella su coraçón fue siempre otorgado, y este amor turó quanto ellos turaron, que assí como la él amava assí amava ella a él. En tal guisa que una hora nunca de amar se dexaron. Mas el Donzel del Mar, que no conoscía ni sabía nada de cómo ella le amava, teníase por muy osado en aver en ella puesto su pensamiento, según la grandeza y hermosura suya, sin cuydar de ser osado a le dezir una sola palabra, y ella, que lo amava de coraçón, guardábase de fablar con él más que con otro, porque ninguna cosa sospechassen. Mas los ojos avían gran plazer de mostrar al coraçón la cosa del mundo que más amavan. Assí bivían encubiertamente, sin que de su hazienda ninguna cosa el uno al otro se dixessen.

Pues passando el tiempo, como os digo, entendió el Donzel del Mar en sí que ya podría tomar armas si oviese quien le hazer cavallero; y esto desseava él considerando que él sería tal y haría tales cosas por donde muriesse, o biviendo, su señora le preciaría. Y con este desseo fue al rey, que en una huerta estava, y hincados los ynojos le dixo:

–Señor, si a vos pluguiesse, tiempo sería de ser yo cavallero.

El rey dixo:

–¿Cómo, Donzel del Mar, ya os esforçáys para mantener cavallería? Sabed que es ligero de haver y grave de mantener. Y quien este nombre de cavallería ganar quisiere y mantenerlo en su honrra, tantas y tan graves son las cosas que ha de fazer, que muchas vezes se le enoja el coraçón. Y si tal cavallero es que por miedo o codicia dexa de hazer lo que conviene, más le valdría la muerte que en vergüença bivir, y por ende ternía por bien que por algún tiempo os suffráys. [...]

Y estando un día la hermosa Oriana con otras dueñas y donzellas en el palacio holgando, en tanto que la reyna dormía, era allí con ellas el Donzel del Mar, que solo catar no osava a su señora, y dezía entre sí:

–¡Ay, Dios! ¿Por qué vos plugo de poner tanta beldad en esta señora y en mí tan gran cuyta y dolor por causa della? En fuerte punto mis ojos la miraron, pues que perdiendo la su lumbre, con la muerte pagarán aquella gran locura en que al coraçón han puesto.

1. El tono sentimental de los libros de caballerías puede apreciarse en el fragmento que narra el inicio del enamoramiento entre el Doncel del Mar, Amadís, y Oriana, cuando aún son niños. ¿Qué edad tienen los protagonistas en ese momento? ¿Cómo es ese amor en principio?
2. Señala los rasgos que caracterizan a Oriana.
3. En boca del rey aparece una explicación sobre la orden de caballería. Haz un resumen de esa intervención.
4. En la parte final del texto hay una confesión amorosa de Amadís. ¿Qué sentimiento provoca el amor en Amadís? ¿Qué presenta como causa de ese amor?
5. ¿Cómo justificas que se califique de **idealista** este tipo de literatura?
6. La idea del héroe solitario de vida nómada que protege a los débiles, imparte justicia y se enfrenta a los malvados ha quedado como modelo en la literatura y el cine posteriores, cambiando de épocas y de escenarios. Así ocurre con algunas películas del Oeste americano o de ciencia ficción, como, por ejemplo, en *La guerra de las galaxias*.
   - En grupo, apuntad las películas que recordéis.
   - Poned en común las diferentes propuestas y comentad las semejanzas con las novelas de caballerías.

La novela realista. El *Lazarillo*

Con el *Lazarillo* se introdujo un nuevo tipo de relato: la **novela picaresca**, que representa la corriente **realista** y **crítica** de la novela del siglo XVI. La obra cuenta las peripecias de Lázaro de Tormes, un **criado de muchos amos**. Está narrada en forma de **epístola autobiográfica**: es una extensa carta del protagonista en la que cuenta toda su vida. En ella, Lázaro va recordando y comentando sus experiencias desde que era un niño; retrata a sus diferentes amos y explica las ingeniosas tretas que ideaba para sobrevivir.

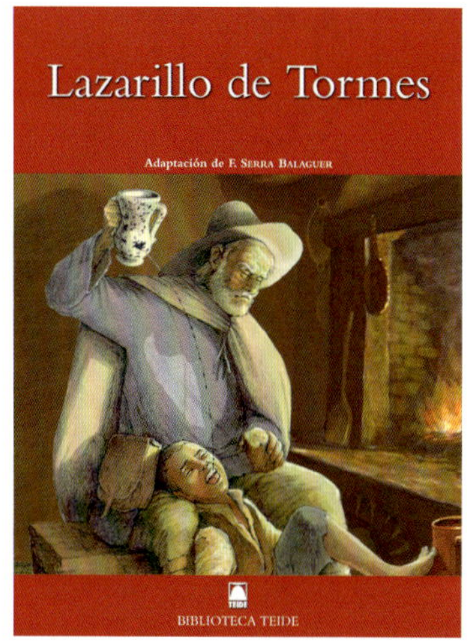

El *Lazarillo* es una obra **anónima**, que fue publicada en los últimos años del reinado de Carlos V. La edición más antigua que se conserva, *La vida de Lazarillo de Tormes y de sus fortunas y adversidades*, es de 1554, pero en ella se dice que es una segunda edición, por lo que deberíamos situar la aparición de la novela en años anteriores.

En el nacimiento de la novela picaresca pudieron influir razones literarias y sociales. La literatura renacentista omitía la realidad vulgar; la picaresca contrapone a los héroes idealizados de la novela pastoril o de los relatos caballerescos un nuevo **protagonista antiheroico** y real, que se mueve en unos **ambientes vulgares**, conocidos y pobres. La picaresca renueva, pues, el personaje y el espacio, y como veremos, también transforma la técnica narrativa.

Estructura del *Lazarillo*. La novela está escrita en forma de **epístola autobiográfica**, es decir, es una carta dirigida a un destinatario al que se alude como «Vuestra Merced», y en ella, el protagonista, Lázaro, relata su vida **desde el principio**. Ese recurso da verosimilitud a la forma autobiográfica, al relato escrito en primera persona.

El *Lazarillo* consta de un prólogo y siete tratados, muy desiguales en longitud. En el **prólogo**, como es habitual, se **justifica el propósito** de la obra, mientras que los **tratados** recogen las diversas **peripecias del protagonista**, Lazarillo de Tormes, al servicio de muchos amos, desde la infancia hasta llegar a la edad adulta. Cuando Lázaro narra su vida, es un hombre casado con la criada del arcipreste de San Salvador, su protector, y trabaja de pregonero en Toledo.

Prólogo y tratado VII. Tras el retórico título del libro –*La vida de Lazarillo de Tormes y de sus fortunas y adversidades*–, el prólogo comienza con una parodia del estilo elevado característico de las novelas idealistas. Lázaro dice que narrará «cosas tan señaladas y por ventura nunca oídas ni vistas que deben llegar a noticia de muchos y no enterrarse en la sepultura del olvido». El tono recuerda el estilo de los libros de caballerías, sus héroes y sus hazañas, y preludia la **ironía** de Cervantes en el *Quijote*. Poco después, Lázaro pasa a narrar su historia en el estilo llano que mantendrá en el resto del libro, y entonces aparece el presunto destinatario del escrito: «**Vuestra Merced**». El personaje que se esconde bajo ese tratamiento de respeto no se desvela más que parcialmente al final del libro, en el **tratado** VII. De momento, el protagonista solo nos dice que «Vuestra Merced escribe que le escriba» sobre «el caso» de Lázaro, y que, para responder a esa petición, ha decidido contarle su vida desde el principio para que se entienda su situación actual, donde se encontraría «el caso».

Al final del libro, en el **tratado** VII, sabremos que «Vuestra Merced» es un superior del arcipreste de San Salvador a quien le habrían llegado rumores sobre las relaciones entre el arcipreste y su criada, la mujer de Lázaro. El protagonista cuenta en esta parte final que los tres –el arcipreste, la mujer de Lázaro y él mismo– viven contentos, y que a él no le importan las habladurías de la gente, porque ha llegado a **buen puerto** tras una vida de enormes dificultades. El **libro-carta** sería, así, una justificación de la situación desairada en la que se encuentra Lázaro. Al mismo tiempo, la ficción de la carta y el destinatario hacen verosímil el **relato autobiográfico** de un **protagonista humilde**, tan alejado de los modelos literarios renacentistas.

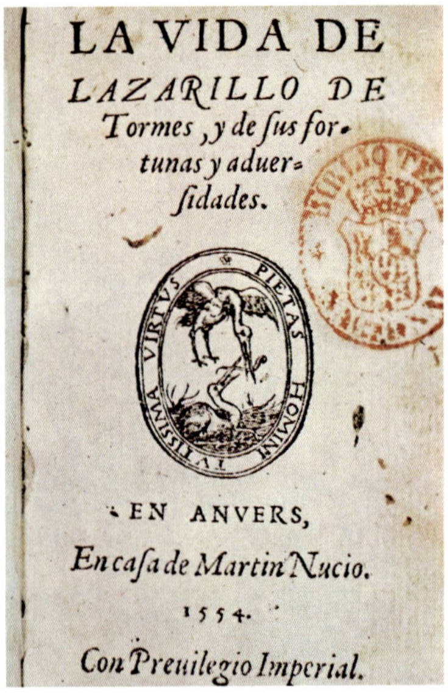
LA VIDA DE
LAZARILLO DE
Tormes, y de sus fortunas y aduersidades.

EN ANVERS,
En casa de Martin Nucio.
1554.
Con Preuilegio Imperial.

Con *La vida de Lazarillo de Tormes*, escrita por un autor anónimo en los últimos años del reinado de Carlos V, se inicia la novela picaresca española. En la imagen, ejemplar de una edición impresa en Amberes en 1554 que se conserva en la Biblioteca Nacional (Madrid).

Tratado I. «El ciego». En el primer tratado, Lázaro cuenta que, siendo muy niño, encarcelaron a su padre por ladrón, y que su madre, moza de un mesón, lo entregó a un ciego para que le sirviera. El ciego es un hombre **astuto** y **cruel**, que personifica el mundo hostil en que se ve inmerso el niño. Con este amo, Lázaro se da cuenta de que **está solo** y debe ingeniárselas para sobrevivir. La soledad, el hambre y el sentimiento de desamparo del protagonista se hacen patentes con tal intensidad que provocan en el lector piedad y simpatía hacia Lázaro. Las anécdotas que se explican en este tratado son de origen folclórico, pero están integradas en la narración. **Lázaro va evolucionando** a partir de las duras lecciones que recibe del ciego, quien, como él mismo reconoce, le despierta de la «simpleza en que como niño estaba». Con el ciego empieza la educación moral del lazarillo, quien, a fuerza de golpes, desarrolla una gran astucia que le permite vengarse de su amo.

Tratado II. «El clérigo de Maqueda». En esta parte, se intensifica el **motivo del hambre** del protagonista. Si el ciego era cruel, el clérigo es **avaro**, y Lázaro debe ingeniárselas para sobrevivir, inventándose todas las artimañas imaginables para probar bocado. También en esta parte las anécdotas entre amo y criado proceden de la tradición, pero están encajadas magistralmente dentro de la narración y en el proceso educativo del protagonista. Se establece entre ellos una especie de competencia: el amo aguza el ingenio para no dar nada a su criado, y este, para conseguir algo de alimento.

Tratado III. «El escudero». El tema del **hambre** culmina en este tratado, considerado el mejor del libro. Lázaro pasa al servicio de un orgulloso y pobrísimo escudero, que tiene un **vacío sentido del honor** que le impide trabajar, pero que, sin embargo, le permite contraer deudas. Lázaro ya es un niño con experiencias y, aunque el escudero oculta su verdadera situación, el niño acaba adivinándola. El **retrato del escudero** constituye una de las mejores partes del libro, y las reacciones que provoca en Lázaro, de piedad e irritación a la vez, son extraordinariamente ricas y matizadas. Vuelven a incorporarse en esta parte anécdotas tradicionales, integradas en la narración y en la evolución del protagonista.

Tratado IV. «El fraile de la Merced». A partir de este tratado se rompe el ritmo narrativo, por su brevedad, porque el protagonista toma un papel de espectador-relator y porque no se sigue el desarrollo psicológico de Lázaro. En este tratado –brevísimo, casi un **esbozo**–, Lázaro relata que sirve a un fraile de la Merced, pero casi no hay anécdota ni narración.

Tratado V. «El buldero». El buldero era el hombre que vendía **bulas**, unos documentos con el sello del papa que concedían privilegios o dispensaban de alguna obligación religiosa; por ejemplo, había bulas que permitían comer carne en los días en que la Iglesia lo prohibía. El negocio de las bulas daba lugar a numerosos fraudes y protestas populares. El buldero del *Lazarillo*, según el protagonista, es «el más desenvuelto y desvergonzado que jamás yo vi ni ver espero ni pienso que nadie vio». En este tratado, Lázaro hace de **mudo espectador** de los engaños del buldero: ha aprendido a callar y quedarse al margen.

Tratado VI. «El maestro de pintar panderos y el aguador». Esta parte es casi tan esquemática como la cuarta. En ella, se cuenta que Lázaro sirvió a dos amos y que, con el segundo, el aguador, estuvo cuatro años. Con los ahorros de su trabajo, Lázaro decide comprarse una espada y ropa «de hombre de bien». Parece que ha pasado la adolescencia y ya **es un adulto**; sin embargo, no se alude a la evolución del personaje.

Tratado VII. «El arcipreste de San Salvador». En esta última parte, Lázaro cuenta que ha estado con un alguacil, pero que lo ha abandonado porque le parece un oficio peligroso, y pasa a hablar de su situación en el momento en que escribe. Tras tantas penurias, ha llegado a ser pregonero; el arcipreste lo ha casado con su criada, le da a pregonar sus vinos y le alquila una casa. No le importa que la gente hable sobre el «**caso**», esto es, sobre las relaciones entre ellos, pues **«con fuerza y maña»** ha ascendido socialmente, y se muestra satisfecho de su situación, «**la cumbre de toda fortuna**».

El protagonista. Nacimiento de la novela moderna. Uno de los elementos más innovadores del *Lazarillo* es el tipo de protagonista: Lázaro es un **antihéroe** por su origen social y por el mundo en que se mueve. Es, además, un personaje que **va evolucionando** a lo largo de la obra, en respuesta al medio en que está inmerso; en ese aspecto, el *Lazarillo* es la primera *novela de aprendizaje*, es decir, aquella que narra la historia de un personaje desde la infancia hasta la madurez, y que presenta al hombre adulto como resultado de las vivencias anteriores.

Pero el *Lazarillo* presenta el **proceso educativo** en un sentido **irónico**, ya que el Lázaro que escribe es un hombre amoral y materialista que acepta su degradación, se muestra orgulloso de sí mismo y se pone como ejemplo. Los diferentes tratados nos muestran que su proceso de aprendizaje es paralelo a la corrupción de su inocencia infantil. En los tres primeros, la *educación* es progresiva: Lázaro, por necesidad, aprende a mentir y a robar, pero es capaz de sentir piedad y compasión, y distingue el bien del mal. Sin embargo, entre el niño de los tres primeros tratados y el hombre que reflexiona en el último, hay un abismo moral y no se explica en el libro el proceso intermedio. El **desequilibrio** entre las partes es tan evidente que incluso hay quien considera esta novela una obra inacabada, totalmente desarrollada en su primera parte, pero solo esbozada en la segunda. Es indudable que, entre Lazarillo y Lázaro, el autor y los lectores prefieren las burlas inocentes del niño a la postura cínica del adulto.

Tema e intención del *Lazarillo*. En el *Lazarillo* encontramos **burla** y **humorismo**, pero también una **crítica social** y **religiosa** que entronca la obra con el erasmismo y con la visión desencantada de algún escritor converso. La estructura de la novela permite una visión amplia de la sociedad de la época: las penurias de los pobres; la dureza de la justicia para con ellos (por ejemplo, para con los padres de Lázaro); las miserias morales de los eclesiásticos y la falsedad y el vacío anacrónico que hay tras la retórica altisonante del escudero. Sin embargo, el **tono** general de la novela es de suave **ironía** y de **comicidad**, sin la acidez satírica que refleja la picaresca posterior.

Ciego tocando la zanfoña, Georges de la Tour, siglo XVII.

El *Lazarillo* plantea una idea candente en la época: la valoración de la **virtud personal** frente al linaje, es decir, el mérito de los que, siendo pobres, consiguen ascender socialmente frente al nulo valor de quienes heredan. Ahora bien, las conclusiones sobre este tema son **ambiguas**, pues Lázaro, al final del libro, ha ascendido socialmente, pero no moralmente. Y aunque en el prólogo se defiende la supremacía del mérito personal, como hacen los erasmistas, Lázaro demostraría, en su evolución, la imposibilidad o dificultad de la movilidad social.

Estilo del *Lazarillo*. El lenguaje del *Lazarillo* es **natural**, sencillo y muchas veces **coloquial**. Este tono es un rasgo **realista** que añade verosimilitud a la novela, ya que responde a la forma de hablar de un personaje como Lázaro. En algún momento, como hemos señalado, hay una cierta parodia de la prosa idealista, sobre todo en el prólogo, pero predomina lo que Lázaro llama «estilo grosero», es decir, estilo llano, con **giros** y **refranes populares**. Responde al modelo que propone Juan de Valdés en el *Diálogo de la lengua*, donde aconseja «dezir las cosas con las menos palabras que pudiereis».

Además de por su realismo, el estilo del *Lazarillo* se caracteriza por el tono **humorístico**, irónico y socarrón del autor, reflejado muchas veces en los comentarios que entre dientes va haciendo Lázaro, desde una aparente ingenuidad.

La picaresca posterior al *Lazarillo*. Aunque con algunos pasajes suprimidos por la censura, el *Lazarillo* tuvo un relativo éxito y dio lugar a un nuevo tipo de relato: la **novela picaresca**. Estas novelas mantienen la **forma autobiográfica** y narran las peripecias de un **criado de muchos amos**. No obstante, la picaresca posterior suele mostrar a un protagonista cruel, ladrón e insolidario, el **pícaro** (palabra que no aparece en el *Lazarillo*). En estas obras, además, se hace expresa la crítica social y el tono general es pesimista y desengañado. Destacan las novelas picarescas *Guzmán de Alfarache*, de Mateo Alemán, y *Vida del Buscón don Pablos*, de Francisco de Quevedo, escritas en el siglo XVII.

Actividades

El *Lazarillo*

El texto recoge el retrato del primer amo de Lazarillo, un ciego mendigo con innumerables habilidades.

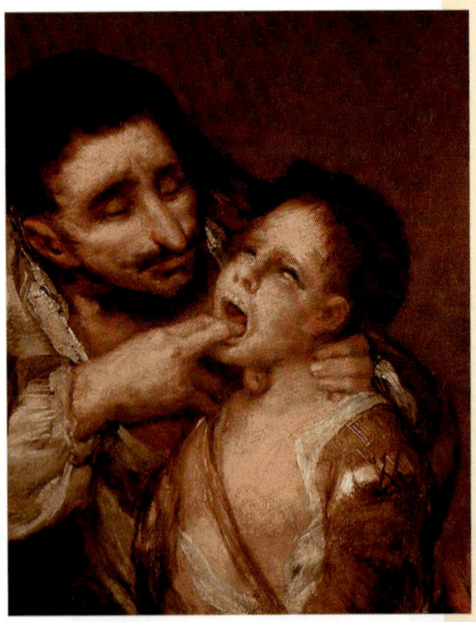

El ciego y el Lazarillo de Tormes tal como los imaginó Francisco de Goya (1746-1828).

Retrato del ciego

Pues tornando al bueno de mi ciego y contando sus cosas, Vuestra Merced sepa que desde que Dios crió el mundo, ninguno formó más astuto ni sagaz. En su oficio era un águila: ciento y tantas oraciones sabía de coro; un tono bajo, reposado y muy sonable, que hacía resonar la iglesia donde rezaba; un rostro humilde y devoto, que con muy buen continente ponía cuando rezaba, sin hacer gestos ni visajes con boca ni ojos como otros suelen hacer. Allende de esto, tenía otras mil formas y maneras para sacar el dinero. Decía saber oraciones para muchos y diversos efectos: para mujeres que no parían, para las que estaban de parto, para las que eran malcasadas, que sus maridos las quisiesen bien. Echaba pronósticos a las preñadas si traían hijo o hija. Pues en caso de medicina, decía que Galeno no supo la mitad que él para muela, desmayos, males de madre. Finalmente, nadie le decía padecer alguna pasión, que luego no le decía: «Haced esto, haréis estotro, cosed tal yerba, tomad tal raíz». Con esto andábase todo el mundo tras él, especialmente mujeres, que cuanto les decía, creían. De estas sacaba él grandes provechos con las artes que digo, y ganaba más en un mes que cien ciegos en un año.

7. Señala quién es el narrador y a quién va dirigido el escrito.

8. De los adjetivos que califican al ciego, indica los dos que mejor lo retratan psicológicamente.

9. Resume las habilidades del ciego.

10. Todas las destrezas del amo de Lázaro van orientadas a conseguir un único fin. ¿Cuál es ese objetivo?

11. A través del fragmento podemos entrever una cierta sociedad. ¿Qué rasgos de la vida del momento quedan reflejados en el texto?

La prosa didáctica en el siglo XVI

En el siglo XVI, la prosa literaria y la didáctica siguen el estilo de los **clásicos** (Cicerón, Horacio...) y de los **humanistas italianos** (Erasmo de Rotterdam y Baltasar de Castiglione). De estos procede también el gusto por presentar los ensayos en **forma dialogada**, el tipo de texto que mejor se adapta al afán didáctico de los humanistas.

En lo que respecta al tema de la **lengua**, la obra más representativa es el ***Diálogo de la lengua***, de Juan de Valdés, quien sigue el modelo de **estilo renacentista** desde una perspectiva **humanista** y **erasmista**: defiende la elegancia natural del lenguaje y presenta sus argumentos en forma de diálogo. Juan de Valdés y su hermano Alfonso continuaron la línea comenzada por otros filólogos humanistas de la Universidad de Alcalá de Henares: Elio Antonio de Nebrija, que revisó los textos latinos y griegos de la *Biblia políglota complutense*, en 1502, y el Brocense, Francisco Sánchez de las Brozas, quien publicó estudios sobre la lengua y editó a poetas clásicos, como Ovidio, Virgilio y Horacio, y también a contemporáneos, como Garcilaso.

Prosa histórica. La **conquista de América** estimuló la descripción de ese nuevo mundo y la narración de su colonización. Entre los escritores que trataron sobre estos temas destacan Bernal Díaz del Castillo, que escribió la *Historia verdadera de la conquista de la Nueva España*, y fray Bartolomé de las Casas, que hace una durísima crítica de la acción colonizadora en *Brevísima relación de la destrucción de las Indias.*

Prosa religiosa. En la segunda mitad del siglo XVI, coincidiendo con la Contrarreforma y el auge de la poesía mística, aparece una prosa de tema **moral** y **religioso**, que en algún caso alcanzó gran difusión.

Fray Antonio de Guevara realizó la biografía de Marco Aurelio y también escribió sobre un tema tan renacentista como el mismo título de la obra *Menosprecio de corte y alabanza de aldea* indica, libro con un estilo que le mereció enorme fama en su tiempo.

Fray Luis de Granada se encuentra en una línea de religiosidad más intimista. Escribió el *Libro de la oración y la meditación*, que le acarreó problemas con la Inquisición por defender en él la superioridad de la oración mental sobre el rezo verbal.

Santa Teresa de Jesús, junto con los poetas **fray Luis de León** y **san Juan de la Cruz,** representa la prosa ascética y mística. Santa Teresa fue una excelente prosista. Consciente de que dirigía sus escritos a las monjas de sus conventos, usaba un lenguaje vivo y antirretórico en obras como *El libro de su vida* o *Libro de las fundaciones*, ambas autobiográficas.

Detalle de la escultura *El éxtasis de Santa Teresa*, obra de Bernini que preside la Capilla Cornaro de la iglesia de Santa Maria della Vittoria (Roma).

3

El teatro del siglo XVI

En la primera mitad del siglo XVI, conviven el **teatro cortesano** y el primer **teatro renacentista**, en el que sobresale Gil Vicente.

Durante la segunda mitad del siglo, aparecen los «**corrales**» y las compañías de actores profesionales, que representan obras religiosas, y clasicistas, y también comedias, en las que destaca Lope de Rueda.

Además, continúan las representaciones de **autos sacramentales**, teatro religioso que proviene de la Edad Media.

A partir del reinado de los Reyes Católicos, en los salones palaciegos se representaba un **teatro cortesano** que combinaba escenas dialogadas con danzas y música. En las piezas de este tipo pesa más el diálogo, tan en boga en el Renacimiento, que la acción dramática.

El teatro en la primera mitad del siglo XVI

A finales del siglo XV y comienzos del XVI surge una generación de dramaturgos que inician el teatro renacentista, entre los que destacan Juan del Encina, Torres Naharro y Gil Vicente.

Juan del Encina, como vimos, representa la transición de la Edad Media al Renacimiento. Comenzó escribiendo un teatro religioso y evolucionó hacia un teatro profano en el que incluía

El corral de comedias de la población de Almagro (Ciudad Real) ha sido escenario de importantes manifestaciones teatrales desde la Edad Media.

temas mitológicos. Tiene interés para la evolución teatral posterior porque en alguna de sus obras aparece el bobo, el típico personaje rústico que es un antecedente del personaje del **gracioso**, tan característico del teatro barroco.

Bartolomé de Torres Naharro incorpora una gran variedad de motivos y personajes nuevos en comedias que tratan sobre el tema del honor. Escribe dos tipos de obras: las **comedias a noticia**, realistas y con un lenguaje sencillo, y las **comedias a fantasía**, en las que aparecen temas más imaginativos, aunque dentro de la verosimilitud.

Gil Vicente fue un autor muy variado, ya que escribió farsas, dramas alegóricos, etc. Pero lo más nuevo y determinante para el teatro posterior fue la introducción en sus obras de numerosos **elementos líricos**, como romances, villancicos...

El teatro en la segunda mitad del siglo XVI

A mediados del siglo XVI, se instalaron algunos teatros en patios interiores que estaban rodeados de casas: los **corrales**. En los corrales, la escena y el público popular se situaban en el patio, mientras que las autoridades y clases altas lo hacían en las galerías superiores, antecesoras de los palcos que posteriormente se construirían en teatros y cines. Al principio, la gestión de los corrales se concedió a los hospitales, pues los beneficios de las representaciones teatrales se dedicaban a su mantenimiento. La aparición de un teatro estable supuso cambios notables, como el nacimiento de **compañías teatrales profesionales** y la regularidad en las representaciones.

Fueron importantes los corrales de Sevilla, Madrid y, sobre todo, Valencia. En ellos se representaban **obras religiosas** en determinadas festividades (por ejemplo, los autos sacramentales que se escenificaban en torno a la fiesta del Corpus) y también se hacía **teatro profano**. Dentro del teatro profano, se distingue la corriente más clasicista –que, por ejemplo, siguió Cervantes en tragedias como *La Numancia*– y las obras que proceden de la comedia nueva italiana, que seguía el esquema del teatro clásico (cinco actos y unidad de tiempo, lugar y acción) y que, con algunas variaciones importantes, se adaptó como el nuevo teatro renacentista.

Lope de Rueda, actor y autor teatral, puede considerarse el creador de la comedia renacentista y, sobre todo, de un tipo de teatro popular: los ***pasos***. Toma como punto de partida la comedia nueva italiana, pero la transforma, ya que elimina los elementos más clasicistas y cultos (los cinco actos, las tres unidades, los discursos retóricos...) y añade escenas cómicas o *pasos*. La comicidad de Lope de Rueda, que le procuró un gran éxito en su tiempo, se basa en un lenguaje realista, lleno de incorrecciones y vulgarismos, y en la creación de **tipos populares** graciosos, personajes esquemáticos que se repiten en distintas obras, como el **bobo**, el **morisco**, el **soldado fanfarrón**, el **vizcaíno**, la **negra**... En conjunto es un teatro popular, costumbrista, que persigue la comicidad y la sobreactuación –recordemos que el autor también era un excelente actor.

Lope de Rueda sustituyó el verso por la prosa en sus pasos y comedias. Ello le permitió el uso de inflexiones y juegos idiomáticos con el fin de presentar ambientes culturales diversos.

El paso fue el antecedente del **entremés**, pieza dramática muy breve que se representaba en los entreactos o al final de otras representaciones. Entre los pasos de Lope de Rueda, destacan: *Las aceitunas*, versión del conocido cuento tradicional *La lechera*; *Cornudo y contento*, y *La tierra de Jauja*. El teatro de Lope de Rueda será fundamental para el desarrollo del teatro posterior, como el de Lope de Vega.

Junto al teatro de los corrales y al teatro cortesano, perviven los **autos sacramentales**, que continúan escenificando al aire libre, delante de las iglesias, piezas breves de temática religiosa.

COMENTARIO El *Lazarillo*

El jarrazo del ciego

Usaba poner cabe sí un jarrillo de vino, cuando comíamos; yo muy de presto le asía y daba un par de besos callados y tornábale a su lugar. Mas duróme poco. Que en los tragos conocía la falta, y por reservar su vino a salvo nunca después desamparaba el jarro, antes lo tenía por el asa asido. Mas no había piedra imán que así trajese a sí como yo una paja larga de centeno, que para aquel menester tenía hecha, la cual, metiéndola en la boca del jarro, chupado el vino lo dejaba a buenas noches. Mas, como fuese el traidor tan astuto, pienso que me sintió, y dende[1] en adelante mudó propósito y asentaba su jarro entre las piernas y atapábale con la mano, y así bebía seguro.

Yo, como estaba hecho al vino, moría por él, y viendo que aquel remedio de la paja no me aprovechaba ni valía, acordé, en el suelo del jarro hacerle una fuentecilla y agujero sotil[2], y delicadamente, con una muy delgada tortilla de cera, taparlo, y al tiempo de comer, fingiendo haber frío, entrábame entre las piernas del triste ciego a calentarme en la pobrecilla lumbre que teníamos, y al calor della, luego derretida la cera, por ser muy poca, comenzaba la fuentecilla a destilarme en la boca, la cual yo de tal manera ponía que maldita la gota se perdía. Cuando el pobreto iba a beber, no hallaba nada.

Espantábase, maldecíase, daba al diablo el jarro y el vino, no sabiendo qué podía ser.

–No diréis, tío, que os lo bebo yo –decía– pues no le quitáis de la mano.

Tantas vueltas y tientos dio al jarro, que halló la fuente y cayó en la burla; mas así lo disimuló como si no lo hubiera sentido.

Y luego, otro día, teniendo yo rezumando mi jarro como solía, no pensando en el daño que me estaba aparejado ni que el mal ciego me sentía, sentéme como solía; estando recibiendo aquellos dulces tragos, mi cara puesta hacia el cielo, un poco cerrados los ojos por mejor gustar el sabroso licor, sintió el desesperado ciego que agora tenía tiempo de tomar de mí venganza, y con toda su fuerza, alzando con dos manos aquel dulce y amargo jarro, le dejó caer sobre mi boca, ayudándose, como digo, con todo su poder, de manera que el pobre Lázaro, que de nada desto se guardaba, antes, como otras veces, estaba descuidado y gozoso, verdaderamente me pareció que el cielo, con todo lo que en él hay, me había caído encima.

Fue tal el golpecillo, que me desatinó y sacó de sentido[3], y el jarrazo tan grande, que los pedazos de él se me metieron por la cara, rompiéndomela por muchas partes, y me quebró los dientes, sin los cuales hasta hoy día me quedé. Desde aquella hora quise mal al mal ciego, y, aunque me quería y regalaba y me curaba, bien vi que se había holgado del cruel castigo. Lavóme con vino las roturas que con los pedazos del jarro me había hecho, y, sonriéndose, decía:

–¿Qué te parece, Lázaro? Lo que te enfermó te sana y da salud.

Y otros donaires, que a mi gusto no lo eran.

Ya que estuve medio bueno de mi negra trepa[4] y cardenales, considerando que a pocos golpes tales el cruel ciego ahorraría[5] de mí, quise yo ahorrar de él; mas no lo hice tan presto por hacerlo más a mi salvo[6] y provecho. Aunque yo quisiera asentar mi corazón[7] y perdonarle el jarrazo, no daba lugar el maltratamiento que el mal ciego dende allí adelante me hacía, que sin causa ni razón me hería, dándome coscorrones y repelándome[8].

Y si alguno le decía por qué me trataba tan mal, luego contaba el cuento del jarro, diciendo:

–¿Pensaréis que este mi mozo es algún inocente? Pues oíd si el demonio ensayara[9] otra tal hazaña.

Santiguándose los que lo oían, decían:

–¡Mirá[10] quién pensara de un muchacho tan pequeño tal ruindad!

Y reían mucho del artificio, y decíanle:

–Castigadlo, castigadlo, que de Dios lo habréis.

Y él, con aquello, nunca otra cosa hacía.

Y en esto yo siempre le llevaba por los peores caminos y adrede, por le hacer mal y daño: si había piedras, por ellas; si lodo, por lo más alto[11]. Que aunque yo no iba por lo más enjuto, holgábame a mí de quebrar un ojo por quebrar dos al que ninguno tenía. Con esto, siempre con el cabo alto del tiento me atentaba[12] el colodrillo[13], el cual siempre traía lleno de tolondrones[14] y pelado de sus manos. Y aunque yo juraba no lo hacer con malicia, sino por no hallar mejor camino, no me aprovechaba ni me creía más: tal era el sentido y el grandísimo entendimiento del traidor.

1. **dende:** desde allí.
2. **sotil:** sutil, fino, estrecho.
3. **sacar de sentido:** privar de sentido, hacer desmayarse.
4. **trepa:** orla que se ponía como adorno cubriendo la orilla de un vestido. Aquí se refiere a la costra de sangre, coagulada y ennegrecida, que orlaba y recubría las heridas producidas por el jarrazo.
5. **ahorraría:** se libraría; de *ahorrar* (dar libertad a los esclavos).
6. **a mi salvo:** a mi satisfacción, sin peligro y sin estorbo.
7. **asentar mi corazón:** dirigir el corazón hacia el bien.
8. **repelándome:** dándome tirones de pelo.
9. **ensayara:** intentara, emprendiera.
10. **mirá:** imperativo, por *mirad*.
11. **por lo más alto:** por donde el lodo tenía mayor profundidad.
12. Juego de palabras entre **tiento**, bastón del ciego, y **atentar**, atacar a alguien delictivamente.
13. **colodrillo:** parte posterior de la cabeza.
14. **tolondrones:** chichones.

Localización

1. En parejas o grupos de tres personas, haced un esquema de la narrativa del siglo XVI y situad el *Lazarillo* en la época y el género que le corresponden.

2. ¿Qué rasgo la diferencia de las otras novelas del momento?

3. ¿Qué tipo de novela nace con el *Lazarillo*? Cita las características de esas novelas.

Análisis del contenido y de la expresión

4. La primera parte del fragmento presenta un pulso entre el niño y el ciego para conseguir controlar el vino. ¿Cuántas veces lo intenta Lázaro? ¿Cómo reacciona cada vez el ciego?

5. La respuesta final del ciego es cruel. Señala en el texto cómo queda Lázaro físicamente y qué reacción anímica le provoca.

6. La visión que tiene Lázaro del ciego ¿va variando a lo largo del fragmento? En caso afirmativo, busca en el texto dos comentarios que reflejen la evolución de la visión que Lázaro tiene de su amo.

7. ¿Cómo puede calificarse el sentimiento de Lázaro en la última parte del texto, cuando va llevando al ciego por los peores caminos?

8. ¿Recuerdas cómo acaba la relación entre Lázaro y el ciego?

9. Señalad por parejas las siguientes partes del texto:

- Anécdotas en torno al vino, distinguiendo las diferentes tretas hasta llegar al golpe con la jarra.
- Consecuencias del jarrazo en la relación amo-criado.
- Actitud final de Lázaro. ¿El estado de ánimo de Lázaro anuncia cómo acabará el capítulo?

10. ¿Qué puede haber aprendido Lázaro de lo sucedido?

11. ¿Qué realidad social refleja el libro?

12. Observa el tipo de lenguaje que se emplea y señala dos expresiones coloquiales. ¿Cómo calificarías la lengua del *Lazarillo*?

Valoración y creación

13. Desde la perspectiva actual es difícil entender que sea realista una novela que presenta a un niño de unos ocho o diez años que «muere por el vino», y que ese niño esté de criado de un ciego mendigo que, como pago, lo alimenta. Sin embargo, el *Lazarillo* refleja una situación relativamente común entre las clases más necesitadas de la mitad del siglo XVI.

- En conjunto, ¿qué predomina en el texto: anécdotas graciosas o crítica social? ¿Crees que las personas que leían la obra en aquella época valoraban este tipo de anécdotas como crítica social?

14. Cita algún libro o película que narre la vida de un antihéroe.

15. Si tuvieras que escribir un guión sobre un *proceso educativo* que lleve al materialismo y a una visión cínica en el mundo actual, ¿en qué ambiente lo situarías y qué tipo de protagonista escogerías?

- En grupos de tres o cuatro personas, escribid un breve guión para una película que presente una versión actualizada del *Lazarillo* a partir de las respuestas del ejercicio anterior.

El episodio del jarrazo del ciego, óleo de Luis de Santamaría.

3 GUÍA DE LECTURA

El *Lazarillo*

El *Lazarillo* se escribió en los últimos años del reinado de Carlos V. En el libro se alude a que «el caso» ocurrió el mismo año que unas Cortes de Toledo en las que se hicieron grandes festejos. Se convocaron Cortes en Toledo en 1525 y en 1538, y es bastante posible que la novela se sitúe en esa segunda fecha. Por esta época empieza a notarse la crisis económica, que se hace patente en la mendicidad, el éxodo de los campesinos a las ciudades o la posición crítica de los antiguos hidalgos, tal como refleja el libro. Si la literatura idealista presenta los grandes ideales del momento, la literatura realista nos muestra la cara más amarga de la sociedad hispánica.

La vida de Lazarillo de Tormes recoge abundantes elementos de la tradición literaria y folclórica. El niño acompañante de un ciego era ya conocido, como muestra esta pintura de Pedro Berruguete (Museo del Prado, Madrid).

Introducción

1. Busca en los libros de historia y en Internet datos sobre la vida cotidiana de las clases populares en la época en que se escribió el *Lazarillo*.

2. Consulta la proporción de gentes de iglesia que había en la población de la época y comprueba si corresponde a la que refleja el libro.

3. A partir del índice, haz un esquema de cuánto ocupa cada parte del libro: prólogo y tratados. Comprueba el desequilibrio cuantitativo entre los tres primeros tratados y los cuatro siguientes. ¿Recuerdas la interpretación que se ha dado de esta desproporción?

Prólogo

4. Resume las ideas principales del prólogo.

5. ¿Por qué explica Lázaro su vida desde el principio? ¿Se muestra contento de la posición a la que ha llegado?

6. ¿Con quién se compara? ¿Crees que podría considerarse irrespetuosa esta comparación?

7. La frase final, sobre el mérito superior de los que ascienden por sí mismos frente a los que heredan, hace referencia a un tema candente en la época. Si se empieza la lectura del libro por el prólogo, tiene un sentido claro, pero si se reflexiona tras la lectura de todos los tratados, su sentido es ambiguo. Hay quien piensa que tras esta frase se esconde toda la amargura de aquellos que son juzgados por su ascendencia, y que muy bien podría ser el juicio de un converso, cansado de verse despreciado por cualquiera que se creyera *cristiano viejo*. Hay muchas anécdotas de la época que confirman este menosprecio.

▶ ¿Crees que el autor puede estar demostrando las dificultades que experimenta un hombre con los orígenes de Lázaro para ascender en la sociedad? ¿Se burla de lo inútil de la discusión teórica sobre la superioridad del mérito personal respecto a los bienes heredados?

Tratado I. «La familia de Lázaro y el ciego»

8. Resume cómo llega a desestructurarse la familia de Lázaro, cómo actúa la justicia con su padre, su madre y padrastro, de qué los acusan y qué castigo les imponen. Es el primer encuentro de Lázaro con la autoridad, la justicia. ¿Qué papel tiene Lázaro en este asunto? ¿Cómo lo despide su madre?

9. El ciego. Con su primer amo, Lázaro empieza su vida andariega de criado de muchos amos. El ciego y el niño salen de Salamanca y van hacia Escalona. Las anécdotas de este tratado se ordenan en cinco núcleos:

- la calabazada contra el toro de piedra,
- la anécdota del vino y el jarrazo,
- la burla de las uvas,
- el robo de la longaniza,
- el golpe contra el poste.

➤ Resume brevemente cada motivo.

Ilustración de la anécdota de la calabazada contra el toro de piedra.

10. ¿Qué intención tiene el ciego en la primera anécdota?

11. Confecciona una pequeña lista de comentarios que va haciendo Lázaro sobre su «despertar» a la vida. ¿Cuándo comienza a alimentar su deseo de venganza?

12. La anécdota final del poste es el anverso de otra anterior. ¿Recuerdas cuál? ¿Es el ciego, al final, un *burlador burlado*? ¿Qué crees que ha aprendido Lázaro cuando abandona al ciego? ¿Es más listo? ¿Es mejor moralmente? ¿Qué impresión debe de tener del mundo exterior?

Tratado II. «El clérigo de Maqueda»

El hambre y la avaricia del clérigo son los hilos que unen las anécdotas de este tratado. En él aparece el tópico de la mezquindad de los clérigos, muy usual en cierta literatura popular, y el tema de la llave prohibida y deseada, objeto también presente en muchos cuentos.

13. Señala dos momentos o detalles que muestren la avaricia del clérigo. Cuando compara el nuevo amo con el anterior, ¿quién sale mejor parado?

14. ¿Cómo consigue Lázaro la llave? ¿Qué adjetivo usa para calificar a su salvador?

15. ¿Cómo es descubierto Lázaro? ¿Cuál es la reacción del clérigo?

16. ¿Qué puede haber aprendido Lázaro en este tratado? ¿Cómo queda retratado el clérigo y, por extensión, la Iglesia?

Tratado III. «El escudero»

Se ha señalado la genialidad de este capítulo porque es la primera vez, y casi la última, que Lázaro siente piedad y compasión. La relación entre amo y criado se va descubriendo poco a poco; Lázaro va *adivinando* los pensamientos de su amo, primero con inocencia y luego con piedad y algo de irritación.

17. Cita dos momentos representativos de esta progresión: el primero, relacionado con la suposición inocente; el segundo, relacionado con el descubrimiento de la verdad de su amo.

18. El escudero es el primer amo que parece interesarse por Lázaro. Cuando le interroga sobre su vida anterior, ¿cómo responde Lázaro?

19. La casa del escudero parece traer mala suerte: los primeros adjetivos que se dan a la casa serán determinantes para la anécdota del entierro. Resume esa anécdota. Hay quien cree que ese episodio estropea el capítulo porque es innecesario y porque muestra a un Lázaro demasiado infantil, al menos si lo comparamos con su agudeza para reconocer al escudero. ¿Qué objetivo inmediato tiene este tipo de cuentos?

20. El colmo de la miseria es que el criado alimente al amo, y encima que éste lo abandone. Hay un Lázaro que va dialogando amablemente con el escudero y otro que va murmurando entre dientes mientras descubre la verdadera situación del escudero. Señala, en el fragmento que comparten la comida de Lázaro, alguna de estas intervenciones.

21. El discurso del escudero sobre el trabajo que le gustaría encontrar es un retrato espiritual del hidalgo y de los cortesanos en general. Menciona las virtudes que presenta como importantes para ser un buen escudero. ¿Qué piensa Lázaro de la honra?

22. Cuando llegan los acreedores, el escribano y el alguacil, representantes de la autoridad y la justicia, ¿cómo tratan a Lázaro? ¿Cómo reacciona este?

23. Lázaro reflexiona al final y parece defraudado del escudero, la única persona con quien había establecido una relación personal en su vida. Algunos estudiosos de la novela dicen que, respecto al escudero, hay una disociación entre la visión del autor, negativa, y la del personaje, que le tiene un cierto cariño. ¿Crees que puede ser cierto? ¿Qué ha aprendido Lázaro del escudero y de la vida en este tratado?

Tratados IV, V, VI y VII

En estos tratados, Lázaro cobra más autonomía: toma y deja amos a su conveniencia. Los tratados son relatos yuxtapuestos, unidos solo por la presencia de Lázaro, pero en ellos no hay una evolución del personaje.

En el **tratado** V, el **buldero** es un nuevo personaje relacionado con lo religioso y la Iglesia. La abundancia de personajes de este ámbito –recordemos que en el **tratado** VII habla del arcipreste– ha llevado a considerar la novela anticlerical. Se ha hablado de que compartiría con el erasmismo la visión crítica de la Iglesia, aunque se aleja del tono serio y constructivo habitual del erasmismo, enemigo de las burlas a la religión.

24. ¿Cuándo descubre Lázaro las trampas del buldero? ¿Cómo reacciona el protagonista?

25. Con el **aguador** (en el **tratado** VI) aparece la primera declaración optimista de Lázaro respecto a su trabajo: «fuime tan bien en el oficio...». En ese momento, Lázaro, que ya es un hombre, se compra una espada y ropa. ¿Qué había simbolizado la espada en los sueños heroicos de caballerías y en los bellos discursos sobre las armas y las letras? ¿Por qué el autor pone la espada en manos de un aguador? ¿Por qué crees que Lázaro se la compra?

26. En el **tratado** VII, Lázaro menciona que ha abandonado a un alguacil porque le parecía un oficio peligroso. ¿Qué podemos deducir de la psicología de Lázaro por este comentario? ¿Para qué quiere la espada?

27. Finalmente, el protagonista consigue un *oficio real*, su sueño. Se convierte en una especie de funcionario, el más bajo, y ha encontrado al arcipreste de San Salvador, que lo ayuda y lo casa con su criada. Si las gentes murmuran, ¿cómo consigue paz en su casa, según sus propias palabras? ¿Qué significa para Lázaro «estar en la cumbre de la fortuna»? ¿Qué le ha enseñado esa vida con tantos amos?

Propuestas de trabajo

A lo largo del libro se pueden seguir temas interesantes que plantea el conjunto de la novela. Otros temas aparecen tan solo en algún apartado. A modo de ejemplo, proponemos los siguientes, que pueden desarrollarse en grupos o individualmente:

- **El proceso educativo de Lázaro a través de sus experiencias.** ¿Qué le enseñan las experiencias vividas en cada tratado y qué visión del mundo puede adquirir tras cada uno de los tratados? ¿El Lázaro que escribe es el resultado de esas vivencias? Los comentarios que va haciendo nos dan bastantes pistas para seguir la evolución del personaje.

- **El tema de la honra y el honor.** Este trabajo debería basarse en el estudio detallado del tratado tercero, el del escudero, y del prólogo. ¿Por qué se cree el escudero depositario del honor y la honra? ¿A qué le obliga tal suposición? Desde la perspectiva del escudero, ¿podría Lázaro tener honra y honor? ¿Qué puede entender Lázaro sobre el tema cuando su amo lo abandona? ¿Qué piensa de la honra el Lázaro del tratado séptimo?

- **La religión y los religiosos en el libro.** Explica la visión de la religiosidad externa, y los comentarios del protagonista en torno al tema de la caridad como fundamento de la religiosidad y la visión erasmista de la religiosidad. Recordemos que el erasmismo valoraba la religiosidad interior, la vivencia íntima del hecho religioso y la actuación caritativa respecto al prójimo, y, por el contrario, criticaba la religiosidad limitada a las prácticas externas. ¿Qué personas son caritativas con Lázaro?

- **El mundo exterior** respecto a Lázaro, sus amos, las vecinas, la justicia... ¿Qué sociedad refleja el libro?

- **El tema del desengaño y la soledad**, expresados en forma de monólogo, es un rasgo que preludia el Barroco. En el *Lazarillo*, el protagonista, solo y desengañado, aprende a monologar por necesidad, aspecto que contrasta con la predilección por el diálogo de otros géneros renacentistas. Análisis de los temas de la soledad y el desengaño en la novela.

- **Las imágenes inspiradas en el *Lazarillo*.** Trabajo de documentación sobre ilustraciones de distintas ediciones, pinturas, series y películas relacionadas con el *Lazarillo*. Pinturas de la época que reflejan el ambiente de la novela: ciudades, tipos, costumbres...

Miguel de Cervantes

La época de Cervantes

La vida de Miguel de Cervantes transcurrió entre **dos épocas**, la **renacentista** y la **barroca**, pues nació en 1547 y murió en 1616. Su obra refleja ese **periodo de transición** y crisis, pues sus experiencias personales se convirtieron muchas veces en materia literaria.

Cervantes creció y se educó en el ambiente cultural del humanismo renacentista, pero su azarosa vida le llevó a presenciar y padecer las primeras señales de la decadencia política en la segunda mitad del siglo XVI y en los primeros años del XVII. Como veremos más adelante, el siglo XVII, el del Barroco, se relaciona con la decadencia política y la Contrarreforma. En ese momento se desarrolla una cultura pesimista y compleja, aunque muy brillante, que se aleja de los ideales renacentistas.

Vida

Aún se desconocen algunos detalles de la biografía de Cervantes. Sabemos que tuvo una existencia agitada, marcada por los **viajes** y las **estrecheces económicas**: estuvo desterrado en Italia, participó como soldado en la batalla de Lepanto y en expediciones navales, permaneció cautivo en Argel durante cinco años, fue recaudador por Andalucía, estuvo preso en Sevilla... Solo al **final de su vida** logró el **reconocimiento** como escritor.

Familia y formación. Miguel de Cervantes Saavedra nació en Alcalá de Henares en 1547. Fue el cuarto de los seis hijos de un modesto cirujano, Rodrigo de Cervantes, y de Leonor de Cortinas. Poco sabemos de su formación, pero es probable que sus estudios no llegaran a ser universitarios. Sin embargo, su obra muestra un gran conocimiento de la cultura de su época y un pensamiento cercano al humanismo erasmista.

Juventud arriesgada. Lepanto y Argel. A los dieciocho años tuvo que huir a Italia porque había herido a un hombre, y allí entró al servicio del cardenal Acquaviva. Poco después se alistó como soldado y participó heroicamente en la batalla de Lepanto, en 1571, donde fue herido en el pecho y en la mano izquierda, que le quedó anquilosada. La batalla de Lepanto representó el final de una época, la última gran victoria militar española, y Cervantes siempre se mostró orgulloso de haber participado en ella.

Continuó unos años como soldado y, en 1575, cuando regresaba a la Península junto a su hermano Rodrigo, ambos fueron apresados y llevados cautivos a Argel. Estuvo prisio-

Supuesto retrato de Miguel de Cervantes Saavedra, firmado por Juan de Jáuregui (Real Academia Española, Madrid). Aunque se duda de su autenticidad, es el que tradicionalmente se ofrece como verdadera representación del rostro del gran escritor.

nero cinco años, hasta que en 1580 pudo ser liberado gracias al rescate que aportaron su familia y los padres trinitarios. Durante su cautiverio, Cervantes intentó fugarse varias veces, pero nunca lo logró. Quedan recuerdos de esta época en algunas obras cervantinas, como, por ejemplo, *Los baños de Argel* y *Los tratos de Argel*, así como en el relato del cautivo que aparece en el *Quijote.*

Regreso a España. Decepciones y creación literaria. Cuando, en 1580, volvió a la Península tras doce años de ausencia, intentó ejercer diversos trabajos y solicitó un empleo en «las Indias» que no le fue concedido. Fue una etapa dura para Cervantes, que por aquel entonces empezaba a escribir. En 1584 se casó, y entre 1587 y 1600 residió en Sevilla, ejerciendo el ingrato y humilde oficio de comisario de abastecimientos, cargo que le obligaba a recorrer Andalucía requisando alimentos para las expediciones que preparaba Felipe II, sobre todo para la Armada Invencible. Fue encarcelado dos veces por problemas administrativos, y es probable que el *Quijote* se gestara en la prisión, como declaró el mismo autor. La estancia en Sevilla parece ser fundamental en la vida de Cervantes, pues tanto los viajes como la cárcel le permiten conocer todo tipo de gentes que aparecerán como personajes literarios en su obra: los tipos de las ventas y molinos, los arrieros, la gente del hampa...

Cervantes se trasladó a Valladolid en 1604, en busca de mecenas para sus obras en el entorno de la corte, pues tenía dificultades económicas. Cuando en 1605 publicó la primera parte del *Quijote*, alcanzó un gran éxito, lo que le permitió publicar en pocos años mucho de lo que había ido escribiendo: *Novelas ejemplares*, *Viaje del Parnaso*, la segunda parte del *Quijote*, *Comedias y entremeses*... Sin embargo, a pesar del éxito del *Quijote*, Cervantes siempre vivió con estrecheces, buscando la protección de algún noble, lo que consiguió solo parcialmente con el conde de Lemos, a quien dedicó su última obra, *Los trabajos de Persiles y Sigismunda.*

Obra

Cervantes escribió **narraciones**, **teatro** y **poesía**, pero destaca como el mejor narrador de su tiempo gracias al ***Quijote***. Esta **novela** resume toda la narrativa anterior y, a la vez, resulta determinante para la evolución posterior del género.

La obra de Cervantes es muy variada; incluye todos los géneros, las formas y los modelos de la época: tanto los idealistas como los realistas, aunque su valor es desigual. Sin embargo, toda su producción refleja la personalidad humanista del autor, así como su carácter irónico y liberal.

Teatro

Como dramaturgo, Cervantes destaca por sus **entremeses**, piezas breves de tono humorístico, que desarrollan el modelo de Lope de Rueda. También escribió tragedias y comedias.

Hacia 1580, Cervantes escribió tragedias de tipo clásico, siguiendo la tendencia renacentista; de esta época es, por ejemplo, *La Numancia*. Pero ante el enorme éxito de las comedias de Lope de Vega en los primeros años del siglo XVII, Cervantes opta por esa nueva fórmula y escribe comedias y entremeses.

En 1615, el mismo año de la publicación de la segunda parte del *Quijote*, Cervantes publicó sus **comedias** y **entremeses**. Algunas de las comedias se desarrollan en el ambiente morisco, como *Los baños de Argel* o *La gran sultana*; otras, como *Pedro de Urdemalas*, se acercan al ambiente de la picaresca, y algunas son lo que podríamos llamar «comedias de enredo».

El mayor acierto del teatro de Cervantes son los **entremeses**, que presentan breves cuadros de la vida cotidiana del momento. En ellos aparecen personajes variados y divertidos: tipos del hampa, sablistas, criadas intrigantes, casadas ligeras y maridos engañados. Algunos entremeses son versiones de cuentos tradicionales, como, por ejemplo, *El retablo de las maravillas*, sobre unos estafadores que dicen tener un objeto que solo pueden ver los elegidos, que, en este caso, son los cristianos viejos. La ironía de esta adaptación del viejo cuento *El rey desnudo*, que ya se había recogido en *El conde Lucanor*, recuerda al *Lazarillo* y la crítica erasmista. El tono general de los entremeses es de ironía suave y humor amable; reflejan una actitud humanista y liberal, muy coherente con la obra y la personalidad del autor.

EL INGENIOSO
HIDALGO DON QVI-
XOTE DE LA MANCHA,
Compuesto por Miguel de Ceruantes Saavedra.
DIRIGIDO AL DVQVE DE BEIAR,
Marques de Gibraleon, Conde de Benalcaçar, y Bañares, Vizconde de la Puebla de Alcozer, Señor de las villas de Capilla, Curiel, y Burguillos.
Año, 1605.
CON PRIVILEGIO,
EN MADRID, Por Iuan de la Cuesta.
Vendese en casa de Francisco de Robles, librero del Rey nro señor.

Portada de la primera edición de *El ingenioso hidalgo don Quijote de la Mancha*, de 1605. La segunda parte de la obra, aparecida asimismo en Madrid, en 1615, sustituye la palabra *hidalgo* por la de *caballero*.

Poesía

La poesía de Cervantes sigue el modelo de la **lírica renacentista**. Aunque su poesía es inferior a su prosa, en ocasiones alcanza una notable calidad, sobre todo en los **romances** y en la **poesía burlesca**.

En general, la poesía cervantina está incluida en sus libros en prosa, sobre todo en *La Galatea*, y se inscribe en la **estética renacentista** de Garcilaso y de fray Luis de León. Sus ideas sobre poesía y sobre los poetas de su tiempo están diseminadas en varias obras, como *Viaje del Parnaso*, *La Galatea* y el *Quijote*.

El *Viaje del Parnaso*, de 1614, es un extenso poema en tercetos de tono satírico, en el que se comenta el estado de la poesía de la época. Con humor, ironía y, quizás, algo de amargura, Cervantes dice de sí mismo:

> Yo que siempre trabajo y me desvelo
> por parecer que tengo de poeta
> la gracia que no quiso darme el cielo.

Novela

La novela de Cervantes es esencial para el desarrollo del género en la literatura española. Además de aclimatar al castellano la **novela corta** italiana con las *Novelas ejemplares*, inicia la **novela moderna** con el *Quijote*.

La obra de Cervantes supone la asimilación de toda la narrativa anterior (novela bizantina, pastoril, morisca y caballeresca) y la apertura de los nuevos caminos del género. Además de las *Novelas ejemplares* y el *Quijote*, Cervantes escribió novela pastoril –*La Galatea*– y novela bizantina –*Los trabajos de Persiles y Sigismunda.*

Portada de la primera edición de la novela pastoril *La Galatea*, de Miguel de Cervantes, impresa en Lisboa en 1590 (Biblioteca de Cataluña, Barcelona).

- *La Galatea*, de 1585, es una novela pastoril, género renacentista por excelencia, aunque aquí aparecen pastores auténticos junto a los característicos pastores-cortesanos que protagonizan este tipo de relato. Cervantes muestra con esta novela sus conocimientos de la literatura italiana. Dentro de la obra, es interesante el poema titulado «Canto a Calíope», donde enjuicia a los escritores de la época. *La Galatea*, compuesta en seis libros, apareció como primera parte de la novela. Cervantes siempre prometió una segunda parte que no llegó a realizar y mostró su predilección por esta obra, que se enmarca en la estética renacentista.

- Las *Novelas ejemplares*, de 1613, son narraciones cortas. Cervantes usa la palabra *novela* como traducción de la italiana *novella*, relato breve, y no calificó como novelas sus narraciones largas, *La Galatea* y el *Quijote*. Él es el primero en escribir este tipo de narración, ya que hasta entonces solo se habían publicado traducciones de novelas italianas. Consciente de ello, dice en el prólogo: «Soy el primero que ha novelado en lengua castellana».

Las novelas reflejan la influencia renacentista-aristotélica en dos aspectos: la búsqueda de verosimilitud, aunque no siempre de realismo, y la creación de personajes que responden más a un *tipo* literario que a una individualidad. Algunas novelas ejemplares tienen un planteamiento idealista y otras se acercan al realismo próximo a la picaresca, pero en general las historias dan la sensación de verosimilitud y se nos presentan como si hubiesen ocurrido en la realidad. En estas novelas, Cervantes muestra su tendencia a acabar los relatos con un final feliz.

Entre las *Novelas ejemplares* destacan «La gitanilla», «El amante liberal», «El celoso extremeño», «La ilustre fregona» y, sobre todo, «Rinconete y Cortadillo», que se desarrolla en el patio de Monipodio, centro del mundo marginal sevillano. Los dos jóvenes pícaros del título son enrolados en la cofradía de Monipodio, un cabecilla del hampa. Cervantes da aquí una visión burlesca de la religiosidad externa y de la devoción supersticiosa que muestran estos personajes de los bajos fondos.

Los trabajos de Persiles y Sigismunda, publicada tras la muerte de Cervantes, en 1617, es una novela bizantina dividida en cuatro libros, los dos últimos más cercanos al realismo de lo que era habitual en este género. Cuatro días antes de morir, Cervantes había redactado la impresionante dedicatoria del libro al conde de Lemos. En ella aún dice que quiere escribir la segunda parte de la novela pastoril *La Galatea*. Parece que Cervantes redactaba simultáneamente el *Persiles* y la segunda parte del *Quijote*, obras muy diferentes. Si el *Quijote*, sobre todo la segunda parte, es fruto de la experiencia vital del autor, el *Persiles* debe más a su experiencia libresca, a la lectura de la novela bizantina renacentista. Es un libro bien estructurado y con momentos de gran lirismo, pero no aporta nada esencial a la novela cervantina y no cumplió ni las esperanzas ni los temores de Cervantes, que había escrito en su dedicatoria: «ha de ser el más malo o el mejor que en nuestra lengua se haya compuesto».

Actividades

La gitanilla, de Miguel de Cervantes (Novelas ejemplares)

[...] La abuela dijo que ella no podía ir a Sevilla, ni a sus contornos, a causa que los años pasados había hecho una burla en Sevilla a un gorrero llamado Triguillos, muy conocido en ella, al cual le había hecho meter en una tinaja de agua hasta el cuello, desnudo en carnes, y en la cabeza puesta una corona de ciprés, esperando el filo de la media noche para salir de la tinaja a cavar y sacar un gran tesoro que ella le había hecho creer que estaba en cierta parte de su casa; dijo que, como oyó el buen gorrero tocar a matines[1], por no perder coyuntura, se dio tanta priesa a salir de la tinaja, que dio con ella y con él en el suelo, y con el golpe y con los cascos se magulló las carnes, derramóse el agua, y él quedó nadando en ella y dando voces que se anegaba; acudieron su mujer y sus vecinos con luces, y halláronle haciendo efectos de nadador, soplando y arrastrando la barriga por el suelo, y meneando brazos y piernas con mucha priesa, y diciendo a grandes voces: «¡Socorro, señores, que me ahogo!», tal le tenía el miedo, que verdaderamente pensó que se ahogaba. Abrazáronse con él, sacáronle de aquel peligro, volvió en sí, contó la burla de la gitana, y con todo eso, cavó en la parte señalada más de un estado en hondo, a pesar de todos cuantos le decían que era embuste mío; y si no se lo estorbara un vecino suyo, que tocaba ya en los cimientos de su casa, él diera con entrambas en el suelo, si le dejaran cavar todo cuanto él quisiera.

Súpose este cuento por toda la ciudad, y hasta los muchachos le señalaban con el dedo y contaban su credulidad y mi embuste.

1. **matines:** maitines, rezos de primeras horas de la mañana.

1. El relato anterior es un cuento que Cervantes intercala en *La gitanilla*. Resúmelo en unas seis o siete líneas.
2. Analiza los rasgos psicológicos de la gitana y del gorrero que pueden deducirse a partir del relato.
3. ¿Crees que el relato puede calificarse de verosímil y que los personajes que aparecen en él pueden considerarse *tipos*? Relaciona esos aspectos con la estética de la época.

El *Quijote*

En el *Quijote*, Cervantes hace una **sátira** de los **libros de caballerías**, muy populares en su época. Narra las disparatadas aventuras de un hidalgo que pierde el juicio a causa de su desmedida afición por los libros de caballerías. Imaginando que es un caballero andante, sale de su aldea en busca de aventuras, acompañado por su escudero Sancho Panza. A lo largo del relato, se cuentan sus aventuras y desventuras.

Don Quijote y Sancho Panza, según Pablo Picasso.

En 1605 aparece *El ingenioso hidalgo don Quijote de la Mancha*; diez años después, en 1615, se publicaría la segunda parte de la obra. Seguramente Cervantes se vio impulsado a terminar su obra y a hacer morir a su protagonista tras la publicación de una segunda parte apócrifa, aparecida en 1614, cuyo autor se ocultaba tras el seudónimo de Avellaneda.

El *Quijote* narra la historia de un hidalgo manchego, de unos cincuenta años, que se vuelve **loco** por leer muchos **libros de caballerías**. El protagonista llega a creer que las narraciones caballerescas relatan sucesos reales, y decide salir de su aldea en busca de aventuras similares a las de sus héroes literarios con el objetivo de «desfacer agravios, enderezar entuertos y proteger doncellas». En su mente, **confunde la realidad y la literatura**: así, la venta de un camino le parece un castillo, los molinos son gigantes y los rebaños se transforman en ejércitos de conocidos caballeros.

Estructura. El *Quijote* se publicó en dos partes: la primera apareció en 1605, y la segunda, en 1615.

- **La primera parte del *Quijote*** relata **dos salidas** o viajes del protagonista.

  La **primera salida**, muy breve (capítulos 1-6), es una pieza casi autónoma. Narra que Alonso Quijano, el protagonista, que se cree un caballero andante, busca un nombre apropiado para un caballero: «don Quijote de la Mancha»; elige una dama a la que ofrecer sus victorias y su amor, y así bautiza a una vecina aldeana bastante atractiva con el nombre de Dulcinea del Toboso, pone el nombre de Rocinante a su escuálido caballo y repara unas viejas armas de sus antepasados. El caballero sale de su casa en busca de aventuras, pero primero debe ser armado caballero en una ceremonia, como establecen las reglas de la caballería. Esta idea guía los primeros pasos y las andanzas del protagonista, que siempre acaban mal porque confunde la realidad, transformándola en su mente en un universo caballeresco. Tras haber sido apaleado, es recogido por un labriego vecino que lo reconoce y lo lleva a su casa.

  Una vez recuperado, don Quijote prepara la **segunda salida** (capítulos 7-52). Esta vez, sin embargo, se busca un escudero, el vecino labrador Sancho Panza, a quien convence tras hacerle múltiples promesas. Entre ellas, se menciona la posibilidad de que Sancho llegue a ser gobernador de una *ínsula* 'isla', palabra que Sancho no acierta a comprender pero que no deja de impresionarlo. La inmortal pareja, con sus memorables diálogos, recorre toda la Mancha y llega hasta Sierra Morena. Juntos viven las célebres historias de los molinos de viento, el encuentro con unos cabreros, la *batalla* entre dos rebaños, el episodio con unos condenados a galeras... A lo largo de este segundo viaje, **se intercalan narraciones** que constituyen pequeñas novelas dentro del *Quijote*, ya que apenas tienen relación con las aventuras del protagonista.

Sancho Panza manteado en una venta, un episodio de la segunda salida.

- **La segunda parte del *Quijote*** recoge un único viaje –la **tercera salida**– que ocupa los 74 capítulos del libro. Cervantes, para desmentir a su imitador Avellaneda, se niega a que sus personajes participen en unas justas en Zaragoza, tal como había prometido en la primera parte de la obra. Don Quijote y Sancho salen de su aldea, se dirigen hacia Aragón y llegan a Barcelona. En esta parte, adquiere importancia la estancia de los protagonistas en el palacio de unos aristócratas aragoneses por quienes son acogidos (capítulos 30-57). Los duques, según Cervantes, han leído la primera parte del *Quijote* y, al reconocer a los personajes, deciden gastarles una broma. La corte entera de los aristócratas simula ser un universo caballeresco, e incluso se designa a Sancho gobernador de una *ínsula* durante unos días. Tras llegar a Barcelona, don Quijote encuentra al caballero de la Blanca Luna, un vecino de su pueblo disfrazado de caballero –el bachiller Sansón Carrasco– que ha sido enviado por la familia del protagonista. Mantienen un duelo en la playa y vence el bachiller, quien, como vencedor, impone una obligación a don Quijote: que abandone la vida caballeresca y vuelva a su casa. Al poco de llegar, el protagonista enferma, recobra la cordura y muere. Sancho, poco antes de que muera su amo, lo anima a imitar la vida pastoril.

Don Quijote y Sancho Panza, óleo de Honoré Daumier.

En esta segunda parte **no aparecen relatos intercalados**, lo que favorece la continuidad de la novela. Lo original es que presenta personajes que han leído la primera parte de la obra, y que los protagonistas saben que sus aventuras han sido publicadas y son conocidas.

Las novelas dentro de la novela. El *Quijote* **recrea** y **parodia** el mundo de **los libros de caballerías**. En la obra, además, aparecen casi todos los tipos de **novela renacentista** mediante las narraciones intercaladas, técnica muy habitual en la novela pastoril y en la novela bizantina. Así pues, encontramos dentro del *Quijote* relatos pastoriles (historia de Marcela y Grisóstomo); moriscos (narración del capitán cautivo), y picarescos (episodio del condenado a galeras Ginés de Pasamonte).

Lo nuevo de la primera parte del *Quijote* es que refleja simultáneamente el **mundo real** y el **imaginario-literario**, pero lo más inédito se da en la segunda parte, cuando aparecen **personajes que conocen a don Quijote** porque han leído sus aventuras de la primera parte. Todo ello da una nueva dimensión a la narrativa cervantina.

El narrador: el punto de vista narrativo. Parodiando los libros de caballerías, el narrador **finge recoger datos** sobre su protagonista en los archivos de la Mancha. En un momento culminante –en plena pelea de don Quijote con un vizcaíno– se corta la narración, y el narrador dice que aquí se acaba el documento que le servía de base y no puede continuar el relato. Pero entonces explica que, casualmente, encuentra el texto original escrito en árabe por un tal Cide Hamete Benengeli, se hace traducir el texto por un morisco y así puede continuar la narración a partir del episodio del vizcaíno que había quedado interrumpido. Mediante tal ficción, Cervantes se permite ir haciendo **comentarios sobre el texto** que supuestamente ha encontrado. Así, cuando Sancho habla de manera muy razonable con su mujer, el autor comenta que le parece que el texto no debe de estar muy bien traducido porque no es normal que Sancho hable tan sensatamente y con tan buen estilo. Este artificio permite a Cervantes un **alejamiento irónico**, ya que puede comentar su propia obra.

Intención del *Quijote*

Ya en el prólogo del libro, Cervantes dice que ha escrito el *Quijote* **contra los libros de caballerías.** Las críticas a estas novelas habían nacido en los ambientes erasmistas y cultos, partidarios de la literatura seria y didáctica. Censuraban las novelas caballerescas desde la perspectiva estética por su **inverosimilitud**, y desde la moral, por su **sensualidad**.

Para las gentes de la época, la caricatura de los libros de caballerías era evidente en el *Quijote*, porque conocían los relatos y podían reconocer la caricaturización del lenguaje caballeresco, arcaico y altisonante. También quedaba clara la crítica por los comentarios sobre los libros de caballerías que aparecen en boca de diversos personajes de la novela.

Cervantes optó por la **crítica más eficaz**, la **parodia**. Todos los elementos típicos de las novelas de caballerías aparecen ridiculizados: el joven caballero de noble linaje y fuerza asombrosa en el *Quijote* es un pobre hidalgo cincuentón; en lugar de los exóticos escenarios, el inicio de la acción se sitúa en la Mancha; no hay lugar para ejércitos de caballeros ni gigantes, tan frecuentes en los libros caballerescos, sino que aparecen humildes rebaños o molinos de viento, y la hermosa princesa, dama del caballero, en el *Quijote* es una robusta y atractiva aldeana. La parodia se basa en el choque que se produce entre la imaginación de don Quijote y la realidad cotidiana. El protagonista tiene una visión deformada por la literatura, habla la lengua que se usaba cien años atrás, viste las armas de sus bisabuelos y tiene como ideales los de *Amadís*. Cree vivir en el universo de los caballeros andantes y su mente transforma la realidad, pero esa realidad acaba imponiéndose sobre los ideales caballerescos de don Quijote.

Don Quijote habla con un labrador vecino para llevarlo como escudero. Sancho Panza, definido como «hombre de poca sal en la mollera», acepta ir con su asno y sus alforjas creyendo en la promesa de que obtendrá el señorío de alguna «ínsula». Litografía de C. Nanteuil para una edición de 1845.

Actividades

El *Quijote*

El siguiente fragmento pertenece al capítulo 18 de la primera parte. Don Quijote cree ver dos grandes ejércitos a punto de enfrentarse, cuando en realidad son dos rebaños que levantan una gran polvareda. El protagonista, tras describir los famosos guerreros de ambos bandos, decide intervenir en la batalla junto a los nobles caballeros y contra el ejército de los malvados.

Aventura de los rebaños

Estaba Sancho Panza colgado de sus palabras, sin hablar ninguna, y de cuando en cuando volvía la cabeza a ver si veía los caballeros y gigantes que su amo nombraba; y como no descubría a ninguno, le dijo:

–Señor, encomiendo al diablo hombre, ni gigante, ni caballero de cuantos vuestra merced dice parece por todo esto; a lo menos, yo no los veo; quizá todo debe ser encantamiento, como los fantasmas de anoche.

–¿Cómo dices eso? –respondió don Quijote– ¿No oyes el relinchar de los caballos, el tocar de los clarines, el ruido de los tambores?

–No oigo otra cosa –respondió Sancho– sino muchos balidos de ovejas y carneros.

Y así era la verdad, porque ya llegaban cerca los dos rebaños.

–El miedo que tienes –dijo don Quijote– te hace, Sancho, que ni veas ni oyas a derechas; porque uno de los efectos del miedo es turbar los sentidos y hacer que las cosas no parezcan lo que son; y si es que tanto temes, retírate a una parte y déjame solo; que solo basto a dar la victoria a la parte a quien yo diere mi ayuda.

Y diciendo esto, puso las espuelas a Rocinante y, puesta la lanza en el ristre, bajó de la costezuela como un rayo. Diole voces Sancho, diciéndole:

–¡Vuélvase vuestra merced, señor don Quijote, que voto a Dios que son carneros y ovejas las que va a embestir! ¡Vuélvase, desdichado del padre que me engendró! ¿Qué locura es esta? Mire que no hay gigante ni caballero alguno, ni gatos, ni armas, ni escudos partidos ni enteros, ni veros azules ni endiablados. ¿Qué es lo que hace? ¡Pecador soy yo a Dios!

Ni por esas volvió don Quijote; antes, en altas voces, iba diciendo:

–¡Ea, caballeros, los que seguís y militáis debajo de las banderas del valeroso emperador Pentapolín del Arremangado Brazo, seguidme todos; veréis cuán fácilmente le doy venganza de su enemigo Alifanfarón de la Trapobana!

Esto diciendo, se entró por medio del escuadrón de las ovejas, y comenzó de alancealles con tanto coraje y denuedo como si de veras alanceara a sus mortales enemigos. Los pastores y ganaderos que con la manada venían dábanle voces que no hiciese aquello; pero, viendo que no aprovechaban, desciñéronse las hondas y comenzaron a saludalle los oídos con piedras como el puño. Don Quijote no se curaba de las piedras; antes, discurriendo a todas partes, decía:

La batalla de los rebaños, por Gustave Doré.

–¿Adónde estás, soberbio Alifanfarón? Vente a mí; que un caballero solo soy, que desea de solo a solo, probar tus fuerzas y quitarte la vida, en pena de la que das al valeroso Pentapolín Garamanta.

Llegó en esto una peladilla de arroyo, y, dándole en un lado, le sepultó dos costillas en el cuerpo. Viéndose tan maltrecho, creyó, sin duda, que estaba muerto o malferido y, acordándose de su licor, sacó su alcuza y púsosela a la boca, y comenzó a echar licor en el estómago; mas, antes que acabase de envasar lo que a él le parecía que era bastante, llegó otra almendra y diole en la mano, y en el alcuza, tan de lleno que se la hizo pedazos, llevándole de camino tres o cuatro dientes y muelas de la boca, y machucándole malamente dos dedos de la mano.

Tal fue el golpe primero, y tal el segundo, que le fue forzoso al pobre caballero dar consigo del caballo abajo. Llegáronse a él los pastores, y creyeron que le habían muerto; y así, con mucha priesa, recogieron su ganado, y cargaron de las reses muertas, que pasaban de siete, y sin averiguar otra cosa, se fueron.

Estábase todo este tiempo Sancho sobre la cuesta, mirando las locuras que su amo hacía, y arrancábase las barbas, maldiciendo la hora y el punto en que la fortuna se le había dado a conocer. Viéndole, pues, caído en el suelo, que ya los pastores se habían ido, bajó de la cuesta y llegóse a él, y hallóle de muy mal arte, aunque no había perdido el sentido, y díjole:

–¿No le decía yo, señor don Quijote, que se volviese, que los que iba a acometer no eran ejércitos, sino manadas de carneros?

–Como eso puede desparecer y contrahacer aquel ladrón del sabio mi enemigo. Sábete, Sancho, que es muy fácil cosa a los tales hacernos parecer lo que quieren, y este maligno que me persigue, envidioso de la gloria que vio que yo había de alcanzar desta batalla, ha vuelto los escuadrones de enemigos en manadas de ovejas. Si no, haz una cosa, Sancho, por mi vida, porque te desengañes y veas ser verdad lo que te digo: sube en tu asno y síguelos bonitamente, y verás cómo, en alejándose de aquí algún poco, se vuelven en su ser primero, y, dejando de ser carneros, son hombres hechos y derechos, como yo te los pinté primero... Pero no vayas agora, que he menester tu favor y ayuda; llégate a mí y mira cuántas muelas y dientes me faltan, que me parece que no me ha quedado ninguno en la boca.

4. El fragmento anterior sigue el esquema básico de casi todos los episodios de la segunda salida (dentro de la primera parte de la obra). Es, en definitiva, el choque entre la visión caballeresca de don Quijote y la realidad, que tiene siempre un mismo planteamiento:

- Don Quijote transforma la realidad: la convierte en una típica situación caballeresca.
- Sancho intenta disuadirlo de su error, pero no lo convence.
- El protagonista sale malparado de su aventura.
- Cuando Sancho le repite que ha deformado la realidad, don Quijote responde que ha sido el escudero quien no ha visto la realidad por obra de encantamiento.

▶ Señala en el texto las partes enunciadas anteriormente.

5. Respecto a la psicología de los personajes: ¿con qué moral entra en combate don Quijote?, ¿qué piensa Sancho de las locuras de su amo? y ¿cómo actúan los pastores?

6. Observa las diferencias del lenguaje entre el narrador (Cervantes), Sancho Panza y don Quijote. También se dan variaciones en el lenguaje del propio protagonista, que habla de una manera más retórica cuando *actúa* como caballero andante y de una forma más sencilla cuando dialoga con su escudero.

▶ Señala expresiones retóricas en el lenguaje del don Quijote-caballero.

7. ¿Crees que el fragmento es una sátira contra los libros de caballerías? Razona tu respuesta.

Ilustraciones de J. M.ª Casanovas para la edición del *Quijote* de la Biblioteca de Autores Clásicos de Editorial Teide.

Don Quijote y Sancho Panza

Un gran valor de la novela de Cervantes es la creación de la **pareja protagonista**. La interpretación de estos personajes ha sido muy variada, pues en cada época se ha hecho una lectura diferente. En general, se ha visto en ellos la **antítesis** entre **locura** y **cordura**, entre **idealismo** utópico y **materialismo** realista. Sin embargo, como en otros aspectos de la novela, los **matices** dominan en la caracterización psicológica de los personajes.

Don Quijote constituye el **modelo del hombre noble**, idealista y bondadoso, pero **enajenado** en todo lo referente al mundo caballeresco. La locura de don Quijote muestra aspectos o fases diferentes. En la primera salida, don Quijote deforma la realidad, la ve como caballeresca, y además sufre un desdoblamiento de personalidad, ya que, tras haber sido apaleado, cree ser un personaje del *Romancero*: Valdovinos. En la segunda salida no hay desdoblamientos de personalidad, pero don Quijote transforma la realidad, que, en su mente, se convierte en un universo caballeresco. En esta parte de la novela no ocurre nada inverosímil ni extraño, la fantasía está en la mente del protagonista. En la tercera salida (segunda parte del *Quijote*), el protagonista ve la realidad tal como es, pero los otros personajes lo engañan y lo convencen de que no ve el mundo caballeresco a causa de los encantamientos. Así, cuando Sancho le dice que está viendo a la princesa Dulcinea con sus damas, ricamente vestidas, y don Quijote le responde que solo ve a tres labradoras, Sancho le asegura que los encantadores no le dejan ver la realidad.

Dibujo de Penagos.

La locura de don Quijote está limitada al mundo de lo caballeresco; en los momentos en que no aparece este tema, el protagonista es admirablemente cuerdo, generoso, culto, tolerante y mesurado, como reconocen muchos de los personajes que lo tratan. Y ya en la última escena de la novela, Cervantes califica a don Quijote de «el bueno».

Sancho representa al hombre **llano**, con una enorme **sabiduría popular**, práctico y materialista. Pero al mismo tiempo es crédulo y, a lo largo de la obra, sufre un proceso de *quijotización*; por eso propone a su amo, ya moribundo, imitar el estilo de vida de los pastores literarios. Uno de los mayores aciertos del *Quijote* es el lenguaje de Sancho Panza: un lenguaje vivo, popular y salpicado de abundantes refranes.

Así, lo que en un principio parece ser una contraposición de caracteres va evolucionando a lo largo de la novela, ya que los personajes **se influyen mutuamente** y muestran matices muy variados. Sancho, el labrador torpe e interesado que al principio solo ve los errores de la imaginación de su señor, acaba mostrando gran agudeza y consuela y alienta a don Quijote en las numerosas derrotas y en las pocas victorias que comparten. El escudero, que se había apuntado a la vida caballeresca por interés, acaba siendo ejemplo de lealtad y de sentido común, y nos muestra la capacidad de ilusión de los hombres sencillos.

3 Actividades

El *Quijote* El siguiente fragmento pertenece al último capítulo de la novela. Los personajes han evolucionado, don Quijote ha recobrado la cordura y Sancho se ha *quijotizado*.

Hizo salir la gente el cura, y quedóse solo con él, y confesóle.

El bachiller fue por el escribano, y de allí a poco volvió con él y con Sancho Panza; el cual Sancho –que ya sabía por nuevas del bachiller en qué estado estaba su señor– hallando a la ama y a la sobrina llorosas, comenzó a hacer pucheros y a derramar lágrimas. Acabóse la confesión, y salió el cura, diciendo:

–Verdaderamente se muere, y verdaderamente está cuerdo Alonso Quijano el Bueno; bien podemos entrar para que haga su testamento.

Estas nuevas dieron un terrible empujón a los ojos preñados de ama, sobrina, y de Sancho Panza su buen escudero; de tal manera, que los hizo reventar las lágrimas de los ojos y mil profundos suspiros del pecho; porque verdaderamente, como alguna vez se ha dicho, en tanto que don Quijote fue Alonso Quijano el Bueno, a secas, y en tanto que fue don Quijote de la Mancha, fue siempre de apacible condición y de agradable trato, y por esto no solo era bien querido de los de su casa, sino de todos cuantos le conocían.

Entró el escribano con los demás, y después de haber hecho la cabeza del testamento y ordenado su alma don Quijote, con todas aquellas circunstancias cristianas que se requieren, llegando a las mandas, dijo:

–Ítem, es mi voluntad que de ciertos dineros que Sancho Panza, a quien en mi locura hice mi escudero, tiene, que porque ha habido entre él y mí ciertas cuentas, y dares y tomares, quiero que no se le haga cargo dellos, ni se le pida cuenta alguna, sino que si sobrare alguno después de haberse pagado de lo que le debo, el restante sea suyo, que será bien poco, y buen provecho le haga; y si como estando yo loco fui parte para darle el gobierno de la ínsula, pudiera agora, estando cuerdo, darle el de un reino, se le diera, porque la sencillez de su condición y fidelidad de su trato lo merece.

Y volviéndose a Sancho, le dijo:

–Perdóname, amigo, de la ocasión que te he dado de parecer loco como yo, haciéndote caer en el error en que yo he caído, de que hubo y hay caballeros andantes en el mundo.

–¡Ay! –respondió Sancho, llorando– No se muera vuestra merced, señor mío, sino tome mi consejo, y viva muchos años; porque la mayor locura que puede hacer un hombre en esta vida es dejarse morir, sin más ni más, sin que nadie le mate, ni otras manos le acaben que las de la melancolía. Mire no sea perezoso, sino levántese desa cama, y vámonos al campo vestidos de pastores, como tenemos concertado: quizá tras de alguna mata hallaremos a la señora doña Dulcinea desencantada, que no haya más que ver. Si es que se muere de pesar de verse vencido, écheme a mí la culpa, diciendo que por haber yo cinchado mal a Rocinante le derribaron; cuanto más que vuestra merced habrá visto en sus libros de caballerías ser cosa ordinaria derribarse unos caballeros a otros, y el que es vencido hoy ser vencedor mañana.

–Así es –dijo Sansón– y el buen Sancho Panza está muy en la verdad destos casos.

–Señores –dijo don Quijote– vámonos poco a poco, pues ya en los nidos de antaño no hay pájaros hogaño. Yo fui loco, y ya soy cuerdo: fui don Quijote de la Mancha, y soy agora, como he dicho, Alonso Quijano el Bueno. Pueda con vuestras mercedes mi arrepentimiento y mi verdad volverme a la estimación que de mí se tenía, y prosiga adelante el señor escribano.

8. ¿Cómo califica el cura a Alonso Quijano (don Quijote)? ¿Cervantes justifica después esas palabras?

9. Resume qué dice don Quijote sobre Sancho Panza.

10. Después de analizar la reacción de Sancho, di si refleja una *quijotización*.

11. El bachiller Sansón Carrasco es quien se había disfrazado de caballero de la Blanca Luna para convencer a don Quijote, desde su terreno, de que debía volver a casa. ¿Qué partido toma en esta conversación? ¿Qué razón le hace reaccionar así, según tu punto de vista?

12. ¿Qué motivo tiene Cervantes para acabar su novela con la muerte del protagonista?

Significado del *Quijote*

En un primer momento, el *Quijote* tuvo un gran éxito como novela **humorística**. A lo largo del tiempo, las interpretaciones han variado, aunque todas las épocas han visto reflejados sus ideales en el *Quijote*. Como ocurre con las obras clásicas, la novela refleja la **complejidad del ser humano**.

Para los lectores del XVII, era evidente que el *Quijote* era una obra humorística; los libros de caballerías eran muy conocidos, y la burla quedaba clara, distinguían las parodias del lenguaje caballeresco, conocían los héroes a quienes imita el protagonista en diferentes momentos, apreciaban si una situación era una caricatura de otras conocidas, etc. Posteriormente, las interpretaciones han ido variando según los diferentes momentos culturales. Así, los románticos veían en don Quijote al idealista que es vencido por la triste y vulgar realidad, y los realistas reconocían en Cervantes al gran novelista que muestra la complejidad de los personajes y sus relaciones con el entorno. Las valoraciones de la novela y de sus protagonistas son muy numerosas porque es una obra matizada y rica que admite diferentes lecturas, como todas las obras clásicas.

En conjunto, la novela refleja la **complejidad del ser humano** y muchos rasgos de la sociedad del momento. El *Quijote* parece mostrar que los ideales renacentistas de heroísmo y culto a la belleza chocan con la realidad, del mismo modo que los sueños e ilusiones juveniles de Cervantes desaparecen ante la decadencia social. Así, la victoria de Lepanto y el fracaso de la Armada Invencible pueden considerarse símbolos de la hegemonía y de la decadencia hispánica; Cervantes vivió estos hechos desde perspectivas bien distintas –como heroico soldado y como recaudador de impuestos–, y nos deja reflejado en el *Quijote* este proceso, que va del optimismo renacentista al desengaño barroco. La novela es una obra de madurez que recoge la trayectoria vital de Cervantes, quien, con ironía y humor, muestra el proceso histórico que vivió.

Grabado del siglo XIX que ilustra la estancia de don Quijote en el palacio de los duques, uno de los episodios más humorísticos de la novela. En esta escena, don Quijote explica a la duquesa y a sus damas la grandeza de la hermosura de su señora Dulcinea del Toboso.

3 COMENTARIO *El ingenioso hidalgo don Quijote de la Mancha*

En este fragmento, el conocido inicio del *Quijote*, Cervantes nos hace el retrato del protagonista.

La lectura de libros de caballerías conduce a don Quijote a confundir permanentemente el mundo real y el fantástico, como se refleja en este grabado de Doré.

CAPÍTULO PRIMERO

QUE TRATA DE LA CONDICIÓN Y EJERCICIO DEL FAMOSO HIDALGO DON QUIJOTE DE LA MANCHA

En un lugar de la Mancha, de cuyo nombre no quiero acordarme, no ha mucho tiempo que vivía un hidalgo de los de lanza en astillero, adarga antigua, rocín flaco y galgo corredor. Una olla de algo más vaca que carnero, salpicón las más noches, duelos y quebrantos los sábados, lantejas los viernes, algún palomino de añadidura los domingos, consumían las tres partes de su hacienda. El resto della concluían sayo de velarte, calzas de velludo para las fiestas, con sus pantuflos de lo mesmo, y los días de entresemana se honraba con su vellorí de lo más fino. Tenía en su casa una ama que pasaba de los cuarenta, y una sobrina que no llegaba a los veinte, y un mozo de campo y plaza, que así ensillaba el rocín como tomaba la podadera. Frisaba la edad de nuestro hidalgo con los cincuenta años; era de complexión recia, seco de carnes, enjuto de rostro, gran madrugador y amigo de la caza. Quieren decir que tenía el sobrenombre de Quijada, o Quesada, que en esto hay alguna diferencia en los autores que deste caso escriben; aunque por conjeturas verosímiles se deja entender que se llamaba Quejana. Pero esto importa poco a nuestro cuento; basta que en la narración dél no se salga un punto de la verdad.

Es, pues, de saber, que este sobredicho hidalgo, los ratos que estaba ocioso –que eran los más del año–, se daba a leer libros de caballerías con tanta afición y gusto, que olvidó casi de todo punto el ejercicio de la caza, y aun la administración de su hacienda; y llegó a tanto su curiosidad y destino en esto, que vendió muchas hanegas de tierra de sembradura para comprar libros de caballerías en que leer, y así, llevó a su casa todos cuantos pudo haber dellos; y de todos, ningunos le parecían tan bien como los que compuso el famoso Feliciano de Silva, porque la claridad de su prosa y aquellas entricadas razones suyas le parecían de perlas, y más cuando llegaba a leer aquellos requiebros y cartas de desafíos, donde en muchas partes hallaba escrito: *La razón de la sinrazón que a mi razón se hace, de tal manera mi razón enflaquece, que con razón me quejo de la vuestra fermosura.* Y también cuando leía: *... los altos cielos que de vuestra divinidad divinamente con las estrellas os fortifican, y os hacen merecedora del merecimiento que merece la vuestra grandeza.*

Con estas razones perdía el pobre caballero el juicio, y desvelábase por entenderlas y desentrañarles el sentido, que no se lo sacara ni las entendiera el mesmo Aristóteles, si resucitara para solo ello. No estaba muy bien con las heridas que don Belianís daba y recebía porque se imaginaba que, por grandes maestros que le hubiesen curado, no dejaría de tener el rostro y todo el cuerpo lleno de cicatrices y señales. Pero, con todo, alababa en su autor aquel acabar su libro con la promesa de aquella inacabable aventura, y muchas veces le vino deseo de tomar la pluma y dalle fin al pie de la letra, como allí se promete; y sin duda alguna lo hiciera, y aun saliera con ello, si otros mayores y continuos pensamientos no se lo estorbaran. Tuvo muchas veces competencia con el cura de su lugar –que era hombre docto, graduado en Sigüenza–, sobre cuál había sido mejor caballero: Palmerín de Ingalaterra o Amadís de Gaula; mas maese Nicolás, barbero del mesmo pueblo, decía que ninguno llegaba al Caballero del Febo, y que si alguno se le podía comparar era don Galaor, hermano de Amadís de Gaula, porque tenía muy acomodada condición para todo; que no era caballero melindroso, ni tan llorón como su hermano, y que en lo de la valentía no le iba en zaga.

En resolución, él se enfrascó tanto en su lectura, que se le pasaban las noches leyendo de claro en claro, y los días de turbio en turbio; y así, del poco dormir y del mucho leer se le secó el celebro, de manera que vino a perder el juicio. Llenósele la fantasía de todo aquello que leía en los libros, así de encantamentos como de pendencias, batallas, desafíos, heridas, requiebros, amores, tormentas y disparates imposibles; y asentósele de tal modo en la imaginación que era verdad toda aquella máquina de aquellas sonadas soñadas invenciones que leía, que para él no había otra historia más cierta en el mundo.

Localización

1. Recuerda que en la narrativa del siglo XVI predominan las novelas idealistas, que conviven con algunos relatos realistas. Haz el esquema de la novela del XVI. ¿Con qué tipos de relatos se relaciona el *Quijote*?

2. ¿Cuál es el propósito de la novela, según declara Cervantes en el prólogo?

3. En la primera alusión al protagonista, Cervantes le denomina *hidalgo*. ¿Qué es lo que caracteriza a los hidalgos? ¿Recuerdas si ha aparecido algún hidalgo en alguna novela anterior?

Análisis del contenido y de la expresión

4. Cervantes comienza el libro con la famosa frase «En un lugar de la Mancha...», que da una impresión de vaguedad que contrasta con la precisión de los libros de caballerías, que presentaban con todo detalle el lugar, origen y linaje de los protagonistas.

- ¿Hay alguna otra imprecisión en el texto?

5. ¿Te parece que la Mancha recuerda a los escenarios geográficos típicos de la novela caballeresca? ¿Por qué crees que Cervantes sitúa la novela en ese lugar?

6. Anota los rasgos que caracterizan al protagonista, según el fragmento anterior. Diferencia entre rasgos físicos y forma de vida: dónde vive, con quién, cómo, qué hace habitualmente, etc.

7. Indica la parte del fragmento que se refiere a los libros de caballerías. ¿A qué conduce al protagonista su desaforada afición? ¿Con quién la comparte?

8. El párrafo final (*En resolución...*) es la conclusión de lo anterior. Anota la frase clave del párrafo. Observa la enumeración de elementos típicamente caballerescos que llenan la fantasía del protagonista y que acaba con las palabras «disparates imposibles».

- ¿Es coherente tal calificación con el objetivo de la novela?
- ¿Recuerdas en qué ambientes culturales se criticaban los libros de caballerías por inverosímiles?

9. Señala las diferentes partes del texto. Distingue también entre las más narrativas y las más descriptivas.

10. Analiza el fragmento en que se habla de los libros de caballerías y comenta cómo se acentúa la ironía en ese pasaje. ¿Qué se puede deducir sobre el estilo de los libros de caballerías, según el texto?

11. En la conversación que el protagonista mantiene con el cura y el barbero sobre los héroes de los libros de caballerías, da la impresión de que los personajes literarios eran tan conocidos como hoy pueden serlo los personajes de ciertas películas o series televisivas. Señala los rasgos que el barbero valora en los caballeros.

12. La última frase del texto recoge el punto de partida, la clave de la novela. Redáctala con tu propio estilo.

Valoración y creación

13. Tras la lectura del fragmento, ¿parece verosímil que don Quijote emprenda sus aventuras?

14. En parejas, redactad de forma sintética un texto con un planteamiento similar, pero situado en la actualidad. Tened en cuenta la caracterización del personaje, el ambiente y el motivo por el que pierde el juicio al confundir el mundo ficticio con el mundo real.

15. El *Quijote* ha sido reconocido como una de las grandes obras de la literatura universal; por ello ha sido traducido a muchos idiomas, ha inspirado a conocidos artistas, y de él se han hecho varias versiones cinematográficas y televisivas. Buscad información sobre este tema en Internet y visitad, entre otros sitios, el Centro Virtual Cervantes (*http://www.cervantes.es*) y el sitio web de la Real Academia Española de la Lengua (*http://www.rae.es*). Apuntad las cinco direcciones electrónicas que os hayan parecido más interesantes y escoged las cinco imágenes que más os hayan gustado.

UNIDAD 4

La literatura del siglo XVII

La Plaza Mayor de Madrid según un óleo de finales del siglo XVII. Museo Municipal, Madrid.

Con la palabra *barroco* se designa la cultura del siglo XVII. El pensamiento de la época refleja el sentimiento de **desconfianza** en lo político, en lo social y en lo artístico. Por eso, en la cultura predomina el tono **pesimista y desengañado**. La **estética** barroca se caracteriza por la **ornamentación** y los **contrastes**. El Barroco supone el abandono definitivo de los ideales renacentistas, el final del optimismo racionalista y de la confianza en el ser humano y en la naturaleza. En España, el Barroco coincide con la decadencia política y con la Contrarreforma; por eso, quizás, la desilusión, el conservadurismo y el miedo a la arbitrariedad del poder se manifiestan más profundamente que en otros países.

MARCO HISTÓRICO Y CULTURAL

Historia y sociedad

El siglo XVII está marcado por la **decadencia política y social**. Es la época de la **monarquía absoluta**, en la que conviven el lujo y la miseria, al mismo tiempo que se revitalizan viejos prejuicios sociales y religiosos.

El declive político y económico se había iniciado en el siglo anterior, en la época de Felipe II –recordemos la derrota de la Armada Invencible, en 1588–, y en el siglo XVII se acentúa con sus sucesores: Felipe III, Felipe IV y Carlos II, los últimos representantes de la casa de Austria.

Paralelamente, se consolida la monarquía absoluta, en la que el rey tiene el poder supremo e indiscutible. Pero, a menudo, el monarca gobierna a través de la figura del *valido*, el favorito que manda en nombre del rey y que pone de manifiesto la arbitrariedad y la corrupción del poder. A lo largo de la centuria, la decadencia hispánica se consuma con la pérdida de territorios y el empobrecimiento general, mientras que comienza la hegemonía francesa. Se han apuntado varias causas de la crisis: la inflación económica, el descenso demográfico producido por la expulsión de los moriscos, las emigraciones hacia América y varias pestes que azotaron a la población.

El descontento político y social se manifestó en varios momentos, como en las sublevaciones de Cataluña y Portugal (la segunda de las cuales derivó en la independencia de Portugal) y las rebeliones en Sicilia y Nápoles.

La **sociedad** hispánica presentaba grandes **contrastes**: la miseria, que provocó la despoblación del campo, el hambre y la aparición de innumerables mendigos, convivía con el gusto por el lujo y la pompa, que se mostraba en las fiestas cortesanas, en las grandes y frecuentes celebraciones religiosas y en las representaciones teatrales. La imagen externa típica de la época es esta **simultaneidad de lujo y miseria**. En conjunto, es un periodo de empobrecimiento, de emigraciones campesinas hacia las ciudades y de fuertes subidas de impuestos que recaen sobre los pocos que trabajan: labradores, artesanos y comerciantes. En este momento, la complejidad de las relaciones sociales se muestra también en el considerable aumento de los títulos nobiliarios, que compran hidalgos y caballeros enriquecidos. Como los nobles estaban exentos del pago de impuestos y gozaban de variados privilegios, el viejo tema del poder del dinero cobra nueva vigencia.

Al mismo tiempo que se ampliaba el número de nobles (lo que indica una cierta movilidad social), adquieren nueva fuerza algunos **prejuicios sociales** y religiosos que parecían debilitados con la influencia humanista, es decir, se revitalizan viejos recelos clasistas y signos de intolerancia. Por ejemplo, para ejercer cargos públicos se exigía el certificado de hidalguía, lo que implicaba ser cristiano viejo. Las denuncias, sospechas e investigaciones eran frecuentes, y en general se detecta un clima de recelo y desconfianza. El modelo social que se impone en Castilla es el hidalgo, el anacrónico hidalgo que aspira a vivir de sus rentas sin trabajar, y se afianzan aquellos valores como el honor, la fama y la limpieza de sangre, que evidencian la confusión entre el mérito público y el privado.

El reinado de Felipe IV representa el tránsito del apogeo imperial de España en el continente europeo al hundimiento político. En su tiempo, la producción artística y literaria alcanzó su mayor apogeo dentro de los postulados del estilo barroco. *Retrato de Felipe IV* y *Las Meninas o la familia de Felipe IV*, por Diego de Velázquez.

Muchachos comiendo uvas y melón (1650), de Bartolomé Esteban Murillo. (Alte Pinakothek, Múnich.)

Cultura

La **cultura** de la época barroca es **brillante**, **recargada** y **variada**. En conjunto, trasluce un hondo **pesimismo**, al reflejar el clima de inseguridad, desconcierto y temor que se deriva de la **crisis social**, mucho más honda que la pura crisis económica, ya que afecta a la conciencia del deterioro político y moral.

En el siglo XVII, con el **Barroco**, se consolida la tendencia conservadora iniciada con la Contrarreforma y, en definitiva, se acentúa el **alejamiento del ideal humanista** de tolerancia, racionalidad y equilibrio.

Los **contrastes** sociales que se dan entre ricos y pobres, entre el lujo y el hambre, tienen su correlato en el mundo cultural. Convive en el Barroco la religiosidad más profunda con el tono cínico, sensual y burlesco; el idealismo embellecedor, que llega a ser irrealismo, aparece junto a un descarnado realismo, y los graves temas metafísicos se combinan con el gusto por lo intranscendente o trivial, o con el tratamiento burlesco de los temas clásicos.

En el terreno de la cultura escrita, aumenta considerablemente el número de lectores, que alcanza grupos sociales más variados, pero al mismo tiempo se impone la censura política y moral a través del *Índice*, en el que aparecen los libros prohibidos total o parcialmente.

Arte y literatura

El **arte barroco** tiende a lo **difícil y artificioso**. Su objetivo es **impresionar** o provocar admiración; por ello valora lo **desmesurado** y la **ornamentación desbordante**.

La **literatura barroca** recoge las preocupaciones y gustos de la época, y alcanza una especial profundidad cuando trata el tema del **desengaño**, el más característico del momento.

El arte barroco se aleja del ideal renacentista, que aspiraba a la elegancia sencilla y natural, pero a menudo, las obras barrocas llegan a esa desmesurada ornamentación exagerando rasgos renacentistas. Así, también puede entenderse el barroco como una evolución del arte renacentista, que poco a poco va recargando sus formas. Por ejemplo, la arquitectura barroca es de estructura renacentista, pero esa base se oculta bajo una abundante ornamentación. Ocurre lo mismo con las columnas clásicas, que se convierten en salomónicas, o con la escultura y la pintura, que pierden la serenidad porque buscan el movimiento y el contraste.

En general, el arte barroco presenta una realidad totalmente estilizada e irreal, ya sea porque la embellece o porque muestra lo más desagradable y bajo. Lo que se pretende es provocar la admiración, conmover y sorprender; de ahí el gusto por ocultar o enmascarar la realidad bajo artificios o adornos. En general, el arte barroco es intenso, dinámico y extremado, y los artistas barrocos muestran el gusto por el contraste cuando combinan lo culto y lo popular, el pesimismo y la actitud burlesca, los temas clásicos y los motivos anecdóticos.

Respecto a la **lengua**, también se sustituye el modelo de elegancia natural del Renacimiento por el gusto por lo difícil y sorprendente.

Temas barrocos. El arte barroco convierte en tema artístico cualquier sentimiento o motivo, pero adquieren una fuerza especial los temas que aluden al **desengaño** o la **desilusión** latente en la época, como la muerte, la ruina, la vida como sueño... Sin embargo, junto a las graves reflexiones y a los temas clásicos, vemos el desarrollo de la **sátira** y de los motivos nimios e **intranscendentes**, así como la mezcla del tono grave y el burlesco en una misma obra. Todo ello no es más que otra muestra de los **contrastes** que definen la época.

LOS GÉNEROS LITERARIOS DEL BARROCO			
SIGLO XVII	Lírica	Luis de Góngora	*Romances y letrillas. Fábula de Polifemo y Galatea*
		Francisco de Quevedo	*Romances y letrillas. Sonetos*
		Félix Lope de Vega	*Rimas. Rimas sacras. Rimas humanas y divinas*
	Narrativa	Miguel de Cervantes	*El ingenioso hidalgo don Quijote de la Mancha*
		Mateo Alemán	*Guzmán de Alfarache*
		Francisco de Quevedo	*La vida del Buscón llamado Don Pablos*
		Baltasar Gracián	*El Criticón*
	Teatro	Félix Lope de Vega	*Fuente Ovejuna. El caballero de Olmedo. Peribáñez y el comendador de Ocaña*
		Pedro Calderón de la Barca	*El alcalde de Zalamea. La vida es sueño*
		Tirso de Molina	*El burlador de Sevilla*

El Barroco: la poesía lírica y la prosa

Temas y formas de la lírica barroca

En el siglo XVII, la poesía lírica alcanza gran **calidad** y es muy **variada** en **temas, tonos y formas**. Los poetas que mejor muestran esa variación son Francisco de Quevedo y Luis de Góngora. Junto a ellos, destaca Lope de Vega, con un estilo más natural.

Como todo el arte barroco, la poesía presenta fuertes **contrastes** en temas (graves o intranscendentes); en tonos (reflexivo o burlesco), y en formas o estilos (culto y popular).

En cuanto a la métrica, alcanzan gran perfección el **soneto** y el **romance**, que se emplean ahora para cualquier tema, y aparecen la **décima** (*abab/ac/cdcd*) y la **silva**, combinación libre de heptasílabos y endecasílabos consonánticos.

Conceptismo y culteranismo

En el estilo barroco se han distinguido dos tendencias: el **conceptismo**, basado en el ingenio, y el **culteranismo**, preocupado por la belleza formal. Francisco de Quevedo y Baltasar Gracián representan el conceptismo; Luis de Góngora, el culteranismo.

Aunque tradicionalmente se ha diferenciado entre la corriente conceptista y la culterana, en realidad no hay una oposición tajante entre ellas porque ambas pretenden una **expresión com-**

plicada mediante asociaciones ingeniosas y tienen una voluntad **minoritaria**, ya que obligan al lector a hacer un esfuerzo interpretativo.

El **conceptismo** refleja la estética barroca centrada en el intelecto, en el **juego de ideas o conceptos**, a través de paradojas, antítesis, polisemia... Tiende a la concisión expresiva, a la brevedad, al lenguaje elíptico, y suele emplear metáforas, a menudo despectivas. Se cultivó sobre todo en prosa y menos en poesía. **Quevedo** y **Gracián** son los escritores más claramente conceptistas, si bien todos los autores de la época lo son en mayor o menor medida. Quevedo, por ejemplo, expresa así el paso del tiempo:

Ayer se fue; mañana no ha llegado;
hoy se está yendo sin parar un punto;
soy un fue, y un será, y un es cansado.

El **culteranismo** es el nombre despectivo que se dio al estilo de **Góngora**, a quien se acusaba de oscuro y difícil. La poesía culterana seguía la tendencia iniciada por Fernando de Herrera, en la segunda mitad del siglo XVI, que aspiraba a crear un lenguaje poético diferente de la lengua común. Lo que caracteriza al culteranismo es la intensificación y acumulación de los recursos que empleaban los poetas barrocos.

Los culteranos persiguen la **brillantez formal** y presentan una realidad embellecida mediante abundantes metáforas e imágenes hiperbólicas de difícil interpretación. Incorporan un léxico cultista (neologismos, muchas veces esdrújulos); imitan la sintaxis latina (la frase larga y el hipérbaton), y hacen numerosas alusiones mitológicas, en general a través de perífrasis. El culteranismo se cultivó en poesía más que en prosa, y **Góngora**, que defendía una poesía minoritaria, es quien mejor representa esta tendencia, como refleja la siguiente descripción de un pavo real:

Tú, arrogante esplendor, ya que no bello,
del último occidente,
rugoso penda el nácar de tu frente
sobre el crespo zafiro de tu cuello
que Himeneo a sus mesas te destina.

En el siglo XVII, junto a estos dos estilos, se da otro modelo de **poesía más sencilla**, representada por **Lope de Vega** y por la lírica meditativa y horaciana de los hermanos Argensola. La sencillez del estilo puede apreciarse en este fragmento de Lope:

A mis soledades voy,
de mis soledades vengo,
porque para andar conmigo
me bastan mis pensamientos.

Luis de Góngora (1561-1627)

Góngora es el creador de la poesía **culterana**: minoritaria, culta, brillante y difícil. Inventa un lenguaje **metafórico** que se aleja de la lengua común y que presenta un mundo transformado y embellecido. Se aprecia en sus canciones, sonetos y en algunos poemas.

También escribió poemas de tono **burlesco** y en formas **tradicionales**, recogidos en los *romances* y *letrillas*.

Vida

El cordobés Luis de Góngora y Argote nació en una familia de ascendencia noble, de juristas y clérigos ilustrados. Comenzó la carrera de leyes, que parece que no acabó, y vivió siempre de cargos eclesiásticos que heredó de su familia, aunque sus inclinaciones personales, el gusto por el lujo y su afición al juego no se acomodaban a las de un religioso. Ya mayor, en 1617, se hizo sacerdote y ejerció como capellán del rey. Pasó gran parte de su vida en su ciudad natal, salvo algunos periodos en Valladolid y Madrid, de donde volvió desengañado de la vida cortesana. Su enemistad con Quevedo fue famosa en su época, pues ambos se dedicaron mutuamente durísimas composiciones satíricas.

Luis de Góngora, creador del estilo culterano, mantuvo con Quevedo una polémica que se prolongó a lo largo de sus vidas.

Obra

Góngora fue un poeta respetado, temido, famoso en su tiempo y seguro de sí mismo que inventó un **lenguaje poético** brillante, culto y elitista –el culterano–. Su poesía no pretende representar la realidad, sino transformarla, mediante las metáforas, en un mundo nuevo de belleza. En general, la poesía de Góngora es esteticista porque es muy sensorial, y logra la admiración del lector porque va dirigida a la inteligencia, pero pocas veces conmueve, ya que no expresa sus sentimientos. En su obra se distingue una poesía culta y otra cercana a la lírica tradicional, a menudo de tono burlesco.

La poesía culta. Desde sus inicios, Góngora escribe una poesía muy culta en sus *sonetos*, pero esta tendencia se intensifica a partir de 1609, cuando se retira a Córdoba desengañado del ambiente de la corte. Entonces escribe sus grandes poemas cultos –la *Fábula de Polifemo y Galatea* y las *Soledades*–, que despiertan reacciones opuestas entre el público y en los otros poetas: o una enorme admiración o un absoluto rechazo. En ese momento empieza a hablarse del nuevo estilo de Góngora, el culteranismo, que se caracteriza por los siguientes rasgos:

- intensificación de los **cultismos léxicos** (*émulo, cándido...*) y sintácticos: hipérbaton, frase larga, oraciones subordinadas complicadas...;
- acumulación de **metáforas** embellecedoras (las aves son *cítaras de pluma*; el mar, *campos de plata*);
- abundancia de **alusiones mitológicas** y de **juegos conceptistas**.

La *Fábula de Polifemo y Galatea*. Es un extenso poema en octavas reales, sobre un tema mitológico que aparece en *Las Metamorfosis* de Ovidio. Narra la furia del monstruoso cíclope Polifemo, enamorado de la bella ninfa Galatea, cuando descubre los amores de la ninfa con el joven Acis. Polifemo arroja una enorme roca que aplasta al joven, y su sangre derramada se convierte en una fuente que origina un río. Como vemos, Góngora parte de un tema clásico; sin embargo, la novedad del poema estriba en el tratamiento del lenguaje: la creación de una lengua poética muy alejada de la común, que exige del lector un esfuerzo interpretativo y unos conocimientos mitológicos previos para descifrar las perífrasis o ciertas metáforas. Así describe Góngora el color de la piel de Galatea en el momento del amanecer:

Purpúreas rosas sobre Galatea
la Alba entre lilios[1] cándidos deshoja:
duda el Amor[2] cuál más su color sea,
o púrpura nevada o nieve roja.

1. **lilios:** lirios.
2. **Amor:** Cupido.

La *Fábula de Polifemo y Galatea* constituye una de las cumbres de la poesía barroca del siglo XVII. Ya en su tiempo dio lugar a ediciones comentadas, como la de Salcedo Coronel, a la que corresponde esta portada.

EL

POLIFEMO

DE DON LVIS DE GONGORA,
Comentado por D. Garcia de Salcedo, Coronel, Cauallerizo del Serenissimo señor Cardenal Infante.

I.

Estas que me dictò rimas sonoras
Culta si, aunque Bucolica Thalia
(O excelso Conde) en las purpureas horas,
Que es rosa la alua y rosicler el dia;
Agora que de luz tu Niebla doras,
Escucha al son de la zampoña mia,
Si ya los muros no te vèn de Huelua,
Peynar el viento y fatigar la selua.

PROPONE El Poëta al Excelentissimo Conde de Niebla, a quien dedica este Poëma, la accion que canta segun costumbre de todos los insignes Poëtas antiguos y modernos: assegurando con estudiosa alabança, y dignas esperanças de celebrar su grandeza, la

A aten-

Las *Soledades*. Góngora proyectaba un extenso poema en cuatro partes, pero solo acabó la primera (de unos dos mil versos) y casi concluyó la segunda (de unos novecientos). La *Soledad primera* trata de la historia de un joven náufrago que llega a una playa; allí lo acogen unos cabreros, con quienes comparte su forma de vida y con los que asiste a unas bodas campesinas. En la *Soledad segunda*, el joven conoce a unos pescadores y pasa un tiempo con ellos; más tarde se describe la vida de unos cazadores... En realidad, lo que menos interesa es el argumento, ya que se convierte en una excusa para elevar un canto a la naturaleza, a la vida sencilla y a los objetos humildes y cotidianos, que alcanzan una nueva belleza a través de las metáforas gongorinas. Los peces, las frutas y los utensilios de las mesas campesinas se convierten, por obra de la palabra poética gongorina, en hermosas y brillantes maravillas. Sorprende el **contraste** entre el **tema** (lo natural, sencillo y humilde) y la brillantez y **riqueza del lenguaje**. El inicio de las *Soledades* muestra el estilo culterano al acumular en pocos versos un violento hipérbaton, una clara aliteración y un ritmo muy variado:

> Pasos de un peregrino son errante
> cuantos me dictó versos dulce musa:
> en soledad confusa
> perdidos unos, otros inspirados.

Los *romances* y *letrillas*. Representan la faceta tradicional de Góngora. En su época no se publicaron, sino que se transmitían cantados; más tarde, fueron recogidos en los *Romanceros*. Los romances gongorinos tratan sobre todos los temas: pastoriles, líricos, moriscos, mitológicos, de cautivos... A veces mezcla, en un romance, un tema clásico mitológico con un tono burlesco, como ocurre, por ejemplo, en la *Fábula de Píramo y Tisbe*. En los romances y letrillas satíricos suele predominar el conceptismo, conciso e ingenioso, como en el siguiente epigrama, escrito contra Lope de Vega:

> Dicen que ha escrito Lopico
> contra mí versos adversos;
> mas, si yo vuelvo mi pico,
> con el pico de mis versos,
> a este Lopico lo pico.

Significado de Góngora

La poesía de Góngora tuvo éxito entre la generación de jóvenes poetas de su tiempo, y su huella es clara en el teatro de Calderón, pero no fue valorado ni en el siglo XVIII ni en el XIX.

En el siglo XX, los jóvenes de la Generación del 27 reivindicaron la entonces olvidada poesía gongorina, pues en Góngora veían al poeta capaz de crear un lenguaje poético especial, basado en la metáfora y en imágenes nuevas.

Actividades

Poesía de Luis de Góngora

Los siguientes poemas recrean el tema clásico del *Carpe diem*, que incita a aprovechar el presente, a gozar del momento que se vive, porque el tiempo pasa rápido y acaba con la juventud, la belleza y la posibilidad del amor. Observa que, sin embargo, la forma expresiva de los poemas es muy diferente.

¡Que se nos va la pascua, mozas,
que se nos va la pascua!
Mozuelas las de mi barrio
loquillas y confiadas,
mirad no os engañe el tiempo,
la edad y la confianza.
No os dejéis lisonjear
de la juventud lozana,
porque de caducas flores
teje el tiempo sus guirnaldas.
¡Que se nos va la pascua, mozas,
que se nos va la pascua!
Vuelan los ligeros años,
y con presurosas alas
nos roban, como arpías,
nuestras sabrosas viandas.
La flor de la maravilla
esta verdad nos declara,
porque le hurta la tarde
lo que le dio la mañana.
¡Que se nos va la pascua, mozas,
que se nos va la pascua!
Mirad que, cuando pensáis
que hacen la señal de la alba
las campanas de la vida,
es la queda y os desarma
de vuestro color y lustre,
de vuestro donaire y gracia
y quedáis todas perdidas
por mayores de la marca.
¡Que se nos va la pascua, mozas,
que se nos va la pascua!
Yo sé de una buena vieja
que fue un tiempo rubia y zarca[1],
y que al presente le cuesta
alto caro el ver su cara;
porque su bruñida frente
y sus mejillas se hallan
más que roquete de obispo
encogidas y arrugadas.
¡Que se nos va la pascua, mozas,
que se nos va la pascua!
Y sé de otra buena vieja,
que un diente que le quedaba
se lo dejó estotro día
sepultado en unas natas;
y con lágrimas le dice:
«Diente mío de mi alma,
yo sé cuánto fuiste perla,
aunque ahora no sois nada».
¡Que se nos va la pascua, mozas,
que se nos va la pascua!
Por eso, mozuelas locas,
antes que la edad avara
el rubio cabello de oro
convierta en luciente plata,
quered cuando sois queridas,
amad cuando sois amadas;
mirad, bobas, que detrás
se pinta la ocasión calva.
¡Que se nos va la pascua, mozas,
que se nos va la pascua!

1. **zarca:** dicho del agua o, con más frecuencia, de los ojos: de color azul claro.

Mientras por competir con tu cabello,
oro bruñido, el sol relumbra en vano,
mientras con menosprecio en medio el llano
mira tu blanca frente el lilio bello;
mientras a cada labio, por cogello,
siguen más ojos que al clavel temprano;
y mientras triunfa con desdén lozano
del luciente cristal tu gentil cuello;
goza cuello, cabello, labio y frente,
antes que lo que fue en tu edad dorada
oro, lilio, clavel, cristal luciente,
no solo en plata o vïola troncada
se vuelva, más tú y ello juntamente
en tierra, en humo, en polvo, en sombra, en nada.

4

1. En grupos de dos o tres personas, analizad la métrica del primer poema. ¿Aparece estribillo? Si es así, señaladlo. Teniendo en cuenta la estructura métrica, ¿consideráis que representa la poesía tradicional popular o la lírica culta gongorina?

2. La métrica del segundo poema ¿es de tradición culta o popular?

3. El lenguaje de ambos poemas es el que lógicamente corresponde a la métrica, es decir, una forma métrica tradicional-popular suele combinarse con un lenguaje sencillo, mientras que en las formas cultas, en general, se usa una lengua más elaborada.

   ▶ Comprobad en los poemas anteriores la correspondencia entre métrica tradicional y lenguaje sencillo, y entre métrica culta y lengua más difícil. Tened en cuenta los siguientes elementos:

   - Léxico: uso de palabras cultas o de un vocabulario sencillo.
   - Morfosintaxis: el orden de los elementos de la frase puede ser como el del lenguaje usual o puede acercarse a la sintaxis latina (hipérbaton, abundancia de frases largas y de subordinaciones, epítetos, complemento del nombre antepuesto al nombre...).
   - Abundancia de recursos expresivos: metáforas, hipérboles, aliteraciones...

4. El soneto *Mientras por...* muestra una estructura muy cuidada: primero se nombran partes de la amada que se relacionan con elementos de la naturaleza, y luego se condensa el mensaje del poema en los tercetos.

   ▶ Señalad las diferentes partes del poema según su contenido y analizad cuáles son las palabras clave que marcan el paso del tiempo.

5. El tema del **paso del tiempo** es uno de los más característicos del Barroco. En grupos de tres o cuatro personas, preparad una breve exposición oral (de unos dos o tres minutos) sobre las siguientes cuestiones: ¿Cuál de los dos poemas es más vitalista? ¿En qué composición parece pesar más el poder destructivo de la muerte sobre el mensaje del *Carpe diem*? ¿Qué poema consideráis más *barroco*?

Francisco de Quevedo (1580-1645)

Quevedo escribió abundante poesía y prosa, en casi todas sus formas y géneros. Combina lo **culto** y lo **popular**, el **tono grave** y el **burlesco**, con un estilo conceptista.

La poesía de Quevedo refleja el **contraste** típico barroco:

- Su lírica **reflexiva** de tono **grave** trata con gran profundidad temas como el **amor**, la **muerte**, la **decadencia** hispánica, el **desengaño** y la **fugacidad de la vida**.
- Su poesía **burlesca** se refiere a temas **triviales**, **anecdóticos**, en los que pone a prueba su ingenio.

Vida

Francisco de Quevedo y Villegas nació en Madrid, cursó estudios humanísticos y teológicos, y participó activamente en el entorno de la corte. Entró al servicio del duque de Osuna y comenzó una intensa actividad política que combinaba con la escritura, a veces de composiciones satíricas, afiladas y mordaces, sobre personajes de su época. Las intrigas palaciegas marcaron el resto de su vida y le procuraron un destierro y una estancia en prisión de tres años, de la que salió, viejo y enfermo, poco antes de morir.

Fue amigo de Cervantes y de Lope de Vega, y enemigo acérrimo de Góngora, que se convirtió en el blanco de muchas de sus sátiras, como muestra el comienzo de uno de sus sonetos: «Vuestros coplones, cordobés sonado…».

Obra

La obra de Quevedo, como la de Góngora, es muy variada en todos los aspectos. Además de su obra en verso, tradujo a algunos poetas clásicos, como Anacreonte y Marcial, y escribió en prosa obras burlescas, políticas, morales, sátiras alegóricas y la novela picaresca *La vida del Buscón llamado Don Pablos*, como veremos más adelante.

Francisco de Quevedo expuso en su poesía los profundos contrastes del siglo XVII, hasta el punto de que hoy se considera el poeta que supo reflejar de modo más intenso el pensamiento moral, a menudo contradictorio, de este siglo.

La poesía

Quevedo fue un autor muy conocido en su época. Aunque sus obras no se publicaron hasta después de su muerte, sus composiciones circularon en manuscritos, y sus romances y letrillas se transmitían como canciones. Fueron especialmente conocidos y celebrados algunos poemas satíricos que pasaban de mano en mano como poemas anónimos.

En la obra poética de Quevedo se distinguen dos estilos claramente diferenciados:

- **La poesía grave, reflexiva.** En ella el poeta expresa sus sentimientos o ideas con un tono desgarrado. Este apartado incluye los poemas metafísicos, morales, religiosos y amorosos. Los primeros son composiciones de tono ascético, reflexiones sobre **el sentido de la vida**, **la muerte**, **el paso del tiempo**... Quevedo es quizás el poeta barroco que más obsesivamente trata el tema de la fugacidad de la vida y la certeza de la muerte. Estos son los versos iniciales de algunos de sus más conocidos sonetos:

  Vivir es caminar breve jornada / y muerte viva es...;
  Huye sin percibirse el lento día;
  ¡Fue un sueño ayer, mañana será tierra;
  Ya formidable y espantoso suena / dentro del corazón el postrer día...

  Los poemas morales plantean temas como el poder o la fortuna desde una perspectiva estoica, y en ellos predomina el tono **pesimista** y desengañado. En las composiciones amorosas, Quevedo logra una hondura extraordinaria, ya que combina los tópicos petrarquistas con un apasionamiento y una violencia afectiva muy personales. Destacan los poemas del ciclo dedicado a Lisi.

- **La poesía como juego de ingenio.** Este estilo es el de los poemas **satíricos**, en los que predomina el gusto del poeta por la **experimentación lingüística**. En general, esta poesía muestra una visión crítica de la sociedad desde una perspectiva burlesca, hiperbólica y disparatada, muy típica de Quevedo. Los temas de que trata son muy variados, aparecen médicos, jueces, maridos engañados, viejos verdes y viejas coquetas, personajes mitológicos y, sobre todo, Góngora, protagonista de numerosos poemas burlescos de Quevedo, como el siguiente soneto:

  ¿Qué captas, nocturnal, con tus canciones,
  Góngora bobo, con crepusculallas,
  si cuando anhelas más garcibolallas
  las reptilizas más y subterpones?

4

Estilo de la poesía de Quevedo

Como ocurre con los otros poetas del Barroco, la originalidad de Quevedo no estriba en los temas que trata, sino en el uso especial de la lengua, en la experimentación de nuevos recursos expresivos.

En conjunto, la poesía de Quevedo tiende al **conceptismo**, ya que pretende sorprender mediante la asociación nueva de conceptos. Así, entre los rasgos típicos de la poesía de Quevedo, podemos señalar los siguientes:

- Las **metáforas originalísimas**, embellecedoras o deformadoras, que personifican objetos y cosifican seres humanos: *¿Quién, siendo toda cristiana, / tiene la cara de hereje?* (la pobreza); *anciana habitación; La Fortuna mis tiempos ha mordido...*
- La **creación** de nuevas **palabras**, a veces derivadas o compuestas: *archinariz...*
- El **uso especial de las categorías gramaticales**: *soy un fue, y un será, y un es cansado* (los verbos *fue, será* y *es* se emplean con valor sustantivo, con significado de *pasado, futuro* y *presente*).
- Los abundantes **juegos de palabras conceptistas**, muchas veces basados en la hipérbole o exageración, en antítesis, paradojas y polisemias.

Quevedo supo incorporar en su poesía una visión burlesca de la sociedad de su tiempo. La escena del cuadro es una versión pictórica del tema del marido burlado que el poeta cultivó en su poesía de ingenio. *La mujer entre las dos edades*, hacia 1570. Museo del Prado, Madrid.

Actividades

Poesía de Francisco de Quevedo Los siguientes poemas responden a su faceta de autor popular y culto, burlesco y grave.

Letrilla satírica

Pues amarga la verdad,
quiero echarla de la boca,
y si el alma su hiel toca,
esconderla es necedad.
Sépase, pues libertad
ha engendrado en mi pereza
la pobreza.

¿Quién hace al tuerto galán
y prudente al sin consejo?
¿Quién al avariento viejo
la sirve de río Jordán?
¿Quién hace de piedras pan
sin ser el Dios verdadero?
El dinero.

¿Quién con su fiereza espanta
el cetro y corona al rey?
¿Quién, careciendo de ley,
merece nombre de santa?
¿Quién con la humildad levanta
a los cielos la cabeza?
La pobreza.

¿Quién los jueces con pasión,
sin ser ungüento, hace humanos,
pues untándolos las manos
los ablanda el corazón?
¿Quién gasta su opilación
con oro y no con acero[1]?
El dinero.

¿Quién procura que se aleje
del suelo la gloria vana?
¿Quién, siendo toda cristiana,
tiene la cara de hereje?
¿Quién hace que al hombre aqueje
el desprecio y la tristeza?
La pobreza.

¿Quién la montaña derriba
al valle, la hermosa al feo?
¿Quién podrá, cuando el deseo,
aunque imposible, conciba?
¿Y quién lo de abajo arriba
vuelve en el mundo ligero?
El dinero.

1. Se refiere a las aguas ferruginosas (el acero) que se tomaban como remedio contra algún malestar.

Represéntase la brevedad de lo que se vive y cuán nada parece lo que se vivió

«¡Ah de la vida!»... ¿Nadie me responde?
¡Aquí de los antaños he vivido!
La Fortuna mis tiempos ha mordido[2];
las Horas mi locura las esconde[3].
¡Que sin poder saber cómo ni adónde
la salud y la edad se hayan huido!
Falta la vida, asiste lo vivido,
y no hay calamidad que no me ronde.
Ayer se fue; mañana no ha llegado;
hoy se está yendo sin parar un punto:
soy un fue, y un será, y un es cansado.
En el hoy y mañana y ayer, junto
pañales y mortaja, y he quedado
presentes sucesiones de difunto.

2. Las ambiciones me han hecho perder parte de la vida.
3. Los devaneos, otra parte.

6. La letrilla sobre el poder del dinero tiene rasgos típicos de la métrica tradicional popular. Indica el tipo de verso que se ha empleado, según el número de sílabas, el tipo de estrofa, y si existe o no estribillo.

7. El poder del dinero es un tema que ya aparecía en el *Libro de Buen Amor*. Resume las ideas de este texto y comprueba si se repite alguna de las que vimos en el de la unidad 13.

8. ¿Cómo calificarías el tono de este poema: burlesco, social, esteticista, crítico, trágico, épico, culterano, satírico...?

9.Comprueba la forma métrica del poema *¡Ah de la vida!* ¿Es un tipo de estrofa popular o culta? ¿El estilo del poema se corresponde con esta forma métrica?

10. A partir del tema, clasifica el poema dentro de la producción poética de Quevedo.

11. Por parejas (o en grupos de tres personas) destacad rasgos conceptistas típicos de la poesía de Quevedo que halléis en los poemas anteriores. Debéis tener en cuenta: la abundancia de metáforas (embellecedoras o despectivas, cosificadoras o personalizadoras...); la creación de nuevas palabras o el uso inusual de las palabras según su categoría gramatical, por ejemplo, un verbo usado como sustantivo, un adverbio usado como nombre...; las asociaciones conceptistas: antítesis, hipérboles o exageraciones, paradojas, polisemias...; los temas de Quevedo.

La prosa narrativa y didáctica del siglo XVII

La narrativa del siglo XVII presenta novedades respecto a la del siglo anterior: no se cultivan novelas de caballerías (tras la obra de **Cervantes**), mientras que se desarrollan la **novela picaresca** (con obras como *Guzmán de Alfarache* y *El Buscón*), la **novela corta** y la **narrativa alegórica**, en la que destaca Baltasar Gracián con *El criticón*.

En la prosa didáctica, triunfa la **sátira**, adecuada al clima espiritual de la época.

Portada de una edición (Amberes, 1681) de la *Vida del pícaro Guzmán de Alfarache*, de Mateo Alemán; la primera es de 1599. Esta obra vino a continuar la línea de la picaresca, iniciada medio siglo antes por el *Lazarillo de Tormes*.

A pesar de la renovación que **Cervantes** había representado en la narrativa, su obra prácticamente no crea escuela en el siglo XVII, quizá porque sus ideales respondían al momento renacentista. Su influencia queda casi reducida al terreno de la **novela bizantina** y la **novela corta**, del tipo de las *Novelas ejemplares*, que fueron muy cultivadas en el siglo XVII. *El Criticón*, de Baltasar Gracián, combina la novela alegórica y el esquema de novela bizantina, mientras que las *Novelas a Marcia Leonarda*, de Lope de Vega, siguen el modelo de las narraciones cortas cervantinas.

En los otros géneros novelescos se da una cierta renovación: desaparece la novela de caballerías (por influjo de Cervantes) y, en cambio, se cultiva en abundancia la **picaresca** tal vez porque es un género adecuado para transmitir la visión crítica, pesimista y desengañada de la época. En este género destacan Mateo Alemán, con el *Guzmán de Alfarache* (la primera parte se publicó en 1599 y la segunda, en 1604), que tuvo un enorme éxito, y Quevedo con *El Buscón* (publicada hacia 1604).

En la novela de Mateo Alemán, *Guzmán de Alfarache*, las andanzas del pícaro sirven al autor para expresar su crítica social y moral. Presenta a un protagonista malo por naturaleza, pero con la capacidad de arrepentirse y salvarse.

También abunda un tipo de prosa **didáctica** que se manifiesta a través de **sátiras** o mediante las colecciones de **emblemas**, es decir, la combinación de un dibujo y una frase explicativa que expresa una idea. La literatura emblemática fue muy apreciada en la época, y la obra más conocida de este género es *Las empresas políticas*, de Diego Saavedra Fajardo.

La prosa de Quevedo

Quevedo escribió una abundante prosa, en la que predominan los temas **políticos** y **morales**. Su tono es **pesimista**, a veces amargo, incluso cuando se enmascara en la burla.

En la prosa de Quevedo se distinguen obras muy variadas:

- **Sátiras morales y alegóricas:** *Los sueños*, seis discursos narrativos descriptivos, que constituyen una sátira contra diversos tipos sociales, distintas profesiones...

El tema de la muerte, motivo central de tantas páginas de Quevedo, estuvo continuamente presente en las artes plásticas del siglo XVII español. Véase como ejemplo el cuadro *El sueño del caballero*, de Antonio de Pereda.

- **Obras políticas:** en *Política de Dios, gobierno de Cristo y tiranía de Satanás*, a partir de textos de los evangelios, hace una dura crítica de la política de su tiempo; en *Vida de Marco Bruto*, expone un modelo de política estoica.

- **Obras filosóficas y morales:** *La cuna y la sepultura*, de inspiración ascética, muestra su pesimismo y desengaño ante la existencia.

- **Obras de crítica literaria:** *La culta latiniparla* y *La aguja de navegar cultos*, contra el culteranismo.

- **Obras festivas o burlescas:** algunas de ellas son *La vida de corte*, *Premática de los poetas hueros* y las *Cartas del caballero de la Tenaza* (nombre con el que se conocía a Quevedo). En general, son breves narraciones sobre temas muy variados, habitualmente cuadros costumbristas en los que aparece una realidad caricaturizada hasta el extremo. Muestran una visión despiadada del ser humano, ya que no hay clase ni oficio alguno que se salve de la afilada visión crítica de Quevedo: prestamistas, clérigos, estudiantes, soldados, mujeres, médicos... Alcanzaron una enorme difusión en su tiempo.

- **Novela picaresca:** *El Buscón*, que apareció con el título *Historia de la vida del Buscón llamado Don Pablos, ejemplo de vagamundos y espejo de tacaños*, publicada en 1626, pero escrita hacia 1604.

4

El Buscón

El Buscón es una de las grandes obras de la picaresca, por la profundidad con que **refleja la decadencia moral** de la época y por su **estilo**, un modelo de conceptismo.

Cuando Quevedo escribió esta novela picaresca, siguió el modelo de un género que ya se había consolidado a partir de las obras de la segunda mitad del XVI: el *Lazarillo* (1554) y *Guzmán de Alfarache* (1599-1604). *El Buscón* presenta, pues, los rasgos característicos de la novela picaresca: relato autobiográfico sobre las desventuras de un protagonista humilde al servicio de muchos amos; los diferentes episodios explican la situación final del protagonista, su estado deshonroso; pero ese estado, asimismo, aparece como fruto inevitable de una herencia no deseada que marca al protagonista y de unas situaciones sociales que se presentan satirizadas.

La novela narra la vida del joven Pablos, hijo de una bruja y de un barbero ladrón. Su origen familiar lo hace víctima de las burlas de sus compañeros mientras sirve a un joven estudiante, don Diego, en la escuela del dómine Cabra, donde sufren un hambre atroz. Cuando pasan a la universidad de Alcalá, Pablos vuelve a ser objeto de crueles novatadas estudiantiles. Más tarde, ahorcan al padre del protagonista por sus delitos y la madre es encarcelada. Tras recibir una herencia, Pablos decide cambiar de nombre e intentar pasar por caballero en la corte, donde transcurren diversas aventuras, pero no consigue su objetivo por lo infame de sus orígenes y de sus acciones. Su antiguo amo pone fin a sus engaños haciendo que le marquen la cara con una cuchillada que le cruza el rostro. Al final, decide irse a las Indias para enderezar su vida. La última frase del libro, sin embargo, indica que no lo consiguió; es más, Pablos, al anunciar una segunda parte, dice: «Y fueme peor, pues nunca mejora su estado quien muda solamente de lugar y no de vida y costumbres».

Se trata de una novela con intención social, crítica, pero ambigua en cuanto a su intención, pues a menudo se confunden la voz del narrador y la del autor, o sea, la de Quevedo y la de Pablos. El estilo ha sido considerado un modelo del conceptismo barroco: condensación expresiva, juegos de palabras, chistes verbales...

El hambre es un tema recurrente en las novelas picarescas y muchas de las anécdotas que cuenta Pablos, el protagonista de *El Buscón*, tienen su origen en la comida. *Vieja friendo huevos*, de Diego de Velázquez.

Actividades

El Buscón

En *El Buscón* aparecen unas inolvidables caricaturas de personajes. Una de las más conocidas es la del dómine Cabra.

De cómo fui a un pupilaje por criado de don Diego Coronel

Determinó, pues, don Alonso de poner a su hijo en pupilaje, lo uno por apartarle de su regalo, y lo otro por ahorrar de cuidado. Supo que había en Segovia un licenciado Cabra que tenía por oficio el criar hijos de caballeros, y envió allá al suyo, y a mí para que le acompañase y sirviese. Entramos, primer domingo después de Cuaresma, en poder de la hambre viva, porque tal laceria no admite encarecimiento. Él era un clérigo cerbatana[1], largo solo en el talle, una cabeza pequeña, pelo bermejo. No hay más que decir para quien sabe el refrán que dice ni gato ni perro de aquella color. Los ojos avecindados en el cogote, que parecía que miraba por cuévanos, tan hundidos y oscuros que era buen sitio el suyo para tienda de mercaderes; [...] las barbas descoloridas de miedo de la boca vecina, que de pura hambre parecía que amenazaba a comérselas; los dientes, le faltaban no sé cuántos, y pienso que por holgazanes y vagamundos se los habían desterrado; el gaznate largo como de avestruz, con una nuez tan salida que parecía se iba a buscar de comer, forzada de la necesidad; los brazos secos; las manos como un manojo de sarmientos cada una. Mirado de medio abajo, parecía tenedor o compás, con dos piernas largas y flacas. [...]

La sotana, según decían algunos, era milagrosa, porque no se sabía de qué color era. Unos, viéndola tan sin pelo, la tenían por de cuero de rana; otros decían que era ilusión; desde cerca parecía negra y desde lejos entre azul. Llevábala sin ceñidor; no traía cuello ni puños. Parecía, con esto y los cabellos largos y la sotana mísera y corta, lacayuelo de la muerte.

1. **cerbatana:** tubo o canuto.

El clérigo cerbatana según la ilustración de Jesús Cisneros para la edición de la Biblioteca Teide. Abajo, cuatro ilustraciones de la edición.

12. Resume el texto.

13. Señala rasgos característicos de la novela picaresca que aparecen en el texto. Ten en cuenta la voz narrativa, las situaciones y personajes, etc.

14. Por parejas, indicad algunos recursos expresivos propios del conceptismo y de Quevedo que se dan en el texto.

4 COMENTARIO *Amor más allá de la muerte*, de Francisco de Quevedo

Cerrar podrá mis ojos la postrera
sombra que me llevare el blanco día,
y podrá desatar esta alma mía
hora[1] a su afán ansioso lisonjera;
mas no, de esotra parte, en la ribera[2],
dejará la memoria, en donde ardía:
nadar sabe mi alma la agua fría,
y perder el respeto a la ley severa.
Alma a quien todo un dios[3] prisión ha sido,
venas que humor[4] a tanto fuego han dado,
medulas que han gloriosamente ardido,
su cuerpo dejará, no su cuidado[5];
serán ceniza, mas tendrán sentido;
polvo serán, más polvo enamorado.

1. **hora:** ahora.
2. En la mitología griega, los espíritus de los muertos bebían las aguas del Leteo para olvidar el pasado. Según Blecua, debe interpretarse: «pero, ya en la otra parte [del Leteo], el alma no habrá dejado la memoria en la ribera en que ardía el amor».
3. Cupido, dios del amor.
4. **humor:** sangre, líquido (que ha contenido amor).
5. **cuidado:** pasión.

Localización

1. Haz un esquema de los temas y las formas de la poesía del siglo XVII.

2. Sitúa la obra poética de Quevedo en la corriente que le corresponde dentro de la poesía barroca.

3. ¿A qué tipo de lírica pertenece este poema por el tono y por el tema?

Análisis del contenido y de la expresión

4. El tema del amor aparece aquí entremezclado con el de la muerte. Resume el poema y señala las partes en que se puede dividir atendiendo al tema. Para ello, ten en cuenta la puntuación. ¿Qué tema predomina en los cuartetos? ¿Cuál es el tema de los tercetos?

5. En la confrontación entre los conceptos amor y muerte, ¿cuál gana, según Quevedo?

6. Observa que Quevedo no nombra las palabras *muerte* ni *amor*, sino que se expresa a través de metáforas. Algunas imágenes, como amor-fuego, son usuales en la poesía de la época, sobre todo desde Petrarca. Lo original es cómo Quevedo desarrolla esas imagenes.

▶ Señala cómo se alude a la muerte y al amor en el poema. ¿Emplea Quevedo alguna antítesis? Anota todas las contraposiciones que encuentres en el poema.

7. Analiza la estructura del primer terceto. ¿Qué relación se establece entre los versos? ¿Se repite la estructura en el último terceto?

8. ¿Existe una gradación en el segundo terceto? ¿De qué palabras?

Valoración y creación

9. ¿Es este un poema representativo del Barroco? Por parejas, preparad una breve intervención oral en la que aportéis cuatro razones para justificar la respuesta.

10. En grupos de dos o tres personas, *traducid* este poema a un lenguaje actual sencillo, es decir, escribid la misma idea en un registro estándar y sin hacer alusiones mitológicas. Leed en voz alta las diversas adaptaciones y comentad los resultados.

11. Alguna poesía de Góngora y Quevedo ha sido musicada y cantada. Una de las versiones más conocidas es la del cantante español Paco Ibáñez. Buscad en Internet información sobre ello y, si es posible, escuchad y valorad la adaptación que hace el cantante.

El Barroco: el teatro

El teatro del siglo XVII

En el Barroco, el teatro alcanza su plenitud y logra una gran popularidad con dramaturgos como Lope de Vega y Calderón de la Barca. Destaca especialmente el éxito del teatro de los **corrales**, que convive con el teatro **religioso** y el **cortesano**, las tres modalidades que se daban desde el siglo anterior.

En la sociedad del siglo de oro el teatro era tan importante, que las actrices se hacían muy populares, como ocurrió con María Calderón, llamada *La Calderona.* Sobre estas líneas, supuesto retrato de la actriz.

El teatro religioso

Se manifiesta a través de los **autos sacramentales**, piezas breves en un acto, que presentaban **personajes abstractos** en forma de **alegoría** (el bien, el pecado, el hombre...). Trataban sobre el tema religioso de la eucaristía o comunión, y presentaban un conflicto entre el bien y el mal, personificado habitualmente por el *Demonio*, que se resolvía con el triunfo del primero. Los autos se representaban en torno al Corpus, al aire libre, frente a la iglesia. En algunas ciudades, las escenificaciones resultaban fastuosas por la decoración y los efectos especiales. El desarrollo de este tipo de teatro en el siglo XVII está relacionado con la Contrarreforma, pues era el instrumento más adecuado para explicar al pueblo de forma comprensible un dogma esencial del catolicismo.

El teatro cortesano

Se representaba en los salones o jardines de los palacios. A lo largo del siglo, sobre todo bajo el reinado de Felipe IV, las **innovaciones escenográficas** permitieron unos efectos especiales espectaculares, como, por ejemplo, conseguir que los actores desaparecieran o volaran. Estas novedades, unidas a los lujosos decorados y a la música, lucían extraordinariamente en comedias mitológicas o fantásticas y encandilaban al público cortesano. Calderón usó muchos de esos elementos escenográficos, renovados en gran parte por los tramoyistas italianos.

El teatro de los corrales

El teatro popular alcanzó un gran éxito de público en el siglo XVII, tanto en España con Lope de Vega, Calderón de la Barca y otros autores, como en Inglaterra, con Shakespeare. Las representaciones teatrales constituían verdaderos acontecimientos sociales, pues el teatro era el **espectáculo más popular** de la época.

Como vimos, los corrales eran patios descubiertos y rodeados de casas. En un extremo del patio solía situarse el **escenario**, sin decorados y muchas veces sin telón, o con una simple cortina. En el mismo patio se concentraba la mayoría del público popular. Ante el escenario había algunos bancos a los que se accedía pagando un suplemento, y detrás se situaban, de pie, los hombres del pueblo o ***mosqueteros***, que mostraban de forma escandalosa su satisfacción o disgusto por la representación. Las mujeres y los hombres estaban separados, y al lugar reservado a las mujeres,

Un corral del siglo XVII, según un grabado de J. Comba. Podemos observar, en el centro, el escenario y la platea, con el público sentado y los *mosqueteros* de pie; a los lados, los *aposentos* de los nobles, y a la izquierda, la *cazuela*, reservada a las mujeres.

una zona elevada en el otro extremo del escenario, se lo llamaba humorísticamente «la **cazuela**». Más tarde se construyeron galerías superiores para las mujeres. Los nobles y autoridades se situaban en los balcones y ventanas que daban al patio, los **aposentos**, que se alquilaban por temporadas. En un principio casi no había decorados, lo que permitía una mayor libertad al autor para situar su obra en cualquier lugar, pero a la vez obligaba a que el texto supliera el decorado que faltaba con alusiones constantes, del tipo «ya estamos en el jardín», o «es de noche»... Más tarde, los corrales incorporaron decorados y recursos escénicos que originalmente solo se utilizaban en el teatro cortesano.

Las representaciones se hacían aprovechando la luz diurna, a primera hora de la tarde, y duraban varias horas. El espectáculo no dejaba espacios vacíos para que el público no se impacientase o se marchase. Comenzaba con una **loa**: una presentación en verso, y después se representaba el primer acto de la comedia. Terminado el primer acto, se escenificaba un **entremés**, una pieza breve, en general de tono humorístico. Tras el segundo acto, se interpretaban canciones o se hacía un baile, y al acabar el tercer acto, el espectáculo finalizaba con un **sainete** o un nuevo entremés.

Desde principios del siglo XVII, el éxito de la comedia traspasa las capas populares y Felipe III decide convertir uno de los patios de palacio en un corral para disfrutar de esas representaciones como lo hacía el pueblo.

Todas las obras que se representaban en los corrales eran conocidas con el nombre de **comedias**, fueran comedias en sentido estricto o dramas que mezclaban elementos trágicos y cómicos. Así pues, la palabra ***comedia*** adquiere en esta época un significado más amplio que el original.

Lope de Vega (1562-1635)

Vida

En pocos autores vida y obra fueron tan unidas como en Lope de Vega, y pocas biografías representan como la suya los acusados contrastes típicos del momento en que vivió. Félix Lope de Vega Carpio nació en Madrid. De origen humilde, tuvo una formación autodidacta y trabajó como secretario de algunos nobles. Pero lo que marca su obra es su intensa vida amorosa, que combina con una profunda religiosidad.

En 1579 fue desterrado por haber escrito unas sátiras contra la amada que lo había abandonado (Elena Osorio –*Zaida* y *Filis* en sus poemas–, hija de un actor) y contra la familia de esta. Más tarde, rapta, con su consentimiento, a la que se convertiría en su esposa, quien aparece como *Belisa* en algunas composiciones. También participa en algunas aventuras militares. Tras enviudar vuelve a casarse, pero, a la vez, mantiene relaciones con una actriz que le dará varios hijos, y que en la literatura de Lope toma el nombre de *Camila Luscinda*. En 1614, tras la muerte de su esposa y de su hijo Carlos Félix, Lope, arrepentido, se ordena sacerdote y renuncia a seguir escribiendo. Pero a partir de 1616 vuelve a enamorarse y a componer, ya que convivió y tuvo una hija con Marta de Nevares, que aparece en la poesía de Lope con los nombre de *Amarilis*, *Marcia Leonarda* y *Dorotea.* Tres años después de la muerte de Marta de Nevares, loca y ciega, y tras la muerte de otro hijo y el rapto de una de sus hijas por parte de un caballero, murió Lope de Vega.

La obra de Lope es extensísima y variada. Escribió poesía, novela y, sobre todo, renovó el teatro.

Lope de Vega fue no solo el creador de la fórmula dramática que se impuso en España desde fines del siglo XVI, sino uno de los más altos representantes de nuestra lírica.

La poesía y la narrativa

Lope de Vega fue un excelente poeta, el más sencillo y natural de su época, que escribió **lírica de tipo tradicional**, **sonetos** y **poesía épica**. En la poesía **amorosa** y **religiosa**, de fondo autobiográfico, logra una intensa emotividad.

Como narrador, experimentó diversos géneros y alcanzó una notable calidad en su novela dialogada *La Dorotea*.

Desde muy joven, Lope fue un poeta popular por sus romances y sonetos, a menudo escritos bajo seudónimos conocidos y de tema autobiográfico. Cultivó abundante lírica de tipo **tradicional** (mayas, albadas...) y **sonetos** de tema amoroso, religioso y burlesco, recogidos, respectivamente, en *Rimas*, *Rimas Sacras* y *Rimas humanas y divinas*. Su poesía es emotiva, sincera y de tono humano, con los recursos característicos del barroco, pero atenuados. También compuso poesía **épica**, muy del gusto renacentista, con poemas como *La hermosura de Angélica* y el poema épico burlesco *La Gatomaquia.*

Como narrador, Lope cultivó la **novela corta** de tipo cervantino, la novela **bizantina** (*El peregrino en su patria*), la novela **pastoril** (*La Arcadia*), de tono más realista de lo habitual, y sobre todo, novela dialogada (*La Dorotea*), que recrea sus amores juveniles desde la madurez.

El teatro de Lope de Vega

A finales del siglo XVI, Lope de Vega inició un teatro más **sencillo** que el anterior, que se amoldaba al **gusto del público** y daba **agilidad a la representación**. Esa nueva forma teatral se denominó «**comedia nueva**».

La creación dramática es la fundamental dentro de la obra de Lope, porque creó un teatro que conectó con el público de su tiempo y marcó los caminos del teatro posterior. Su obra supone la culminación de todos los intentos anteriores de hacer un teatro moderno, y marca de tal forma la historia del género que puede distinguirse entre el teatro anterior a Lope y el posterior. Su capacidad creadora fue asombrosa; parece que escribió unas mil quinientas obras, de las que se conservan unas cuatrocientas. Algunas de ellas, según confesión del propio autor, fueron escritas en menos de un día; por eso no es de extrañar que, en su época, lo calificaran como «monstruo de la naturaleza».

La comedia nueva

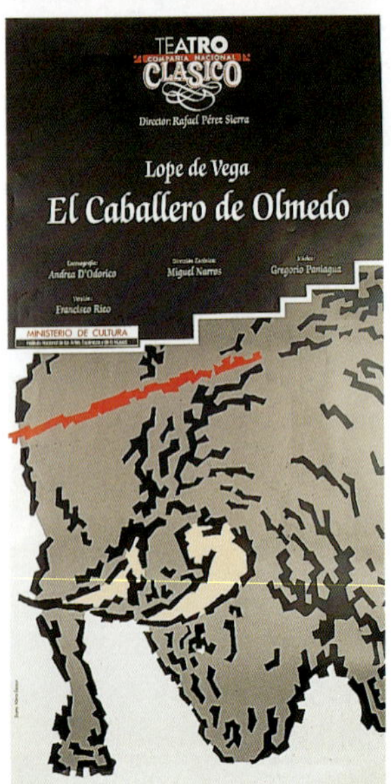

Si bien las obras de Lope de Vega han sido, en algunos casos, adaptadas por autores contemporáneos, el teatro clásico sigue contando con numerosas compañías. Carteles de representaciones de la Compañía Nacional de Teatro Clásico.

La comedia nueva, la forma dramática creada por Lope de Vega, presenta numerosas **innovaciones** respecto al teatro anterior: abandona las «unidades clásicas», tiene tres actos, mezcla lo trágico y lo cómico, incorpora la figura del gracioso y escenas líricas, etc. Lope expuso sus ideas sobre el teatro en su obra *Arte nuevo de hacer comedias*, publicada en 1609.

Lope era consciente de que su teatro tenía como objetivo gustar al público, y para conseguirlo debía abandonar las rígidas normas clásicas (los «preceptos»):

> Y cuando he de escribir una comedia,
> encierro los preceptos con seis llaves,
> saco a Terencio* y Plauto* de mi estudio
> para que no me den voces, [...]
> y escribo por el arte que inventaron
> los que el vulgar aplauso pretendieron;
> porque, como los paga el vulgo, es justo
> hablarle en necio para darle gusto.

*Escritores latinos.

La nueva fórmula de Lope alcanzó un gran éxito y quedó fijada como norma de todo el teatro del siglo XVII. La renovación se basa en la **ruptura con las normas clásicas**, es decir:

- **Rechazo de las «tres unidades».** Según Aristóteles y los renacentistas, la obra dramática debía reflejar las unidades de **lugar, tiempo y acción**, esto es, tenía que desarrollarse en un único espacio/decorado, en un tiempo máximo de un día y debía exponer un único conflicto o tema. Lope decide acabar con las restricciones que esta tradición clásica imponía a la obra dra-

Ya en la vejez, Lope sufrió una crisis espiritual que lo llevó a ordenarse sacerdote. Hombre de arrebatos y profundas pasiones, vivió cristianamente, a su peculiar modo, hasta su muerte, en 1635. El cuadro de Suárez de Llanos representa el multitudinario entierro de Lope de Vega.

mática y hace todos los cambios que considera que serían del gusto del público. Así, respecto al lugar, introduce numerosos escenarios que aportan dinamismo y vistosidad al espectáculo, y en cuanto al tiempo, lo alarga todo lo que le conviene, ya que le gustaba incluir numerosos incidentes que no parecería verosímil que sucedieran en el margen de un día. La **unidad de acción** es la más respetada por Lope, aunque, en general, junto a la acción principal establece una secundaria que le sirve de contraste. Así ocurre, por ejemplo, en muchas de sus obras que muestran una acción principal entre dama y caballero y una secundaria entre criada y criado. La variedad de personajes, serios o desenfadados, añadía contraste y animación a la representación.

La obra se presenta en tres actos, en lugar de los cinco actos –a veces, cuatro– de la literatura clásica. La comedia de Lope acoge esta innovación, puesta en práctica por algunas compañías italianas y valencianas que conoció durante su destierro, porque agilizaba la representación. A grandes rasgos, los actos corresponden a la *exposición*, el *nudo* y el *desenlace* del argumento, aunque aconseja que hasta la mitad del tercer acto «apenas juzgue nadie en lo que para», esto es, que nadie pueda prever el final.

Mezcla de lo trágico y lo cómico. Frente a la tajante división clásica, que imponía tonos absolutamente diferenciados a la tragedia (seria, grave y majestuosa) y la comedia (vulgar y exclusivamente cómica), en el teatro de Lope de Vega se mezclan tonos y ambientes diferentes.

▶ **Uso de diferentes tipos de versos**, es decir, **polimetría**. La obra de Lope está escrita exclusivamente en verso. Predomina el octosílabo, si bien hay una muestra abundante de otros metros: romances, sonetos, décimas...

Además de estas normas que rompen el esquema clasicista, en el *Arte nuevo de hacer comedias*, Lope da una serie de consejos sobre el lenguaje, los personajes y los temas.

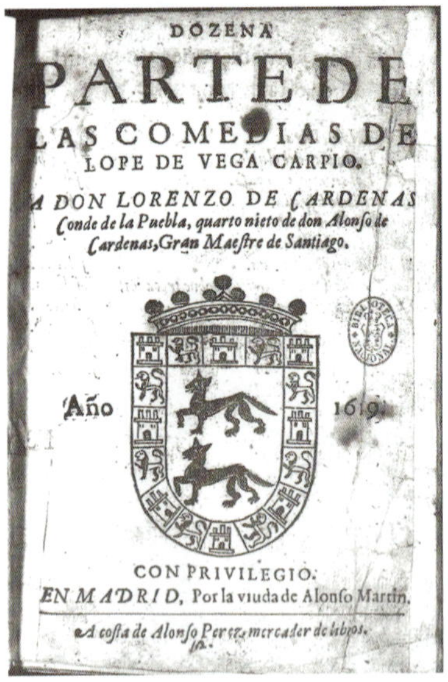

Portadilla de la «Parte XII» de las comedias de Lope de Vega.

▶ **El decoro** es la adecuación entre el tipo de personaje y su forma de hablar. Cada personaje debe usar un lenguaje que lo caracterice, y que dé verosimilitud y variedad a la obra.

▶ **La figura del gracioso** o **donaire** aparece habitualmente en el teatro de Lope. Se trata de un personaje que proviene de la evolución y profundización del bobo de Lope de Rueda, y a veces alcanza bastante complejidad.

▶ **Intercalación de elementos líricos.** Canciones y bailes animan y dan colorido y vistosidad al espectáculo, algo muy apreciado por el público del momento.

Temas del teatro de Lope de Vega

Lope de Vega defendía la libertad en la elección de temas, y su teatro presenta una temática variada: religiosa, histórico-legendaria, de enredo..., pero el autor opinaba que los temas que más conmovían al público eran los conflictos de **honra y honor**.

Según los temas, las obras de Lope se clasifican en los siguientes grupos:

▶ **El tema religioso.** Aparece en autos sacramentales y en comedias. Algunas dramatizan vidas de santos y otras recogen leyendas de origen medieval. También escribe dramas de inspiración bíblica.

▶ **Las comedias de historia** y **leyendas españolas.** Muchas se ambientan en la Edad Media y están basadas en asuntos que toma de las crónicas, leyendas, romances y canciones, como *El caballero de Olmedo.* Aquí se incluyen también los **dramas del poder injusto**, es decir, aquellos que plantean conflictos entre el pueblo y la nobleza. En los casos en que el pueblo se enfrenta o se venga de un noble tirano, el rey acaba dando la razón al villano o a la colectividad que se ha sentido ofendida en su honor. Es lo que ocurre, por ejemplo, en *Peribáñez y el comendador de Ocaña* y en *Fuente Ovejuna.* En ambas obras, la figura del rey queda fortalecida y este es aclamado por el pueblo, porque representa la justicia frente al abuso feudal de algunos nobles. En este sentido, la comedia de Lope cumple la función social de apuntalar la monarquía absoluta frente al poder de algunos nobles indignos (no de la nobleza). En ningún caso se cuestiona la figura del monarca, ya que, cuando es el rey quien representa el poder injusto y abusa de su poder, la ofensa queda sin venganza, como ocurre, por ejemplo, en *La Estrella de Sevilla*.

▶ **Las comedias contemporáneas de amor y enredo.** Son obras llenas de equívocos e intrigas que se sitúan en ambientes rurales o urbanos de la época y que giran en torno al tema amoroso, con alcahuetas, muchachas que se disfrazan de hombres, visitas inesperadas, encuentros fortuitos, fiestas o romerías... Suelen tener un tono desenfadado y un final feliz. Destacan *El acero de Madrid*, *El perro del hortelano* y *La dama boba*.

Los personajes del teatro de Lope de Vega

En la obra de Lope de Vega se suelen repetir unos personajes que **se definen por su forma de actuar**, no por su forma de ser, y se convierten en **modelos sociales**: el rey, el caballero –o el villano–, el galán, la dama, el gracioso y la criada.

En general, en el teatro de Lope de Vega los personajes no están muy matizados psicológicamente ni representan grandes pasiones o ideas, como ocurre en el teatro de Shakespeare, en el de Molière y en el de Calderón de la Barca. Sin embargo, en el conjunto de su obra se repiten una serie de personajes-tipo que aparecen con idéntica función dramática. Los más habituales son los siguientes:

- **El rey**, que representa el poder, es quien restablece el orden y apoya la justicia en los conflictos sociales.
- **El noble poderoso** (príncipe, capitán, comendador), orgulloso de su linaje, suele ser antagonista cuando abusa de su poder y provoca el conflicto con sus vasallos. En esas situaciones, los vasallos reclaman justicia al rey o se vengan del noble.
- **El caballero o hidalgo** que mantiene el orden familiar. Aparece como padre, hermano o esposo que vela por el honor y la honra de la familia. Suele ser el protagonista de las comedias de honor. En ciertas obras de ambiente rural, este papel lo cumple el **villano**, el hombre del pueblo que representa la honradez y el sentido moral.
- **El galán y la dama**, la pareja de jóvenes enamorados, son siempre de un mismo grupo social. En general, el galán es un hidalgo o noble que se caracteriza por su generosidad, valentía y atractivo, una figura clave de muchas comedias de enredo. La dama es bella y, sobre todo, lista: con su astucia logra vencer los obstáculos que se interponen entre ella y su galán.
- **El gracioso y la criada.** El gracioso acompaña al galán como criado, amigo o confidente, y es su contrapunto: cobarde y materialista. Su ingenio da un tono distendido a las escenas más tensas, y a veces sorprende por su sensatez. A menudo vive una historia amorosa paralela a la del galán.

La criada de la dama suele ser también su confidente y hace de puente entre dama y galán, llevando cartas y dando información. Muchas veces vive su historia amorosa, paralela a la de los señores, con el criado del galán (que suele ser el gracioso). A veces, este papel lo cumple una amiga de la dama o una dueña (o señora), que puede actuar también como «gracioso».

La escuela de Lope de Vega

Tras el éxito de la comedia nueva de Lope, numerosos escritores siguieron su modelo teatral. Destacan Guillén de Castro, que recoge temas del romancero (*El conde Alarcos*); Juan Ruiz de Alarcón, con comedias de tono moral (*La verdad sospechosa*), y **Tirso de Molina**, excelente autor de comedias de enredo, donde muestra su habilidad en la creación de personajes, como las protagonistas de *La prudencia en la mujer* y de *Don Gil de las calzas verdes*, o la figura del don Juan en *El burlador de Sevilla*.

Actividades

Peribáñez y el comendador de Ocaña, de Lope de Vega

En una aldea se celebra una boda campesina; los esposados son el labrador Peribáñez y la hermosa Casilda. En la calma y lirismo del ambiente rural, irrumpen las tropas que deben alojarse en las casas del pueblo. El comendador queda prendado de Casilda y, deseoso de ganarse la amistad de Peribáñez, le hace algunos regalos. Al mismo tiempo, consigue que su lacayo entre al servicio de Peribáñez disfrazado de segador. El comendador, por orden del rey, recluta cien hombres para luchar contra los moros en la guerra de Granada, y nombra a Peribáñez capitán de la compañía de labradores. Cuando han marchado los hidalgos y labradores a la lucha, el comendador entra a traición en casa de Peribáñez, pero este, que desconfía, ha vuelto en plena noche y sorprende al comendador intentando violar a Casilda, tras lo cual mata al comendador. El rey pone precio a la cabeza de Peribáñez, quien, voluntariamente, se presenta ante el monarca para que imparta justicia.

El fragmento de la página siguiente recoge la escena final de la obra, entre Peribáñez y los reyes. En este texto queda reflejado el tipo de monarca característico del teatro de Lope de Vega y también el final feliz, muy común en el conjunto de su obra.

1. Realizad una lectura dramatizada del fragmento.

2. Analizad cómo está caracterizada la figura del rey en su presentación.
   - ¿Parece fácil o difícil que un labrador acceda al monarca? Para responder a esta pregunta, observad cómo el paje anuncia a Peribáñez y cómo reacciona el rey. ¿Parece algo inusitado o algo normal? La primera reacción del rey al oír el nombre de Peribáñez es ordenar su muerte. Pero, ¿qué personajes y qué argumento lo hacen recapacitar?

3. Cuando Peribáñez relata su historia, ¿qué rasgos destaca de su persona y de Casilda? ¿Con qué palabras alude al tema del conflicto? ¿Es un tema habitual en Lope de Vega? Observad la metáfora que usa Peribáñez para describir la escena en que el comendador intenta forzar a Casilda, ¿creéis que podía ser entendida fácilmente por el público mayoritario, o es más bien culteranista o conceptista?

4. La reacción de los reyes en este fragmento es representativa del teatro de Lope de Vega. Eso lo hizo muy popular entre los villanos y, a la vez, contribuía a dar una visión positiva de la monarquía.
   - ¿El rey acepta que un hombre humilde aprecie su honra y su fama? ¿Lo encuentra normal?
   - Cuando el rey perdona la vida a Peribáñez, ¿cómo califica su propia decisión?

5. Observad la figura de la reina. Suma los rasgos del monarca más los tópicos de la femineidad. ¿Cómo reacciona ante el relato de Peribáñez? ¿Qué le regala a Casilda?

6. Comprobad si los personajes que aparecen en este fragmento responden a los modelos habituales en Lope de Vega, a los personajes-tipo que se han señalado en esta unidad.

7. Diversas comedias de Lope de Vega se han llevado al cine. La versión más celebrada es la película *El perro del hortelano*, dirigida por Pilar Miró en 1995. Reunid información sobre ella. Si es posible, visionad la película y comentadla en clase.

Una representación de *Peribáñez y el comendador de Ocaña* en la Plaza Mayor de Ocaña.

ESCENA XXVI

Galería del Alcázar de Toledo.

UN PAJE (*Al* REY.)
Aquí dice un labrador
que le importa hablar contigo.

EL REY DON ENRIQUE
Señora, tomemos sillas.

CONDESTABLE
Este algún aviso es.

ESCENA XXVII

Peribáñez, todo de labrador con capa larga, y su mujer.

PERIBÁÑEZ
Dame, gran señor, tus pies.

EL REY
Habla, y no estés de rodillas.

PERIBÁÑEZ
¿Cómo, señor, puedo hablar,
si me ha faltado la habla
turbados los sentidos
después que miré tu cara?
Pero siéndome forzoso,
con la justa confianza
que tengo de tu justicia,
comienzo tales palabras.
Yo soy Peribáñez.

EL REY
¿Quién?

PERIBÁÑEZ
Peribáñez el de Ocaña.

EL REY
Matadle, guardas, matadle.

LA REINA
No en mis ojos. Teneos, guardas.

EL REY
Tened respeto a la reina.

PERIBÁÑEZ
Pues ya que matarme mandas,
¿no me oirás siquiera, Enrique,
pues Justiciero te llaman?

LA REINA
Bien dice: oídle, señor.

EL REY
Bien decís; no me acordaba
que las partes se han de oír,
y más cuando son tan flacas.
Prosigue.

PERIBÁÑEZ
Yo soy un hombre,
aunque de villana casta,
limpio de sangre, y jamás
de hebrea o mora manchada.
Fui el mejor de mis iguales,
y en cuantas cosas trataban
me dieron primero voto,
y truje seis años vara.
Caséme con la que ves,
también limpia, aunque villana;
virtuosa, si la ha visto
la envidia asida a la fama.
El comendador Fadrique,
de vuesa villa de Ocaña
señor y comendador,
dio, como mozo, en amarla. [...]
Diome un par de mulas buenas...
más no tan buenas que sacan
este carro de mi honra
de los lodos de mi infamia.
Con esto intentó una noche
que ausente de Ocaña estaba,
forzar mi mujer, mas fuese
con la esperanza burlada. [...]
Vine yo, súpelo todo,
y de las paredes bajas
quité las armas, que al toro
pudieran servir de capa.
Advertí mejor su intento;
mas llamóme una mañana,
y díjome que tenía
de vuestras altezas cartas
para que con gente alguna
les sirviese esta jornada [...]
Con nombre de capitán
salí con ellos de Ocaña
y como vi que de noche
era mi deshonra clara,
en una yegua a las diez
de vuelta en mi casa estaba, [...]
Hallé mis puertas rompidas
y mi mujer destocada
como corderilla simple
que está del lobo en las garras.
Dio voces, llegué, saqué
la misma daga y espada
que ceñí para servirte,
no para tan triste hazaña;
paséle el pecho,
dejó la cordera blanca,
porque yo, como pastor,
supe del lobo quitarla.
Vine a Toledo,
y hallé que por mi cabeza daban mil
escudos
y así quise que mi Casilda me traiga.
Hazle esta merced, señor;
que es quien agora la gana,
porque vïuda de mí,
no pierda prenda tan alta.

EL REY
¿Qué os parece?

LA REINA
Que he llorado,
que es la respuesta que basta
para ver que no es delito
sino valor.

EL REY
¡Cosa extraña!
¡Que un labrador tan humilde
estime tanto su fama!
¡Vive Dios, que no es razón
matarle! Yo le hago gracia
de la vida... Mas ¿qué digo?
Esto justicia se llama,
y a un hombre deste valor
le quiero en esta jornada
por capitán de la gente misma
que sacó de Ocaña.
Den a su mujer la renta,
y cúmplase mi palabra
y después de esta ocasión,
para la defensa y guarda
de su persona, le doy
licencia de traer armas
defensivas y ofensivas.

PERIBÁÑEZ
Con razón todos te llaman
don Enrique, el Justiciero.

LA REINA
A vos, labradora honrada,
os mando de mis vestidos
cuatro, porque andéis con galas
siendo mujer de soldado.

PERIBÁÑEZ
Senado, con esto acaba
la tragicomedia insigne
del *Comendador de Ocaña*.

Calderón de la Barca (1600-1681)

Calderón de la Barca es, con Lope de Vega, una de las dos figuras cumbre del teatro español. Su obra ha sido objeto –según las épocas– de encendidos elogios y de radicales censuras.

Vida

Pedro Calderón de la Barca, personaje que dedicó la mayor parte de su vida a escribir, fue un hombre reflexivo, cuya biografía contrasta con la de Lope de Vega. Nació en Madrid, en una familia hidalga, estudió en los jesuitas y en las universidades de Alcalá y Salamanca, y cursó, además, estudios eclesiásticos. Hacia 1623 empezó a estrenar comedias, y Felipe IV lo convirtió en el dramaturgo oficial de la corte. Participó como capitán en la guerra de Cataluña, pero abandonó la actividad militar para dedicarse de lleno a la escritura. En 1651 se ordenó sacerdote y se retiró a Toledo como capellán, pero unos años más tarde, en 1663, el rey lo nombró su capellán y volvió a la corte.

El teatro de Calderón de la Barca

Calderón refleja una visión del mundo muy propia del Barroco, **pesimista** y **conservadora**: la vida es pura vanidad, un *sueño* del que despertaremos al morir, y el mundo es el *teatro* en el que *actuamos* según el papel que nos ha adjudicado el *Autor-Dios.* Es un teatro **culto**, que plantea **temas profundos** mediante personajes **simbólicos** y que revela una cuidada **elaboración** en la trama y el estilo.

Calderón parte de la fórmula de Lope de Vega, pero evoluciona claramente en una dirección, al suprimir lo secundario y profundizar en el esquema central de la obra: la elaboración de la trama, el tema y los personajes. Para ello elimina las escenas innecesarias; subordina todos los personajes a uno principal, en el que ahonda magistralmente, y reduce los motivos o temas de las obras. En casi todas las piezas de Calderón se plantea un único tema, y encontramos un personaje protagonista que destaca claramente; todos los subtemas y el resto de los personajes quedan en segundo plano, a veces formando parejas contrarias o complementarias, ya que la estructura de la obra está muy bien trabada. El teatro de Calderón **evoluciona** en este proceso de **esquematización**. Así, mientras que en sus primeras obras sigue el modelo de la comedia de Lope, después va haciendo un teatro cada vez más de **ideas** y de **símbolos**.

Por otra parte, Calderón de la Barca nunca criticó la sociedad de su tiempo ni los valores sociales o morales imperantes. Esta visión del mundo suele expresarse en su teatro a través de argumentaciones rigurosas que muestran su formación filosófica y teológica.

- El **lenguaje** de Calderón es típico del Barroco: conceptista y culterano; abundan las metáforas difíciles, las antítesis, las elipsis, las paradojas... En conjunto, es un **estilo culto** y **minoritario**, aunque en las obras costumbristas, que siguen el modelo de Lope, el lenguaje es más sencillo.

- Los **personajes** del teatro de Calderón están **muy elaborados** y los protagonistas a veces cobran una dimensión simbólica. Así ocurre con Segismundo en *La vida es sueño*, que representa la duda barroca sobre la realidad, y con Pedro Crespo en *El alcalde de Zalamea*, que encarna el sentimiento del honor.

- La **escenografía** también contribuyó al éxito del teatro calderoniano. Introdujo numerosas innovaciones espectaculares, ya que disponía de los recursos del teatro cortesano. En algunas de sus obras participaron ingenieros y otros especialistas que lograron puestas en escena brillantísimas.

Representación de *El alcalde de Zalamea*, de Calderón, por la Compañía Nacional de Teatro Clásico, dirigida por José Luis Alonso, en el año 1988.

Los temas del teatro de Calderón

Los temas más característicos de Calderón son los **filosóficos** y los **teológicos**. Pero también intensifica los conceptos de **monarquía** y **honor**, característicos del teatro de Lope, y crea magníficas comedias de **enredo** o de **capa y espada**.

El teatro de Calderón a menudo plantea temas filosóficos de gran profundidad; en él desarrolla un razonamiento escolástico (lógico) que revela su sólida formación filosófica con los jesuitas. En el tema del **honor**, Calderón se mueve dentro de unos esquemas fundamentalistas, a veces inhumanos, ya que, por ejemplo, la mera sospecha de infidelidad le parece motivo que justifique la muerte de una mujer. Este rígido código del honor y la honra aparece en los **dramas de honor y celos**, como *El médico de su honra*. En la obra de Calderón también encontramos otros temas típicos de la época, históricos, mitológicos, costumbristas, religiosos...

Atendiendo a los temas, las obras de Calderón se clasifican en los siguientes grupos:

- **Dramas religiosos**, como *La devoción de la Cruz*, sobre un bandolero devoto de Jesús; *El esclavo del demonio*, en que un estudiante vende su alma al diablo, etc.

- **Comedias contemporáneas de enredo** o **de capa y espada**, como *Casa con dos puertas, mala es de guardar* o *La dama duende*. Son las obras más numerosas, aunque no las más conocidas. Destaca la habilidad en la creación de la trama, siguiendo el modelo de Lope de Vega, con equívocos, personajes-tipo, etc.

- **Dramas mitológicos**, como *La hija del aire* y *Eco y Narciso*. En ellos, el lenguaje es más culto.

En *El médico de su honra*, Calderón aplica un código caballeresco al honor conyugal. Escena de una representación de esta obra dirigida por Adolfo Marsillach.

Representación de *La vida es sueño* en versión de José Sanchis Sinisterra y dirigida por Ariel García Valdés.

Dramas de honor y celos. En algunos aparecen motivos históricos legendarios. Es el caso de *La niña de Gómez Arias*, que trata el tema de la muchacha engañada que es vendida como esclava, y acaba con la muerte del burlador, Gómez Arias. Otro drama de honor y celos es *El alcalde de Zalamea*, que recoge un tema tratado por Lope: el sentido del honor de un labriego, Pedro Crespo, alcalde de Zalamea, que mata al noble que ha violado a su hija. El rey perdona al labrador y lo nombra alcalde perpetuo.

En algunos dramas de honor y celos aparece con gran intensidad el sentido trágico de Calderón. El conflicto entre el deber, impuesto por el código del honor calderoniano, y el individuo que debe ejecutarlo se plantea con tintes trágicos en obras como *El médico de su honra*, *El pintor de su deshonra* y *El mayor monstruo, los celos*.

Dramas filosóficos, como ***La vida es sueño***, sin duda la mejor de sus obras. Esta obra se basa en una anécdota tradicional, que en realidad es la excusa que permite a Calderón manifestar su angustia metafísica sobre un tema barroco: la vida es como un sueño, una ficción que puede desvanecerse en cualquier momento. La obra plantea el conflicto entre libertad y destino, pero también aparecen otros motivos: el honor, el contraste entre realidad y apariencia, el poder y la monarquía.

Autos sacramentales. En estas obras es donde mejor desarrolla Calderón su pensamiento filosófico y teológico, pues muestran toda su capacidad de reflexión y razonamiento escolástico. Destacan *El gran teatro del mundo*, *El gran mercado del mundo* y *La vida es sueño*, basado en el drama del mismo título.

La escuela de Calderón

Al igual que ocurre con Lope de Vega, Calderón fue el modelo para otros autores que siguieron la tendencia de simplificación de la trama y profundización en temas y personajes. Destacan, entre ellos, Francisco de Rojas Zorrilla y Agustín Moreto.

COMENTARIO

La vida es sueño, de Calderón de la Barca

La vida es sueño expone un conflicto centrado en Segismundo. Este es el joven príncipe de Polonia, quien ha sido encarcelado desde su nacimiento para que no pueda cumplirse un augurio que profetiza que derrocará a su padre, el rey Basilio. Segismundo vive aislado y solo conoce a su viejo ayo, Clotaldo. Cuando ya es un adulto, lo anestesian y lo llevan a palacio, ya que su padre tiene remordimientos y quiere saber cómo actúa su hijo en sociedad. El príncipe se muestra cruel y soberbio, y narcotizado de nuevo, es devuelto a su cautiverio. Al despertar, cree que todo ha sido un sueño. Por diversas circunstancias, el pueblo conoce la situación de su príncipe legítimo y se rebela. Segismundo ve cumplirse el augurio, su padre está postrado a sus pies esperando un castigo, pero el príncipe perdona al rey.

(Descúbrese SEGISMUNDO *con una cadena, vestido de pieles.)*

SEGISMUNDO:
¡Ay, mísero de mí! ¡Y, ay, infelice!
Apurar[1], cielos, pretendo,
ya que me tratáis así,
qué delito cometí
contra vosotros naciendo;
aunque si nací, ya entiendo
qué delito he cometido.
Bastante causa ha tenido
vuestra justicia[2] y rigor;
pues el delito mayor
del hombre es haber nacido.

Solo quisiera saber,
para apurar[3] mis desvelos
(dejando a una parte, cielos,
el delito de nacer),
qué más os pude ofender
para castigarme más.
¿No nacieron los demás?
Pues si los demás nacieron,
¿qué privilegios tuvieron
que yo no gocé jamás?

Nace el ave, y con las galas
que le dan belleza suma,
apenas es flor de pluma,
o ramillete con alas,
cuando las etéreas salas[4]
corta con velocidad,
negándose a la piedad
del nido que deja en calma:
¿y teniendo yo más alma
tengo menos libertad?

Nace el bruto, y con la piel
que dibuja manchas bellas
apenas signo es de estrellas,
gracias al docto pincel,
cuando, atrevido y cruel
la humana necesidad
le enseña a tener crueldad,
monstruo de su laberinto[5].
¿Y yo con mejor distinto[6]
tengo menos libertad?

Nace el pez que no respira,
aborto de ovas y lamas[7],
y apenas bajel de escamas
sobre las ondas se mira,
cuando a todas partes gira,
midiendo la inmensidad
de tanta capacidad
como le da el centro frío[8];
¿y yo con más albedrío
tengo menos libertad?

Nace el arroyo culebra
que entre flores se desata,
y apenas, sierpe de plata,
entre las flores se quiebra,
cuando músico celebra
de las flores la piedad
que le dan la majestad,
el campo abierto a su ida;
¿y teniendo yo más vida
tengo menos libertad?

En llegando a esta pasión[9],
un volcán, un Etna hecho,
quisiera sacar del pecho
pedazos del corazón.
¿Qué ley, justicia o razón
negar a los hombres sabe
privilegio tan süave[10],
excepción[11] tan principal
que Dios le ha dado a un cristal[12],
a un pez, a un bruto y a un ave?

1. **apurar:** averiguar.
2. **justicia:** de los cielos.
3. **apurar:** acabar.
4. **etéreas salas:** el espacio, el firmamento.
5. **monstruo de su laberinto:** alude al minotauro; según la mitología, un hombre-toro encerrado en el laberinto de Creta.
6. **distinto:** instinto.
7. **ovas y lamas:** huevas y algas.
8. **frío:** el lugar más profundo del mar.
9. **en llegando a esta pasión:** cuando me apasiono tanto.
10. **süave:** dulce, grato.
11. **excepción:** derecho, privilegio.
12. **cristal:** agua, arroyo.

Localización

1. Señala los rasgos generales del teatro barroco y las características del teatro de Calderón: personajes, temas...

2. Clasifica *La vida es sueño* teniendo en cuenta el tema de la obra.

Análisis del contenido y de la expresión

3. El texto es un conocido monólogo en el que Segismundo se lamenta de su cautiverio, que encontramos en la segunda escena del primer acto. Por tanto estamos en la presentación o planteamiento del drama.

- Preparad y realizad una lectura expresiva del poema, distribuyendo las diferentes estrofas entre siete personas.
- ¿Cuál es el tema? ¿Cuál es la palabra, repetida en el texto, que expresa el tema?

4. El fragmento, en conjunto, es un lamento por la falta de libertad, que se desarrolla en tres partes, en forma de argumentación:

a) Búsqueda de la razón de su desdicha.
b) Ejemplos de seres libres en el mundo.
c) Generalización de la libertad como derecho del ser humano.

- En grupos de dos o tres personas, señalad los versos que corresponden a cada parte. ¿La idea final queda más justificada si aparece como conclusión de lo anterior?

5. El punto de partida del razonamiento lo recogen los versos 15 y 16: el delito del hombre es haber nacido (pues, según la visión cristiana, se nace con el pecado original). ¿Qué plantea Segismundo a partir de ese tema (el nacimiento es un delito), si eso lo comparten todos los seres humanos?

6. En la parte en que alude a la libertad que se da en la naturaleza es donde predominan las metáforas (a partir del verso 23). Señala algunas de ellas.

7. La estructura de esas estrofas que se refieren a la naturaleza es paralelística. Cita los elementos que se repiten en cada una de ellas.

8. Todas estas estrofas acaban con una pregunta retórica cuyo segundo verso es idéntico. Anótala. ¿Refleja el tema del fragmento?

9. Junto a las metáforas y a la estructura paralelística, encontramos abundante léxico abstracto. Señala algunas palabras de este tipo. ¿Con qué estilo barroco está relacionado el uso de este léxico?

10. La última décima sintetiza lo anterior y aporta la conclusión del razonamiento. Resume las ideas de este fragmento empleando un registro sencillo.

Valoración y creación

11. Observa que el fragmento expresa a la vez apasionamiento y lógica. La pasión se manifiesta en las exageraciones, interrogaciones... La lógica, en el esquema, en la estructuración de las ideas.

- ¿Te parece este fragmento un texto representativo del barroco? Justifica tu respuesta con dos argumentos.
- Vierte a un lenguaje sencillo y actual el contenido del fragmento.

12. El texto plantea el tema de la libertad. ¿Es un tema que tiene un interés general y actual, más allá del argumento de la obra? Preparad un breve debate sobre el tema que plantea Calderón en esta obra: ¿somos libres o nuestro destino está predeterminado?, ¿es legítimo privar a alguien de su libertad para evitar posibles desgracias que han sido anunciadas?, ¿qué otros desenlaces podría tener la obra?

Cartel de la versión escrita y dirigida por Calixto Bieito en la temporada del 2000 con la Compañía Nacional de Teatro Clásico.

GUÍA DE LECTURA *El caballero de Olmedo*, de Lope de Vega

Introducción

El caballero de Olmedo (1620) refleja la madurez técnica y vital de Lope de Vega, que crea el drama a partir de una breve **cancioncilla** muy conocida en la época, llena de misterio y basada en un suceso real:

Que de noche le mataron
al caballero,
la gala de Medina,
la flor de Olmedo.

La obra

Si la cancioncilla era tan popular, debemos suponer que el público conocía el desenlace del drama: la muerte del caballero. Lope se encontraría, así, escribiendo una pieza en la que no podía jugar con la intriga para mantener el interés. Lo que hace el autor es presentar esa muerte como un **destino** ineludible; primero mediante alusiones esporádicas, y hacia el final, con una insistencia estremecedora.

Tema. La obra recoge la muerte de don Alonso a manos de su rival amoroso, don Rodrigo. El móvil del crimen son la **envidia** y los **celos**. Así pues, el drama entrelaza una serie de motivos: **amor-muerte-destino**.

Estructura. La obra está estructurada en **tres actos**, pero, por el tono, podemos señalar dos grandes partes: la primera parte, alegre, festiva y vitalista (acto I, acto II y comienzo del acto III), contrasta fuertemente con el tono sombrío, trágico y mortuorio del final.

Tragedia y comedia. Ni el tono, ni el planteamiento, ni los personajes de la obra concuerdan con el concepto clásico de la tragedia, aunque el aliento trágico recorre toda la obra y se va intensificando.

La sombra de *La Celestina*. La influencia de *La Celestina* se muestra en el personaje de Fabia y en algunas alusiones a Melibea y Sempronio. Lope rinde un **homenaje a Fernando de Rojas**, pero su mundo es más inocente: no hay rufianes ni prostitutas, ni enfrentamiento entre el mundo de los criados y el de sus amos. En Fabia pesa sobre todo la comicidad y su papel de intermediaria aparece frecuentemente en Lope, interpretado por la criada de la dama, sin connotaciones de alcahuetería o brujería. Esta función de intermediaria estaba, además, socialmente aceptada: no estaba mal vista si el fin era el matrimonio.

Estudio de la obra. Cuestiones

Primer acto

1. La obra se inicia con un monólogo del protagonista, don Alonso. ¿Qué visión tiene del amor? Para él, ¿el amor es sinónimo de vida o sinónimo de muerte?

2. El romance (vv. 75-182) hace un retrato de la amada y narra el primer encuentro entre don Alonso e Inés. Señala los rasgos físicos de Inés. ¿Hay en este poema alguna alusión a la muerte?

3. Analiza el significado de los versos 151-154 y de los versos 176 y 177. ¿Caracterizan al protagonista estas declaraciones? ¿Son importantes para el desarrollo del drama?

4. El fragmento que va hasta la escena siguiente es una verdadera parodia de *La Celestina*, una especie de guiño cómplice que Lope haría al público más culto. ¿Qué promete don Alonso al final del romance? ¿Qué ofrece Fabia a Tello por su colaboración en el asunto amoroso? ¿Es paralelo al inicio de *La Celestina*?

5. En la escena tercera aparecen Inés y Leonor. ¿Qué ha impresionado a Inés del físico del *forastero*? ¿Qué siente hacia don Rodrigo?

6. Cuando entra Fabia, ¿qué recurso usa para granjearse la simpatía de las hermanas?, ¿qué argumentos expone para convencer a Inés de la bondad del amor? ¿La engaña? Compara este fragmento con la primera entrevista entre Celestina y Melibea, pero recuerda que Inés ya ha declarado su enamoramiento antes de que entre Fabia.

7. Cuando aparece don Rodrigo, manifiesta la relación que hay entre él e Inés (vv. 426-429). Más tarde nos da su visión del amor (vv. 461-490), en tres décimas, igual que al inicio de la obra ha hecho don Alonso. ¿Qué es el amor para don Rodrigo? ¿Con qué lo identifica? Resume las ideas del fragmento.

8. El soneto que lee Inés refleja la misma visión que el romance ya comentado (vv. 75-182). Aquí empieza el malentendido del *listón*. Resume esta anécdota.

Observa que el acto se cierra con los dos últimos versos de la canción. El público recordaría los dos primeros, que contrastan con el tono de este primer acto.

Segundo acto

El acto segundo se inicia con un juego de palabras que identifica la ausencia de la amada con la muerte (vv. 888-889). Lo mismo ocurre con la alusión a Leandro (v. 920), quien, según la mitología, cruzaba a nado el Helesponto cada noche para verse con su amada Hero, hasta que una noche se ahogó. La alusión intensifica esa línea trágica que recorre la obra, pero aquí aún predomina el tono esperanzado.

9. Cuando el padre de Inés propone a su hija casarse con don Rodrigo (v. 1 175), ¿qué le responde Inés? En la siguiente conversación entre Inés y Alonso, esta le explica la razón por la que ha mentido a su padre. ¿Coincide esta forma de actuar con la de las protagonistas de otras comedias de Lope?

10. En la escena entre don Rodrigo y don Fernando, el primero nos da una visión de don Alonso. ¿Cómo lo presenta? ¿Se empieza a anunciar el desenlace? Señala dónde se concreta. Comenta el verso 1 390: «Amor me desatina». Comprueba que la aparición de Fabia y Tello coincide con los momentos de comicidad y distensión (vv. 1 408-1 461). Se acentúa el tono de la comedia de enredo, con equívocos, simulaciones, engaños...

11. En la escena entre el rey don Juan y el condestable, este dice: «[...] dos provisiones / y entrambas notables son» (vv. 1 574-1 575). Estas dos cuestiones son las que caracterizan al rey; debemos pensar, por tanto, que el decreto sobre moros y judíos daba un carácter positivo al monarca, frente a un público formado mayoritariamente por «cristianos viejos». La combinación de un tema de estado con la alusión a don Alonso enaltece la figura del protagonista. Señala los versos en los que se recoge esta disposición real.

12. En el soliloquio que sigue, don Alonso habla del amor. Escribe un resumen de las ideas del fragmento (vv. 1 609-1 658).

13. El papel de criado, confidente y portador de cartas que representa Tello queda muy bien definido en la escena que comienza en el verso 1 658. Señala cómo consigue Tello cobrarse sus servicios.

14. El sueño que don Alonso explica a Tello (vv. 1 755-1 788) es digno de una visión freudiana. Resúmelo. ¿Qué papel cumple este sueño al cerrar el segundo acto?

Tercer acto

La primera escena muestra un ambiente festivo y el triunfo del caballero de Olmedo ante el pueblo. También recoge su deseo de casarse con Inés y la necesidad de ir a Olmedo esa noche, para que sus padres no sufran. Tras el diálogo cómico entre Tello y Fabia, el ambiente se tensa con la caída de don Rodrigo.

15. Analiza las intervenciones de don Rodrigo tras ser salvado por don Alonso. ¿Qué sentimientos expresa? (vv. 2 030-2 034 y 2 039-2 070).

16. En la despedida entre los enamorados, la intervención de Alonso está cargada de premoniciones, malos augurios y tristeza. A partir de aquí se irán intensificando estas sensaciones. Señala los elementos sombríos que aparecen en esta escena (vv. 2 176-2 225).

17. La escena de la muerte muestra una doble perspectiva. Los asesinos esperan, mientras Alonso va sombrío e inquieto, solo

Representación de *El caballero de Olmedo* por la Compañía Teatro Corsario, dirigida por Fernando Urdiales.

en la oscuridad, en un ambiente fantasmagórico. Enumera los elementos que aparecen como presagios de muerte (vv. 2342-2425).

18. ¿Qué significado tiene que don Rodrigo mate a Alonso con arma de fuego y no con espada?

19. Analiza las reflexiones del protagonista cuando está herido de muerte. ¿Qué rasgos de personaje positivo muestra?

20. Resume la reacción de Tello (vv. 2490-2497 y 2502-2506).

21. ¿El hecho de que don Pedro acepte que Inés se case con Alonso cuando el público sabe que éste ha muerto intensifica el dramatismo?

22. Comenta la intervención de Tello pidiendo justicia. ¿Qué función realiza aquí el personaje? ¿Es la que ha estado representando a lo largo de la obra?

Propuestas de trabajo

- Busca en Internet imágenes de los teatros del siglo XVII y comprueba cómo se distribuía el público, el tipo de escenario en el que se actuaba, el vestuario de los actores, etc.

- Uno de los «corrales» que mejor se conserva es el de Almagro (Ciudad Real), donde cada año se celebra un festival de teatro clásico. En grupos de tres o cuatro personas, buscad información sobre ello en Internet y acceded al sitio web del festival (*http://www.festivaldealmagro.com*). Elaborad un pequeño trabajo que incluya la imagen del teatro-corral, la historia y los orígenes del festival, las obras que se representaron en la última edición y las compañías que participaron. Investigad también si se representan con frecuencia obras de Lope de Vega y de Calderón de la Barca.

- En parejas, comprobad si *El caballero de Olmedo* sigue las normas que Lope de Vega expuso en el *Arte nuevo de hacer comedias*.

- En grupos de tres o cuatro personas, analizad los personajes principales y exponed vuestras conclusiones al resto de la clase. ¿Son personajes-tipo que representan un modelo de conducta?
  - Don Alonso. ¿Qué valores lo caracterizan? ¿Cómo lo ven los otros personajes? ¿Cuáles son sus inquietudes y temores al final de la obra? ¿Lo humanizan o lo rebajan? ¿Qué pretende de Leonor?
  - El antagonista, don Rodrigo. ¿Aparece como malvado desde el principio, o evoluciona a lo largo de la obra? ¿Intenta Lope hacernos comprensibles sus sentimientos?
  - Tello y Fabia. El primero muestra facetas muy diversas a lo largo del drama. A veces es solo el criado gracioso, cobarde, fanfarrón e interesado, pero se van descubriendo otros rasgos muy diferentes. Analiza esas facetas que le confiere Lope. Fabia cumple también varios papeles en la obra. Comenta su actuación y compárala con Celestina.
  - Inés, la protagonista femenina, es muy representativa de la *dama* del teatro de Lope. Desde su limitada posición en la sociedad del momento, ¿consigue actuar para que se cumplan sus deseos?
  - El rey. ¿Qué papel cumple en la obra? ¿Cuál es la función social del teatro de Lope de Vega?

- En parejas, preparad una breve exposición oral sobre uno de los siguientes temas:
  - El tema de la envidia y los celos como pecados nacionales. ¿Es un motivo esencial para el desarrollo del drama? ¿Recuerdas otras obras de teatro, películas o series de televisión en las que aparezca?
  - La muerte como destino trágico. ¿Cómo se hace patente: augurios, sueños, premoniciones...? Intensificación a lo largo del drama. ¿Cuáles son las representaciones más habituales de la muerte en la literatura?
  - Los elementos líricos que aparecen en la obra: soliloquios, canciones... ¿Qué función cumplen en el drama? ¿Qué perdería la obra sin estos elementos?

- Según el poeta Federico García Lorca, todo lo posterior a la muerte del protagonista es sobrante, es una concesión al público que pide justicia o venganza. Redacta un texto de unas diez líneas en el que argumentes tu opinión a favor o en contra de esta afirmación.

UNIDAD 5

La literatura del siglo XVIII

La gallina ciega, de Francisco de Goya. Museo del Prado, Madrid.

El **siglo XVIII** se inicia bajo la influencia de la **Ilustración**, movimiento **racionalista** que supone una revisión crítica de las ideas y los valores imperantes hasta entonces. El periodo es conocido también como el **Siglo de las Luces**.
Las ideas reformadoras triunfaron rápidamente en **Francia**, con pensadores como **Voltaire**, **Montesquieu** y **Rousseau**, y desde allí se expandieron al resto de Europa. Un excelente vehículo de **difusión** de las **ideas ilustradas** fue la ***Enciclopedia***, en la que los ilustrados franceses recogieron todos los conocimientos de la época.
En el terreno político, se justifica el **despotismo ilustrado**, es decir, un estado regido por un **monarca absoluto**, cuya función es proporcionar el bienestar a sus súbditos, pero sin contar con ellos. Los ilustrados consideraban que las reformas, impuestas desde el poder mediante leyes o decretos, conducían al **progreso** y que ello comportaría la justicia y la felicidad de los pueblos. Este sueño de la razón se quebró con la experiencia de la Revolución Francesa (1789).

MARCO HISTÓRICO Y CULTURAL

Sociedad y cultura

A pesar del movimiento crítico ilustrado, la sociedad del siglo XVIII, en esencia, es parecida a la del siglo anterior. En política, la **monarquía absoluta** se impone a la Iglesia; en lo social, aunque **crece la burguesía**, se mantienen los **privilegios** de la **nobleza** y el **clero**.

En el pensamiento se produce la mayor renovación: la cultura valora la **ciencia** y la **filosofía**, y se difunden las teorías sobre el **bienestar social**, el **humanitarismo** y el **deísmo**. Finalmente, se defiende un **arte** didáctico o «**utilitario**».

En general, en el siglo XVIII, los **reyes absolutos** culminan su dominio frente al poder eclesiástico. La Iglesia, que monopolizaba la enseñanza y poseía muchas propiedades, se oponía a las reformas educativas y económicas. Las luchas entre los poderes real y religioso fueron frecuentes en la época, y también las tensiones en el seno de la misma Iglesia; muestra de ello es, por ejemplo, la expulsión de los jesuitas de diversos países, entre ellos de España.

En algunas sociedades europeas, destaca como elemento diferenciador el crecimiento de la **burguesía** urbana, comercial e industrial. Este grupo social, más moderno y laico que la nobleza, que no tiene sus privilegios ni los de los eclesiásticos, en general apoya las reformas. Asimismo, en Inglaterra, con el inicio de la industrialización aparece el proletariado.

En el terreno de las **ideas**, el siglo XVIII es importante por el desarrollo de las **teorías sobre el bienestar social**, que aspiran a mejorar la organización social. En ese sentido, algunos descubrimientos científicos, como la vacuna y la máquina de vapor, contribuyeron a mejorar la calidad de vida. Comienza a manifestarse la preocupación social desde una perspectiva laica, que pretende desterrar el concepto de caridad y sustituirlo por el de **filantropía** o **humanitarismo**, es decir, el amor al ser humano.

La familia de Felipe V, de Louis-Michel van Loo. En el centro se encuentran el rey y su esposa, Isabel de Farnesio; a su derecha, su hijo, el príncipe de Asturias y futuro Fernando VI; a la derecha del cuadro se halla Carlos III, rey de Nápoles y desde 1759 rey de España.

En esa época, se llevaron a cabo muchas obras de urbanismo destinadas al embellecimiento de la villa y corte, construidas durante el reinado de Carlos III. *Fiesta en el Jardín Botánico*, de Luis Paret y Alcázar. Museo Lázaro Galiano, Madrid.

En el ámbito **religioso**, los ilustrados critican el poder de la Iglesia y los dogmas (creencias indemostrables). Algunos racionalistas expresan su postura desde la visión cristiana, otros defienden el **deísmo**, la idea de una divinidad o Ser Supremo, que puede manifestarse a través de cualquier religión; finalmente, los más radicales evolucionan hacia una visión materialista y atea. En conjunto, con la Ilustración se difunde una actitud tolerante hacia todas las creencias.

En el terreno **cultural**, los saberes fundamentales son la filosofía y la ciencia. Las artes, para los ilustrados, deben convertirse en vehículo de las nuevas ideas; su objetivo es ser útil a la sociedad, contribuir a su mejora y modernización, es lo que se conoce como **utilitarismo**. Las ideas del despotismo ilustrado se reflejan tanto en la concepción didáctica de la obra artística como en el importante papel que se concede a las instituciones públicas. Así, desde el poder se fundan y gestionan academias, teatros, museos, etc.

La estética. El neoclasicismo

El estilo del siglo XVIII es el **neoclasicismo**, que se inspira en el **modelo grecolatino** y renacentista, y pretende reflejar el **buen gusto**. El arte neoclásico aspira a ser **elegante, simple y razonable**, presenta **temas y personajes genéricos**, es **didáctico** y sigue las **normas clásicas**.

En el arte y la literatura, con el neoclasicismo, se vuelve al modelo clásico grecolatino; de ahí que se revalorice el Renacimiento y se rechacen el Barroco y el medievalismo. El neoclasicismo sigue las normas clásicas y recoge la concepción aristotélica del arte, según la cual la obra artística debe reflejar motivos y personajes genéricos o universales (no individualizados ni nacionales) y tener una finalidad didáctica. En conjunto valora la naturalidad, el equilibrio y la verosimilitud, es decir, el **buen gusto**, y rehúye el sentimentalismo y los excesos o contrastes. El **predominio de lo racional** sobre la imaginación otorga al arte neoclásico un cierto aire academicista y frío.

El **neoclasicismo** se impuso con distinta intensidad en cada país. En las últimas décadas del siglo, desde el clasicismo surge una nueva sensibilidad, más **sentimental** y **emotiva**, que se conoce con el nombre de **prerromanticismo**, y que procede del humanitarismo. Esta corriente reacciona contra la estética neoclásica y sus normas, y, por el contrario, reivindica la primacía del sentimiento sobre la razón, y la expresión de la intimidad en el arte. En algunos países europeos, esta tendencia se desarrolla en el último cuarto del siglo XVIII, con escritores como J. J. Rousseau (*La nueva Eloísa*) y W. Goethe (*Las desventuras del joven Werther*).

Los monarcas de la dinastía borbónica impulsaron el avance cultural. *Fernando VI como protector de las Artes y las Ciencias*, de Antonio González Ruiz. (Real Academia de Bellas Artes de San Fernando.)

La España del siglo XVIII

Tras la guerra de Sucesión (1704-1714), se instaura la dinastía francesa de los **Borbones**, partidaria del reformismo ilustrado, especialmente Carlos III, en la segunda mitad del siglo. Pero a partir de la Revolución Francesa (1789), por miedo al fenómeno revolucionario, se censura desde el poder cualquier tendencia racionalista y reformista.

En conjunto, **el pensamiento ilustrado se difundió poco y tardíamente** entre sectores cultos de la nobleza, el clero y la burguesía.

Las corrientes racionalistas llegaron a España con retraso y atenuadas debido al aislamiento, la decadencia y el atraso de la sociedad hispánica desde el siglo XVII. En general, el pensamiento ilustrado encontró una clara **oposición** entre gran parte del clero, la nobleza y el pueblo, que veía en estas ideas el germen de la herejía religiosa, la descomposición política y también la imposición de una moda extranjerizante y uniformizadora. El enfrentamiento entre la **minoría ilustrada**, que defendía la modernización, el progreso y la europeización, y los **tradicionalistas** fue largo y a veces violento. Sin embargo, como en el resto de Europa, en las zonas más desarrolladas, la incipiente burguesía comercial, la baja nobleza y algunos sectores del clero colaboraron en la difusión de las ideas ilustradas y en el prestigio del criticismo racionalista.

En conjunto, en el siglo XVIII, se distinguen **tres periodos**:

- En la primera mitad de siglo, con los reinados de Felipe V y Fernando VI, empezaron a introducirse las primeras ideas ilustradas, que encontraron resistencia.
- Durante el reinado de Carlos III (1759-1788), se difundieron las ideas reformistas, que recibieron protección desde el poder.
- En el reinado de Carlos IV (1788-1808), la monarquía y la nobleza atacaron el criticismo racionalista, por temor al radicalismo revolucionario.

Difusión del pensamiento ilustrado

En la propagación del pensamiento ilustrado colaboraron varios factores: los contactos con el extranjero –**viajes** y **traducciones**–, los **periódicos**, las instituciones gubernamentales (**academias**) y las asociaciones ciudadanas que aspiraban a modernizar el país, como las **tertulias** y **sociedades** diversas.

Los ilustrados españoles no eran muy numerosos y, en general, fueron **reformistas**, no revolucionarios. Procedían de la baja nobleza, la burguesía y el clero. Las ideas ilustradas penetraron en el país a través de diversas vías; unas veces protegidas por el poder político, que organizaba y gestionaba las instituciones, y otras veces a partir de grupos sociales independientes. Contribuyeron a la difusión de la Ilustración los viajes al extranjero –a menudo de exiliados políticos–, las traducciones, la aparición de periódicos que se convirtieron en un vehículo cultural de gran trascendencia y, además, una serie de instituciones, como las tertulias, academias y asociaciones. Por ejemplo, la Tertulia de la Fonda de San Sebastián (fundada por Nicolás Fernández de Moratín, a la que acudían artistas, pensadores y escritores de la época) o las Sociedades Económicas de Amigos del País, que se organizaron en numerosas poblaciones con la finalidad de fomentar el comercio, la agricultura, las artes y las ciencias.

Entre las instituciones creadas o protegidas desde el poder destaca la **Real Academia de la Lengua**, que llevará a cabo obras como el *Diccionario de autoridades*, la *Gramática* y la *Ortografía*. Son obras normativas, que marcan el uso correcto del lenguaje. También se fundaron otras academias: de la Historia, de la Medicina o de las Buenas Letras, instituciones en las que se investigaba y se actualizaban los conocimientos.

La lengua

Las personas cultas del siglo XVIII defendían un lenguaje **claro**, **conciso** y **sencillo**, y rechazaban con vehemencia las complicaciones barrocas, muy extendidas en algunos ámbitos como, por ejemplo, en los sermones eclesiásticos.

La **influencia francesa** se refleja en la incorporación de numerosos **galicismos**, que provocaron la crítica de los puristas de la lengua.

Entre los escritores ilustrados críticos del lenguaje barroco destacan Feijoo y el padre Isla, que hace una parodia de los predicadores barroquizantes en su novela *Fray Gerundio de Campazas*.

A lo largo del siglo XVIII se incorporaron numerosos **galicismos**, algunos de los cuales respondían a un cierto esnobismo, por lo que se acusó a los ilustrados de extranjerizantes y afrancesados. Frente a ellos se manifestaron los puristas de la lengua y se vivieron unos años de polémica. Al final impuso su autoridad la Real Academia, y quedaron incorporados los galicismos que respondían a las traducciones de términos poco usados anteriormente, por ejemplo, *gabinete* o *espectador*.

La literatura española en el siglo XVIII

En conjunto, la literatura del siglo XVIII no alcanza el esplendor del Barroco, que se mantiene hasta bien entrado el siglo; se distinguen tres etapas: **posbarroco**, **neoclasicismo** y **prerromanticismo**.

El **neoclasicismo** impone el **buen gusto** en temas y estilo, y supone el auge del **ensayo**; en los últimos años del siglo, esta corriente deriva hacia el sentimentalismo prerromántico.

La creación literaria del siglo XVIII, en general, es inferior a la del Barroco, el estilo que continúa imitándose con gran éxito y que, a su vez, provoca el rechazo de la minoría ilustrada. Por su parte, el neoclasicismo y la influencia del pensamiento ilustrado significan la renovación del lenguaje literario y el auge de un género poco cultivado hasta entonces, el ensayo. A finales de siglo hace su aparición la sensibilidad prerromántica en los ambientes ilustrados. Se distinguen tres periodos:

- El **posbarroco** se desarrolla durante la primera mitad del siglo, pero no aporta nada nuevo, ya que repite temas y formas del siglo anterior. Su influencia alcanza todos los géneros, especialmente el teatro.
- El **neoclasicismo** se consolida en la época de Carlos III (1759-1788) con el auge de las ideas ilustradas. Supone la uniformidad de estilo y el predominio de lo racional, tal como exigen las normas clásicas. Pero también se desarrolla como rococó, cuando predomina el tono sentimental y el formalismo preciosista.
- El **prerromanticismo** se insinúa en las dos últimas décadas del siglo, con una literatura que en su momento fue calificada de *filosófica*, pues su lenguaje combina el racionalismo y la emotividad.

En la imagen, un *capricho* de Goya, que forma parte de una serie de grabados.

LOS GÉNEROS LITERARIOS DEL NEOCLASICISMO				
SIGLO XVIII	Lírica	Neoclásica	Samaniego Iriarte Meléndez Valdés	*Fábulas morales* *Fábulas literarias* *Odas*
		Prerromántica	Meléndez Valdés	*Epístolas*
	Narrativa	Neoclásica	Padre Isla Cadalso	*Fray Gerundio de Campazas* *Cartas marruecas*
	Didáctica	Neoclásica	Feijoo Cadalso Jovellanos	*Teatro crítico. Cartas eruditas y curiosas* *Los eruditos a la violeta* *Informes, Memorias*
	Teatro	Postbarroco	Ramón de la Cruz	*Sainetes*
		Neoclásico	García de la Huerta Leandro F. de Moratín	*Raquel* *El sí de las niñas*
		Prerromántico	Jovellanos	*El delincuente honrado*

5

El Neoclasicismo

La poesía del siglo XVIII

La lírica del siglo XVIII **no es emotiva ni original**, ya que el clima de la época, racionalista y utilitario, no es propicio para este género.

Se cultivan tres tendencias: posbarroca, neoclásica (**fábulas**, **epístolas**, **odas**...) y prerromántica. El poeta más completo del momento es Juan Meléndez Valdés.

En la poesía lírica del siglo XVIII se distinguen los tres estilos mencionados:

- La **poesía barroca** tiene como autor más apreciado a Diego Torres Villarroel, por su poesía satírica, que sigue la línea de Quevedo.

- La **poesía neoclásica**, en la que destaca J. Meléndez Valdés, sigue los principios clásicos recogidos en la *Poética*, de Luzán: «La poesía es imitación de la naturaleza, con doble finalidad: utilidad y deleite». Es decir, como en otros países, los neoclásicos valoran la poesía **didáctica** y utilitaria, y cultivan los géneros clásicos que se ajustan a ese objetivo: la poesía **anacreóntica** y **rococó**, la **oda**, la **sátira**, la **epístola** y, sobre todo, la **fábula**. Esta última es el género didáctico por excelencia, en el que destacan Tomás de Iriarte y Félix María Samaniego.

- La **poesía prerromántica** plantea temas metafísicos, pedagógicos o sociales con un tono de intensa emotividad. Es cultivada por J. Meléndez Valdés, N. Álvarez Cienfuegos, M. J. Quintana y A. Lista.

Retrato de Félix María Samaniego incluido en una edición de sus *Fábulas*.

Juan Meléndez Valdés (1754-1817)

Su obra **sintetiza las corrientes poéticas** del momento: la **neoclásica** anacreóntica, sensual, fácil y juguetona, y la **prerromántica** que recoge las preocupaciones humanitaristas.

Juan Meléndez Valdés, en un retrato de Francisco de Goya.

En su primera época, bajo la influencia de Cadalso, Meléndez Valdés compuso anacreónticas, odas, idilios y églogas de un suave sensualismo, y también elegías y epístolas dedicadas a sus amigos y a personajes conocidos. En su segunda etapa, que recoge la influencia de Jovellanos, evoluciona hacia el prerromanticismo y escribe romances legendarios, como *Doña Elvira*, y una poesía de tema social y de tono humanitarista y sentimental.

En prosa escribió la comedia *Las bodas de Camacho el rico* y *Discursos forenses*, en las que expone sus ideas ilustradas.

En torno a Meléndez Valdés se formó un grupo de poetas, entre los que destacan Nicasio Álvarez de Cienfuegos y Manuel José Quintana, con una poesía de tema patriótico. Aunque escribieron casi toda su obra en el siglo XIX, se formaron en el XVIII y funden elementos neoclásicos y prerrománticos.

Actividades

Juan Meléndez Valdés

La siguiente composición pertenece a la primera etapa de las dos de Meléndez Valdés. Esta recoge el espíritu anacreóntico o rococó por su sensualidad, bucolismo y cierto tono de frivolidad. Las composiciones de la primera etapa suelen tratar temas menores, como el galanteo amoroso, el placer, la amistad, el vino o la mitología, lo que le da un aire pagano.

Oda

La blanda primavera
derramando aparece
sus tesoros y galas
por prados y vergeles...
De esplendores más rico
descuella por oriente
en triunfo el sol, y a darle
la vida al mundo vuelve.
Medrosos de sus rayos
los vientos enmudecen,
y el vago cefirillo
bullendo les sucede.
El céfiro de aromas
empapado, que mueven
en la nariz y el seno
mil llamas y deleites...
Revolantes las aves
por el aura enloquecen,
regalando el oído
con sus dulces motetes...
Mientras que en la pradera
dóciles a sus leyes,
pastores y zagalas
festivas danzas tejen.
Y los tiernos cantares
y requiebros ardientes,
y miradas y juegos
más y más los encienden.
¿Y nosotros, amigos...
dejaremos perderse
estos días, que el tiempo
liberal nos concede?...
Ea, pues, a las copas,
y en un grato banquete
celebremos la vuelta
del abril floreciente.

1. Preparad y realizad una lectura expresiva de la oda, distribuyendo la lectura entre nueve alumnos (cuatro versos cada uno); procurad reflejar la suave musicalidad del poema marcando los acentos, la puntuación y las pausas de los versos.

- Grabad la lectura (el sonido, o las imágenes y el sonido); escuchadla y valorad su realización: entonación, ritmo, articulación, volumen...
- Indicad los rasgos de poesía anacreóntica que aparecen.

2. Observa que el tema de la poesía es el conocido *Carpe diem*, es decir, el tópico o lugar común que incita a aprovechar el momento presente; aquí el tema se adapta al nuevo estilo, sin el dramatismo ni el desgarro que se había empleado en el Barroco.

- Señala las partes del poema.

La **fábula** se adapta perfectamente a la idea ilustrada sobre el arte: debe ser didáctico y útil. Las siguientes composiciones de Samaniego e Iriarte son una buena muestra de este género.

Fábulas morales

El león y el ratón

Estaba un ratoncillo aprisionado
en las garras de un león; el desdichado
en la tal ratonera no fue preso
por ladrón de tocino ni de queso,
sino porque con otros molestaba
al león, que en su retiro descansaba.
Pide perdón, llorando su insolencia,
al oír implorar la real clemencia,
responde el Rey en majestuoso tono
(no dijera más Tito): «Te perdono».
Poco después, cazando, el león tropieza
en una red oculta en la maleza:
quiere salir, mas queda prisionero;
atronando la selva ruge fiero.
El ratoncillo, que lo siente,
corriendo llega; roe diligente
los nudos de la red de tal manera
que al fin rompió los grillos de la fiera.

Conviene al poderoso
para los infelices ser piadoso;
tal vez se puede ver necesitado
del auxilio de aquel más desdichado.

SAMANIEGO

Fábulas literarias

El oso, la mona y el cerdo

(Nunca una obra se acredita tanto de mala
como cuando la aplauden los necios.)

Un oso con que la vida
ganaba un piamontés,
la no muy bien aprendida
danza ensayaba en dos pies.
Queriendo hacer de persona
dijo a una mona: «¿Qué tal?».
Era perita la Mona,
y respondióle: «Muy mal».
«Yo creo, replicó el Oso,
que me haces poco favor.

¡Pues qué! ¿Mi aire no es garboso?
¿No hago el paso con primor?»
Estaba el Cerdo presente,
y dijo: «¡Bravo, bien va!
Bailarín más excelente
no se ha visto ni verá».
Echó el Oso, al oír esto,
sus cuentas allí entre sí,
y con ademán modesto,
hubo de exclamar así:

«Cuando me desaprobaba
la Mona, llegué a dudar;
mas ya que el Cerdo me alaba,
muy mal debo de bailar».

Guarde para su regalo
esta sentencia un autor:
Si el sabio no aprueba, ¡malo!
Si el necio aplaude, ¡peor!

IRIARTE

3. Explica por qué pueden considerarse fábulas las composiciones anteriores.

4. En casi todas las fábulas hay una parte narrativa, en la que se relata un pequeño suceso, y otra parte reflexiva/expositiva, donde se explica la moraleja o lección que puede extraerse de la historia. Señala en las fábulas anteriores estas partes.

5. En las fábulas, como en muchos cuentos tradicionales, cada animal representa una psicología diferente. En grupos de dos o tres personas:

- Analizad los rasgos psicológicos que se atribuyen a los animales que aparecen en las composiciones anteriores.
- Relacionad los rasgos señalados con cuentos u otros relatos que conozcáis.
- Haced una puesta en común con el resto del grupo y comentad las coincidencias y las discrepancias.

6. Señala las características de la poesía neoclásica que aparecen en estas fábulas.

La prosa en el siglo XVIII

Como en otros géneros, en la prosa del siglo XVIII se dan las tendencias posbarroca, neoclásica y prerromántica. Pero lo más significativo es el desarrollo del **ensayo**, con **Feijoo** y **Jovellanos**, que emplean un nuevo lenguaje **natural**, **preciso** y **funcional**.

En la narrativa, el **novelista** más representativo es **Cadalso**.

El **ensayo** es el género que alcanza un mayor desarrollo en el siglo XVIII, con autores como el eclesiástico Feijoo y el político y jurista Jovellanos. Su obra contribuyó a renovar y difundir un lenguaje más moderno y sencillo, labor que también realizaron los periódicos y revistas de divulgación, muy numerosos en la época. Por el contrario, la novela fue poco cultivada, a excepción del padre Isla y Cadalso. Como en los otros géneros, en la prosa del siglo XVIII se distinguen tres estilos:

- **Prosa posbarroca.** Representada por Diego Torres de Villarroel, con sus escritos satíricos, *Almanaques* y *Pronósticos*, y su novela autobiográfica de tono picaresco, *Vida*.

- **Prosa neoclásica ilustrada.** Logra una gran calidad en el **ensayo** y en la **crítica** de Feijoo, Cadalso y Jovellanos. Como novelista destaca el padre Isla, con la obra *Fray Gerundio de Campazas*, una sátira sobre los predicadores que imitaban el estilo barroco y contra las supersticiones.

- **Prosa prerromántica.** Aparece a finales de siglo en autores que habían iniciado su obra en la estética neoclásica, como Cadalso y Jovellanos.

Procesión de la Virgen de Gracia en la plaza de la Cebada, en Madrid, el 21 de mayo de 1741. Museo Municipal, Madrid. En general, el pensamiento «ilustrado» de la España del siglo XVIII no rompió con la tradición católica del país.

Fray Benito Jerónimo Feijoo (1676-1764) es autor de numerosos **ensayos didácticos**, de tipo enciclopédico, que le convierten en el intelectual más importante de su tiempo. Sus obras divulgan conocimientos muy variados (pedagogía, ciencia, etc.) con el objetivo de **modernizar la sociedad** de su época; así ocurre, por ejemplo, en obras como *Teatro crítico universal* y *Cartas eruditas y curiosas*, en las que ataca las supersticiones y las falsas creencias populares, siempre desde una perspectiva religiosa. Fue muy criticado por los sectores conservadores, pero, defendido por Fernando VI, alcanzó una difusión considerable. Feijoo emplea un lenguaje conciso y antibarroco, muy adecuado a la finalidad didáctica de su obra.

José Cadalso (1742-1782), gran conocedor de los neoclásicos y prerrománticos, es autor de la obra narrativa más representativa de la Ilustración, ***Cartas marruecas***. En ella, Cadalso realiza una **sátira** social siguiendo el planteamiento de las *Cartas persas*, de Montesquieu: un extranjero viaja por un país extraño y, desde su perspectiva de forastero, escribe unas cartas en las que comenta todo lo que ve, es decir, las tradiciones, la cultura... En la obra de Cadalso, el protagonista es el marroquí Gazel, quien, a lo largo de su viaje por España, escribe a su preceptor Ben Beley y a un amigo español, Nuño. En esas cartas **repasa y critica** las **costumbres**, las **ideas** y la **organización social** hispánica.

Cadalso también escribió *Noches lúgubres*, elegía en prosa que se enmarca en la literatura sepulcral del prerromanticismo. La obra recoge, en forma de diálogo, la historia de Tediato, quien, tras la muerte de su amada, quiere desenterrarla y quemarse junto a ella. En *Los eruditos a la violeta*, Cadalso satiriza a los falsos sabios, los pedantes y engreídos que, sin entender, hablan con autoridad de cultos en los salones. La obra le proporcionó un gran éxito, aunque no faltó quien acusara al autor de ser un «erudito a la violeta».

Gaspar Melchor de Jovellanos (1744-1811), escritor y político, vivió intensamente los acontecimientos de la segunda mitad del siglo XVIII, como recogen sus *Cartas* y *Diarios*. Participó en la polí-

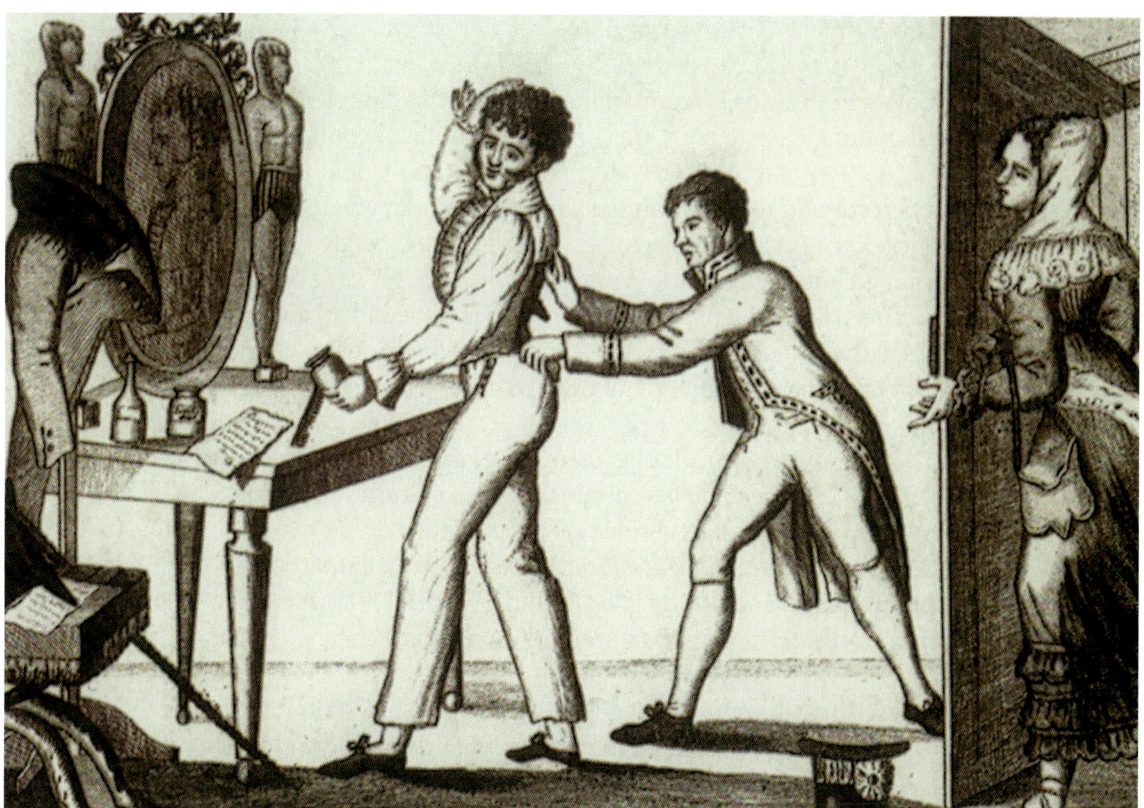

José Cadalso, a un tiempo irónico y reflexivo, arremetió en sus obras contra algunas costumbres de la sociedad de la época. En la ilustración, *El elegante petimetre o el lechuguino en su tocador*, según un grabado de la época.

Gaspar Melchor de Jovellanos, figura cumbre de la Ilustración española, en un retrato de Goya.

tica reformista de Carlos III y Carlos IV, como ministro, y en otros cargos importantes. Ello le acarreó el destierro y la prisión durante siete años, tras los cuales combatió contra las tropas napoleónicas.

Como escritor, es un destacado representante del **ensayo**, género en el que trata temas muy variados: economía, educación, agricultura, derecho... Desde su perspectiva de **ilustrado**, se propuso **modernizar** el país mediante obras como *Memoria para el arreglo de la policía de espectáculos*, una reflexión sobre las formas de entretenimiento que ofrece la sociedad. El autor juzga que son pocas, y algunas criticables, como el espectáculo de los toros, que considera bárbaro; al mismo tiempo, critica la fuerte vigilancia policial y defiende el valor educativo del teatro neoclásico.

En *El informe sobre la ley agraria* estudia las causas del atraso del campo y propone reformas como establecer regadíos, el acceso de los campesinos a la cultura y la desamortización, es decir, la supresión de las leyes que impedían vender las propiedades de los ayuntamientos, de la Iglesia y de la nobleza. En la *Memoria sobre la educación pública*, Jovellanos considera que la **cultura** es el origen de la **prosperidad social** y de la **felicidad personal**, y plantea extender la educación y combinar los aprendizajes teóricos con la práctica de oficios.

Jovellanos también escribió sátiras, epístolas y **teatro** en prosa. Como dramaturgo, es autor de la tragedia *Pelayo* y del drama sentimental ***El delincuente honrado***, donde defiende una justicia comprensiva y benévola. La obra se acerca al **prerromanticismo** tanto por su tono emotivo de «comedia lacrimosa» como por su forma, pues no sigue las reglas clásicas.

Actividades

Memoria sobre la educación pública, de Gaspar Melchor de Jovellanos

Si toda la riqueza de la sabiduría está encerrada en las letras, si a tantos y tan preciosos bienes da derecho el conocimiento de ellas, ¿cuál será el pueblo que no mire como una desgracia el que este derecho no se extienda a todos los individuos? ¿Y de cuánta instrucción no se priva el Estado que la niega a la mayor porción de ellos? Y, en fin, ¿cómo es, cuidándose tanto de multiplicar los individuos que concurren al aumento del trabajo, porque el trabajo es la fuente de riqueza, no se ha cuidado igualmente de multiplicar los que concurren al aumento de la instrucción, sin la cual ni el trabajo se perfecciona, ni la riqueza se adquiere, ni se pueden alcanzar ninguno de los bienes que constituyen la pública felicidad?

7. Resume las ideas del texto.

8. Propón un título adecuado al fragmento y argumenta la propuesta.

9. Indica rasgos de las ideas ilustradas que aparecen en el texto. Ten en cuenta los siguientes factores: género, tema, finalidad, estilo, etc.

10. Observa que el texto comienza con una proposición condicional de la que deriva toda la argumentación posterior. Analiza ese enunciado y escribe una breve argumentación en la que muestres tu acuerdo o desacuerdo con él.

Cartas marruecas, de José Cadalso

En las *Cartas marruecas*, Cadalso señala las causas del atraso y la decadencia del país. Entre ellas menciona las guerras, el escaso aprecio al trabajo, el atraso científico, las supersticiones y la cultura superficial y pedante. Pero también subraya el papel que desempeñan la psicología y los hábitos hispánicos, como muestra el siguiente texto.

Uno de los defectos de la nación española, según el sentir de los demás, es el orgullo... Todo lo dicho es poco en comparación con la vanidad de un hidalgo de aldea. Este se pasea majestuosamente en la triste plaza de su pobre lugar, embozado en su mala capa, contemplando el escudo de armas que cubre la puerta de su casa medio caída y dando gracias a la providencia divina de haberle hecho don Fulano de Tal. No se quitará el sombrero (aunque lo pudiera hacer sin desembozarse); no saludará al forastero que llega al mesón aunque sea el general de la provincia o el presidente del primer tribunal de ella. Lo más que se digna hacer es preguntar si el forastero es de casa solar conocida al fuero de Castilla; qué escudo es el de sus armas y si tiene parientes conocidos en aquellas cercanías.

Las provincias interiores de España [...] producen hoy unos hombres compuestos de los mismos vicios y virtudes que sus quintos abuelos. [...] Por cada petimetre que se vea mudar de modas siempre que se lo manda su peluquero o sastre, habrá cien mil españoles que no han reformado un ápice su traje antiguo.

[En España son] muchos millares de hombres los que se levantan muy tarde; toman chocolate muy caliente y agua fría; se visten; salen a la plaza; ajustan un par de pollos; oyen misa; vuelven a la plaza; dan cuatro paseos; se informan en qué estado se hallan los chismes y hablillas del lugar; vuelven a casa; comen muy despacio; duermen la siesta; se levantan; dan un paseo al campo; vuelven a casa; refrescan; van a la tertulia; juegan a la malilla; vuelven a su casa; rezan; cenan, y se meten en la cama.

11. Resume las ideas del texto.

12. El primer párrafo recuerda el «Tratado del escudero» del *Lazarillo*.

- Señala tres rasgos de los que menciona Cadalso que, a su vez, se dan en el personaje de la novela picaresca.
- Si el autor del *Lazarillo*, en el siglo XVI, y Cadalso en el XVIII coinciden en criticar este tipo de personaje, ¿qué conclusiones podemos sacar sobre la evolución de la sociedad española entre ambas épocas?

13. ¿Por qué las *Cartas marruecas* pueden considerarse literatura ilustrada?

El teatro en el siglo XVIII

El teatro vivió una época convulsa en el siglo XVIII, ya que se produjeron virulentas **polémicas** entre los partidarios del teatro barroco y los defensores del teatro ilustrado.

El dramaturgo más representativo del neoclasicismo es Leandro Fernández de Moratín.

Un grabado de *Los caprichos* de Goya, en el que el pintor aborda la cuestión del matrimonio de conveniencia, tema principal de *El sí de las niñas,* de Moratín.

Las **polémicas sobre el teatro** fueron constantes durante buena parte del siglo XVIII: los ilustrados defendían un teatro didáctico y verosímil, mientras que el público aplaudía enfervorizado las obras barrocas y posbarrocas. Los enfrentamientos entre partidarios de uno u otro tipo de teatro alcanzaron a intelectuales, dramaturgos y espectadores con una pasión inusitada. Los **ilustrados** y neoclásicos **rechazaban el teatro barroco** de Lope y Calderón, pero sobre todo el de sus imitadores. Su censura se refería tanto a la forma como al contenido. Respecto a la forma, reprochaban que no se respetara la regla de las tres unidades (de lugar, tiempo y acción), que aporta realismo a la obra. En cuanto al contenido, denunciaban la falta de didactismo de las comedias y la violencia e inmoralidad de sus temas, ya que abundan las muertes, los raptos, las violaciones y los duelos. Asimismo, consideraban que los populares *autos sacramentales* habían derivado en obras irreverentes y de mal gusto. En medio de estas apasionadas polémicas, en 1765 Carlos III prohibió la representación de los *autos*, lo que provocó reacciones airadas.

Como en los otros géneros, en el teatro del siglo XVIII se distinguen varias corrientes:

- **Teatro posbarroco.** La **comedia** posbarroca triunfa durante la **primera mitad** de siglo en los escenarios y en las imprentas. Se imita sobre todo la comedia de capa y espada, así como las comedias de magia, que alcanzan una sorprendente escenografía, con encantamientos, monstruos, etc. También triunfaron los **autos sacramentales** y los **sainetes**, herencia del teatro popular barroco, con autores como Ramón de la Cruz.

- **Teatro neoclásico.** A pesar de que algunos dramaturgos intentaron crear un teatro neoclásico, como Agustín de Montiano y Nicolás Fernández de Moratín, no tuvieron éxito. Dentro de este panorama constituyen la excepción la tragedia *Raquel* (1778), de Vicente García de la Huerta, y las comedias de Leandro Fernández de Moratín.

- **Teatro prerromántico.** En las últimas décadas del siglo XVIII, el sentimentalismo prerromántico aparece en autores que se habían iniciado en el neoclasicismo. Ejemplo de ello es Jovellanos, con la obra *El delincuente honrado*.

Leandro Fernández de Moratín (1760-1828)

El dramaturgo más sobresaliente del **teatro neoclásico** es Leandro Fernández de Moratín, creador de una **comedia** de **forma clásica** y **finalidad didáctica**, que plantea una **suave crítica** de las costumbres de la época.

Leandro Fernández de Moratín, en un retrato de Goya.

Hijo del también escritor Nicolás Fernández de Moratín, refleja en su biografía los avatares de su época. Fue educado en un ambiente familiar culto e ilustrado y viajó por Francia, Italia e Inglaterra. En 1779 fue nombrado director de la Junta de Reformas de los Teatros y, desde este cargo, promovió la difusión del nuevo teatro. Al producirse la invasión napoleónica y la guerra de la Independencia, se alineó con los afrancesados y ejerció algún cargo público. Tras la derrota francesa, tuvo que exiliarse y, después de varias peripecias, murió en París.

Destaca como autor de teatro, aunque también escribió poesía y prosa. Moratín, gran conocedor de la tradición teatral, se propuso escribir una **comedia** que respondiera al **espíritu de su época**, y consiguió llegar a un público bastante amplio siguiendo las normas clásicas. La comedia de Moratín **pretende educar** a los espectadores; son obras moralizadoras que critican algunas normas sociales, **costumbres** y **comportamientos** como los matrimonios de conveniencia, concertados por las familias sin atender a la voluntad de los contrayentes. Pero Moratín censura sin dureza, a través de una **suave sátira**, y su crítica alcanza tanto la actitud de las familias que actúan solo por interés, como la obediencia de las jóvenes que aceptan casarse con hombres mucho mayores que ellas, a quienes eligen sus padres por su condición económica. Este tema aparece en *El viejo y la niña*, *El barón* y sobre todo en *El sí de las niñas*, obra en prosa que constituye la culminación del teatro neoclásico. También escribe una sátira del teatro populachero y disparatado del posbarroco en *La comedia nueva o El café*.

Ensayo de una comedia, óleo de Luis Paret y Alcázar. Los actores, a la izquierda, ataviados a la manera de las antiguas comedias del Siglo de Oro, son observados por un grupo de personas cultas que no muestran demasiado interés por unas formas teatrales que los nuevos aires ilustrados consideraban ya anticuadas.

5

COMENTARIO *El sí de las niñas*, de Leandro Fernández de Moratín

El sí de las niñas, la obra más conocida de Moratín, plantea el tema de los matrimonios de conveniencia. En el primer acto se anuncia el matrimonio entre Paquita (doña Francisca), joven de 16 años que acaba de salir de un convento, con don Diego, de 59 años. El matrimonio lo conciertan la madre de Paquita y don Diego. La joven está enamorada de un muchacho, pero su educación le impide sincerarse con su madre y acepta el matrimonio que esta le propone. En el segundo acto se revela que el joven de quien Paquita está enamorada es el sobrino de don Diego. En el tercer acto, don Diego lee por azar una carta de su sobrino que muestra los sentimientos de ambos jóvenes. En la escena que recogemos, don Diego, al ver a Paquita desasosegada (porque no recibe la carta), decide aclarar las cosas. Finalmente, cede la muchacha a su sobrino y bendice la unión de los jóvenes.

DON DIEGO. ¿Qué siente usted? *(Siéntase junto a* DOÑA FRANCISCA.)

DOÑA FRANCISCA. No es nada... Así un poco de... Nada..., no tengo nada.

DON DIEGO. Algo será, porque la veo a usted muy abatida, llorosa, inquieta... ¿Qué tiene usted, Paquita? ¿No sabe usted que la quiero tanto?

DOÑA FRANCISCA. Sí, señor.

DON DIEGO. Pues ¿por qué no hace usted más confianza de mí? ¿Piensa usted que no tendré yo mucho gusto en hallar ocasiones de complacerla?

DOÑA FRANCISCA. Ya lo sé.

DON DIEGO. Pues ¿cómo, sabiendo que tiene usted un amigo, no desahoga con él su corazón?

DOÑA FRANCISCA. Porque eso mismo me obliga a callar.

DON DIEGO. Eso quiere decir que tal vez soy yo la causa de su pesadumbre de usted.

DOÑA FRANCISCA. No, señor; usted en nada me ha ofendido... No es de usted de quien yo me debo quejar.

DON DIEGO. Pues ¿de quién, hija mía?... Venga usted acá... *(Acércase más.)* Hablemos siquiera una vez sin rodeos ni disimulación... Dígame usted: ¿no es cierto que usted mira con algo de repugnancia este casamiento que se la propone? ¿Cuánto va que, si la dejasen a usted entera libertad para la elección, no se casaría conmigo?

DOÑA FRANCISCA. Ni con otro.

DON DIEGO. ¿Será posible que usted no conozca otro más amable que yo, que la quiera bien, y que la corresponda como usted merece?

DOÑA FRANCISCA. No, señor; no, señor.

DON DIEGO. Mírelo usted bien.

DOÑA FRANCISCA. ¿No le digo a usted que no?

DON DIEGO. ¿Y he de creer, por dicha, que conserve usted tal inclinación al retiro en que se ha criado, que prefiera la austeridad del convento a una vida más...?

DOÑA FRANCISCA. Tampoco; no, señor... Nunca he pensado así.

DON DIEGO. No tengo empeño de saber más... Pero de todo lo que acabo de oír resulta una gravísima contradicción. Usted no se halla inclinada al estado religioso, según parece. Usted me asegura que no tiene queja ninguna de mí, que está persuadida de lo mucho que la estimo, que no piensa casarse con otro, ni debo recelar que nadie me dispute su mano... Pues ¿qué llanto es ese? ¿De dónde nace esa tristeza profunda, que en tan poco tiempo ha alterado su semblante de usted, en términos que apenas le reconozco? ¿Son estas las señales de quererme exclusivamente a mí, de casarse gustosa conmigo dentro de pocos días? ¿Se anuncian así la alegría y el amor?

(Vase iluminando el teatro lentamente, suponiendo que viene la luz del día.)

DOÑA FRANCISCA. Y ¿qué motivos le he dado a usted para tales desconfianzas?

DON DIEGO. Pues ¿qué? Si yo prescindo de estas consideraciones, si apresuro las diligencias de nuestra unión, si su madre de usted sigue aprobándola y llega el caso de...

DOÑA FRANCISCA. Haré lo que mi madre me manda, y me casaré con usted.

DON DIEGO. ¿Y después, Paquita?

DOÑA FRANCISCA. Después... y mientras me dure la vida, seré mujer de bien.

DON DIEGO. Eso no lo puedo yo dudar... Pero si usted me considera como el que ha de ser hasta la muerte su compañero y su amigo, dígame usted, estos títulos ¿no me dan algún derecho para merecer de usted mayor confianza? ¿No he de lograr que usted me diga la causa de su dolor? Y no para satisfacer una impertinente curiosidad, sino para emplearme todo en su consuelo, en mejorar su suerte, en hacerla dichosa, si mi conato y mis diligencias pudiesen tanto.

DOÑA FRANCISCA. ¡Dichas para mí!... Ya se acabaron.

DON DIEGO. ¿Por qué?

DOÑA FRANCISCA. Nunca diré por qué.

DON DIEGO. Pero ¡qué obstinado, que imprudente silencio!... Cuando usted misma debe presumir que no estoy ignorante de lo que hay.

DOÑA FRANCISCA. Si usted lo ignora, señor don Diego,

por Dios no finja que lo sabe; y si, en efecto, lo sabe usted, no me lo pregunte.

DON DIEGO. Bien está. Una vez que no hay nada que decir, que esa aflicción y esas lágrimas son voluntarias, hoy llegaremos a Madrid, y dentro de ocho días será usted mi mujer.

DOÑA FRANCISCA. Y daré gusto a mi madre.

DON DIEGO. Y vivirá usted infeliz.

DOÑA FRANCISCA. Ya lo sé.

DON DIEGO. Ve aquí los frutos de la educación. Esto es lo que se llama criar bien a una niña; enseñarla a que desmienta y oculte las pasiones más inocentes con una pérfida disimulación. Las juzgan honestas luego que las ven instruidas en el arte de callar y mentir. Se obstinan en que el temperamento, la edad ni el genio no han de tener influencia alguna en sus inclinaciones, o en que su voluntad ha de torcerse al capricho de quien las gobierna. Todo se las permite, menos la sinceridad. Con tal que no digan lo que sienten, con tal que finjan aborrecer lo que más desean, con tal que se presten a pronunciar, cuando se lo manden, un sí perjuro, sacrílego, origen de tantos escándalos, ya están bien criadas, y se llama excelente educación la que inspira en ellas el temor, la astucia y el silencio de un esclavo.

DOÑA FRANCISCA. Es verdad... Todo eso es cierto... Eso exigen de nosotras, eso aprendemos en la escuela que se nos da... Pero el motivo de mi aflicción es mucho más grande. [...]

Localización

1. Según los ilustrados, ¿qué finalidad tiene el arte?

2. Anota los diferentes estilos de teatro que se dan en el siglo XVIII.

3. ¿Qué corriente teatral representa el teatro de Leandro Fernández de Moratín?

Análisis del contenido y de la expresión

Observa que la escena es un interrogatorio en el que don Diego pretende que Paquita le explique su estado de ánimo. Comienza con una pregunta que queda casi sin respuesta y ese mismo esquema va avanzando lentamente, pues Paquita da muy poca información sobre sí misma. Sin embargo, don Diego llega a cierta conclusión al final de la escena.

4. Señala las partes del texto que pueden considerarse introducción, planteamiento del tema y conclusión.

5. Escribe un breve resumen de cada parte.

6. ¿De qué tema se trata en la conclusión?

7. Responde, por escrito, las siguientes cuestiones:

- ¿Qué tipo de educación critica don Diego? Intenta deducir, por contraposición, lo que Moratín considera una buena educación.
- Relaciona el tema con el objetivo del teatro neoclásico.
- Observa que el personaje que lleva el peso de la escena es don Diego, mientras que doña Francisca, o Paquita, participa mucho menos. ¿Qué valores representa don Diego? ¿Es coherente esa mínima presencia de Paquita con el tema que se está tratando? Según esta escena, ¿qué era una chica bien educada en el siglo XVIII?
- ¿Qué rasgo psicológico caracteriza a don Diego? ¿Es apasionado o razonable?
- ¿Responden el lenguaje y la forma en prosa al modelo neoclásico?
- ¿Se trata de un teatro que pretende hacer reflexionar o, por el contrario, busca sorprender y admirar al espectador?

Valoración y creación

8. Entablad un debate sobre alguno de los siguientes temas:

- ¿El arte en general, y la literatura en particular, deben someterse a unas reglas? ¿Y deben ser didácticos? En su momento, ¿*El sí de las niñas* pudo contribuir a solucionar un problema vital para muchas jóvenes? ¿Recordáis novelas, obras de teatro, películas o series de televisión que os hayan hecho reflexionar sobre cuestiones importantes?
- ¿Qué aportaciones de los ilustrados permanecen en el mundo actual?

9. Algunas obras teatrales han recreado con acierto el ambiente y los conflictos de la España del siglo XVIII. Por ejemplo, *Un soñador para un pueblo*, del destacado dramaturgo de finales del siglo XX Antonio Buero Vallejo. La obra recrea el conflicto creado por Esquilache, ministro de Carlos III, cuando emprendió unas reformas que provocaron la reacción popular. Sobre ese drama se basa la película *Esquilache* (1989), dirigida por Josefina Molina. La visión de esta versión cinematográfica puede propiciar una reflexión interesante sobre el ambiente y los problemas de la época.

10. En el siglo XVIII se fundó la Real Academia Española de la Lengua, una institución que mantiene su vitalidad en la actualidad. Consulta su página web –*http://www.rae.es*– y comprueba las diversas posibilidades que ofrece: diccionario, consulta de dudas lingüísticas, información sobre la propia institución, catálogo de publicaciones, recursos lingüísticos, etc.

UNIDAD 6

La literatura del siglo XIX

Los fusilamientos del 3 de mayo de 1808 en Madrid (1814), de Francisco de Goya. Museo del Prado, Madrid.

El **Romanticismo** es un movimiento cultural de la primera mitad del siglo XIX que se desarrolló en Europa y América. Los románticos manifiestan su **insatisfacción** ante los valores de la sociedad y consideran que el mayor bien del individuo es la **libertad**. Por ella se lucha y se promulgan leyes que reconocen el derecho de todos los pueblos y de las personas. Los artistas románticos **exaltan** los **sentimientos** y, en nombre de la libertad creadora, **rechazan** las **reglas** del **racionalismo ilustrado**.

El **Realismo**, la corriente literaria de la segunda mitad del siglo XIX, sustituye la imaginación romántica por la **concepción racionalista**. Pretende **describir la vida cotidiana y social**, y para ello se sirve, fundamentalmente, de la **novela**. Si el romántico se inspiraba en su mundo interior, el realista muestra **la realidad exterior** de forma **objetiva**, como una **crónica social y humana** de su época.

Hacia 1870 se inició en Francia el **Naturalismo**, una derivación del Realismo, que incorpora una visión **determinista**.

MARCO HISTÓRICO Y CULTURAL

Sociedad y cultura

La sociedad europea del siglo XIX está marcada por dos circunstancias: la **herencia de la Revolución Francesa** y la **industrialización**. Ambos factores condicionan el pensamiento político (se expande el liberalismo) y la configuración social (aumenta el poder de la burguesía y aparecen las nuevas organizaciones obreras).

La **primera mitad del siglo**, época del **Romanticismo**, se caracteriza por los enfrentamientos entre el **absolutismo** y el **liberalismo**. Este se va abriendo paso en muchos países por diferentes causas:

- La **burguesía** aumenta su **poder económico y político** e intenta modificar las estructuras sociopolíticas dominadas por la nobleza. Con el acceso de la burguesía al poder, se difunden las ideas de **libertad, igualdad y fraternidad** postuladas por la **Revolución Francesa** (1789). Esos principios son la base del **liberalismo**, que defiende las libertades individuales (de pensamiento, expresión y asociación) y la soberanía popular, es decir, que el poder reside en el pueblo, que lo ejerce a través de sus representantes elegidos por sufragio universal.

- La **política expansiva** de Napoleón Bonaparte sume Europa en la guerra durante los primeros años del siglo XIX y provoca una doble reacción. Por una parte, la **oposición de las monarquías**, que acabarán derrotando a los ejércitos napoleónicos en 1815 e intentarán imponer los ideales del Antiguo Régimen (religión, trono, patria). Por otra parte, favorece una **reacción nacionalista**, pues los pueblos invadidos reafirman su identidad histórica y cultural frente al invasor.

- Ante una sociedad que empieza a industrializarse y que presenta graves problemas sociales, políticos e ideológicos, el **Romanticismo** expresa la **insatisfacción** desde actitudes **tradicionalistas o revolucionarias**. Ambas coinciden en **rechazar** una **sociedad materialista** y en la **búsqueda de un mundo ideal**.

  - El **romanticismo tradicional** manifiesta el inconformismo de quienes desean volver a los valores religiosos, patrióticos, aristocráticos y tradicionales del Antiguo Régimen. Autores destacados de esta corriente son Novalis en Alemania, Chateaubriand en Francia, Walter Scott en Inglaterra, y **José Zorrilla**, **Ángel de Saavedra (duque de Rivas)** y **Gustavo Adolfo Bécquer** en España.

  - El **romanticismo liberal** defiende los principios de igualdad, fraternidad y libertad, que considera que han sido traicionados. También exalta el progreso, el liberalismo, la libertad del individuo y los derechos humanos. En esta corriente destacan Victor Hugo y Alejandro Dumas en Francia, lord Byron en Inglaterra, y **José Espronceda** y **Larra** en España.

La **segunda mitad del siglo**, etapa del **Realismo** y el **Naturalismo**, se caracteriza por el crecimiento de la **industrialización**. De esa situación se derivan otros elementos que definen la época:

El escribano en el portal, de J. Domínguez Bécquer. En el siglo XIX, la mayor parte de la población española era analfabeta.

Interior del Café Nuevo de Madrid, uno de los centros de reunión del liberalismo progresista a partir de 1834. Abajo, *El café*, por A. M. Esquivel.

- Se inician los **movimientos obreros revolucionarios**, que adquieren importancia a partir de la Revolución de 1848. Ese mismo año aparece *El manifiesto*, de Marx y Engels, que sintetiza los principios socialistas y que encuentra eco en sectores obreros e intelectuales.

- La **burguesía consolida su poder** y deriva hacia posiciones y gobiernos cada vez más conservadores, como el de Luis Bonaparte en Francia (1852-1870).

- En el terreno de las **ideas** se desarrolla el pensamiento **positivista**, que defiende que el saber se basa en la experiencia y en hechos comprobables. El positivismo provoca el auge de las ciencias, que alcanzan un gran prestigio: el **método experimental** de Claude Bernard, aplicado a la medicina; el **evolucionismo** de las especies, de Darwin, y las **leyes** sobre la **herencia**, de Mendel.

- En la estética, el **arte realista y naturalista** se hace eco de las transformaciones y conflictos sociales, y a menudo defiende **ideas políticas**.

La estética del siglo XIX

El **Romanticismo** reacciona contra el racionalismo y las reglas neoclásicas; en contraposición, defiende los sentimientos y la libertad creadora. Los románticos expresan un profundo **individualismo**, su **insatisfacción ante el entorno**, su amor a la **libertad** y a la **naturaleza**, y su simpatía por el **nacionalismo**.

El **Realismo** se basa en el **racionalismo** y pretende **reflejar la realidad social** con objetividad y exactitud, a partir de la **observación**. El tema artístico por excelencia es la nueva **sociedad burguesa**, y el género literario preferido, **la novela**.

El **Naturalismo** intensifica el realismo e incorpora la **visión determinista** del evolucionismo y de las leyes sobre la herencia.

El **Romanticismo** presenta las siguientes características:

- El **individualismo.** El romántico se rebela contra todo lo que se opone a su **yo personal**, contra lo que limita sus aspiraciones amorosas, sociales o políticas. De ahí que las obras expresen la **intimidad** del artista y den una **visión subjetiva** de la realidad.

- El **rechazo de la realidad.** Los límites que el mundo impone al romántico le producen un sentimiento de **frustración** y, frente a ella, reacciona mediante la **evasión** o la **rebeldía**.

- La **evasión** le permite refugiarse en la imaginación de mundos fantásticos, de países exóticos (Oriente, América y, para muchos europeos, también España) o de épocas pasadas (Edad Media y Renacimiento).

- La **rebeldía** contra el orden establecido y las costumbres convencionales está presente en muchos temas románticos: rebeldía política (el conspirador), defensa de los marginados (pirata, verdugo, mendigo...), etc.

- La **defensa de la libertad.** La libertad constituye la **base del pensamiento romántico**, pues se considera fundamental en todos los órdenes de la vida: en lo social, lo político o lo artístico. En el arte, los románticos aspiran a expresar el sentimiento, la pasión o lo irracional sin ataduras ni convenciones. Por ello, rechazan las reglas neoclásicas.

- La **naturaleza.** El mundo natural adquiere importancia en el arte, y el paisaje se **adapta** al estado de ánimo del autor. Son frecuentes los paisajes intrincados, ásperos o desolados, como los representados por las ruinas de castillos o monasterios, las tormentas, la noche o los cementerios. Estos paisajes intensifican los sentimientos de melancolía, tristeza, soledad, exaltación, angustia por la muerte...

- El **nacionalismo.** Esta doctrina se revitaliza durante el Romanticismo. Frente al uniformismo universalista neoclásico, los románticos valoran los **rasgos peculiares de su país**, como la historia, las costumbres, las tradiciones y la lengua. Eso incide en el auge de los temas históricos en el arte, en el desarrollo de ciertos géneros literarios, como la novela histórica, los romances o las leyendas, y también en la reivindicación de las lenguas propias en la literatura.

El **Realismo** sustituye el idealismo romántico por el racionalismo y presenta las siguientes características:

- El deseo de **reflejar la realidad social** con exactitud y objetividad, a partir de la **observación**.

- El **interés por el mundo exterior**, que sustituye el intimismo romántico. El Realismo aspira a que el arte sea una **crónica social y humana**. Por esta razón recoge temas, personajes y ambientes **verosímiles** que se sitúan en lugares y épocas cercanos al autor y al público. Así, el tema artístico por excelencia es la nueva **sociedad burguesa**, y el género preferido, la **novela**, que alcanza su etapa más brillante. El Realismo se extendió por toda Europa; en Francia, su máximos representantes fueron **Stendhal**, **Balzac** y **Flaubert**; en Inglaterra, **Dickens**; en Rusia, **Dostoyevski** y **Tolstoi**, y en España, Galdós y Clarín.

En la estética del Romanticismo, destaca el ansia de libertad y el amor a la naturaleza. *El caminante sobre el mar de nubes*, de Caspar David Friedrich. Kunsthalle de Hamburgo.

Combates en la Plaza Mayor de Madrid (1854), los cuales dieron paso al Bienio Progresista. La Revolución Liberal se hizo en etapas de predominio progresista y moderado, precedidas de golpes de estado violentos e insurrecciones populares.

El **Naturalismo** intensifica los principios del Realismo e **incorpora la visión determinista** del evolucionismo y de las leyes sobre la herencia. El francés Émile Zola, máximo representante del Naturalismo, defiende que el escritor pueda experimentar sobre los caracteres o los hechos sociales como si fuera un científico. Siguiendo esos principios, el Naturalismo se caracteriza por los siguientes aspectos:

- Para realizar un **documento** detallado de la realidad, el artista recurre a los **métodos de las ciencias experimentales** y aplica el **determinismo**. Según esta teoría, el ser humano no es libre, sino que está condicionado por su herencia biológica y su entorno.
- Reproduce **ambientes sórdidos** o desagradables y presenta personajes marcados por la herencia y por el medio: tarados, alcohólicos, psicópatas... En general, el Naturalismo representa una **corriente crítica** que denuncia carencias e injusticias sociales.

Romanticismo, Realismo y Naturalismo en España

El siglo XIX, en España, fue un periodo de graves **tensiones políticas** y **sociales**. El enfrentamiento entre **liberales** y **conservadores** queda reflejado en la literatura.

El **romanticismo** español fue un **movimiento tardío, breve y superficial**, que se desarrolló durante los diez años de **régimen constitucional** de Isabel II (1833-1843), con el regreso de los **liberales exiliados** durante el **absolutismo**.

El **Realismo** llegó a España hacia 1868 y supuso el predominio del **género narrativo**, que, como en los demás países, eclipsa la lírica y el teatro.

El **Naturalismo** tuvo **una escasa incidencia** y provocó el rechazo de los sectores más conservadores.

El siglo XIX español se caracteriza por la **inestabilidad política**, que se manifiesta en los frecuentes cambios de sistema de gobierno, guerras, golpes de estado, etc. Paralelamente, la sociedad va evolucionando en la línea de los otros países europeos, aunque con cierto retraso y lentitud: crece la burguesía, se expande el liberalismo, se industrializan algunas zonas y aparecen las primeras organizaciones obreras.

El **Romanticismo** en España es un movimiento tardío, breve y superficial, que no supone el cambio de mentalidad ni de estructuras políticas que se da en otros países. Este hecho se explica por diversas circunstancias históricas:

- Durante la **guerra de la Independencia** (1808-1814) se opusieron a Napoleón los **liberales reformistas**, defensores de una monarquía constitucional, y los **absolutistas**, partidarios de la monarquía absoluta. Finalizada la guerra, con la entronización de Fernando VII (1814-1833), **se restablece el absolutismo** y los liberales se ven obligados a exiliarse. En 1820 triunfa el levantamiento de Riego y se instaura un **gobierno liberal**, que termina violentamente en 1823, con la recuperación del trono por parte de Fernando VII. La **vuelta al absolutismo** supone un nuevo exilio para muchos liberales.

- En la **cultura**, en las primeras décadas del siglo XIX, perdura el **neoclasicismo** y aparecen las primeras manifestaciones **prerrománticas** en Andalucía y Cataluña. A partir de 1814, Nicolás Böhl de Faber, cónsul alemán en Cádiz, publica diversos artículos en los que exalta, desde la sensibilidad **romántica tradicional**, el teatro español del Siglo de Oro. Unos años más tarde aparece en Barcelona la primera revista del Romanticismo en España, *El Europeo* (1823-1824), que combate el neoclasicismo también desde la óptica del **romanticismo tradicional**. Por otra parte, a pesar de la censura absolutista, en algunas tertulias se leen obras de autores europeos que siguen la corriente **romántica liberal**.

- El **Romanticismo triunfa** en España a partir de 1833, tras la implantación del régimen constitucional parlamentario, al regresar del exilio los liberales que habían entrado en contacto con el romanticismo europeo.

El **Realismo** y el **Naturalismo** se difunden por España más tarde que en Europa, como había sucedido con el Romanticismo. El Realismo no triunfa hasta la **Revolución de 1868**, mientras que el Naturalismo deja sentir su influencia hacia 1880. Durante esa época continúan la **inestabilidad política** y los **conflictos sociales**.

- Con la **Revolución de 1868**, llamada «la Gloriosa», culmina el **ascenso de la burguesía** y se precipita la caída de la reina Isabel II, que se exilia a Francia.

El llamado **Sexenio democrático** (1868-1874) es un periodo revolucionario en el que no se consigue crear un orden social estable, a pesar de que la Constitución de 1869 aceptaba un amplio espectro de libertades públicas. Fracasa tanto el ensayo de una nueva monarquía en la persona de Amadeo de Saboya, como la proclamación de la Primera República.

Con la **restauración de la monarquía**, el año 1875, en la persona de Alfonso XII, se instaura un **sistema bipartidista** basado en la alternancia pacífica de los partidos conservador y liberal, sistema que apoyaban los caciques de cada partido en sus respectivos distritos. Con ello se consigue una cierta estabilidad política y económica que perdura hasta la década de 1890, a pesar del descontento de las clases populares y la agitación en las colonias del Caribe.

- La **cultura** también recoge las diferencias entre **tradicionalistas** y **liberales**. La corriente católica tradicionalista, recelosa de los cambios revolucionarios y las innovaciones científicas y filosóficas, cuenta con pensadores como Jaime Balmes, Donoso Cortés y M. Menéndez Pelayo. Entre las corrientes liberales, destaca el **krausismo**, inspirado en la filosofía del alemán Karl Krause e introducido en España por Julián Sanz del Río. Los krausistas, desde la Institución Libre de Enseñanza, que dirige Francisco Giner de los Ríos, difunden una educación liberal, laica y moderna. Esta corriente influye en escritores como Galdós y Clarín.

Grabado que ilustra la salida de Isabel II y la familia real de su residencia de verano para dirigirse a su exilio en Francia.

6

LOS GÉNEROS LITERARIOS DEL ROMANTICISMO			
SIGLO XIX	**Lírica**	José de Espronceda Gustavo A. Bécquer Rosalía de Castro	*Canción del pirata*, *Canto a Teresa*, etc. *Rimas* *En las orillas del Sar*
	Narrativa	José de Espronceda A. de Saavedra, duque de Rivas José Zorrilla Gustavo A. Bécquer Enrique Gil y Carrasco	*El estudiante de Salamanca* y *El diablo mundo* *El moro expósito* y *Romances históricos* *Leyendas* *Leyendas* *El señor de Bembibre*
	Ensayo (Artículos periodísticos)	Mariano José de Larra	Artículos
	Teatro	Francisco Martínez de la Rosa A. de Saavedra, duque de Rivas José Zorrilla	*La conjuración de Venecia* *Don Álvaro o la fuerza del sino* *Don Juan Tenorio*

6/1

El Romanticismo

La poesía romántica

En la poesía romántica se distinguen dos tendencias:

- La **poesía lírica intimista**, que expresa los anhelos y frustraciones del poeta: sentimientos como el amor, el desengaño o la soledad, y temas sociales y religiosos. En esta corriente destacan Espronceda, Bécquer y Rosalía de Castro.

- La **poesía narrativa**, que recoge leyendas y temas históricos, cultivada por Espronceda, el duque de Rivas y Zorrilla.

Los poetas románticos recogen los temas propios del movimiento: **rechazo del entorno**, que les lleva a la evasión o la rebeldía; **exaltación** sentimental; anhelo de **libertad**; comunión con la **naturaleza**, etc. En cuanto al aspecto formal, se liberan de las normas neoclásicas y llevan a cabo considerables **innovaciones**: experimentan nuevas formas o recuperan otras casi olvidadas, como los romances, y usan la polimetría, es decir, combinan versos y estrofas diferentes en una misma obra. Sin embargo, en conjunto, la lírica romántica española no cosechó los frutos que se recogieron en otras literaturas europeas, pues no logra desprenderse del tono retórico y afectado, con la excepción de Bécquer y Rosalía de Castro.

La angustia ante el destino sobrecoge el ánimo del creador romántico, que a veces llega hasta extremos de desesperación. *Sátira del suicidio romántico*, por Leonardo Alenza.

José de Espronceda (1808-1842)

Espronceda es el prototipo de **romántico liberal exaltado**, como refleja su obra literaria y su actitud rebelde frente a la sociedad. Su poesía es un apasionado **canto a la libertad** (*Canción del pirata*, *El canto del cosaco*), con un **estilo** inconfundiblemente romántico: **brillante**, **musical y efectista**. En su obra destacan dos extensos poemas narrativos: *El estudiante de Salamanca* y *El diablo mundo*.

Espronceda adoptó la postura del rebelde individualista, siguiendo el modelo de lord Byron. Retrato por A. M.ª Esquivel.

Vida

José de Espronceda nació en un pueblecito de Badajoz. A los doce años se trasladó con su familia a Madrid. Ya en su adolescencia sufrió la cárcel y el destierro por combatir el absolutismo. En el exilio se relacionó con conspiradores liberales, y luchó en las barricadas de París a favor de la Revolución de 1830. Durante su destierro conoció al gran amor de su vida, Teresa Mancha. Ambos regresaron a España tras la muerte de Fernando VII y, después de unas tormentosas relaciones sentimentales, ella lo abandonó y murió al poco tiempo.

En España, Espronceda, junto a su actividad literaria, se dedicó a la política, integrado en la facción más exaltada del liberalismo. En 1842, tras conseguir un acta de diputado por Almería y después de haber llevado una vida harto agitada, murió en plena juventud a causa de una infección en la garganta.

Obra

Espronceda es esencialmente poeta, aunque también escribió una novela histórica (*Sancho Saldaña*) y obras de teatro, como, por ejemplo, *Blanca de Borbón*.

Su formación literaria neoclásica se hace patente en sus poemas juveniles, como el extenso poema narrativo incompleto *Pelayo*, que trata sobre la conquista de España por los musulmanes.

En el exilio conoció directamente el romanticismo inglés. En sus poemas se nota cada vez más esta influencia, mientras que la huella del neoclasicismo va desapareciendo. Composiciones de esta época son: *Himno al sol* y *Óscar y Malvina*.

Su poesía, plenamente romántica, se desarrolla a su regreso a Madrid, tras la amnistía de 1833. Crea composiciones **líricas** más personales y más exaltadas, que tratan de diversos temas. Así pues, algunos de sus poemas versan sobre los **marginados sociales**, con los que se identifica, porque él también se siente un rebelde que rechaza las convenciones sociales; ejemplo de ello serían la *Canción del pirata*, *El mendigo*, *El verdugo* o *El reo de muerte*. En otras composiciones se lamenta por la juventud perdida, como en *A Jarifa en una orgía*, o bien expresa sus **ideales políticos o sociales** como, por ejemplo, en *El canto del cosaco*, donde el poeta ataca el materialismo de la sociedad europea decadente.

Ilustración de *El diablo mundo*, extenso poema en el que Espronceda da forma a toda una serie de temas de tipo filosófico y sentimental del más acusado carácter romántico.

Sus obras poéticas más importantes son dos extensos **poemas narrativos**, que también contienen pasajes líricos: *El estudiante de Salamanca* y *El diablo mundo*.

Estilo

El estilo literario de Espronceda es, en general, **grandilocuente y enfático**: la expresión de un temperamento apasionado. Las imágenes llenas de violentos contrastes, los frecuentes cambios métricos, los versos rítmicos y sonoros, la abundante adjetivación efectista, las interrogaciones retóricas, las exclamaciones, etc., dan a su poesía un gran poder de evocación y una brillante **musicalidad**.

Actividades

***Canto a Teresa* (fragmento), de José de Espronceda** En este fragmento de *El diablo mundo*, Espronceda muestra cómo su amor juvenil idealiza a la amada, y cómo, después, sus ansias de amor ideal se desmoronan por las imperfecciones de esta mujer.

¿Por qué volvéis a la memoria mía,
tristes recuerdos del placer perdido,
a aumentar la ansiedad y la agonía
de este desierto corazón herido?
¡Ay! Que de aquellas horas de alegría
le quedó al corazón solo un gemido.
¡Y el llanto que al dolor los ojos niegan,
lágrimas son de hiel que el alma anegan!

¿Dónde volaron, ¡ay!, aquellas horas
de juventud, de amor y de ventura,
regaladas de músicas sonoras,
adornadas de luz y de hermosura?
Imágenes de oro bullidoras,
sus alas de carmín y nieve pura,
al sol de mi esperanza desplegando,
pasaban, ¡ay!, a mi alrededor cantando. [...]

¡Oh, Teresa! ¡Oh, dolor! Lágrimas mías,
¡ah!, ¿dónde estáis que no corréis a mares?
¿Por qué, por qué como en mejores días,
no consoláis vosotras mis pesares?
¡Oh!, los que no sabéis las agonías
de un corazón que penas a millares
¡ay! desgarraron, y que ya no llora,
¡piedad tened de mi tormento ahora! [...]

¿Quién pensara jamás, Teresa mía,
que fuera eterno manantial del llanto
tanto inocente amor, tanta alegría,
tantas delicias y delirio tanto?
¿Quién pensara jamás llegase un día
en que perdido el celestial encanto
y caída la venda de los ojos,
cuanto diera placer causara enojos?

1. Lee atentamente el poema y responde las siguientes preguntas:
- ¿Qué sentimientos expresa el poeta?
- ¿Cuál es el tema principal?

2. Analiza la medida y la rima de los versos, e indica el tipo de estrofa que se utiliza.

3. Señala las interrogaciones retóricas y las exclamaciones, e indica si dan al poema un tono enfático o grandilocuente.

4. Preparad y efectuad una lectura expresiva del poema (una estrofa cada alumno o alumna); prestad atención a los acentos, las pausas, la modalidad oracional y la puntuación. Tras la lectura, comentad las dificultades que presenta la «dramatización» del texto.

5. El poeta utiliza el tópico clásico *Ubi sunt?* ('¿dónde están / qué se hizo de...?'). Busca dos ejemplos de ello. ¿Recordáis algún otro poeta que trate ese motivo?

Romanticismo tardío

La **lírica intimista** romántica alcanza su culminación tardíamente, con Gustavo Adolfo Bécquer y Rosalía de Castro. Ambos se inclinan por una lírica **introspectiva** y **sencilla**.

Gustavo Adolfo Bécquer y Rosalía de Castro son los poetas más importantes de la etapa de transición, que abarca de 1845 a 1870. Durante este periodo se va atenuando progresivamente el Romanticismo y empiezan a desarrollarse las tendencias realistas. Estos dos autores son poetas románticos rezagados, a quienes no gusta la poesía prosaica de escritores como Campoamor o la poesía retórica de, por ejemplo, Núñez de Arce. Ambas tendencias muestran ya influencias del movimiento realista.

Tampoco les gusta la poesía exaltada y grandilocuente de románticos como Espronceda o lord Byron. Prefieren un tipo de lírica **intimista** y **natural**, que sigue el modelo de los románticos alemanes, especialmente el de Heinrich Heine, quien, a su vez, se inspira en las formas líricas tradicionales.

Gustavo Adolfo Bécquer (1836-1870)

La obra poética de Gustavo Adolfo Bécquer abre las puertas de la poesía contemporánea por su **intimismo**, pureza, sensibilidad y autenticidad. El autor se aleja de la lírica efectista romántica y **se inspira en la lírica romántica alemana** y en las **canciones populares andaluzas**, breves y de suave musicalidad.

Gustavo Adolfo Bécquer, la figura más importante de la segunda generación romántica y uno de los más altos líricos de toda la historia de la poesía española.

Vida

Gustavo Adolfo Domínguez Bastida nació en Sevilla. Muy pronto utilizó el segundo apellido paterno: Bécquer. Siendo niño, quedó huérfano de padre y madre, por lo que fue recogido por su madrina. Después de abandonar los estudios de náutica y pintura, encontró su vocación en la literatura.

A los dieciocho años se trasladó a Madrid en busca del triunfo literario. Pasó muchas estrecheces económicas y malvivió de escribir artículos en periódicos poco importantes, libretos de zarzuela y trabajos esporádicos. A los veintiún años contrajo una grave enfermedad. Al año siguiente conoció y se enamoró platónicamente de Julia Espín, que parece ser la inspiradora de parte de sus *Rimas*.

En 1861 se casó con Casta Esteban, y del matrimonio nacieron dos hijos. El poeta mantuvo a su familia escribiendo artículos en los periódicos y, durante un tiempo, como censor de novelas. Finalmente, el matrimonio se separó. Poco antes de morir, a los treinta y cuatro años, sumido en la pobreza y la enfermedad, se reconcilió con su mujer.

Bécquer puso su inspiración al servicio del sentimiento amoroso. *Retrato de la familia del poeta*, por Valeriano Bécquer.

Obra

Bécquer destaca sobre todo por su poesía **lírica**, las *Rimas*, aunque también escribió **prosa** de calidad, especialmente las ***Leyendas***, veintiocho relatos que condensan los motivos románticos: magia, medievalismo, naturaleza, sentimentalismo, etc.

Las *Leyendas* son narraciones fantásticas ambientadas en su mayor parte en la Edad Media. En ellas, Bécquer expresa sentimientos y emociones íntimas mediante una prosa lírica. Algunas de las leyendas más conocidas son «El monte de las ánimas», «Maese Pérez, el organista», «El rayo de luna», «Los ojos verdes»... También son interesantes las *Cartas desde mi celda*, conjunto de artículos compuestos durante su estancia en el monasterio de Veruela, que se publicaron en un periódico de la época.

Las *Rimas*

La poesía de Bécquer se reúne bajo el título de ***Rimas***. Se trata de una poesía **intensa** y **emotiva**, expresada con un estilo que busca la **perfección formal** a través de la **sencillez**, sin excesos retóricos.

La obra poética de Bécquer es breve y, después de su muerte, los amigos del poeta la editaron con el nombre de *Rimas*. La primera edición constaba de setenta y seis rimas, aunque después de su publicación se descubrieron algunas más. Son poemas breves, en general, de verso asonante y estrofas variadas.

El tono de las *Rimas* es profundamente **intimista** y **emotivo**. Según Bécquer, su poesía nace de la **evocación del sentimiento**, es decir, no parte de las vivencias inmediatas, sino del recuerdo de ellas, mezclado, al paso del tiempo, con su fantasía (imaginación, sueños, anhelos, temores, intuiciones...). Así nos lo dice el poeta: «Puedo asegurarte que cuando siento no escribo. Guardo, eso sí, en mi cerebro escritas, como en un libro misterioso, las impresiones que han dejado en él su huella al pasar; estas ligeras hijas de la sensación duermen allí agrupadas en el fondo de mi memoria hasta el instante en que, puro, tranquilo, sereno y revestido, [...] mi espíritu las evoca».

En lo que respecta al **estilo**, Bécquer se inclina por la lírica esencial, desnuda y condensada: «Hay una poesía magnífica y sonora; [...] que se engalana con todas las pompas de la lengua, que se mueve con una cadenciosa majestad [...]. Hay otra **natural**, **breve**, **seca**, que **brota del alma** como una chispa eléctrica, que hiere el sentimiento con una palabra y huye, y desnuda de artificio, desembarazada dentro de una forma libre, despierta, con una que las toca, las mil ideas que duermen en el océano sin fondo de la fantasía».

Por sus **temas**, las *Rimas* se pueden clasificar, aunque con ciertas reservas, en cuatro series:

- Rimas I-XI: la **poesía** como algo inexplicable y misterioso.
- Rimas XII-XXIX: el **amor esperanzado** que evoca momentos de felicidad del poeta.
- Rimas XXX-LI: el fracaso, el desengaño y la desesperación por el **amor perdido**.
- Rimas LII-LXXVI: el miedo a la soledad, al dolor y a la muerte expresan la **angustia** por su final, que intuye cercano.

Actividades

***Rimas*, de Gustavo Adolfo Bécquer**

XIII

Tu pupila es azul, y cuando ríes,
su claridad süave me recuerda
el trémulo fulgor de la mañana
que en el mar se refleja.
Tu pupila es azul, y cuando lloras,
las transparentes lágrimas en ella
se me figuran gotas de rocío
sobre una violeta.
Tu pupila es azul, y si en el fondo
como un punto de luz radia una idea,
me parece en el cielo de la tarde
una perdida estrella.

XLI

Tú eres el huracán, y yo la alta
torre que desafía su poder:
¡Tenías que estrellarte o abatirme!...
¡No pudo ser!
Tú eras el océano y yo la enhiesta
roca que firme aguarda su vaivén:
¡Tenías que romperte o que arrancarme!...
¡No pudo ser!
Hermosa tú, yo altivo; acostumbrados
uno a arrollar, el otro a no ceder;
la senda estrecha, inevitable el choque...
¡No pudo ser!

6. ¿Qué sentimientos amorosos expresan estas rimas?

7. Analiza la rima y la medida de los dos poemas.

8. La poesía de Bécquer, aunque busque la sencillez y la naturalidad, no está totalmente desnuda de artificios, pero estos no son superfluos sino sobrios y eficaces.

- Señala las comparaciones de la rima XIII.
- Busca los paralelismos sintácticos y las anáforas que hay en las dos rimas.

9. La estructura de la rima XLI se basa en la contraposición de una serie de elementos correlativos, que se relacionan con el *yo* del poeta y el *tú* de la amada.

- Escribe en dos columnas los elementos asociados a esos pronombres. ¿Qué connotaciones tienen las imágenes de ambas columnas?
- Siguiendo la lógica interna del poema, añade dos nuevos elementos o símbolos a la lista de imágenes y crea una nueva estrofa con ellos.

Rosalía de Castro (1837-1885)

Rosalía de Castro, autora de una poesía romántica intimista y melancólica.

Rosalía de Castro crea una **poesía romántica intimista** y **melancólica**, que se inspira en la sencillez y musicalidad de la lírica tradicional. Gran parte de su obra fue escrita en gallego; en castellano publicó *En las orillas del Sar*.

Rosalía de Castro publicó diversas novelas pero destaca, sobre todo, por su extraordinaria poesía lírica de *En las orillas del Sar* (1884), libro fundamental para la lírica castellana. Además, sus libros escritos en gallego la convierten en el símbolo del *Rexurdimiento* o romanticismo gallego.

Con un **estilo** personal, **sencillo y directo**, la autora integra sus sentimientos sobre el **amor**, la **soledad**, el **pesimismo**, las **injusticias**... en la descripción de la **naturaleza**. En sus poemas utiliza, generalmente, el verso asonante y diversas combinaciones métricas.

Rosalía de Castro, junto a Bécquer, es el valor más importante de la lírica de la segunda mitad del siglo XIX.

La prosa romántica

Los géneros en prosa que alcanzaron mayor desarrollo fueron la **novela histórica**, la **leyenda** y el **costumbrismo** periodístico.

Una dama española de la época romántica retratada por A. M.ª Esquivel. Museo Romántico, Madrid.

- **La novela histórica** trata, generalmente, sobre temas legendarios situados en la Edad Media; sigue el modelo de Walter Scott, autor de *Ivanhoe*. En España, se escribieron muchas novelas históricas, aunque no son de gran calidad; la más importante es *El señor de Bembibre* (1844), de Enrique Gil y Carrasco.

- **Las leyendas** en prosa más logradas fueron las de **Bécquer**, ya mencionadas, donde culmina la prosa poética romántica.

- **El costumbrismo** es un género estrechamente relacionado con el periodismo. En las revistas de la época se publicaban artículos o cuadros de costumbres que describían en tono gracioso la realidad cotidiana: costumbres o modos de vivir del país y personajes populares. Mariano José de Larra cultivó el cuadro de costumbres de forma diferente de como lo hicieron los otros autores del género, como veremos a continuación.

Los dos escritores más importantes del costumbrismo son Ramón Mesonero Romanos y Serafín Estébanez Calderón.

Si bien el costumbrismo tuvo su origen en el Romanticismo, sus autores miraron con cierto distanciamiento este movimiento, ya que no les gustaban los excesos de su estética. Por ello, al mismo tiempo, el costumbrismo fue el germen de la novela realista.

Mariano José de Larra (1809-1837)

Larra ocupa un lugar importante en la literatura gracias a sus **artículos periodísticos**, de tema costumbrista, político y literario. Logró un **estilo** personal, **directo**, sin grandes complicaciones, que **se adapta a las necesidades periodísticas** por su capacidad de comunicación y convicción.

Vida

Mariano José de Larra nació en Madrid. Su padre fue partidario de Napoleón y, cuando terminó la guerra de la Independencia, tuvo que huir a Francia con su familia. Volvieron a España cuando Larra tenía nueve años y estudió en Madrid. A los diecinueve años empezó a dedicarse al periodismo y fundó un periódico, *El duende satírico del día*, que duró poco a causa de las dificultades económicas y de la censura. A los veinte años se casó, pero su matrimonio fue un fracaso. Se enamoró de una mujer casada, Dolores Armijo, con quien mantuvo unas relaciones difíciles e inestables. Tres años más tarde publicó una serie de folletos satíricos, *El pobrecito hablador*, que alcanzaron un gran éxito. Pero su fama se consolidó definitivamente con la publicación de diversos artículos bajo el seudónimo de *Fígaro*.

Mariano José de Larra supo percibir, de manera lúcida y con espíritu crítico, los más diversos aspectos de la sociedad de su tiempo.

Su ideología política liberal evolucionó hacia posiciones más progresistas y, finalmente, hacia un profundo pesimismo; participó en política y fue elegido diputado, pero el Parlamento no se llegó a constituir. La mala situación general del país le decepcionó y exasperó. A esa insatisfacción social y política, se añadió el desánimo que sufrió cuando le abandonó definitivamente Dolores. Sumido en una profunda depresión, se quitó la vida de un pistoletazo.

La obra de Larra: los artículos periodísticos

Además de los artículos, que constituyen su obra fundamental, Larra también cultivó otros géneros como, por ejemplo, la novela histórica –*El doncel don Enrique el Doliente*– y el drama romántico –*Macías*–. Ambas obras tratan de los trágicos amores de un trovador medieval, Macías, con una mujer casada.

Los artículos periodísticos de Larra, según sus temas, se clasifican en:

Artículos de costumbres. Frente a la intención descriptiva y pintoresca del género, que se limitaba a reflejar las costumbres y tipos populares en tono amable, Larra ofrece una **visión crítica** y **satírica** de la sociedad. Con ello supera el esquema del género, ya que su costumbrismo no solo describe ambientes y caracteres, sino que pretende, con sus críticas, reformarlos y modernizarlos. De ahí que satirice la ignorancia, la vanidad, la hipocresía, la desidia burocrática, la desorganización social, el atraso del país...

Artículos políticos. Ofrecen una visión de conjunto del **panorama político** de su época. Fustiga a los carlistas por defender el absolutismo y también rechaza la política liberal moderada por su indecisión a la hora de acometer reformas.

Artículos literarios. Recogen comentarios críticos sobre la **literatura del momento**, especialmente el **teatro**. Su agudo sentido crítico se pone de manifiesto al valorar la auténtica obra de arte y atacar con acritud la mediocre.

Estilo y trascendencia de Larra

En sus artículos, Larra emplea el **estilo adecuado al medio periodístico**, funcional, directo y natural, muy eficaz para llegar a un amplio público.

Larra, como **romántico** que es, se implica en los artículos. Utiliza como tesis una anécdota o un hecho cotidiano para expresar, con aguda ironía y fuerte carga crítica, su visión particular de la realidad. Como los ilustrados, piensa que al país le hace falta educación, ganas de trabajar y ansias de progresar.

Los artículos de Larra mantienen su vigencia y su autor es considerado el **iniciador de la prosa contemporánea** española.

Los artículos de costumbres de Larra equivalen a una inteligente y graciosa sátira de numerosos aspectos de la vida española del momento como por ejemplo, la poca eficacia de los funcionarios públicos. Grabado de la época.

Actividades

«Un reo de muerte», artículo periodístico de Mariano José de Larra

Un pueblo entero obstruye ya las calles de tránsito. Las ventanas y balcones están coronados de espectadores sin fin, que se pisan, se apiñan y se agrupan para devorar con la vista el último dolor del hombre.

–¿Qué espera esta multitud? –diría un extranjero que desconociese las costumbres–. ¿Es un rey el que va a pasar; ese ser coronado, que es todo un espectáculo para un pueblo? ¿Es un día solemne? ¿Es una pública festividad? ¿Qué hacen ociosos esos artesanos? ¿Qué curiosea esta nación?

Nada de eso. Ese pueblo de hombres va a ver morir a un hombre.

–¿Dónde va?

–¿Quién es?

–¡Pobrecillo!

–Merecido lo tiene.

–¡Ay! Si va muerto ya.

–¿Va sereno?

–¡Qué entero va!

He aquí las preguntas y expresiones que se oyen resonar en derredor. Numerosos piquetes de infantería y caballería esperan en torno del patíbulo. He notado que en semejante acto siempre hay alguna corrida; el terror que la situación del momento imprime en los ánimos causa la mitad del desorden; la otra mitad es obra de la tropa que va a poner orden. ¡Siempre bayonetas en todas partes! ¿Cuándo veremos una sociedad sin bayonetas? ¡No se puede vivir sin instrumentos de muerte! Esto no hace, por cierto, el elogio de la sociedad ni del hombre. [...]

Un tablado se levanta en un lado de la plazuela: la tablazón desnuda manifiesta que el reo no es noble. ¿Qué quiere decir un reo noble? ¿Qué quiere decir garrote vil[1]? Quiere decir indudablemente que no hay idea positiva ni sublime que el hombre no impregne de ridiculeces.

Mientras estas reflexiones han vagado por mi imaginación, el reo ha llegado al patíbulo; [...] había llegado el momento de la catástrofe; el que solo había robado acaso a la sociedad, iba a ser muerto por ella; la sociedad también da ciento por uno: si había hecho mal matando a otro, la sociedad iba a hacer bien matándole a él. Un mal se iba a remediar con dos.

El reo se sentó por fin. ¡Horrible asiento! Miré al reloj: las doce y diez minutos; el hombre vivía aún... De allí a un momento una lúgubre campanada de San Millán, semejante al estruendo de las puertas de la eternidad que se abrían, resonó por la plazuela; el hombre no existía ya; todavía no eran las doce y once minutos. «La sociedad, exclamé, estará ya satisfecha: ya ha muerto un hombre».

1. **garrote vil:** instrumento utilizado en España para las ejecuciones.

10. Resume el texto desde una perspectiva externa, es decir, usando la 3.ª persona.

11. ¿El autor muestra sus sentimientos sobre la pena de muerte? Señala algún ejemplo.

- Describe las diversas actitudes que se desprenden de los comentarios que hace el público asistente a la ejecución.

12. Indica qué propósito persigue el autor en este fragmento. ¿Consideras que es un tema de interés social? Razona tu respuesta.

El teatro romántico

En el teatro romántico predomina el **drama**, cuyo objetivo es **conmover** al espectador. De ahí que se revalorice el teatro barroco de Lope y Calderón, y, con frecuencia, las obras se ambienten en la Edad Media.

6

Respecto a la **forma**, la **libertad del autor** prevalece sobre las normas clásicas. Por eso, se mezcla lo trágico y lo cómico, la prosa y el verso; no se respetan las tres unidades, etc.

En cuanto a los **temas**, abundan los conflictos en torno al **amor** y la **libertad,** que enfrentan al héroe romántico con el mundo exterior, y que suelen desembocar en un **final trágico**.

José Zorrilla es el autor romántico más famoso y su obra más destacada es *Don Juan Tenorio*.

Como en otros países, el teatro romántico español reacciona contra el didactismo y las normas del teatro neoclásico. Por el contrario, los románticos defienden un drama emotivo, que refleje tanto la insatisfacción del héroe romántico como la libertad del artista, que no se somete a ninguna norma estilística.

El primer gran éxito del drama romántico se produce en 1834, con el estreno de *La conjuración de Venecia*, de Francisco Martínez de la Rosa. Le siguieron otros estrenos como, por ejemplo, *Macías*, de Larra. Sin embargo, la **plena consagración** de la estética romántica y, por tanto, la ruptura definitiva con el teatro neoclásico tiene lugar en 1835, con el estreno de ***Don Álvaro o la fuerza del sino***, de Ángel de Saavedra, el duque de Rivas. A partir de ese momento son muchas las obras románticas puestas en escena. Entre ellas, destacan *El trovador*, de Antonio García Gutiérrez; *Los amantes de Teruel*, de Juan Eugenio Hartzenbusch, o los dramas de José Zorrilla, como *El puñal del godo*, *El zapatero del rey*, *Don Juan Tenorio* y *Traidor inconfeso y mártir*.

Ángel de Saavedra, duque de Rivas (1791-1865). Nació en Córdoba y, además de famoso dramaturgo, fue un buen poeta. Son notables sus poemas narrativos *El moro expósito*, basado en la leyenda de los siete infantes de Lara, y los *Romances históricos*, de inspiración histórica y legendaria. Pero su obra más representativa es el drama *Don Álvaro o la fuerza del sino*, que sintetiza las características propias del drama romántico:

- El tema principal es el **destino trágico**, el **sino fatal**, que persigue al protagonista.
- Formalmente, mezcla lo trágico y lo cómico, la prosa y el verso; no respeta las tres unidades; incluye escenas costumbristas... Su estilo tiene gran fuerza y dinamismo, aunque también hay excesos retóricos y sentimentales.

José Zorrilla (1817-1893). Nacido en Valladolid, es el escritor más famoso del romanticismo español. Presentan una calidad considerable sus composiciones líricas, así como sus poemas narrativos escritos en romances, que tratan sobre temas históricos o tradiciones populares. Pero es el teatro lo que le da la fama. Entre las casi treinta obras dramáticas que escribió, destaca *Don Juan Tenorio* (1844), la más popular del romanticismo español, que se inspira en *El burlador de Sevilla*, de Tirso de Molina.

Representación de *Don Juan Tenorio* dirigida por Gustavo Pérez Gil en Madrid en 1990. Natalia Dicenta interpreta el papel de doña Inés y Juan Carlos Naya el de don Juan.

Actividades

Don Álvaro o la fuerza del sino, del duque de Rivas

El drama, estructurado en cinco jornadas, está ambientado en el siglo XVIII. Don Álvaro, el protagonista, es un rico indiano de origen misterioso que mata, sin querer, al marqués de Calatrava, padre de su amada, doña Leonor, cuando intentaba fugarse con ella. Don Álvaro huye a Italia y hasta allí es perseguido por Carlos, hermano de doña Leonor; don Álvaro lo mata, a su vez, en un duelo. El protagonista regresa arrepentido a España e ingresa en un convento que, casualmente, está cerca de la gruta donde vive Leonor convertida en penitente. Otro hermano de Leonor, don Alfonso, descubre a don Álvaro. Ambos se baten en duelo y don Alfonso es herido de muerte. Don Álvaro pide ayuda al penitente y descubre que este es Leonor. Su hermano, moribundo, reconoce a Leonor y, creyendo que esta ha vuelto con don Álvaro, la mata. Don Álvaro, desesperado, se suicida. El desenlace se produce en estas dos últimas escenas de la obra.

ESCENA X

Los mismos y D.ª LEONOR, *vestida con un saco y esparcidos los cabellos, pálida y desfigurada, aparece a la puerta de la gruta, y se oye repicar a lo lejos las campanas del convento.*

D.ª LEONOR. Huid, temerario; temed la ira del cielo.

D. ÁLVARO. *(Retrocediendo horrorizado por la montaña abajo.)* ¡Una mujer!... ¡Cielos!... ¡Qué acento!... ¡Es un espectro!... Imagen adorada... ¡Leonor, Leonor!

D. ALFONSO. *(Como queriéndose incorporar.)* ¡Leonor!... ¿Qué escucho? ¡Mi hermana!

D.ª LEONOR. *(Corriendo detrás de* DON ÁLVARO.*)* ¡Dios mío! ¿Es don Álvaro?... Conozco su voz... Él es... ¡Don Álvaro!

D. ALFONSO. ¡Oh furia! Ella es... ¡Estaba aquí con su seductor!... ¡Hipócritas!... ¡Leonor!

D.ª LEONOR. ¡Cielos! ¡Otra voz conocida!... Mas ¿qué veo? ... *(Se precipita hacia donde ve a* DON ALFONSO.*)*

D. ALFONSO. ¡Ves al último de tu infeliz familia!

D.ª LEONOR. *(Precipitándose en los brazos de su hermano.)* ¡Hermano mío!... ¡Alfonso!

D. ALFONSO. *(Hace un esfuerzo, saca un puñal y hiere de muerte a* DOÑA LEONOR.*)* Toma, causa de tantos desastres, recibe el premio de tu deshonra... Muero vengado. *(Muere.)*

D. ÁLVARO. ¡Desdichado!... ¿Qué hiciste?... ¡Leonor! ¿Eras tú?... ¿Tan cerca de mí estabas?... ¡Ay! *(Sin osar acercarse a los cadáveres.)* Aún respira... aún palpita aquel corazón todo mío... Ángel de mi vida... Vive, vive... Yo te adoro... ¡Te hallé por fin... sí, te hallé... muerta! *(Queda inmóvil.)*

ESCENA ÚLTIMA

Hay un rato de silencio; los truenos resuenan más fuertes que nunca, crecen los relámpagos y se oye cantar a lo lejos el miserere a la comunidad, que se acerca lentamente.

VOZ DENTRO. Aquí, aquí. ¡Qué horror! *(*DON ÁLVARO *vuelve en sí, luego huye hacia la montaña. Sale el* PADRE GUARDIÁN *con la comunidad, que queda asombrada.)*

P. GUARDIÁN. ¡Dios mío!... ¡Sangre derramada! ¡Cadáveres!... ¡La mujer penitente!

TODOS LOS FRAILES. ¡Una mujer!... ¡Cielos!

P. GUARDIÁN. ¡Padre Rafael![1]

D. ÁLVARO. *(Desde un risco, con sonrisa diabólica, todo convulso, dice:)* Busca, imbécil, al padre Rafael... Yo soy un enviado del infierno, soy el demonio exterminador... Huid, miserables.

TODOS. ¡Jesús, Jesús!

D. ÁLVARO. Infierno, abre tu boca y trágame. Húndase el cielo, perezca la raza humana; exterminio, destrucción... *(Sube a lo más alto del monte y se precipita.)*

P. GUARDIÁN Y LOS FRAILES. *(Aterrados y en actitudes diversas.)* ¡Misericordia, Señor, misericordia!

---

1. Es el nombre que tiene don Álvaro como religioso.

13. ¿Qué recursos emplea el autor para dar a los diálogos un tono enfático y exaltado? ¿Crees que es exagerado?

14. Preparad y realizad una lectura dramatizada del texto que tenga en cuenta el espíritu exaltado de esta obra romántica.

15. Señala las casualidades que se dan en estas escenas finales e indica qué relación tienen con el tema principal.

- ¿Qué aspectos de la escenografía recrean un ambiente romántico en la escena final?
- ¿Qué importancia tiene en el desarrollo de la acción?

16. ¿El tema que plantea es propio del Romanticismo? ¿Crees que ese tema mantiene su actualidad?

6 COMENTARIO *Canción del pirata*, de José de Espronceda

    Con diez cañones por banda,
viento en popa, a toda vela,
no corta el mar, sino vuela
un velero bergantín;
bajel pirata que llaman,
por su bravura, *el Temido*,
en todo el mar conocido
del uno al otro confín.
    La luna en el mar riela,
en la lona gime el viento,
y alza en blando movimiento
olas de plata y azul;
y va el capitán pirata,
cantando alegre en la popa,
Asia a un lado, al otro Europa,
y allá a su frente Estambul:
    «Navega, velero mío,
        sin temor,
que ni enemigo navío,
ni tormenta, ni bonanza
tu rumbo a torcer alcanza,
ni a sujetar tu valor.
        »Veinte presas
    hemos hecho
    a despecho
    del inglés,
    y han rendido
    sus pendones
    cien naciones
    a mis pies.
    »*Que es mi barco mi tesoro,*
que es mi Dios la libertad;
mi ley, la fuerza y el viento,
mi única patria, la mar.
    »Allá muevan feroz guerra
        ciegos reyes
por un palmo más de tierra;
que yo tengo aquí por mío
cuanto abarca el mar bravío,
a quien nadie impuso leyes.
        »Y no hay playa,
    sea cualquiera,
    ni bandera
    de esplendor,
    que no sienta
    mi derecho
    y dé pecho
    a mi valor.
    »*Que es mi barco mi tesoro...*
    »A la voz de"¡Barco viene!",
        es de ver
cómo vira y se previene
a todo trapo escapar.
Que yo soy el rey del mar,
y mi furia es de temer.
        »En las presas
    yo divido
    lo cogido
    por igual;
    solo quiero
    por riqueza
    la belleza
    sin rival.
    »*Que es mi barco mi tesoro...*
    »¡Sentenciado estoy a muerte!
        Yo me río;
no me abandone la suerte,
y al mismo que me condena
colgaré de alguna antena
quizá en su propio navío.
        »Y si caigo,
    ¿qué es la vida?
    Por perdida
    ya la di,
    cuando el yugo
    del esclavo
    como un bravo
    sacudí.
    »*Que es mi barco mi tesoro...*
    »Son mi música mejor
        aquilones,
el estrépito y temblor
de los cables sacudidos,
del negro mar los bramidos
y el rugir de mis cañones.
        »Y del trueno
    al son violento,
    y del viento
    al rebramar,
    yo me duermo
    sosegado,
    arrullado
    por el mar.
    »*Que es mi barco mi tesoro...*»

Localización

1. Relaciona el poema con las distintas tendencias del Romanticismo y con la personalidad de Espronceda.

Análisis del contenido y de la expresión

2. ¿Qué tema aparece en el estribillo del poema? ¿Es el tema principal?

3. Anota los rasgos más sobresalientes que caracterizan al pirata a lo largo del poema. ¿Cuál es la riqueza que más valora el pirata? ¿Qué actitud adopta el pirata frente a la vida y la muerte?

4. ¿Los ambientes son típicamente románticos y expresan el estado de ánimo del pirata? Justifica tu respuesta con referencias o ejemplos del poema.

5. Analiza los tipos de estrofas que aparecen y señala las dos partes en que se divide el texto.

6. El poema tiene un tono exagerado o hiperbólico. Identifica algunas hipérboles.

7. Señala las aliteraciones de las dos últimas estrofas y explica qué tipo de sonoridad aportan.

Valoración y creación

8. Preparad una breve exposición oral sobre el siguiente tema: ¿Por qué el pirata, siendo un ser humano antisocial, fascina a la gente?

9. Algunas películas recogen con sensibilidad el espíritu de la literatura romántica, como *Werther* (1986), de Pilar Miró, y *Remando al viento* (1988), de Gonzalo Suárez. Ambas pueden ser el punto de partida para comentar el Romanticismo.

GUÍA DE LECTURA

Rimas, de Gustavo Adolfo Bécquer

En las *Rimas* veremos unas constantes que caracterizan la poesía de Bécquer, como, por ejemplo:

- Poemas breves, concentrados e intensos, que recuerdan a Heine y la poesía popular andaluza.
- Poesía intimista de tono confidencial y de autenticidad sentimental.
- Intensidad emotiva expresada a menudo mediante interrogaciones, exclamaciones o puntos suspensivos (sin la abundancia ni la grandilocuencia de otros románticos). Esos recursos intensifican la musicalidad del poema.
- Temas limitados a la experiencia del poeta respecto a la poesía, el amor y la muerte-destino.
- Métrica variada (octavas, silvas, romances...), predominio de la rima asonante y abundancia del verso de pie quebrado, que crea un ritmo muy marcado.
- Uso del diálogo de tono íntimo, no teatral o declamatorio.
- Abundancia de comparaciones y metáforas sencillas, referidas al mundo de la naturaleza y a lo sensorial: formas, luces, sonidos, movimientos...
- Distribuciones simétricas o correspondencias internas en el contenido del poema, a través de anáforas, antítesis y, sobre todo, paralelismos sintácticos y semánticos que crean un ritmo externo e interno muy acentuado.

Introducción

1. Elabora un breve esquema de la literatura romántica y, en especial, de la lírica.

2. Sitúa la poesía de Bécquer respecto al resto de la poesía romántica, y señala qué características comparte con ella y cuáles la diferencian.

Estudio de las *Rimas*

Para estudiar las *Rimas*, seguimos la clasificación recogida en el tema anterior.

Rimas sobre la poesía (I-XI)

3. Rima I: *Yo sé un himno gigante y extraño*. Este poema, por su situación en el libro, adquiere un carácter de prólogo y recoge las ideas que serán constantes en esta primera parte: la poesía, el lenguaje y el poeta.

- Señala las partes del poema y escribe un resumen de cada una.
- Apunta las expresiones con que se alude a la poesía. ¿Qué connotaciones tienen?
- El *yo* del poeta aparece varias veces, tanto de forma expresa como elíptico. A partir esas alusiones, analiza qué es ser poeta para Bécquer.
- Observa la relación entre lenguaje y poesía que expresa el poema. ¿Cómo es el lenguaje? ¿Cómo lo desea el poeta?

4. Rima II: *Saeta que voladora*. La estructura del poema es muy usual en Bécquer: una sucesión de metáforas, presentadas en forma paralelística que, al final, se identifican con el tema de la rima. En esta composición es el propio poeta.

- Analiza el paralelismo sintáctico y semántico. ¿Qué tienen en común las imágenes?
- ¿Qué visión ofrece el poeta de sí mismo?
- Señala las palabras que aportan sensorialidad al poema: formas, colores, movimiento, sonido...

5. Rima IV: *No digáis que, agotado su tesoro*. Viene a ser una declaración optimista sobre la perdurabilidad de la poesía, que queda recogida en el verso «¡habrá poesía!».

- Resume el contenido del poema e indica con qué elementos relaciona Bécquer la poesía.
- Explica la estructura del poema. ¿Es característica del autor?

6. Rima VII: *Del salón en el ángulo oscuro*. Como en la rima anterior, Bécquer identifica la poesía con un instrumento musical que contiene notas dormidas, en espera de una mano que las despierte.

- Analiza la comparación que aparece en la tercera parte. Recuerda que Lázaro es un personaje bíblico a quien Jesucristo resucitó con las palabras que cierran el poema.
- Observa que el ritmo se va acelerando y que la primera estrofa es más descriptiva. Señala los elementos que rompen el tono suave de la primera parte.

7. Rima VIII: *Cuando miro el azul horizonte*

- Observa la distribución del contenido. ¿Es usual en Bécquer?
- El poeta expresa un anhelo difuso a través de imágenes sensoriales que aluden a la naturaleza. El cromatismo dorado-

6

negro es habitual en el poeta, y aquí queda muy bien recogido. Señala los elementos sensoriales del poema.

8. Rima X: ***Los invisibles átomos del aire***

- Indica el tema de la rima. ¿En qué verso aparece? ¿Es habitual esta disposición en el poeta?
- Anota las palabras que aluden a elementos sensoriales. ¿Son abundantes en el poema?
- ¿Qué connotaciones tiene el amor en este poema? ¿Qué palabras nos ayudan a responder esta pregunta?

9. Rima XI: ***Yo soy ardiente, yo soy morena***

- Analiza qué tipo de mujer anhela el poeta y relaciona este ideal con el Romanticismo.
- Repasa los rasgos típicos de la poesía de Bécquer y señala cuáles aparecen en esta composición.

Rimas sobre el amor esperanzado (XII-XXIX)

10. Rima XIV: ***Te vi un punto y flotando ante mis ojos.*** Como en muchos otros poemas, Bécquer evoca una imagen, aquí unos ojos, y después hace una reflexión sobre ella.

- ¿Con qué expresiones se alude a los ojos? ¿Qué cualidades predominan? ¿Qué cromatismo?
- Mediante las imágenes, el poeta crea un ambiente. Relaciona esa atmósfera con el Romanticismo.

11. Rima XV: ***Cendal flotante de leve bruma***

- Señala las partes del poema y comenta la estructura.
- Escribe una lista de las metáforas que aluden al *tú*, y otra de las que se refieren al *yo*. ¿En qué se diferencian unas de otras? ¿En qué coinciden?

12. Rima XVII: ***Hoy la tierra y los cielos me sonríen.*** Este brevísimo poema contiene numerosos rasgos becquerianos. Compruébalo teniendo en cuenta la métrica, la estructura y el tono sentimental que expresa.

13. Rima XXI: ***¿Qué es poesía?, dices mientras clavas.*** La intensidad rítmica viene dada por una suma de factores: interrogaciones, exclamaciones, encabalgamientos, acentos en palabras clave, puntos suspensivos...

- Teniendo en cuenta lo anterior, haz una lectura expresiva del poema (recuerda que Bécquer es intimista y confidencial, nada engolado ni grandilocuente).

14. Rima XXIV: ***Dos rojas lenguas de fuego***

- Analiza la estructura del poema e indica dónde aparece expresado el tema.
- Indica el campo semántico al que aluden las metáforas.

Rimas sobre el desengaño amoroso (XXX-LI)

En esta parte aparecen poemas más anecdóticos, ya que a veces se basan en un pequeño suceso que se recoge y da pie a una reflexión. Comienza con unas rimas de ruptura o de fracaso amoroso, que revelan el sentimiento de dolor y de decepción, así como la incompatibilidad entre amor y orgullo. A veces, aflora un tono de recriminación hacia la mujer, despecho y cierta misoginia (prejuicios contra las mujeres en general).

15. Rima XXX: ***Asomaba a sus ojos una lágrima***; rima XXXII: ***Pasaba arrolladora en su hermosura***; rima XXXV: ***¡No me admiró tu olvido! Aunque de un día***; rima XXXVII: ***Antes que tú me moriré: escondido***; rima XXXIX: ***¿A qué me lo decís? Lo sé: es mudable***

- Indica qué sentimiento predomina en cada una de las rimas anteriores.
- ¿Qué diferencia hay entre la mujer que aparece en estos poemas y la que hemos visto en los anteriores?

16. Rima XL: ***Su mano entre mis manos.*** Este poema tiene un cierto argumento, es más narrativo-descriptivo, de ahí su extensión. En él se reflejan ciertas pinceladas de la vida social, que Bécquer conocía, pero que no abundan en su poesía.

- Anota esos rasgos de vida social que muestra el poema: ambientes, tipos...

17. Rima XLVI: ***Me ha herido recatándose en las sombras***; rima XLVII: ***Yo me he asomado a las profundas simas***; y rima L: ***Lo que el salvaje que con torpe mano***

- ¿Qué sentimiento ha dejado en el poeta el amor perdido? ¿Cómo quedan reflejados los antiguos enamorados? ¿Coinciden estas rimas sobre quién es el culpable del fracaso?
- ¿Qué constantes de la poesía becqueriana encontramos en estos poemas?

Rimas sobre la angustia, la desesperanza y la muerte (LII-LXXVI)

18. Rima LII: ***Olas gigantes que os rompéis bramando***

- Analiza la forma métrica y la estructura.
- Observa qué tipo de naturaleza aparece en el poema. Relaciónala con el estilo de la época.
- ¿Qué sentimiento expresa el poeta? Justifica tu respuesta con expresiones del poema.

19. Rima LIII: ***Volverán las oscuras golondrinas***

- Resume el poema y señala los rasgos que, según Bécquer, diferencian el amor de la naturaleza.
- ¿La estructuración del contenido es típica de Bécquer?

20. Rima LVI: *Hoy como ayer, mañana como hoy*; y rima LX: *Mi vida es un erial*

- ¿Cómo es la vida para Bécquer después del fracaso amoroso?
- Señala los rasgos románticos que aparecen en ambas rimas.

21. Rima LXV: *Llegó la noche y no encontré un asilo*; y rima LXVI: *¿De dónde vengo?... El más horrible y áspero.* Estas rimas revelan la angustia existencial del poeta. Bécquer recoge el tema del proscrito, tan usual en los románticos. Cernuda, poeta del siglo XX, tomó el penúltimo verso de la rima LXVI –«donde habite el olvido»– como título de uno de sus libros, en un homenaje al poeta y al poema que tan bien recoge el espíritu romántico.

- Resume las rimas.
- Señala la estructura de la rima LXVI y analiza las metáforas que aparecen en ella.

22. Rima LXXIII: *Cerraron sus ojos*

- Resume el poema.
- Analiza el valor expresivo de los interrogantes finales.
- Señala y comenta los versos que forman el estribillo.

23. Rima LXXIV: *A las ropas desceñidas,* y rima LXXVI: *En la imponente nave.* La imagen de la muerte se convierte en una obsesión al final del libro.

- ¿Con qué se identifica la muerte en la rima LXXIV?
- En la rima LXXVI parece que se describe una tumba gótica; Bécquer era un gran admirador de la arquitectura antigua. Resume el poema y, después, relaciona su contenido con los tópicos del Romanticismo.

Propuestas de trabajo

Las tareas que proponemos son muy adecuadas para el trabajo en grupo, ya que permiten una fácil distribución de la materia y una puesta en común que puede ser enriquecedora.

- La idea de poesía en las *Rimas* mediante citas becquerianas.
- El concepto de amor. Su evolución a través de las *Rimas*.
- La mujer en las *Rimas*. Diferentes tipos que aparecen en ellas. Imágenes con las que se comparan...
- La muerte en las *Rimas*. Actitud del poeta frente a la muerte, sus alusiones, metáforas...
- La naturaleza que aparece en las *Rimas*. Situaciones en las que surge, relación con los sentimientos del poeta. Los diferentes tipos de naturaleza. Elementos que más se repiten y cualidades que de ellos resalta Bécquer.
- Los ideales de Bécquer: la poesía, el ideal de mujer, sus anhelos.
- La literatura en las *Rimas*: rima VI (*A Ofelia*) y rima XIII (*A imitación de Byron*). Los dos poemas están dedicados a un personaje literario: el primero a Ofelia, personaje de *Hamlet*, obra de Shakespeare, y el segundo a un poeta, lord Byron. Con la ayuda de manuales de literatura, recopila toda la información posible sobre Ofelia y sobre Byron. ¿Qué representan? ¿Qué relación tienen con Bécquer?
- Relación entre la poesía de Bécquer y la pintura de la época que refleja el mismo espíritu romántico. Buscad en la biblioteca o a través de Internet ejemplos de pintura romántica; seleccionad los que consideréis más afines a los poemas de Bécquer y asociad algunas rimas con cuadros que las «ilustren».
- Bécquer es uno de los pocos poetas que es valorado por un amplio público y por los especialistas. Comprueba esa popularidad accediendo a las numerosas páginas web dedicadas a su obra, especialmente la «Página literaria de Gustavo Adolfo Bécquer»: *http://www.xtec.es/~jcosta*, o bien *http://www.tinet.org/~mpl/becquer/becquer* y *http://www.geocities.com/autenticapoesia*. A partir de ellas, podéis crear una nueva página web (que, a su vez, puede incorporar los resultados del ejercicio anterior).
- *El huésped de las tinieblas* (1948) es el título de una película que recrea la vida del poeta. Dirigida por Antonio del Amo, la biografía presenta un estilo cercano al drama romántico y a la fantasía onírica. Su visión y el posterior comentario en clase pueden resultar interesantes para profundizar en la atmósfera del Romanticismo. La misma función puede desempeñar, *La cruz del diablo* (1975) de John Gilling, basada en tres leyendas.

LOS GÉNEROS LITERARIOS DEL REALISMO Y DEL NATURALISMO			
SIGLO XIX	Lírica	R. de Campoamor G. Núñez de Arce	*Doloras, Pequeños poemas, Humoradas* *Gritos del combate*
	Narrativa	Fernán Caballero P. Antonio de Alarcón J. M.ª de Pereda J. Valera E. Pardo Bazán B. Pérez Galdós L. Alas *Clarín* V. Blasco Ibáñez	*La Gaviota* *El sombrero de tres picos* *Sotileza, Peñas arriba* *Pepita Jiménez* *Los pazos de Ulloa* *Episodios nacionales, Fortunata y Jacinta* *La Regenta* *Entre naranjos, Cañas y barro*
	Teatro	M. Tamayo y Baus J. Echegaray	*Un drama nuevo* *El gran Galeoto*

6/2

El Realismo y el Naturalismo

La literatura realista y naturalista en España: lírica, teatro y narrativa

Campoamor fue autor de obras de tono irónico. Su escepticismo y sus maliciosas observaciones sobre la sociedad del momento lo vinculan a las preocupaciones literarias de la época.

Aunque el **Realismo** llegó con retraso a España, hacia 1868, la producción literaria realista alcanza un notable desarrollo.

El predominio del **género narrativo**, como en los demás países, eclipsa la lírica y el teatro, a pesar del éxito que lograron en su época algunos poetas (como Campoamor) y dramaturgos (por ejemplo, Echegaray).

Entre los numerosos **novelistas** destacan **Galdós**, **Clarín**, **Valera**, **Pardo Bazán** y **Blasco Ibáñez**.

La lírica. El poeta representativo del Realismo es **Ramón de Campoamor**, que se caracteriza por su antirromanticismo. El mismo autor define sus libros poéticos principales, *Doloras, Pequeños poemas* y *Humoradas*, con estas palabras: «¿Qué es una humorada? Un rasgo intencionado. ¿Y dolora? Una humorada convertida en drama. ¿Y pequeño poema? Una dolora amplificada».

El teatro. En torno al año 1868, autores como **López de Ayala** y **Manuel Tamayo y Baus** cultivan la «**alta comedia**», el género característico del Realismo, que refleja la sociedad contemporánea con una suave crítica. Pero el dramaturgo más aplaudido de la época es **José Echegaray**, premio Nobel de Literatura en 1904, quien cultiva sobre todo el **drama neorromántico**.

A finales de siglo, **Benito Pérez Galdós** contribuye a la renovación teatral al adaptar algunas de sus novelas al teatro, pero solo consigue éxito con *Electra* (1901), obra que trata del fanatismo religioso.

La clase social cuya mentalidad inspiró o reflejó la literatura de la Restauración continuó siendo la burguesía, que en esa época adquirió un talante conservador diametralmente opuesto a las inquietudes revolucionarias de la burguesía romántica liberal. *El Paraíso en una noche de baile* (1862), de Rafael Botella. Museo Municipal de Madrid.

La narrativa. A la introducción de la narrativa realista contribuyeron diversos factores: el éxito de los artículos de costumbres publicados en la prensa, los folletines de tema social, las novelas por entregas y las traducciones de autores extranjeros que lograron un amplio público, como las obras de Balzac.

Los **novelistas de la Generación de 1868** ensayan nuevas formas narrativas que sustituyan a los modelos anteriores. Pero el triunfo definitivo de la narrativa realista se produce con la publicación de *La fontana de Oro*, de Galdós, en 1870.

Para renovar la narrativa, los novelistas se apoyan en dos modelos: por un lado, en la **tradición realista** de la **literatura española** de los **siglos XVI y XVII** (Cervantes y la picaresca) y, por otro, en el **realismo europeo**. De esta manera, la novela realista se integra en las corrientes culturales europeas y comparte sus características.

Muchas novelas **reflejan la ideología de los escritores**: Galdós, Clarín, Pardo Bazán y Blasco Ibáñez muestran sus simpatías por las ideas **liberales** e intensifican el enfoque realista, mientras que Alarcón y Pereda defienden posiciones católicas **conservadoras** y limitan el Realismo al presentar la realidad idealizada.

La narrativa realista española tiene un **marcado carácter regionalista**. José M.ª de Pereda sitúa sus obras en los paisajes de Cantabria; Juan Valera, en Andalucía; Benito Pérez Galdós, en Madrid; Leopoldo Alas *Clarín*, en Asturias; Blasco Ibáñez, en Valencia, y Emilia Pardo Bazán, en Galicia.

El **Naturalismo** llegó a España acompañado de una fuerte **polémica**. La inició **Emilia Pardo Bazán** en su ensayo *La cuestión palpitante*, en el que rechaza el determinismo materialista de Zola. También participaron en la controversia Valera, Clarín y Galdós. De hecho, en la narrativa española **resulta difícil distinguir entre Realismo y Naturalismo**, ya que este último solo influyó de forma limitada en algunos escritores: Galdós, Clarín, Pardo Bazán y Blasco Ibáñez.

Autores de la novela realista

Ilustración de la edición del siglo XIX de *Pepita Jiménez*, de Juan Valera.

Entre 1850 y 1870 hubo un periodo de transición del Romanticismo al Realismo, en el cual se desarrolla una **novela prerrealista**. El punto de partida del Realismo lo constituye la narrativa costumbrista de Fernán Caballero y, posteriormente, las obras de Alarcón y Pereda.

Entre los novelistas del Realismo, la crítica destaca a **Galdós** y **Clarín**. Junto a ellos, un buen grupo de narradores relevantes contribuyeron al desarrollo del Realismo, como **Valera**, **Pardo Bazán**, **Blasco Ibáñez**, **Pereda**, **Alarcón** y **Palacio Valdés**.

Juan Valera (1824-1905)

Nació en el seno de una ilustre familia de la provincia de Córdoba. Era un hombre culto y liberal, que desempeñó el cargo de embajador en varios países. En literatura defendía el **arte por el arte**; decía que el arte era el perfeccionamiento de la vida por medio de la belleza.

Escribió artículos, cuentos, poesía y, ya en su madurez, novelas. Sus narraciones, de **estilo elegante**, rehúyen la fealdad y los discursos morales. Es un autor realista porque supera el costumbrismo debido a que se centra en la **psicología** de sus personajes, en el **análisis de sus sentimientos**.

Entre sus novelas, hay que citar *El comendador Mendoza* (1877), *Doña Luz* (1879), *Juanita la Larga* (1896), etc., aunque sobre todas destaca *Pepita Jiménez* (1874). Situada en un ambiente andaluz, cuenta la historia de la creciente atracción que siente un seminarista hacia una joven viuda, cortejada por el padre del joven, y la forma como la protagonista se las arregla para atraerle.

Emilia Pardo Bazán (1851-1921)

La condesa doña Emilia Pardo Bazán, cuya colección de artículos *La cuestión palpitante* difundió en España las orientaciones de la escuela naturalista francesa.

Nacida en A Coruña, avivó la **polémica sobre el Naturalismo** en *La cuestión palpitante*. Escribió excelentes cuentos y novelas realistas y naturalistas. *Los pazos de Ulloa* (1886), la más conseguida de sus narraciones, y *La madre Naturaleza* (1887) presentan la decadencia de la aristocracia rural, en medio de personajes y evocaciones del paisaje gallego.

Vicente Blasco Ibáñez (1867-1928)

Nació en Valencia, en el seno de una familia modesta. Pronto se interesó por la literatura y la política, como defensor del republicanismo. Por ello, fue encarcelado y tuvo que exiliarse en 1890; a su regreso fundó el periódico *El pueblo,* y fue elegido parlamentario.

Su extensa obra refleja la **influencia del Naturalismo**. Las primeras novelas recogen los conflictos sociales entre las gentes de su Valencia natal, como *Arroz y tartana* (1894), *La barraca* (1898), *Entre naranjos* (1900) y *Cañas y barro* (1902). Profundizó el Naturalismo en otras novelas, situadas en distintos ambientes, por ejemplo en *La catedral* (1903) y *El intruso* (1904), y alcanzó un gran éxito internacional con *Sangre y arena* (1908) o *Los cuatro jinetes del Apocalipsis* (1916), novelas que fueron llevadas al cine.

Actividades

***Pepita Jiménez*, de Juan Valera**

El joven seminarista Luis de Vargas escribe una serie de cartas a su tío, un canónigo, en las que narra sus experiencias durante unas vacaciones en un pueblo. Allí ha conocido a una joven y agraciada viuda, Pepita Jiménez, que es cortejada por el padre del seminarista. Poco a poco, nace en Luis un sentimiento de admiración por Pepita, que más tarde se convierte en auténtico amor. Al final, abandona la idea de hacerse sacerdote y se casa con la joven. En el siguiente fragmento, Luis de Vargas reconoce a su tío la atracción que siente por Pepita.

19 de mayo

Gracias a Dios y a usted por las nuevas cartas y nuevos consejos que me envía. Hoy los necesito más que nunca. [...]

Es cierto; ya no puedo negárselo a usted. Yo no debí poner los ojos con tanta complacencia en esta mujer peligrosísima. [...]

No era sueño, no era locura: era realidad. Ella me mira a veces con la ardiente mirada de que ya he hablado a usted. Sus ojos están dotados de una atracción magnética inexplicable. Me atrae, me seduce, y se fijan en ella los míos. Mis ojos deben arder entonces, como los suyos, con una llama funesta. [...]

Al entrar, Pepita y yo nos damos la mano, y al dárnosla me hechiza. Todo mi ser se muda. Penetra hasta mi corazón un fuego devorante, y ya no pienso más que en ella. Tal vez soy yo mismo quien provoca las miradas si tardan en llegar. La miro con insano ahínco, por un estímulo irresistible, y a cada instante creo descubrir en ella nuevas perfecciones. Ya los hoyuelos de sus mejillas cuando sonríe, ya la blancura sonrosada de la tez, ya la forma recta de la nariz, ya la pequeñez de la oreja, ya la suavidad de contornos y su admirable modelado de la garganta.

Entro en su casa, a pesar mío, como evocado por un conjuro; y, no bien entro en su casa, caigo bajo el poder de su encanto; veo claramente que estoy dominado por una maga cuya fascinación es ineluctable[1].

No es ella grata a mis ojos solamente, sino que sus palabras suenan a mis oídos como la música de las esferas, revelándome toda la armonía del universo, y hasta imagino percibir una sutilísima fragancia que su limpio cuerpo despide, y que supera al olor de los mastranzos[2] que crecen a orillas de los arroyos y al aroma silvestre del tomillo que en los montes se cría.

Excitado de esta suerte, no sé cómo juego al tresillo, ni hablo, ni discurro con juicio, porque estoy todo en ella.

Cada vez que se encuentran nuestras miradas se lanzan en ellas nuestras almas, y en los rayos que se cruzan se me figura que se unen y compenetran. Allí se descubren mil inefables misterios de amor, allí se comunican sentimientos que por otro medio no llegarían a saberse, y se recitan poesías que no caben en lengua humana, y se cantan canciones que no hay voz que exprese ni acordada cítara[3] que module.

Desde el día en que vi a Pepita en el Pozo de la Solana no he vuelto a verla a solas. Nada le he dicho ni me ha dicho, y, sin embargo, nos lo hemos dicho todo.

---

1. **ineluctable:** inevitable.
2. **mastranzos:** plantas aromáticas de hojas verdes por el haz y blancas por el envés.
3. **cítara:** instrumento musical de cuerda parecido a la guitarra pero más pequeño.

1. ¿Cuál es el punto de vista empleado en el texto?
2. Señala los adjetivos que se refieren a la mirada de Pepita.
3. Enumera, resumiéndolos, los efectos que producen en don Luis las miradas, las palabras, el olor de su cuerpo y el tacto de su mano.
4. Señala la descripción que Luis hace de Pepita, y di si te parece idealizada como las que se hacían en la poesía del Renacimiento.
5. ¿Qué significan las palabras «Nada le he dicho ni me ha dicho, y, sin embargo, nos lo hemos dicho todo» (líns 49-50)?

Benito Pérez Galdós (1843-1920)

Galdós representa la **cima del Realismo** de la literatura española, además de ser el más fértil de los escritores de la época, con unas 80 novelas, 24 obras teatrales, artículos y ensayos.

El interés de su obra reside en su capacidad para trazar un **panorama de la sociedad contemporánea**, como hicieron otros novelistas europeos, y en su habilidad para novelar su historia más reciente.

Retrato de Benito Pérez Galdós, uno de los autores más importantes de la novelística española, realizado por Joaquín Sorolla.

Vida

Nació en Las Palmas de Gran Canaria, en el seno de una familia acomodada de clase media. Llegó a Madrid a los dieciocho años para estudiar Derecho, pero abandonó los estudios para dedicarse a escribir.

Viajó por varios países europeos e intervino en la política como diputado. Sus ideas liberales y republicanas perjudicaron su carrera de escritor. Así pues, a pesar de sus méritos, no fue elegido miembro de la Real Academia hasta 1894, y sus enemigos políticos boicotearon, en 1905, su candidatura al premio Nobel de Literatura. En sus últimos años quedó ciego y sufrió dificultades económicas.

Obra

La obra de Galdós es muy amplia y abarca casi todos los géneros: teatro, artículos, ensayo y, sobre todo, **novela**.

En la narrativa galdosiana se distingue una etapa inicial, con las **novelas de tesis** (*Doña Perfecta*, 1876), las **novelas contemporáneas** (*Fortunata y Jacinta*, 1887) y la etapa final, que refleja la influencia del **espiritualismo** de finales de siglo (*Misericordia*, 1897), una corriente que afecta a la mayoría de los artistas.

Además, durante casi cuarenta años, noveló la historia reciente en las 46 novelas que integran los ***Episodios nacionales***.

Los *Episodios nacionales*

Las 46 novelas de los *Episodios nacionales* se agrupan en cinco series de diez obras cada una, excepto la última, que solo tiene seis. Constituyen una crónica de los conflictos que marcaron la historia de España, desde la batalla de Trafalgar en 1805 hasta el comienzo de la Restauración en 1875.

- Las dos primeras series, escritas entre 1873 y 1879, abarcan desde la guerra de la Independencia hasta la muerte de Fernando VII. Las novelas de la primera serie tienen como protagonista al joven Gabriel Araceli, y las de la segunda, a los hostiles hermanos Salvador y Carlos Monsalud, que representan la lucha entre absolutistas y liberales.

- Las demás series, reanudadas muchos años después (1898-1912), comprenden desde la primera guerra carlista hasta el comienzo de la Restauración. En ellas, el autor manifiesta una actitud más crítica ante la intolerancia de los españoles que en las dos primeras.

Con los *Episodios nacionales*, Galdós **supera la novela histórica romántica**, pues narra sucesos del **pasado reciente**, los cuales ayudan a comprender mejor la España del momento. Interrelaciona, de forma equilibrada y magistral, el plano histórico, bien documentado, y el novelístico.

Los *Episodios nacionales* de Galdós constituyen una crónica de la historia de España entre 1805 y 1875. Sobre estas líneas, *Dos de mayo en Madrid: defensa del parque de Monteleón*, óleo de Sorolla.

Las novelas de la primera época

Galdós escribió estas obras en la década de 1870, casi al mismo tiempo que las primeras series de los *Episodios*. Destacan las «**novelas de tesis**» –*Doña Perfecta* (1876), *Gloria* (1877) y *La familia de León Roch* (1879)–, en las que se **critica la intolerancia y el fanatismo**. Para desarrollar esta crítica, el autor presenta el enfrentamiento entre dos mundos opuestos: el tradicional, de una religiosidad intransigente y sectaria, y el progresista, partidario de lo liberal y moderno. Así, *Doña Perfecta*, la más popular, narra la lucha entre la intolerante protagonista y el joven ingeniero liberal, Pepe Rey, en el ambiente provinciano de Orbajosa.

Otras novelas interesantes de ese periodo son: *La fontana de Oro* (1870), narración llena de historia situada en el trienio liberal (1820-1823), y *Marianela* (1878), dramática historia que cuenta el golpe sufrido por la protagonista cuando el joven ciego a quien servía recupera la vista y la abandona, al comprobar la fealdad de la joven.

Las «Novelas españolas contemporáneas»

Así denominó Pérez Galdós las veinticuatro novelas publicadas entre los años 1881 y 1889. En ellas el autor describe la sociedad contemporánea, y por sus páginas desfilan las distintas clases sociales, especialmente las clases medias madrileñas. Ahora, sin renunciar a su espíritu progresista, Galdós abandona la defensa de una ideología y se muestra más imparcial. Así pues, no divide los personajes esquemáticamente en buenos y malos, sino que los retrata de forma más profunda y compleja.

La etapa comienza con *La desheredada* (1881), en la que, como en *Lo prohibido* (1885), se refleja cierta influencia del Naturalismo. Pero la novela maestra de este periodo es *Fortunata y Jacinta* (1887). En esta obra se narra la relación de Juanito Santa Cruz con su mujer Jacinta, ambos pertenecientes a la burguesía madrileña, y con su querida, Fortunata, una joven de clase baja. Este triángulo amoroso da pie a la descripción de diversos ambientes y personajes.

Otras novelas de esta etapa son: *El amigo Manso* (1882), *Tormento* y *La de Bringas* (1884), *Miau* (1888) y *Torquemada en la hoguera* (1889).

En la década de 1890, de acuerdo con las tendencias europeas de espiritualidad, Galdós escribe unas novelas que revelan su interés por los **temas espirituales** y morales, sin abandonar la observación detallada de la realidad. A esta etapa pertenecen, entre otras, *Nazarín* (1895) y *Misericordia* (1897), en la cual destaca la figura de la protagonista, la «señá Benina», quien pasa privaciones para ayudar a sus amos.

Significado de la obra de Galdós

En sus novelas, Galdós describe la sociedad madrileña, las diversas clases sociales y sus tipos, desde los marginados hasta los aristócratas venidos a menos, como modelos que podrían encontrarse en otras ciudades españolas del siglo XIX. Por otra parte, se valora su visión total de la **historia coetánea de España**, gracias sobre todo a los *Episodios*. Galdós cree que España está dividida en dos bandos: el tradicionalista y el progresista, y que solo puede salvarse por medio de la tolerancia y la armonía entre ambas partes.

Galdós supo captar en su obra novelística las tensiones sociales de la España de su tiempo, pero su atención al aspecto físico de ambientes y tipos humanos lo convierte en el máximo representante del realismo descriptivo en la novela del siglo XIX. La fuente de Lavapiés de Madrid según un grabado de la época.

Actividades

«Trafalgar», *Episodios nacionales*, de Benito Pérez Galdós

En este fragmento del capítulo XI de «Trafalgar», Gabriel Araceli, el protagonista, cuenta dicha batalla desde el barco *Santísima Trinidad*, en el que se embarcó junto a su amo don Alonso.

Los cabellos blancos que hoy cubren mi cabeza se erizan todavía al recordar aquellas tremendas horas, principalmente desde las dos a las cuatro de la tarde. Se me representan los barcos, no como ciegas máquinas de guerra obedientes al hombre, sino como verdaderos gigantes, seres vivos y monstruosos que luchaban por sí, poniendo en acción, como ágiles miembros, su velamen, y cual terribles armas, la poderosa artillería de sus costados. Mirándolos, mi imaginación no podía menos de personalizarlos, y aún ahora me parece que los veo acercarse, desafiarse, orzar con ímpetu para descargar su andanada, lanzarse al abordaje con ademán provocativo, retroceder con ardiente coraje para tomar más fuerza, mofarse del enemigo, increparle; me parece que les veo expresar el dolor de la herida, o exhalar noblemente el gemido de la muerte, como el gladiador que no olvida el decoro en la agonía; me parece oír el rumor de las tripulaciones, como la voz que sale de un pecho irritado, a veces alarido de entusiasmo, a veces sordo mugido de desesperación, precursor de exterminio; ahora, himno de júbilo que indica la victoria; después, algazara rabiosa que se pierde en el espacio, haciendo lugar a un terrible silencio que anuncia la vergüenza de la derrota.

El espectáculo que ofrecía el interior del *Santísima Trinidad* era el de un infierno. Las maniobras habían sido abandonadas, porque el barco no se movía ni podía moverse. Todo el empeño consistía en servir las piezas con la mayor prestreza posible, correspondiendo así al estrago que hacían los proyectiles enemigos. La metralla inglesa rasgaba el velamen como si grandes e invisibles uñas le hicieran trizas. Los pedazos de obra muerta, los trozos de madera, los gruesos obenques[1] segados cual haces de espigas, los motones[2] que caían, los trozos de velamen, los hierros, cabos y demás despojos arrancados de su sitio por el cañón enemigo, llenaban la cubierta, donde apenas había espacio para moverse. De minuto en minuto caían al suelo o al mar multitud de hombres llenos de vida; las blasfemias de los combatientes se mezclaban a los lamentos de los heridos, de tal modo que no era posible distinguir si insultaban a Dios los que morían o le llamaban con angustia los que luchaban.

Yo tuve que prestar auxilio en una faena tristísima, cual era la de transportar heridos a la bodega, donde estaba la enfermería. Algunos morían antes de llegar a ella, y otros tenían que sufrir dolorosas operaciones antes de poder reposar un momento su cuerpo fatigado. También tuve la indecible satisfacción de ayudar a los carpinteros, que a toda prisa procuraban aplicar tapones a los agujeros hechos en el casco; pero por causa de mi poca fuerza no eran aquellos auxilios tan eficaces como yo habría deseado.

---

1. **obenques:** cabos gruesos que sujetan la cabeza de un palo.
2. **motones:** poleas por donde pasan los cabos.

6. ¿El punto de vista adoptado por el narrador en este fragmento es el de Gabriel Araceli cuando era joven o cuando era anciano?

7. ¿Participa el narrador en la lucha junto con los demás combatientes o se limita a contemplar la batalla como mero espectador?

8. Explica, en un resumen, cómo se imagina el narrador los barcos de guerra.

9. Señala las comparaciones que aparecen en el texto.

Leopoldo Alas, *Clarín* (1852-1901)

Clarín fue un severo **crítico literario** y un **narrador** de obra breve, en la que destaca una novela crucial para el **naturalismo** español, ***La Regenta***. El relato, perfectamente estructurado, recrea la sociedad provinciana de Vetusta (Oviedo) y la insatisfacción de su protagonista con la maestría de las grandes novelas de su tiempo.

El autor

Leopoldo Alas, *Clarín*, fue el gran crítico literario de su época y, al mismo tiempo, uno de los más altos representantes de la prosa narrativa del siglo XIX español.

Aunque nació en Zamora, Clarín se sintió asturiano por sus orígenes familiares y por sus preferencias personales. En Oviedo pasó gran parte de su vida, primero como estudiante y, a partir de 1883, como catedrático de la Universidad. En 1871 se trasladó a Madrid para cursar el doctorado. Allí conoció a profesores krausistas y comenzó a escribir con el seudónimo de *Clarín*.

De ideas liberales y republicanas, fue muy crítico con el catolicismo tradicional y sensible ante las injusticias sociales. Escribió numerosas críticas en los periódicos y revistas, y dejó una obra narrativa reducida pero de gran calidad.

Obra

Como **crítico**, Clarín escribió sobre muchos asuntos y fue temido y respetado. Su **crítica literaria** revela lucidez al enjuiciar las novedades literarias, y también cuando plantea sus ideas sobre la novela o sobre las corrientes literarias de la época, como el Naturalismo, una tendencia que aceptó con ciertas reservas. Leyó a los clásicos y a los autores modernos, y fue un gran defensor de Galdós.

Como **narrador**, al igual que otros autores realistas (Alarcón, Palacio Valdés o Pardo Bazán), Clarín fue un gran escritor de cuentos y novelas cortas, entre los cuales se encuentran algunos de los mejores que se escribieron en el siglo XIX. En estas obras destacan su espíritu crítico y su sensibilidad hacia las situaciones humanas, como en el cuento *¡Adiós Cordera!* y en la novela corta *Doña Berta*.

Solo escribió dos novelas largas: *Su único hijo* (1890) y *La Regenta* (1885). Esta última, junto con *Fortunata y Jacinta*, de Galdós, se consideran las mejores novelas del realismo español.

La Regenta narra la historia de Ana Ozores, la Regenta, casada con don Víctor Quintanar, un hombre mayor que ella y regente de la Audiencia. La progresiva insatisfacción emocional y física de Ana la hace oscilar entre su confesor, Fermín de Pas, que se enamora de ella, y Álvaro Mesía, un seductor experimentado a quien Ana se entrega. Al final, la Regenta es abandonada por todos.

En *La Regenta* destacan los siguientes aspectos:

- **La psicología de los personajes**, especialmente los retratos de Ana Ozores y de Fermín de Pas: Ana, la protagonista, es una joven sensible y soñadora, frustrada en su matrimonio y ahogada por el ambiente que la rodea; don Fermín, su confesor, es el amo espiritual de la ciudad y

Grabado de época que muestra uno de los encuentros de Ana Ozores, la protagonista, con su confesor, Fermín de Pas, el Magistral.

encarna la ambición por el poder. Junto a los personajes principales, se encuentran otras individualidades descritas de forma magistral.

➢ **La descripción exhaustiva de la ciudad de Vetusta** (Oviedo), que representa la sociedad de la España de la Restauración. Clarín, desde una visión crítica e irónica, presenta una ciudad provinciana hipócrita y corrupta que condiciona el comportamiento de los personajes, y bajo cuya influencia sucumbe la protagonista. En este sentido, la presión que ejerce la ciudad sobre Ana y otros personajes acerca la novela al Naturalismo.

➢ **La perfecta estructuración** de la novela, dividida en dos partes. En la primera, del capítulo 1 al 15, se presenta en tres días el ambiente y la psicología de los personajes a un ritmo muy lento; en la segunda, del 16 al 30, se desarrollan en tres años los conflictos planteados, a un ritmo rápido.

➢ **La técnica narrativa** adoptada por Clarín (distintos puntos de vista: objetivo, omnisciente, monólogo interior), que acerca la novela a la estética moderna.

La **valoración** de la obra de Clarín fue variada en su época. Sus cuentos siempre se elogiaron, mientras que *La Regenta* provocó un gran escándalo y fue poco leída. Pero, desde mediados del siglo XX, se la considera una de las novelas más importantes de la literatura española de todos los tiempos.

Actividades

La Regenta*, de Leopoldo Alas, *Clarín

El fragmento pertenece al capítulo 16. Describe el momento en que Ana Ozores contempla desde el balcón a los vetustenses que se dirigen al cementerio.

Se asomó al balcón. Por la plaza pasaba todo el vecindario de la Encimada camino del cementerio, que estaba hacia el Oeste, más allá del Espolón, sobre un cerro. Llevaban los vetustenses los trajes de cristianar; criadas, nodrizas, soldados y enjambres de chiquillos eran la mayoría de los transeúntes; hablaban a gritos, gesticulaban alegres; de fijo no pensaban en los muertos. Niños y mujeres del pueblo pasaban también, cargados de coronas fúnebres baratas, de cirios flacos y otros adornos de sepultura. De cuando en cuando, un lacayo de librea, un mozo de cordel, atravesaban la plaza abrumados por el peso de colosal corona de siemprevivas[1], de blandones[2] como columnas y catafalcos portátiles. Era el luto oficial de los ricos, que sin ánimo y tiempo de visitar a los muertos, les mandaban aquella especie de besalamano[3]. Las personas decentes no llegaban al cementerio; las señoritas emperifolladas no tenían el valor para entrar allí y se quedaban en el Espolón paseando, luciendo los trapos y dejándose ver, como los demás días del año. Tampoco se acordaban de los difuntos; pero lo disimulaban; los trajes eran oscuros, las conversaciones menos estrepitosas que de costumbre, el gesto algo más compuesto. Se paseaba en el Espolón como se está en una visita de duelo en los momentos en que no está delante ningún pariente cercano del difunto. Reinaba una especie de discreta alegría contenida. Si en algo se pensaba alusivo

Ana Ozores es una de las heroínas de novela más destacadas de la literatura universal del siglo XIX, junto a Anna Karenina o a Emma Bovary. En la imagen superior, grabado de Llimona. Abajo, fotograma de la serie protagonizada por Aitana Sánchez Gijón en el papel de Ana.

a la solemnidad del día, era en la ventaja positiva de no contarse entre los muertos. Al más filósofo vetustense se le ocurría que no somos nada, que muchos de sus conciudadanos que se paseaban tan tranquilos estarían al año que viene con los otros; cualquiera menos él.

Ana aquella tarde aborrecía más que otros días a los vetustenses; aquellas costumbres tradicionales, respetadas sin conciencia de lo que se hacía, sin fe ni entusiasmo, repetida con mecánica igualdad como el rítmico volver de las frases o los gestos de un loco; aquella tristeza ambiente que no tenía grandeza, que no se refería a la suerte incierta de los muertos, sino al aburrimiento seguro de los vivos, se lo ponían a la Regenta sobre el corazón, y hasta creía sentir la atmósfera cargada de hastío, de un hastío sin remedio, eterno. Si ella contara lo que sentía a cualquier vetustense, la llamaría romántica; a su marido no había que mentarle semejantes penas; en seguida se alborotaba y hablaba de régimen, y de propaganda, y de cambiar de vida. Todo menos apiadarse de los nervios o lo que fuera. [...]

«¡Y las campanas toca que tocarás!» Ya pensaba que las tenía dentro del cerebro; que no eran golpes del metal, sino aldabonazos de la neuralgia que quería enseñorearse de aquella mala cabeza, olla de grillos mal avenidos.

Sin que ella los provocase, acudían a su memoria recuerdos de la niñez, fragmentos de las conversaciones de su padre, el filósofo, sentencias de escéptico, paradojas de pesimista, que en los tiempos lejanos en que las había oído no tenían sentido claro para ella, mas que ahora le parecían materia digna de atención.

«De lo que estaba convencida era de que en Vetusta se ahogaba; tal vez el mundo entero no fuese tan insoportable como decían los filósofos y los poetas tristes; pero lo que es de Vetusta, con razón se podía asegurar que era el peor de los poblachones posibles.» Un mes antes había pensado que el Magistral iba a sacarla de aquel hastío, llevándola consigo sin salir de la catedral, a regiones superiores, llenas de luz. «Y capaz de hacerlo como lo decía debía de ser, porque tenía mucho talento, y muchas cosas que explicar; pero ella, ella era la que caía de lo alto a lo mejor, la que volvía a aquel enojo, a la aridez que le secaba el alma en aquel instante».

---

1. **siemprevivas:** planta.
2. **blandón:** hacha de cera.
3. **besalamano:** esquela con la abreviatura B. L. M.

10. La enumeración detallista es una técnica muy empleada por los realistas. Describe los distintos tipos que desfilan ante el balcón de la Regenta, así como el ambiente moral de la ciudad.

11. El punto de vista de las descripciones realistas es el del narrador omnisciente, quien incluso hace juicios de valor en un tono irónico. Indica las frases donde el narrador adopta ese tono irónico.

12. Cambia el punto de vista narrativo del último párrafo y escríbelo en primera persona, como si fuera una narración autobiográfica. ¿Qué efecto estilístico se consigue mediante las diferentes perspectivas?

13. La novela recoge frecuentemente la opinión de los personajes sobre un determinado hecho. ¿Qué opinión tiene Ana Ozores sobre el desfile de los habitantes de Vetusta?

14. A menudo, en la novela aparecen recuerdos que determinan a la protagonista y que se mezclan con los sucesos y experiencias del momento. Señala el fragmento en que se ve este aspecto.

6

COMENTARIO

Fortunata y Jacinta, de Benito Pérez Galdós

Fortunata y Jacinta está dividida en cuatro partes. La primera cuenta todo lo referente al ambiente familiar de Juanito Santa Cruz y de Jacinta, así como su boda. Destacan sobre todo dos escenarios: la casa de Juanito y los barrios bajos que visita Jacinta junto con Guillermina, amiga de la familia Santa Cruz, para encontrar un supuesto hijo de Juanito. El siguiente fragmento pertenece a ese segundo escenario.

Avanzaron por el corredor, y a cada paso un estorbo. Bien era un brasero que se estaba encendiendo, con el tubo de hierro sobre las brasas para hacer tiro; bien el montón de zaleas[1] o de ruedos[2]; ya una banasta de ropa; ya un cántaro de agua. De todas las puertas abiertas y de las ventanillas salían voces, o de disputa o de algazara festiva. Veían las cocinas con los pucheros armados sobre las ascuas, las artesas[3] de lavar junto a la puerta, y allá en el testero[4] de las breves estancias la indispensable cómoda, con su hule, el velón con pantalla verde, y en la pared una especie de altarucho formado por diferentes estampas, alguna lámina al cromo de prospectos o periódicos satíricos y muchas fotografías. Pasaban por un domicilio que era taller de zapatería, y los golpazos que los zapateros daban a la suela, unidos a sus cantorrios, hacían una algazara de mil demonios. Más allá sonaba el convulsivo tiquitique de una máquina de coser, y acudían a las ventanas bustos y caras de mujeres curiosas. Por aquí se veía un enfermo tendido en un camastro, más allá un matrimonio que disputaba a gritos. Algunas vecinas conocieron a doña Guillermina y la saludaron con respeto. En otros círculos causaba admiración el empaque elegante de Jacinta. Poco más allá cruzáronse de una puerta a otra observaciones picantes o irrespetuosas.

–Señá Mariana, ¿ha visto que nos hemos traído el sofá en la rabadilla[5]? ¡Ja, ja, ja!

Guillermina se paró, mirando a su amiga.

–Esas chafalditas no van conmigo. No puedes figurarte el odio que esta gente tiene a los polisones[6], en lo cual demuestran un sentido..., ¿cómo se dice?, un sentido estético superior al de esos haraganes franceses que inventan tanto pegote estúpido.

Jacinta estaba algo corrida[7]; pero también se reía. Guillermina dio dos pasos atrás, diciendo:

–Ea, señoras, cada una a su trabajo, y dejen en paz a quien no se mete con ustedes.

Luego se detuvo junto a una de las puertas y tocó en ella con los nudillos.

–La señá Severina no está –dijo una de las vecinas–. ¿Quiere la señora dejar recado?

–No; la veré otro día.

Después de recorrer dos lados del corredor principal penetraron en una especie de túnel en que también había puertas numeradas; subieron como unos seis peldaños, precedidas siempre de la zancuda[8], y se encontraron en el corredor de otro patio, mucho más feo, sucio y triste que el anterior. Comparado con el segundo, el primero tenía algo de aristocrático y podría pasar por albergue de familias distinguidas. Entre uno y otro patio, que pertenecían a un mismo dueño y por eso estaban unidos, había un escalón social, la distancia entre eso que se llama capas. Las viviendas en aquella segunda capa eran más estrechas y miserables que en la primera; el revoco se caía a pedazos, y los rasguños trazados con un clavo en las paredes parecían hechos con más saña; los versos escritos con lápiz en algunas puertas, más necios y groseros; las maderas, más despintadas y roñosas; el aire, más viciado; el vaho que salía por puertas y ventanas, más espeso y repugnante. Jacinta, que había visitado algunas casas de corredor, no había visto ninguna tan tétrica y maloliente.

–¿Qué, te asustas, niña bonita? –le dijo Guillermina– ¿Pues qué creías tú, que eso era el Teatro Real o la casa de Fernán Núñez? Ánimo. Para venir aquí se necesitan dos cosas: caridad y estómago.

---

1. **zaleas:** cuero con lana para preservar de la humedad y el frío.
2. **ruedos:** estera pequeña y redonda.
3. **artesa:** cajón rectangular.
4. **testero:** frente o principal fachada de una cosa.
5. **rabadilla:** punta o extremidad del espinazo.
6. **polisón:** armazón que se ponían las mujeres para que abultasen los vestidos por atrás.
7. **corrida:** avergonzada, confundida.
8. **zancuda:** niña que lleva unos zancos largos y que acompaña a Jacinta y a Guillermina.

Localización

1. Lee con atención lo que se ha dicho sobre Galdós, y sitúa *Fortunata y Jacinta* en su trayectoria literaria.

2. ¿Qué importancia tiene *Fortunata y Jacinta* en la obra de Galdós?

Análisis del contenido y de la expresión

3. Cada capítulo de *Fortunata y Jacinta* lleva un título y constituye una unidad bien organizada que se ocupa de una cuestión importante. Como hemos dicho, el fragmento pertenece al capítulo IX, titulado «Una visita al Cuarto Estado». ¿Crees que ese título guarda relación con el contenido del texto? ¿Por qué?

4. La descripción de ambientes es esencial en la novela realista. Jacinta y Guillermina visitan una casa de corredor, constituida por un patio rectangular y unos corredores con viviendas; pasan primero por un corredor y después por otro que da a un segundo patio. ¿Había alguna diferencia social entre la gente que ocupaba las viviendas del primer corredor y la del segundo?

5. Al ver la forma de vestir de Jacinta, ¿qué tipo de broma le gastan las mujeres del primer corredor?

6. ¿Cómo ha organizado Galdós esa descripción? Señala las partes.

7. ¿Qué punto de vista emplea Galdós en el texto? ¿Aparece alguna intervención irónica del narrador? Señálala.

8. Los escritores realistas describen con exactitud los ambientes. Para ello deben localizar las cosas de forma exacta y emplear un léxico preciso. Indica algún ejemplo en el texto.

9. A veces se incorpora alguna expresión coloquial para acentuar el carácter documental de la descripción. Señala alguna.

10. La descripción de ambientes realista suele emplear adjetivos, comparaciones y enumeraciones que indican forma, olor, sonido, color, disposición de los elementos, etc. Señala algunas expresiones del texto que lo ejemplifiquen.

Valoración y creación

11. ¿Por qué es realista este texto? Justifica tu respuesta con argumentos que se deduzcan de las cuestiones anteriores, y redáctala como un guión en el que los argumentos aparezcan enumerados. Leed algunas respuestas y comentadlas.

12. Siguiendo el modelo de Galdós, describe con una técnica realista el ambiente de tu centro escolar en un momento determinado, por ejemplo al entrar por la mañana, al salir al patio, en los laboratorios, entre clase y clase, en una clase...

13. La narrativa realista ha sido la base de numerosas y excelentes películas y series televisivas. Entre ellas, destacamos algunas que podrían ser útiles para complementar el estudio de esta época.

- Por ejemplo, las series sobre obras de Blasco Ibáñez *Arroz y tartana* (Juan Antonio Escrivá, 2003) y *Entre naranjos* (Josefina Molina, 1998);
- dos versiones, una de Gonzalo Suárez (1974) y otra de Fernando Méndez-Leite (1995), de *La Regenta*, de Clarín;
- *Los pazos de Ulloa*, de Emilia Pardo Bazán, tiene su versión en la película del mismo título (Gonzalo Suárez, 1985);
- se han hecho numerosas películas sobre novelas de Galdós: *Nazarín* (Luis Buñuel, 1958), *Tristana* (Luis Buñuel, 1970), *Tormento* (Pedro Olea, 1978), *Miau* (José Luis Borau, 1995) y *El abuelo* (José Luis Garci, 1998).

14. En la web *http://www.cervantesvirtual.com* podéis encontrar páginas de todos los autores importantes, que ofrecen abundante información y numerosas posibilidades: biografía, fonoteca y videoteca, estudios, enlaces de interés, versiones cinematográficas o televisivas.

Fotograma de la adaptación televisiva de esta novela.

UNIDAD 7

La literatura del siglo XX

La segunda cripta del Pombo, de Alfredo Palmero. Museo de Pontevedra. Retrato colectivo de una tertulia intelectual.

En el **siglo** XX, la sociedad europea cambia profundamente su configuración política, sus ideas y sus formas de vida. El rápido desarrollo de las ciencias y la técnica corre paralelo al crecimiento de movimientos sociales, a dos guerras mundiales, a la era nuclear y a la veloz sucesión de modas artísticas.

En el ámbito del **pensamiento**, se desarrollan tres grandes corrientes: el **existencialismo**, el **psicoanálisis** y el **marxismo**.

En el **arte**, esos movimientos tienen su correlato en las tendencias **existencial**, **experimental** y **social**. Son tendencias que adoptan formas variadas en diferentes momentos y, con frecuencia, aparecen combinadas.

En España, la Guerra Civil (1936-1939) configura dos periodos históricos y literarios.

MARCO HISTÓRICO Y CULTURAL

Periodos históricos del siglo XX

A lo largo del siglo XX, el mundo occidental experimenta una profunda transformación. Acontecimientos que marcaron su historia fueron las dos guerras mundiales, la Revolución Rusa y la guerra fría.

En torno a los acontecimientos anteriores, se establecen los siguientes periodos históricos:

- **De principios de siglo hasta la Primera Guerra Mundial (1900-1914).** Periodo de expansión económica y esplendor artístico (es la *belle époque*). Se desarrollan los **movimientos obreros**, y los intelectuales viven la «**crisis de la conciencia burguesa**».

- **La Primera Guerra Mundial (1914-1918).** Provocada por rivalidades coloniales, finaliza con la Conferencia de París (1920); con ella, la hegemonía mundial pasa de Europa a Estados Unidos. Mientras, en la Rusia de 1917 se había producido la revolución comunista.

- **El periodo de entreguerras (1920-1939).** Se inicia con la euforia económica de los **felices años veinte**. La industrialización vertiginosa crea tensiones sociales que estallan tras la gran **crisis de 1929**. En la década de 1930 nacen los **totalitarismos** y, al mismo tiempo, pierden apoyo popular las **democracias liberales**.

- **La Segunda Guerra Mundial (1939-1945).** La invasión alemana de Polonia provoca la generalización del conflicto. La intervención de Estados Unidos pone fin a la guerra con las bombas atómicas sobre Hiroshima y Nagasaki, y se inicia la era nuclear.

- **La posguerra.** Los acuerdos internacionales tras la guerra dividen el mundo occidental en dos bloques antagónicos: el comunista y el capitalista, que compiten en la carrera armamentística y espacial. Es la llamada «**guerra fría**».

En la década de 1960 se produce una distensión entre los bloques. Con el desarrollo económico y el crecimiento de las **clases medias** comienza la **sociedad de consumo**, en la que adquieren un gran poder los **medios de comunicación**. La insatisfacción por los males del consumismo la recogen los nuevos movimientos críticos, revolucionarios y «contraculturales». Ambas tendencias se manifestaron en el **Mayo del 68** francés.

La crisis energética de la década de 1970 propicia un cierto conservadurismo, el escepticismo del llamado espíritu **posmoderno**, relativista ante las ideologías políticas y las utopías.

- **El fin de los dos bloques.** El panorama político se transforma tras la desaparición del **muro de Berlín** (1989) y la unificación alemana (1990).

El final del siglo XX queda marcado por las abismales desigualdades entre el mundo industrializado y el Tercer Mundo, por los avances de las tecnologías de la información y por la globalización de la economía y los conflictos.

Panorama del pensamiento del siglo XX

En el siglo XX pueden señalarse tres grandes corrientes de pensamiento: el **existencialismo**, el **psicoanálisis** y el **marxismo**, tendencias que no se excluyen y que, a menudo, aparecen mezcladas.

- El **existencialismo** procede del pensamiento **irracionalista** y **vitalista** de finales del siglo XIX, con pensadores como Schopenhauer, Kierkegaard, Nietzsche y Bergson. **Martin Heidegger** es su máximo representante en el siglo XX. Considera que el individuo, abocado a la muerte, que le llevará a la nada, debe construir su destino aun cuando no haya valores estables; de ahí surge el sentimiento de **angustia** y **desesperación** ante la libertad y el sufrimiento.

- El **psicoanálisis** de **Sigmund Freud** descubre la existencia del **subconsciente**, fuente de los impulsos reprimidos por las normas sociales o morales. El subconsciente se manifiesta mediante símbolos cuando la razón no ejerce su control, como en los sueños. Según Freud, el comportamiento y la creación artística tienen su origen en el subconsciente.

- El **marxismo**, basado en el pensamiento de Karl Marx, pretende ser un método para interpretar el funcionamiento social desde una perspectiva materialista y científica. Considera que una sociedad se define por su **modo de producción** económico, y que evoluciona mediante la **lucha de clases**. Para el marxismo, el comunismo supone el último estadio de la evolución social, pues desaparecen la propiedad y la lucha de clases.

A finales del siglo XX, frente a las interpretaciones científicas o racionalistas, nacen otras tendencias más escépticas o relativistas: el pensamiento moderno o **posmoderno**, que admite la limitación de lo racional para interpretar globalmente el mundo.

La estética del siglo XX

A lo largo del siglo XX, se suceden rápidamente numerosas corrientes artísticas. Entre ellas se distinguen tres grandes tendencias: la existencial, la experimental y la social.

- El arte **existencial** refleja la **angustia** ante el sentido de la vida y la desesperación ante el dolor y la muerte. Se manifestó especialmente a principios de siglo y tras la Segunda Guerra Mundial. Algunos autores representativos del existencialismo son Franz Kafka, los existencialistas franceses de la década de 1950, Jean-Paul Sartre y Albert Camus, y en España, escritores de la Generación del 98 (**Unamuno, Baroja**) y de la posguerra (**D. Alonso**, **Cela**, etc.).

- El arte **experimental** se caracteriza por la voluntad de romper con todo lo anterior y por la **búsqueda de innovaciones** originales. Esta tendencia culmina en las **vanguardias** de las décadas de 1920 y 1960. La literatura experimental se desarrolla en los años veinte, en poetas (Apollinaire), novelistas (Joyce) y dramaturgos (Artaud); en la década de 1950, en el «teatro del absurdo», y a partir de 1960 y 1970, en las corrientes contraculturales. En España, el vanguardismo influyó en la **Generación del 27** y a partir de la **década de 1960**.

- El arte **social** o comprometido tiende a **denunciar los problemas sociales o políticos**. En el siglo XX se desarrolla, sobre todo, ligado al marxismo y en periodos conflictivos: durante la depresión de 1930 destacaron B. Brecht y la «Generación perdida americana»; tras la Segunda Guerra Mundial, el neorrealismo italiano y el teatro realista de los «jóvenes airados» ingleses. En los países comunistas se promueve el «realismo socialista», cuyo máximo exponente es M. Gorki. En España representan esa corriente los poetas **Miguel Hernández** y **Rafael Alberti**, así como los hispanoamericanos **César Vallejo** y **Pablo Neruda**. A partir de 1950, como veremos, otros autores hicieron literatura social.

El siglo XX en España

La guerra civil española (1936-1939) marca profundamente el siglo XX. En torno a ella se configuran los periodos históricos de la centuria:

De 1900 a la Guerra Civil (1900-1936) se suceden la Regencia de María Cristina, el reinado de Alfonso XIII, la dictadura de Primo de Rivera y la Segunda República.

Tras la Guerra Civil, se distingue entre el franquismo (1939-1976) y la democracia.

De 1900 a la Guerra Civil (1900-1936)

- La **Restauración** de la monarquía borbónica finaliza en 1902 con la regencia de María Cristina. En este periodo, España pierde las últimas colonias de ultramar: Cuba, Puerto Rico y Filipinas.

- El **reinado de Alfonso XIII (1902-1931)** está marcado por las tensiones sociales y regionales, que se intensifican desde la Primera Guerra Mundial, con los enfrentamientos entre la patronal y los sindicatos obreros, y con la guerra de Marruecos.

- La **dictadura de Primo de Rivera (1923-1930)** se inicia con un golpe de estado que suspende la Constitución y las libertades políticas. Tras las elecciones municipales de 1931, con la victoria de los partidos republicanos, se proclama la República y el rey se exilia.

- La **Segunda República (1931-1936)** es un periodo de gran inestabilidad. Desde el poder se inician profundas transformaciones, pero encuentran resistencia en los grupos conservadores y en los sectores sociales más radicalizados.

- La **Guerra Civil (1936-1939)** comienza con una rebelión militar contra el gobierno republicano y es el periodo más trágico del siglo.

Tras la Guerra Civil

- **Franquismo (1939-1975).** En este largo periodo se distinguen dos etapas:
  - Las décadas de 1940 y 1950 se definen por el clima de **posguerra** y el **aislamiento internacional**. El país tarda en recuperarse de los desastres de la guerra bajo un régimen autoritario que practica la represión política.

- A partir de la década de 1960, con el **desarrollismo económico** y la participación en organismos internacionales, se atenúan las formas dictatoriales y se inicia una cierta liberalización.

Democracia (desde 1978). Tras la **Transición** (1975-1978), en la que los grupos franquistas y antifranquistas pactan la aceptación de la monarquía, la disolución de los órganos políticos de la dictadura y la redacción de una Constitución (1978), se inician las elecciones democráticas. Ello supone la integración en Europa y en los organismos internacionales.

Construcción blanda con habichuelas hervidas. Presagio de la Guerra Civil, cuadro pintado por Salvador Dalí en 1936.

La literatura española del siglo XX

La literatura española del siglo XX se inicia con el modernismo y la Generación del 98, que son sustituidos por el novecentismo, las vanguardias y la Generación del 27.

Tras la Guerra Civil, la literatura pasa por una etapa existencial (años cuarenta), que evoluciona hacia el realismo social (años cincuenta); en las décadas de 1960 y 1970 predominan las obras experimentales y, desde los años ochenta, se recupera la literatura más tradicional, aunque las tendencias son muy variadas.

Periodos literarios

Antes de la Guerra Civil

Los escritores de fin de siglo, que giran en torno al **modernismo** y el **Grupo del 98**, abandonan los temas y las formas decimonónicos y recogen las inquietudes estéticas y existenciales de su tiempo.

El novecentismo y las vanguardias. Los novecentistas son el primer grupo europeísta y modernizador, sin titubeos casticistas o nostálgicos. Creen en el trabajo intelectual sólido y en el papel civilizador de la cultura. El rigor intelectual y el afán renovador los acerca a las corrientes europeas más modernas.

Las **vanguardias** son tendencias artísticas **experimentales** que rompen violentamente con la estética anterior y proponen un arte **radicalmente distinto y original**. En torno a la Primera Guerra Mundial (1914-1918) se sucedieron en Europa numerosos movimientos vanguardistas: cubismo, futurismo, dadaísmo, expresionismo y surrealismo.

La Generación del 27. A mitad de la década de 1920, la cultura hispánica asimila las corrientes experimentales europeas y alcanza uno de sus momentos culminantes en la denominada Edad de Plata.

Durante la Guerra Civil

En la década de 1930, la literatura tiende hacia el compromiso social, que culmina en la **literatura de guerra**. El exilio de numerosos escritores dará lugar a una abundante «literatura del exilio».

Después de la Guerra Civil

Años de la inmediata posguerra. En la **década de 1940** es claramente perceptible la ruptura con la literatura anterior, por la ausencia de numerosos escritores (fallecidos y exiliados) y por la presencia de una férrea censura. Así, en los años cuarenta conviven una literatura oficial triunfalista y otra de tono pesimista y existencial, a veces vinculada al tema religioso. Hacia la mitad de la **década de 1950**, comienza una literatura realista y testimonial, de compromiso social.

A partir de la década de 1960 nacen nuevas corrientes experimentales que buscan la renovación formal sin abandonar los temas comprometidos.

Desde la década de 1980 la literatura parece asumir un tono más ecléctico y conviven las más variadas tendencias.

SIGLO XX			
LOS GÉNEROS LITERARIOS DEL MODERNISMO Y DE LA GENERACIÓN DEL 98			
	lírica	Antonio Machado Manuel Machado Juan Ramón Jiménez Miguel de Unamuno	*Soledades, galerías y otros poemas; Campos de Castilla* *Alma* *Arias tristes; Jardines lejanos; Estío* *Andanzas y visiones españolas; Cancionero*
	teatro	Ramón del Valle-Inclán Jacinto Benavente Carlos Arniches Miguel de Unamuno Azorín	*Luces de bohemia; Martes de carnaval* *Los intereses creados* *La señorita de Trevélez* *Fedra; Soledad* *Lo invisible*
	narrativa	Ramón del Valle-Inclán Pío Baroja Miguel de Unamuno Azorín	*Sonatas; El ruedo ibérico; Tirano Banderas* *La busca; Zalacaín el aventurero; El árbol de la ciencia* *Niebla; La tía Tula; San Manuel Bueno, mártir* *La voluntad; Antonio Azorín*
	ensayo	Miguel de Unamuno Azorín	*En torno al casticismo; Del sentimiento trágico de la vida* *Castilla; Al margen de los clásicos*

7/1

El modernismo y la Generación del 98: la lírica y el teatro

El modernismo

Rubén Darío.

Como otras corrientes de la época, el **modernismo** se manifiesta como una **actitud vital** de **rebeldía** y un afán de renovar todos los ámbitos de la vida y del arte.

Como **movimiento estético**, el modernismo se relaciona con el mundo de la **bohemia**, que implica un rechazo de las normas sociales y morales, la automarginación, el gusto por la provocación y, sobre todo, el desprecio de la vulgaridad y la mediocridad.

La literatura modernista cuaja sobre todo en la **lírica** y la **prosa poética**, géneros donde muestra un nuevo **lenguaje poético** y **temas románticos intimistas**.

Entre los **escritores modernistas**, destacan **Antonio Machado**, **Juan Ramón Jiménez**, Ramón de **Valle-Inclán**, y el nicaragüense **Rubén Darío**, el más reconocido poeta modernista.

Toda la **cultura** europea de finales del siglo XIX trasluce un clima de desorientación espiritual directamente relacionado con el naciente **existencialismo**; es el malestar de la llamada «**crisis de la conciencia europea de fin de siglo**».

En España, esa inquietud se manifiesta a través del **modernismo** y la **Generación del 98**, corrientes que comparten rasgos entre sí y con otros movimientos europeos de fin de siglo. Así, en el pensamiento revelan la huella del vitalismo de Nietzsche, del existencialismo de Kierkegaard y del pesimismo de Schopenhauer; y en el arte, reciben el influjo del impresionismo, del simbolismo y de escritores como Tolstoi, Dostoyevski, Ibsen o Maeterlinck.

En la cultura de lengua castellana, el **modernismo** se expresó principalmente a través de la **literatura** y se caracteriza por:

- La diversidad de **influencias**:
  - De los **románticos**, especialmente Bécquer y Rosalía de Castro, procede la actitud de rechazo de la realidad; el individualismo y el subjetivismo, y la preferencia por ambientes decadentes y temas existenciales.
  - De la **poesía francesa**, parnasianismo y simbolismo, hereda el gusto por la perfección formal, el uso de símbolos sugerentes y la identificación entre los sentimientos y el paisaje exterior.
  - Del **modernismo americano**, especialmente de **Rubén Darío**, recoge la brillantez y sensualidad.
- Los **temas** de raíz romántica:
  - El **rechazo** y el **desarraigo del presente**, que se resuelve mediante la **evasión** o el **intimismo**.
  - Las **preocupaciones existenciales**: la angustia y el anhelo de aniquilar la conciencia, que producen dolor y sufrimiento.
- El **estilo** modernista supuso una profunda **renovación** de la **métrica** (uso de versos y estrofas poco usuales: dodecasílabos, alejandrinos, combinaciones de pie quebrado, verso libre...), del **lenguaje** y de los **recursos expresivos**.

En conjunto, la literatura es muy **sensorial**; la musicalidad, el cromatismo y la plasticidad se logran a través de procedimientos variados.

- Mediante recursos fónicos: se experimenta con la distribución de los acentos, las rimas internas, aliteraciones, anáforas, paralelismos...
- El léxico se enriquece con palabras cultas, exóticas o sugerentes y con una abundante adjetivación.
- Los recursos más característicos del modernismo son los **símbolos** sugerentes y la **sinestesia**, que mezcla diversas referencias sensoriales.

- Los **géneros** preferidos por los modernistas son la **lírica** y la **prosa poética**.
- Los **escritores** modernistas más relevantes fueron los ya señalados Antonio Machado, Juan Ramón Jiménez, Valle-Inclán y Rubén Darío, y también Manuel Machado, Salvador Rueda y Francisco Villaespesa.

El modernismo abarca todas las artes, desde la arquitectura hasta las artes decorativas (mobiliario, vidrieras, ilustraciones…). Arriba, medallón modernista de marquetería, de Gaspar Homar. Abajo, *La caricia*, de Fernand Khnopff, obra que ilustra la estética de la poesía simbolista.

El Grupo del 98 o la Generación del 98

La denominación **Generación del 98** alude a un grupo de escritores que, en su juventud, expresaron su profundo **desagrado** ante la sociedad de la Restauración y proclamaron la **necesidad de una regeneración social, cultural** y **estética**.

Se inspiran en pensadores reformistas más que en literatos. Parten de la actitud crítica y evolucionan hasta centrarse en la **reflexión sobre la sociedad española**, y, para entender el «alma» de España, se interesan por los orígenes históricos y literarios de **Castilla**.

Al mismo tiempo, reflejan el **pesimismo existencial** y el **subjetivismo** característico de la época (crisis del positivismo).

El género preferido del grupo es el **ensayo**, y les preocupa lograr un **estilo personal**, alejado de la afectación y el casticismo.

En la actualidad, se suele incluir en el Grupo del 98 a **Unamuno**, **Azorín**, **Baroja** y **Maeztu**. Más polémica resulta la adscripción de Antonio Machado y Valle-Inclán.

Antonio Machado, José Ortega y Gasset, Gregorio Marañón y Ramón Pérez de Ayala, intelectuales de la Generación del 98.

El nombre **Generación del 98** se divulga hacia 1913, a partir de unos artículos del escritor Azorín y del pensador Ortega y Gasset. Con esa denominación se referían a unos jóvenes escritores críticos con la sociedad y el arte de su tiempo. Esos autores son Miguel de Unamuno, Pío Baroja, Ramiro de Maeztu, Rubén Darío, Ramón M.ª del Valle-Inclán, Jacinto Benavente y el propio Azorín.

Sin embargo, a partir de 1905, los componentes del grupo siguieron evoluciones bastante dispares y, en general, **se alejaron de sus orígenes reformadores y radicales**. Aunque el nombre **Generación del 98** hizo fortuna, la existencia de una generación literaria, en sentido estricto, ha sido discutida e incluso negada por críticos y por escritores desde el primer momento. Entre otras razones, por las trayectorias dispares de sus componentes. De ahí que se haya propuesto la denominación **Grupo del 98**.

La relación entre **modernismo** y **Generación del 98** ha originado una variada bibliografía. Algunos estudiosos defienden la oposición entre ambos movimientos, otros niegan que exista una Generación del 98 diferenciada del modernismo y, finalmente, hay quienes apuntan matices intermedios.

Los **rasgos** que caracterizan al Grupo del 98 son los siguientes:

- Los **antecedentes** del grupo, por su actitud crítica ante el presente, se encuentran en pensadores más que en corrientes literarias: los ilustrados, Larra, los **liberales reformistas o regeneracionistas** de finales del siglo XIX (Joaquín Costa y Ángel Ganivet) y los krausistas.

- En cuanto a la **trayectoria**, uno de los rasgos del grupo es la **evolución** desde **posturas juveniles radicales** (anarquizantes en Baroja, Azorín y Maeztu, y socialista en Unamuno) hacia **posiciones conservadoras en su madurez**, espiritualistas o nostálgicas: el idealismo en Unamuno, el escepticismo en Baroja, el conservadurismo en Azorín y el autoritarismo en Maeztu.

- La **actitud ética** inicial, de denuncia social, es un rasgo característico del grupo, y que diferencia a estos autores de los modernistas. La preocupación por los **problemas sociales** y **culturales** les conduce a la **reflexión sobre la sociedad española**. De ahí provienen las abundantes descripciones y críticas de los pueblos, las gentes y la forma de vida hispánica.

La pérdida de las últimas colonias españolas de Cuba, Puerto Rico y Filipinas fue uno de los temas recurrentes de la Generación del 98, al tiempo que representaba en España la actitud pesimista de la intelectualidad europea de finales del siglo XIX. En la ilustración, tropas españolas durante la guerra de Cuba.

- El **tema de España** surge cuando pretenden entender qué define el país, su identidad, es decir, qué es España. Unamuno es quien plantea el tema en términos idealistas, habla del **alma** de España y la busca en **Castilla**, en su **paisaje**, en sus **mitos** y en sus **orígenes históricos y literarios**. Eso explica el interés y la revalorización de la primitiva literatura castellana, del paisaje castellano y de la identificación entre Castilla y España, que se convierte en un tema característico del grupo.

- La **crisis de fin de siglo** se refleja en las preocupaciones **existenciales** que plantea el grupo: el sentimiento de **angustia**, su desconfianza en la razón y la inclinación hacia el **subjetivismo**. El tema de la **voluntad** y la **abulia** se repite en los autores del grupo y en los modernistas.

- La **estética del Grupo del 98** se inclina hacia la **sencillez**, a veces muy cuidada. Rechazan la retórica ampulosa y el tono casticista, y persiguen una expresión **personal**, lo que da lugar a estilos muy diversos.

- El **género** más empleado es el **ensayo**, que trata sobre temas muy variados: historia, literatura, religión... (Unamuno, Maeztu y Azorín). También destaca la renovación de la **novela** (Baroja, Unamuno, Azorín).

Miguel de Unamuno.

LA LÍRICA

La poesía de la primera generación del siglo XX

La lírica alcanza uno de sus momentos culminantes con el **modernismo** de **Antonio Machado** y de **Juan Ramón Jiménez**, los poetas más valorados junto a **Rubén Darío**.

El modernismo significa una profunda **renovación estética** que influye en el **estilo** y los **temas** de toda la poesía de la época, y su auge se prolonga hasta 1915.

También crearon una lírica modernista valiosa Salvador Rueda, Francisco Villaespesa, Manuel Machado y Eduardo Marquina.

A partir de 1915, agotado el modernismo, la lírica busca nuevos rumbos que marcarán principalmente Juan Ramón Jiménez y la Generación del 27.

Otros poetas importantes de principios del siglo XX fueron Valle-Inclán y Unamuno, quienes, como veremos más adelante, destacan en el teatro y en la novela respectivamente.

Antonio Machado (1875-1939)

Arriba, retrato de Antonio Machado, por Álvaro Delgado Ramos. «Ni un seductor Mañara, ni un Bradomín he sido [...] y, más que un hombre al uso que sabe su doctrina, / soy, en el buen sentido de la palabra, bueno».

La obra de Antonio Machado supone la **culminación de la lírica** de principios de siglo.

Su trayectoria refleja la evolución de la poesía del momento, que va del **modernismo simbolista** a la búsqueda de nuevas formas expresivas, y su estilo se caracteriza por la **sencillez**.

Además, su **figura intelectual** ejerce una profunda influencia en escritores de las décadas de 1950 y 1960, por su poesía crítica y su actitud comprometida durante la guerra.

Vida

Nació en Sevilla, en el seno de una familia culta y liberal (su abuelo era krausista y su padre, un notable folclorista). A los ocho años de edad se trasladó a Madrid y estudió en el instituto-escuela de la Institución Libre de Enseñanza krausista. Vivió una juventud bohemia a la sombra de su hermano Manuel, más conocido, simpático y sociable, y realizó algunos viajes a París. En 1907 empezó a trabajar de profesor de francés en el Instituto de Soria; allí se enamoró y se casó con Leonor Izquierdo, quien enfermó y murió al poco tiempo, en el año 1912. Machado se fue a Baeza (Jaén), y más tarde se trasladó a Segovia y a Madrid. Durante la guerra, manifestó su apoyo a la República. Al final de la contienda, huyó con los numerosos refugiados republicanos y murió en el exilio, en Colliure. En sus últimos años, Machado vivió un nuevo amor con la poeta Pilar Valderrama, que aparece en su poesía con el nombre de Guiomar.

Obra

Antonio Machado escribió poesía, prosa y teatro, pero destaca como poeta. En su trayectoria se distinguen tres etapas:

- La **primera etapa**, con *Soledades* (1903), obra ampliada en *Soledades, galerías y otros poemas* (1907), se inscribe en el **modernismo simbolista**. Este suma la raíz romántica (Bécquer y Rosalía de Castro) y el simbolismo francés de Verlaine, sugerente y evocador, sin la brillantez formal de Rubén o los parnasianos.

Es una lírica profundamente **intimista**; el poeta transmite sus sentimientos de tristeza y hastío, y llora el vacío de su presente mediante numerosos **símbolos**: la melancolía de las tardes otoñales, los viejos parques, las plazoletas y callejuelas de las viejas ciudades.

Machado **dialoga** consigo mismo o interpreta los mensajes de la naturaleza, como los románticos; es un **poeta-médium**, capaz de entender el lenguaje de las fuentes o del viento. Recorre sus *galerías del alma* buceando en sus recuerdos, en un ambiente a veces fantasmal de clara influencia **romántica**.

El **tema** recurrente es el **tiempo**, su transcurrir implacable, la nostalgia del pasado, y la confusión entre el presente y el pasado mediante los recuerdos.

El **estilo**, dentro del simbolismo, es **sencillo** y de una **sensorialidad** poco estridente, evocador, de musicalidad suave y cromatismo apagado y simbólico. La métrica es variada, aunque predominan las formas flexibles (silvas) y populares (romances, cuartetas, redondillas, endechas...).

La **segunda etapa** se inicia con *Campos de Castilla* (1912). A partir de 1907, con su llegada a Soria, Machado comienza un periodo **menos intimista** y **más historicista**, en el que el **paisaje soriano** cobra un gran protagonismo. Se señalan entonces coincidencias con el Grupo del 98, ya que comparte las preocupaciones ideológicas y elimina los elementos más esteticistas.

En general, es una poesía más **descriptiva**, que refleja un **paisaje real** (*Campos de Soria, Orillas del Duero*) y en la que, como ocurre con el Grupo del 98, la identificación entre Soria-Castilla y España se da habitualmente. En algunos poemas **líricos** también se produce la **identificación** entre el **paisaje** y el **alma** del poeta; otras veces, el paisaje provoca una **reflexión histórica** y **crítica** sobre la **decadencia** del presente y sobre el gran pecado hispánico, la **envidia** o el **cainismo**, constante histórica que muestra la imposibilidad de convivir de las *dos Españas*. En general, son poemas **reflexivos** y de estilo más retórico, pues aparecen palabras arcaicas o de tono épico que aluden al **pasado guerrero** de Castilla.

Antonio Machado y su esposa, Leonor Izquierdo, en la fotografía de bodas.

Poesías completas (1917) amplía *Campos de Castilla*. Incluye el «**ciclo Leonor**», composiciones que recuerdan a la esposa muerta, y poesías de **tema andaluz**, en las que desarrolla una **crítica** social en tono **irónico**.

En la **última etapa** publicó *Nuevas canciones* (1924), una obra que defraudó por su carácter irregular. El aspecto más interesante reside en los *Proverbios y cantares*, composiciones a modo de sentencias o de canción popular con los temas constantes del autor: el relativismo, el tiempo, la búsqueda de Dios, la vida como un camino, la crítica sobre el país... De su última época son también las *Canciones a Guiomar*, poemas amorosos, y las *Poesías de guerra*.

Actividades

Soledades

LXVIII

Llamó a mi corazón, un claro día,
con un perfume de jazmín, el viento.
–A cambio de este aroma,
todo el aroma de tus rosas quiero.
–No tengo rosas; flores
en mi jardín no hay ya; todas han muerto.
Me llevaré los llantos de las fuentes,
las hojas amarillas y los mustios pétalos.
Y el viento huyó... Mi corazón sangraba...
Alma, ¿qué has hecho de tu pobre huerto?

Campos de Castilla

Campos de Soria

VII

¡Colinas plateadas,
grises alcores, cárdenas roquedas
por donde traza el Duero
su curva de ballesta
en torno a Soria, oscuros encinares,
ariscos pedregales, calvas sierras,
caminos blancos y álamos del río,
tardes de Soria, mística y guerrera,
hoy siento por vosotros, en el fondo
del corazón, tristeza,
tristeza que es amor! ¡Campos de Soria
donde parece que las rocas sueñan,
conmigo vais! ¡Colinas plateadas,
grises alcores, cárdenas roquedas!...

Proverbios

IV
Nuestras horas son minutos
cuando esperamos saber,
y siglos cuando sabemos
lo que se puede aprender.

X
La envidia de la virtud
hizo a Caín criminal.
¡Gloria a Caín! Hoy el vicio
es lo que se envidia más.

XXI
Ayer soñé que veía
a Dios y que a Dios hablaba;
y soñé que Dios me oía...
Después soñé que soñaba.

XXIV
De diez cabezas, nueve
embisten y una piensa.
Nunca extrañéis que un bruto
se descuerne luchando por la idea.

L
—Nuestro español bosteza.
¿Es hambre? ¿Sueño? ¿Hastío?
Doctor, ¿tendrá el estómago vacío?
—El vacío es más bien en la cabeza.

1. Realizad una lectura expresiva de los poemas.
2. Señala las partes en que se puede dividir el primer poema.
   - ¿Aparece el diálogo?
   - Relaciónalo con la poesía machadiana.
3. Observa las connotaciones positivas que aparecen en los cuatro primeros versos.
   - Compáralas con las connotaciones de los cuatro últimos versos.
   - ¿Qué trayectoria sigue el poema?
4. Teniendo en cuenta que este poema es de la época simbolista, contesta las siguientes cuestiones:
   - Explica el significado de «flores / en mi jardín no hay ya; todas han muerto».
   - ¿Qué tipo de sensación transmite el poema? ¿Puede calificarse de poema intimista?

Aula en la que Antonio Machado fue maestro, en el instituto de Soria que ahora lleva su nombre.

5. Observa que en el segundo poema aparece una descripción de un paisaje real, externo al poeta.
   - Señala la parte más descriptiva.
   - ¿A qué época corresponde el poema?
6. Cuando Machado dice «Soria, mística y guerrera», ¿está describiendo o está interpretando el paisaje y la historia?
7. Señala la parte en la que el poeta expresa sus sentimientos.
   - ¿Recuerdan en algo el tono de la primera etapa?
8. Los *Proverbios* tienen un tono sentencioso y, en general, son composiciones muy breves.
   - Indica qué temas aparecen en los proverbios anteriores.
   - ¿Hay alguno intimista?
   - ¿Recogen temas que Machado ha tratado en otras épocas?

EL TEATRO

El teatro de principios del siglo XX

En el primer tercio de siglo **triunfan** varios tipos de teatro: la **alta comedia**, el **teatro poético** y el **teatro cómico-costumbrista**. Todos ellos son variantes del teatro comercial, realista o histórico, alejado de las nuevas corrientes dramáticas que en Europa se desarrollaban con gran vigor: Ibsen, Chejov, Pirandello, etc.

Junto al teatro de gran éxito, se escribieron **obras renovadoras** que no consiguieron el favor del público, por lo que quedaron reducidas a círculos minoritarios. Entre los escritores que experimentan nuevas formas dramáticas, en la línea del teatro europeo, se encuentran **Unamuno**, **Azorín** y, sobre todo, **Valle-Inclán**.

- La **alta comedia** o «comedia burguesa» es un género que se caracteriza por presentar temas de actualidad con una **leve crítica** y suave ironía, y que se expresa de **forma elegante** y **distinguida**. El autor de mayor éxito fue **Jacinto Benavente** (*Los intereses creados*), que sobresale por la **naturalidad de los diálogos**.

- El **teatro poético**, que en origen era el teatro **modernista**, deriva hacia unas obras inspiradas en el **drama romántico histórico**. Destacan Eduardo Marquina (*El rey trovador*) y los hermanos Machado, que escribieron conjuntamente dramas históricos (*Desdichas de la fortuna*) y populares (*La Lola se va a los puertos*).

- El **teatro costumbrista** recrea ambientes **pintorescos**, con tipos **populares** y graciosos que emplean un lenguaje **casticista**. Los costumbristas más sobresalientes fueron Carlos Arniches (*La señorita de Trevélez*) y los hermanos Serafín y Joaquín Álvarez Quintero (*El genio alegre*).

Otro tipo de teatro **humorístico** de éxito fue el de Pedro Muñoz Seca, creador del **astracán**, un estilo que basa su comicidad en las situaciones disparatadas y en los diálogos absurdos (*La venganza de don Mendo*).

Carlos Arniches.

Ramón del Valle-Inclán (1866-1936)

Valle-Inclán escribió **poesía**, **novela y teatro**, y siempre se mantuvo lejos del realismo.

Evoluciona desde el estilo **modernista**, embellecedor de la realidad, hacia el **esperpento**, una estética deformadora y desgarrada que se relaciona con el expresionismo, la vanguardia que presenta la realidad caricaturizada, ya que exagera los aspectos más estridentes y expresivos. El **esperpento** supuso una **renovación dramática** excepcional, al incorporar la esencia del teatro moderno **antirrealista**.

Vida

Ramón M.ª del Valle-Inclán nació en Villanueva de Arosa (Pontevedra) y murió en Santiago de Compostela poco antes de que empezara la Guerra Civil. Tuvo una vida bohemia y aventurera, que él mismo adornaba difundiendo numerosas anécdotas pintorescas –reales o ficticias–. Su figura responde al modelo de **bohemio** que cultiva lo extravagante, original y excéntrico.

Abandonó los estudios de derecho para trasladarse a Madrid y después a México, donde trabajó de periodista y se alistó en el ejército. Tras su vuelta, vivió intensamente la vida bohemia del Madrid de 1900 y fue profesor de estética en la Escuela de Bellas Artes. Participó en numerosas actividades culturales y políticas; por sus protestas contra Primo de Rivera fue encarcelado en 1929. Durante la República fue miembro del Consejo Nacional de Cultura, presidente del Ateneo de Madrid y director de la Academia Española en Roma.

Don Ramón M.ª del Valle-Inclán es uno de los más notables representantes de la literatura española del siglo XX.

La narrativa y la poesía

▶ La **novela** de Valle-Inclán parte de la estética **modernista** con las *Sonatas* (*Sonata de Otoño, Sonata de Estío, Sonata de Primavera* y *Sonata de Invierno*), un modelo de la **prosa modernista** española. Narran las aventuras sentimentales del Marqués de Bradomín, un don Juan «feo, católico y sentimental».

La etapa intermedia está representada por la trilogía *La guerra carlista*, **novela histórica** que se desarrolla en una **Galicia mítica**.

Culmina en el **esperpento**, con *El ruedo ibérico* (compuesto por *La corte de los milagros* y *¡Viva mi dueño!*). Por su contenido, es una **novela histórica**; por su estética, un **esperpento**, una feroz caricatura de la corte isabelina. En la misma línea se encuentra *Tirano Banderas*, sobre un despótico caudillo sudamericano.

▶ La **poesía** se halla reunida en *Claves líricas*, trilogía compuesta por *Aromas de leyenda, El pasajero* y *La pipa de kif*. Los primeros libros son modernistas, mientras que el último muestra la estética esperpéntica.

El teatro

Como en los otros géneros, la primera obra teatral de Valle-Inclán, *El marqués de Bradomín*, es **modernista**.

El periodo intermedio agrupa un teatro **mítico**, que presenta una Galicia rural atemporal y unos personajes arrastrados por grandes pasiones (*Comedias bárbaras* y *Divinas palabras*), y las **farsas**, recogidas en el *Tablado de marionetas para educación de príncipes*.

La última etapa, dentro de la estética del **esperpento**, concentra sus mejores obras: *Luces de bohemia*, la trilogía *Martes de Carnaval* (*Los cuernos de don Friolera, Las galas del difunto* y *La hija del capitán*) y el *Retablo de la avaricia, la lujuria* y *la muerte*. Supone una **nueva estética** basada en la **distorsión**, que mezcla rasgos **trágicos y grotescos**. Valle-Inclán muestra la realidad hispánica más allá de las apariencias, un mundo trágico-grotesco que no merece ser reflejado en una tragedia porque no tiene la dignidad del mundo clásico. Un país triste pero sin grandeza, y también grotesco, pero sin alegría, con los *héroes bufos* o los *fantoches trágicos*. Según Valle-Inclán, el **esperpento** ya lo habían inventado Goya y Quevedo; es la **imagen deformada** que nos devuelven los **espejos cóncavos**. Busca una perspectiva distanciada que supere la risa y el dolor, y que impida la identificación sentimental del público con la obra.

Además de renovar la estética, el esperpento refleja una **actitud** profundamente **crítica**, en una época, los años veinte, en la que los noventayochistas habían abandonado las posturas radicales de su juventud.

COMENTARIO *Esperpento de Los cuernos de don Friolera*, de Ramón del Valle-Inclán

La obra es una caricatura de los dramas de honor. El fragmento recoge el comienzo, la conversación entre dos intelectuales, don Manolito y don Estrafalario. Hablan sobre estética después de haber visto un cuadro de gusto popular.

DON ESTRAFALARIO. [...] Mi estética es una superación del dolor y de la risa, como deben ser las conversaciones de los muertos, al contarse historias de los vivos.

DON MANOLITO. ¿Y por qué sospecha usted que sea así el recordar de los muertos?

DON ESTRAFALARIO. Porque ya son inmortales. Todo nuestro arte nace de saber que un día pasaremos. Ese saber iguala a los hombres mucho más que la Revolución Francesa.

DON MANOLITO. ¡Usted, don Estrafalario, quiere ser como Dios!

DON ESTRAFALARIO. Yo quisiera ver este mundo con la perspectiva de la otra ribera. Soy como aquel mi pariente que usted conoció, y que una vez, al preguntarle el cacique qué deseaba ser, contestó: «Yo, difunto».

(En el corral de la posada, y al cobijo del corredor, se ha juntado un corro de feriantes. Bajo la capa parda de un viejo ladino revelan sus bultos los muñecos de un teatro rudimentario y popular. El bululú[1] *teclea un aire de fandango en su desvencijada zanfoña, y el acólito*[2]*, rapaz lleno de malicias, se le esconde bajo la capa, para mover los muñecos. Comienza la representación.)*

[El bululú representa una breve farsa, una caricatura de un drama de honor.]

DON MANOLITO. Parece teatro napolitano.

DON ESTRAFALARIO. Pudiera acaso ser latino. Indudablemente la comprensión de este humor y esta moral no es de tradición castellana. Es portuguesa y cántabra, y tal vez de la montaña de Cataluña. Las otras regiones, literariamente, no saben nada de estas burlas de cornudos, y este donoso buen sentido, tan contrario al honor teatral y africano de Castilla. Ese tabanque de muñecos sobre la espalda de un viejo prosero, para mí, es más sugestivo que todo el retórico teatro español. Y no digo esto por amor a las formas populares de la literatura... ¡Ahí están las abominables coplas de Joselito[3]!

DON MANOLITO. A usted le gustan las del Espartero[4]. [...]

DON ESTRAFALARIO. Esas coplas de toreros, asesinos y ladrones, son periodismo ramplón.

DON MANOLITO. Usted, con ser tan sabio, las juzga por lectura, y de ahí no pasa. ¡Pero cuando se cantan con acompañamiento de guitarra, adquieren una gran emoción! No me negará usted que el romance de ciego, hiperbólico, truculento y sanguinario, es una forma popular.

DON ESTRAFALARIO. Una forma popular judaica, como el honor calderoniano. La crueldad y el dogmatismo del drama español solamente se encuentra en la Biblia. La crueldad sespiriana es magnífica, porque es ciega, con la grandeza de las fuerzas naturales. Shakespeare es violento, pero no dogmático. La crueldad española tiene toda la bárbara liturgia de los Autos de Fe. Es fría y antipática. Nada más lejos de la furia ciega de los elementos que Torquemada: es una furia escolástica. Si nuestro teatro tuviese el temblor de las fiestas de toros, sería magnífico. Si hubiese sabido transportar esa violencia estética, sería un teatro heroico como la *Ilíada*. A falta de eso, tiene toda la antipatía de los códigos, desde la Constitución a la Gramática.

DON MANOLITO. Porque usted es anarquista. [...] Usted no es filósofo, y no tiene derecho a responderme con pedanterías. Usted no es más que hereje, como don Miguel de Unamuno.

DON ESTRAFALARIO. ¡A Dios gracias! Pero alguna vez hay que ser pedante. El compadre Fidel es superior a Yago. Yago, cuando desata aquel conflicto de celos, quiere vengarse, mientras que ese otro tuno, espíritu mucho más cultivado, solo trata de divertirse a costa de don Friolera. Shakespeare rima con el latido de su corazón, el corazón de Otelo: se desdobla en los celos del Moro; creador y criatura son del mismo barro humano. En tanto ese Bululú, ni un solo momento deja de considerarse superior, por naturaleza, a los muñecos de su tabanque. Tiene una dignidad demiúrgica[5].

---

1. **bululú:** cómico que representa él solo una obra, fingiendo la voz de los personajes.
2. **acólito:** ayudante, compinche.
3. **Joselito:** torero muy popular.
4. **Espartero:** militar y político.
5. **demiúrgica:** propia de Dios.

Localización

1. Elabora un esquema del teatro de la época y sitúa la obra de Valle-Inclán.

2. Clasifica el *Esperpento de Los cuernos de don Friolera* en la etapa que le corresponde.

Análisis del contenido y de la expresión

3. Resume qué piensa don Estrafalario de la literatura popular.

4. Revisa la información sobre el esperpento y deduce con qué personaje se identifica Valle-Inclán.

5. ¿Qué dice Valle-Inclán del teatro español del Siglo de Oro?

6. Relaciona las ideas y el tono del texto con la personalidad de su autor.

7. Señala qué tipo de lenguaje usa Valle-Inclán en la acotación sobre el bululú.

Valoración y creación

8. ¿Crees que una caricatura puede mostrar la realidad con mayor fidelidad que un retrato realista? Argumenta tu respuesta.

9. En grupos de dos o tres personas, buscad ilustraciones de arte expresionista y señalad las semejanzas con el esperpento.

Valle-Inclán rodeado de tertulianos de La Cacharrería del Ateneo de Madrid, 1930. Al margen, caricatura del autor realizada por José M.ª Casanovas.

GUÍA DE LECTURA

Luces de bohemia, de Valle-Inclán

Introducción

La obra *Luces de bohemia* apareció en el año 1920, y en 1924 se publicó con tres escenas nuevas, la II, la VI y la XI. Valle-Inclán se inspiró en la figura de su amigo Alejandro Sawa, escritor modernista que, como el protagonista Max Estrella, vivió intensamente la bohemia y murió pobre, loco y ciego en 1909. En la obra, Max realiza un recorrido nocturno que muestra una sociedad cruel, violenta, injusta y absurda, donde no tiene cabida la dignidad humana. Pero la grandeza trágica está ausente de ese mundo, y por eso Valle-Inclán lo deforma mediante los espejos cóncavos.

Tema

Luces de bohemia presenta una **visión corrosiva de España**, considerada una *deformación grotesca de la civilización europea*. Del pasado se alude a la Inquisición, a la leyenda negra, a Felipe II... En relación con el presente, se acumulan referencias a sucesos ocurridos entre 1898 y 1924, un periodo de convulsiones sociales violentamente reprimidas. Al mismo tiempo, es una **reflexión** sobre la **literatura** y una afirmación del **compromiso** del escritor.

Estructura

La obra respeta la unidad clásica de tiempo y, aunque no hay unidad espacial (15 escenas en 13 ambientes diferentes), en conjunto muestra el espacio único de la ciudad. Cohesionan la obra la pareja protagonista y diferentes motivos, como la necesidad de **dinero**, la historia del **preso**, las alusiones a la **muerte**, etc. La estructura de la obra es simétrica:

- Una **presentación-planteamiento**: la escena I, que se sitúa en la casa de Max.
- El **nudo** de la obra: el «viaje» o peregrinación por el Madrid nocturno (escenas II-XI). A su vez, ese conjunto se divide en dos bloques simétricos (escenas II-VI y VII-XI), que culminan en dos escenas de clímax trágico añadidas en la edición de 1924.
- El **desenlace** (escena XII): Max define el esperpento ante su casa.
- Una especie de **epílogo** (escenas XIII, XIV y XV).

Personajes

La obra presenta más de cincuenta personajes, algunos inspirados en **personas de la época**. En conjunto, están **vistos desde arriba**, como fantoches o muñecos despersonalizados; es decir, deformados por la visión esperpéntica. Son *payasos trágicos* o *héroes bufos*, aunque a veces surgen momentos dignos en el protagonista y en algún otro personaje. Solo **se salvan** totalmente de la degradación el *anarquista catalán* y la *madre* (escenas VI y XI). Valle-Inclán caracteriza individualmente a Max y a don Latino; junto a ellos encontramos grupos sin individualizar: modernistas, tenderos, tipos marginales, policías, etc.

Estética

Valle-Inclán deforma la realidad mediante **procedimientos** que afectan al **lenguaje** y a la **acción**:

- Alude a lo **chabacano** con referencias **épicas** o **mitológicas** (por ejemplo, el paseo de las prostitutas) y rebaja los ambientes ***altos*** con imágenes de **vulgaridad**.
- La **degradación de los personajes** proviene a menudo de la animalización (Latino-perro, Rubén-cerdo), la cosificación o la muñequización (peleles, fantoches...).
- Interrumpe la acción con detalles que **contrastan lo trágico y lo grotesco** (aspectos bufos en la muerte y en el velatorio de Max, o algunos comentarios en la escena de la *madre trágica*).
- El **habla** caracteriza a los personajes: la pedantería de algunos intelectuales, el registro administrativo de los funcionarios, el lenguaje popular lleno de vulgarismos y eufemismos, etc.
- Las **acotaciones** que presentan ambientes y personajes constituyen uno de los logros de la estética esperpéntica. Son concentradas, rápidas y plásticas, y abunda la frase nominal.

Nota previa. Al estudiar la obra, conviene hacer un resumen de cada escena. También es aconsejable ir anotando diversos aspectos: cómo se presenta a Max y a don Latino en las acotaciones, a qué sucesos históricos se alude, las reflexiones que aparecen sobre la cultura y sobre España, u otros motivos que se juzguen interesantes.

Estudio de la obra. Cuestiones

Localización

1. Elabora un esquema del teatro de la época y sitúa la obra de Valle-Inclán.

2. Repasa qué es el esperpento y los movimientos artísticos con los que se relaciona.

Escena I

3. Recoge en el resumen la solución que propone el protagonista al problema económico familiar (ese elemento cobra sentido al final).

4. Apunta qué rasgos de Max Estrella aparecen en las acotaciones (observa el contraste entre los que aluden al mundo clásico-trágico y los elementos grotescos que aparecen en la escena).

5. Señala qué caracteriza a don Latino en su presentación (en la acotación), por la variedad de registros en el habla, y por lo que dice de él Claudinita.

6. Indica rasgos característicos del habla de Claudinita y de Madama Collet.

Escena II (añadida en 1924)

7. Incluye en el resumen la aparición del preso maniatado, pues tendrá continuidad en las siguientes escenas.

8. Analiza las acotaciones sobre Zaratustra, ya que justifican que se haya relacionado el esperpento con el cubismo y el expresionismo. Identifica algunos procedimientos deformadores de la realidad: estilo nominal, animalización, muñequización...

9. Anota la aparición de animales-personajes que contrasta con la de personajes animalizados.

10. Don Latino se alía con el librero para engañar a Max. ¿Qué rasgo moral de Latino manifiesta esa actuación?

11. Anota las ideas de Max sobre España e Inglaterra. Compáralas con las de Zaratustra (recuerda que es un comerciante y que representa a este grupo social).

12. Mientras los intelectuales hablan, unos policías llevan a un hombre maniatado. Ese fondo de violencia y represión es constante en toda la obra. Observa que tras ese rasgo de tono trágico aparece el grito del *Pelón*. ¿Qué procedimiento típico del esperpento se emplea aquí?

Escena III

El billete de lotería tiene diversas funciones en la obra: es la única esperanza de subsistencia de Max, quien, para comprarlo, empeña su capa y luego pasará frío. El billete justifica que se dirija hacia el siguiente escenario y volverá a aparecer en la última escena.

13. El subproletariado madrileño usa un habla popular. Señala algunos vulgarismos y casticismos.

14. La escena se cierra con un tumulto callejero. Anota las diferentes reacciones y comprueba si son representativas del grupo social al que pertenece un personaje, por ejemplo las de Enriqueta y Manolo frente a la del tabernero.

Escena IV

15. Analiza cómo aparecen los *epígonos* del modernismo, es decir, los modernistas tardíos, y su actitud ante diferentes temas político-culturales.

16. Anota las ideas de Max sobre el pueblo y la cultura, así como su actitud ante la autoridad.

17. Observa el contraste entre la acotación *épica* que anuncia a la policía y el nombre y el lenguaje del *équitecaballista*. Los vulgarismos que caracterizan a las fuerzas del orden se repetirán en la siguiente escena. Señala algún vulgarismo.

Escena V

18. Analiza la acotación inicial, especialmente ácida y grotesca. Serafín el Bonito da pie a la caricatura de la *España oficial*. Anota rasgos de su presentación y del carácter ridículo de su lenguaje.

19. Apunta las alusiones de Max sobre la historia de España y la descripción colectiva de los modernistas.

Escena VI (añadida en 1924)

Se interpreta que el preso puede ser el hombre maniatado de la escena II y se le identifica con el anarquista Mateo Morral, autor de un atentado contra los reyes en 1906, que se suicidó antes de caer en manos de la policía. La escena tiene un tono trágico distinto de las anteriores, solo interrumpido por las intervenciones de los guardias.

20. Anota las ideas político-sociales de Max y del anarquista, así como las alusiones históricas.

21. Observa la actitud de Max ante este personaje. Pierde la arrogancia que le caracteriza y le mira como a un igual o superior. Relaciona este rasgo con la teoría del esperpento.

Escena VII

22. Desde la acotación inicial, el ambiente de la escena contrasta violentamente con la anterior. Señala alguna metáfora grotesca.

23. Don Filiberto representa la pedantería y el periodismo sometido al poder político. Identifica alguna de las intervenciones que lo muestren.

24. Don Filiberto critica la *rebeldía* modernista. ¿Qué les recrimina? ¿Cómo reacciona Latino?

Escena VIII

25. Señala los elementos degradantes que aparecen en la acotación inicial. Analiza qué rasgos manifiesta Dieguito en su habla y en su actitud.

26. La actitud de Max es contradictoria y lúcida. Indica cómo valora su propia vida y su reacción cuando le ofrecen un sueldo ilícito.

27. ¿Cómo se presenta el ministro? ¿Y el don Latino del final de la escena?

Escena IX

28. ¿Cómo se valoran mutuamente Max y Rubén? ¿Qué ambiente evocan al final de la escena?

29. Analiza la figura de Rubén: las acotaciones, su reacción ante la estampa de Max y su actitud ante la muerte.

30. Los versos de Rubén aluden a un personaje literario de Valle-Inclán y, con algunas variantes, responden a un poema real. ¿Cómo interpretas que Rubén Darío escribiera sobre un personaje de Valle-Inclán?

Escena X

31. Califica el lenguaje de las prostitutas. ¿Qué crítica social subyace en la anécdota del puro?

32. Indica la diferencia entre Max y Latino en su relación con las prostitutas.

33. La Lunares refleja los tópicos morales y culturales de la época, y Max Estrella reacciona con ternura ante el personaje. Señala por qué la joven cree que Max es un poeta y analiza el equívoco en torno al concepto de honradez.

En esta obra, Valle-Inclán ofrece una amarga visión de España a través del pueblo de Madrid. En la imagen, *Pobreza* (hacia 1900), litografía de la artista alemana Käthe Kollwitz que plasma el dolor de la madre ante la muerte del hijo, un dolor que Valle-Inclán expresa en la escena undécima.

Escena XI

34. Señala las dos partes de esta escena. Anota cómo califica Max la voz de la madre y cómo reacciona ante la muerte del preso.

35. Recuerda que es una escena añadida en 1924. ¿Qué semejanzas ofrecen el preso y la madre?

36. Analiza las reacciones de la gente ante la intervención de la madre y comprueba si se corresponden con la clase social que representan. ¿Con quiénes coinciden Max y don Latino?

37. ¿Cómo califica Max ese mundo? ¿A qué alude? ¿Ve alguna salida?

Escena XII

38. Max define el esperpento. Analiza el fragmento, pues supone una definición de esta estética.

39. Señala el contraste de elementos trágicos y cómicos en la agonía de Max.

40. Anota la actitud de Latino respecto a la cartera, que es un motivo que se resuelve al final.

Escena XIII

41. Se vuelve al espacio inicial. Se mezcla lo trágico y lo grotesco: el dolor de la muerte junto a detalles bufos que rompen el ambiente. Señala alguno de ellos.

42. El lenguaje ofrece un retrato de cada personaje. ¿Qué rasgo moral muestra Latino cuando se apropia de las palabras que Max dirigió a Rubén? Analiza el lenguaje de Soulinake y de la portera.

Escena XIV

La acotación inicial nos introduce en un ambiente literario, por las referencias (el Parnaso, *Hamlet*) y por los personajes que dialogan: Rubén Darío y Bradomín.

43. La reflexión sobre el país y su literatura, ¿coincide con la teoría del esperpento de la escena XII?

Escena última

Observa que la obra se cierra con el ambiente de la escena III, uno de los más degradados que aparecen a lo largo de todo el libro.

44. ¿Hay coherencia entre lo que dice y lo que hace don Latino? ¿Qué rasgo moral revela esa actitud?

45. Analiza la reacción de los personajes cuando descubren el dinero de don Latino.

46. La noticia de la periodista paraliza los movimientos e introduce un tema que une esta escena con la primera, ¿cuál es ese tema?

47. El contraste entre la noticia trágica y las intervenciones de don Latino y el borracho que cierran el libro es brutal. Analiza si ese final responde a la estética del esperpento.

Propuestas de trabajo

Las siguientes propuestas son adecuadas para el trabajo en grupo (de dos o tres personas), pues se refieren al análisis o estudio de algunos aspectos de interés de la obra. Asimismo, el resultado del trabajo puede plantearse como una breve exposición oral en la que el grupo informe al resto de la clase.

- Buscad información sobre los sucesos históricos a los que alude el libro. Analizad qué efecto consigue Valle-Inclán al acumularlos en el tiempo y qué faceta de la historia resalta.
- Estudio de Max Estrella. Retrato, rasgos psicológicos, ideas culturales y políticas, y actitud ante otros personajes. Consultad la biografía de Alejandro Sawa y comprobad los datos biográficos que coinciden con los de Max.
- Análisis de la pareja protagonista. Contrastes y diferencias en numerosas ocasiones. Antecedentes literarios de la pareja itinerante.
- La sociedad española a través de *Luces de bohemia*. Elaborad un mapa conceptual que recoja los estamentos sociales y culturales que aparecen en la obra y su caracterización.
- Comparad la versión de 1920 y 1924. ¿Qué personajes y temas añade la segunda? ¿Acentúa lo trágico o lo grotesco? Comentad la actitud y las reflexiones de Max ante los nuevos personajes.
- El lenguaje en *Luces de bohemia*: diferencias según los grupos sociales y culturales; diversidad de registros en algunos personajes, como la pareja protagonista.
- Estudio de las acotaciones: su función en la obra; recursos del esperpento usados en ellas; relación con las vanguardias de la época, y dificultades que plantean para una representación.

A pesar de la dificultad que supone reproducir en imágenes la estética esperpéntica, se han hecho versiones cinematográficas de *Luces de bohemia*, como la de Miguel Ángel Díez, con guion de Mario Camus, de 1985. José Luis García Sánchez ha dirigido versiones cinematográficas de otras obras de Valle-Inclán, como *Divinas palabras* (1987) y *Tirano Banderas* (1993). Su visionado puede resultar provechoso para comprender la estética y el mundo valleinclanesco.

Se ha relacionado la estética esperpéntica con la pintura expresionista alemana.

- En grupos de tres o cuatro personas, buscad información e imágenes de esta tendencia vanguardista, cuyos principales artistas fueron: Ernst Ludwig Kirchner, Max Beckmann, Ludwig Meidner, Emil Nolde, Oscar Kokoschka, Sutin, Wassili Kandinsky, Franz Marc, Alexei von Jawlensky y Paul Klee.
- Relacionad alguna escena de *Luces de bohemia* con alguna de las pinturas.
- Imitando la estética expresionista, cread un cómic sobre algunas escenas de la obra de Valle-Inclán.

El modernismo y la Generación del 98: la novela y el ensayo

LA NOVELA Y EL ENSAYO

La **narrativa** más innovadora de principios del siglo XX procede del **modernismo**, por parte de **Valle-Inclán**, y de los noventayochistas **Baroja**, **Unamuno** y **Azorín**.

Sin embargo, la novela que gozó de un público más amplio fue la **novela realista** y **naturalista**, heredera de la narrativa del siglo XIX. En esta línea se inscribe la obra de **Blasco Ibáñez**, quien alcanzó gran éxito con su novela naturalista de tono social.

El **ensayo**, especialmente el periodístico, fue muy cultivado por autores del **Grupo del 98**, como **Unamuno** y **Azorín**. Con ellos, el género ensayístico alcanza un periodo brillante.

Miguel de Unamuno (1864-1936)

Unamuno fue una personalidad conocida y prestigiosa, un intelectual activo y polémico que vivió intensamente las preocupaciones de su tiempo y las propagó a través de su obra.
Toda su literatura refleja una fuerte personalidad y gira en torno a sus **preocupaciones regeneracionistas** o **existenciales**. Por ello, es una literatura en la que predominan las **ideas**, reflexiva o filosófica, cuyo objetivo es provocar la **reflexión** del lector mediante un **estilo vehemente**, **ágil** y muy **expresivo**.
Aunque su obra abarca todos los géneros, en su época fue conocido, sobre todo, por sus **ensayos** y artículos periodísticos.

Vida

Nació en Bilbao, y en 1891 entró como profesor de griego en la Universidad de Salamanca, de la que posteriormente fue rector entre 1901 y 1924.

Durante la dictadura de Primo de Rivera fue desterrado a Fuerteventura, y desde allí huyó a Francia. Cuando regresó, tras la muerte del dictador, fue nombrado rector vitalicio de la universidad salmantina y, durante la República, miembro de la Asamblea Constituyente y presidente del Consejo Nacional de Educación Pública. Pero su constante actitud crítica le llevó a adoptar posturas contradictorias en sus últimos años. La política republicana le decepcionó y, en 1936, acogió en su universidad a los mandos franquistas cuando se sublevaron. Pero en el mismo acto de acogida, Unamuno se enfrentó a los militares, y el altercado le costó un arresto domiciliario. En esa situación le llegó la muerte: en plena Guerra Civil, prisionero de los franquistas y repudiado por los republicanos.

Miguel de Unamuno.

Obra

Unamuno cultivó todos los géneros: la poesía, el teatro, la novela y el ensayo. Pero, por encima de los géneros, sus escritos ofrecen una gran **unidad**, por la repetición de unos **temas** y por su **estilo** tan personal.

Los **temas** revelan su trayectoria vital: una primera etapa juvenil en la que dominan las preocupaciones **regeneracionistas**, y la evolución hacia el tema existencial-religioso en su madurez. El **estilo** persigue la **expresividad**, por ello es de tono apasionado, vivo y directo, con numerosas exclamaciones, interrogaciones y paradojas.

Teatro y poesía

- Unamuno crea un **teatro filosófico** que recuerda la **tragedia** clásica. Plantea los temas existenciales que le obsesionan de forma directa, reduciendo al mínimo la trama y los personajes, en dramas como *Fedra, La esfinge, Soledad*...

- La **lírica** unamuniana trata dos grandes temas: su reacción ante el **paisaje** y sus **preocupaciones existenciales** (sobre todo las religiosas). Como en otros géneros, emplea un estilo intenso y al margen de las modas. De su amplia obra poética, destacan: *Poesías, Rosario de sonetos líricos* y *Romancero del destierro*.

Unamuno, considerado la personalidad más vigorosa de la Generación del 98, defendió con ardor su postura religiosa antirracionalista y su sentimiento trágico de la existencia.

Novela

La novela de Unamuno recoge exclusivamente los temas que le preocupan y **elimina** todo lo que no es esencial en el relato. Por ello, es una novela densa, filosófica, esquemática y profundamente apasionada; una ***nivola***, según el autor.

La **depuración** de elementos produce hallazgos renovadores; por ejemplo, **suprime** las alusiones al **paisaje** y a las **circunstancias** que rodean a los personajes. Estos, a su vez, manifiestan su **conflicto existencial** a través de extensos **diálogos** o incluso del **monólogo interior** en alguna obra, como en *Niebla*. Otras novelas interesantes son *Paz en la guerra, Amor y pedagogía, La tía Tula* y *San Manuel Bueno, mártir*.

Ensayo

Unamuno es uno de los ensayistas más interesantes del momento. Se expresa siempre en un **tono vehemente**, pues presenta sus pensamientos como vivencias desgarradoras.

Predominan dos temas: la reflexión sobre **España** y las preocupaciones **existenciales**.

- El **tema de España** aparece en sus libros de viajes (*Por tierras de Portugal y España*) y en ensayos de tono más reflexivo. En su primera etapa regeneracionista, Unamuno critica la realidad española, y apuesta por la **europeización** y el progreso (*En torno al casticismo*). Posteriormente, evoluciona hacia una postura **espiritualista**, abandona la fe en el progreso, considera la religiosidad como un valor del pueblo hispano y pasa a defender la **españolización de Europa**.

El **tema existencial** lo plantea en ensayos como *Del sentimiento trágico de la vida*; desarrolla el conflicto entre el «ansia de inmortalidad», que apoya la religión, y la razón, que parece oponerse a ese deseo. Ante ese conflicto, propone mantener la pugna entre razón y fe, en una actitud *agónica*, en la línea de Kierkegaard, quien tanta influencia ejerció sobre él. El autor desarrolla este mismo tema en *La agonía del cristianismo*.

Actividades

En torno al casticismo

En este ensayo de 1895, Unamuno sostiene que el atraso del país deriva de la escasa incidencia que tuvo la Ilustración. Frente a la España castiza, que es la que dirige e impone su interpretación histórica, Unamuno propone interesarse por la **intrahistoria**, es decir, la historia del pueblo anónimo que ha quedado oculta tras el casticismo triunfante.

La Inquisición fue un instrumento de aislamiento, de proteccionismo casticista, de excluyente individuación de la casta. Impidió que brotara aquí la riquísima floración de los países reformados, donde brotaban y rebrotaban sectas y más sectas, diferenciándose en opulentísima multiformidad. Así es que levanta hoy aquí su cabeza calva y seca la vieja encina podada.

A despecho de aduanas de toda clase, fue cumpliéndose la europeización de España, siglo tras siglo, pero muy trabajosamente y muy de superficie y cáscara.

[...] Fue grande el alma castellana cuando se abrió a los cuatro vientos y se derramó por el mundo; luego cerró sus valvas y aún no hemos despertado. Mientras fue la casta fecunda no se conoció como tal en sus diferencias; su ruina empezó el día en que gritando: «¡Mi yo, que me arrancan mi yo!», se quiso encerrar en sí.

¿Está todo moribundo? No, el porvenir de la sociedad española espera dentro de nuestra sociedad histórica, en la intrahistoria, en el pueblo desconocido, y no surgirá potente hasta que le despierten vientos o ventarrones del ambiente europeo.

San Manuel Bueno, mártir

Desarrolla el conflicto entre la razón y la fe en forma novelada. Relata la historia agónica de un sacerdote incrédulo que actúa como si tuviera fe, con la esperanza de salvar a los otros y, así, salvarse a sí mismo.

–¿La verdad? La verdad, Lázaro, es acaso algo terrible, algo intolerable, algo mortal; la gente sencilla no podría vivir con ella. [...] Yo estoy para hacer vivir a las almas de mis feligreses, para hacerlos felices, para hacerles que se sueñen inmortales y no para matarles. Lo que aquí hace falta es que vivan sanamente, que vivan en unanimidad de sentido, y con la verdad, con mi verdad, no vivirían. Que vivan. Y esto hace la Iglesia, hacerles vivir. ¿Religión verdadera? Todas las religiones son verdaderas en cuanto hacen vivir espiritualmente a los pueblos que las profesan, en cuanto les consuelan de haber tenido que nacer para morir, y para cada pueblo la religión más verdadera es la suya, la que le ha hecho. ¿Y la mía? La mía es consolarme en consolar a los demás, aunque el consuelo que les doy no sea el mío.

[...] hay, Ángela, dos clases de hombres peligrosos y nocivos: los que convencidos de la vida de ultratumba, de la resurrección de la carne, atormentan, como inquisidores que son, a los demás para que, despreciando esta vida como transitoria, se ganen la otra, y los que no creyendo más que en este [...] esperan no sé qué sociedad futura y se esfuerzan en negarle al pueblo el consuelo de creer en otro...

–De modo que...

–De modo que hay que hacer que vivan de la ilusión.

1. Resume las ideas del primer texto. ¿Responde a un tema habitual en Unamuno?
2. ¿La *europeización* está vista como algo positivo o como algo negativo?
3. Resume las principales ideas del segundo texto. ¿A qué etapa de Unamuno responden?
4. Comprueba algunos rasgos característicos de la novela unamuniana en el fragmento de *San Manuel Bueno, mártir.*

José Martínez Ruiz, *Azorín* (1873-1967)

Azorín se inicia en la literatura en la corriente **regeneracionista**, muy crítica con respecto a la realidad social y cultural. En su juventud, junto a Baroja y Maeztu, formó parte del grupo intelectual que fue decisivo para constituir la **Generación del 98**. Posteriormente, su evolución le lleva a crear una obra fundamentalmente **esteticista** y **existencial**.

Como escritor, se caracteriza por crear un **estilo personal**, sencillo, preciso y evocador, y por la importancia que adquieren en su obra el **tema del tiempo** y el **paisaje**.

Vida

José Martínez Ruiz tomó como seudónimo *Azorín*, el apellido del protagonista de sus primeras novelas. Nació en Monóvar (Alicante), estudió derecho en Valencia y dedicó toda su vida al periodismo y a la literatura.

José Martínez Ruiz, *Azorín*.

En su juventud mantuvo una actitud radical cercana al anarquismo; junto a Baroja y Maeztu, con los que formó el grupo de *Los tres*, firmó manifiestos muy radicales. Más tarde evolucionó hacia posturas conservadoras y tradicionalistas. Fue diputado del partido conservador y subsecretario de Instrucción Pública y Bellas Artes. En 1924 fue nombrado académico de la lengua. Durante la Guerra Civil vivió en París. Cuando acabó la contienda, regresó a España.

Obra

La obra de Azorín abarca el **ensayo**, la **novela** y el **teatro**, y toda ella gira en torno al **tema del tiempo**, su fluir constante, la fugacidad y, a la vez, la permanencia de paisajes y sentimientos.

El escritor **evoca** la realidad fugitiva en un tono **triste** y **nostálgico**, y realiza abundantes **descripciones** paisajísticas, fundamentalmente de Castilla. En ellas refleja las correspondencias entre el paisaje y el estado anímico del escritor, en general melancólico. Ese rasgo, común a modernistas y noventayochistas, acentúa el **lirismo** de la descripción.

El **estilo** de Azorín es un modelo de **precisión** y **claridad**; con **frases breves** yuxtapuestas o unidas por puntos. El **detallismo** de las descripciones produce la **impresión de lentitud**. El **léxico** es muy **rico** e incorpora **arcaísmos**. La búsqueda de un **estilo propio** es una preocupación central de Azorín y, bajo su aparente sencillez, se descubre un estilo muy cuidado.

Teatro

Azorín pretendió una renovación teatral antinaturalista. Escribió un teatro subjetivo y abierto al inconsciente, cercano al **vanguardismo**, con obras como *Old Spain*, *Comedia del arte* y la trilogía *Lo invisible*.

Novela

En la novela de Azorín casi no existe argumento, y la narración se reduce a la **descripción** de **sensaciones** y de **ambientes**. Las descripciones son de estilo **impresionista**, es decir, se yuxtaponen elementos sin enlaces, lo cual proporciona un tono fragmentario a las narraciones. Destacan *La voluntad*, *Antonio Azorín* y *Las confesiones de un pequeño filósofo*, conjunto de base autobiográfica protagonizadas por Antonio Azorín, un álter ego ('otro yo') del autor.

Portada de *Juventud*, revista dirigida por Pío Baroja y Azorín en los años 1901 y 1902.

Ensayo

En los ensayos culminan los rasgos más característicos de Azorín: la obsesión por el **tiempo**, la correspondencia entre el **paisaje** y su estado de ánimo, la **melancolía** y las **descripciones** minuciosas y detallistas. Predominan dos temas: el **paisaje** y la **crítica literaria**.

- Los ensayos sobre **paisajes** españoles reflejan la evolución ideológica del autor. En los primeros, *Alma castellana* y *Andalucía trágica*, **critica** aspectos sociales y políticos de la **realidad** española, mientras que en los posteriores, como *Castilla*, muestra su preocupación por la **tradición cultural** española. Azorín suele revivir el pasado de aquello que describe, las ciudades, sus personajes históricos y literarios, y también la vida cotidiana de las gentes humildes y anónimas.

- Los ensayos de **crítica literaria** ofrecen su visión subjetiva de la literatura española. Son interesantes aquellos que reinterpretan a los clásicos: *Clásicos y modernos* y *Al margen de los clásicos*. En esos ensayos, Azorín divulga el concepto de Generación del 98, a la que caracteriza por su actitud crítica y su preocupación por España.

Actividades

***Los pueblos*, de Azorín**

La muerte de un amigo: Sarrió

19/6/1915. Sarrió ha muerto esta tarde, después de una larga y dolorosa agonía.

Cuando yo he abierto y he leído este pequeño telegrama, he sentido una de las más hondas, de las más grandes emociones de mi vida. No sé cómo empezar este artículo, ni lo que decir. Yo cierro los ojos y veo una casa vetusta[1] en una ancha plaza silenciosa, solitaria; en medio hay una fuente que murmura día y noche; a un lado, una iglesia hace destacar en el cielo azul sus dos achatadas torres. Y las golondrinas pasan raudas, trinando. Y el viejo reloj lanza de cuando en cuando unas vibraciones largas, sonoras.

Todo pasa; los seres queridos desaparecen de nuestro lado; una estela de amor y de melancolía queda en nuestro espíritu. En este pueblo y en esta casa vivía Sarrió. Él era alto y recio; él tenía un bigote pequeño y una mosca[2]; él llevaba un chaleco de ancho escote, con los tres primeros botones siempre desabrochados; [...].

–Azorín, ¿quiere usted que demos un paseo?

–Vamos a dar un paseo, Sarrió.

Y los dos nos marchábamos a la huerta. [...] Sarrió y yo caminábamos durante el crepúsculo vespertino, en los veranos, entre los verdes tablares[3] de hortalizas. [...] Y un reposo profundo sedante, misterioso, algo como el alma amorosa de la Naturaleza, se escapaba del campo.

–Azorín, ¿quiere usted que volvamos al pueblo?

–Volvamos al pueblo, Sarrió.

Y cuando recorríamos, ya dentro del pueblo, las callejuelas; cuando entrábamos en la ancha plaza, oíamos unas canciones a media voz, melodiosas, dulces, cortadas de cuando en cuando por unas risas alocadas, argentinas. Pepita, Carmen, Lola –las hijas de Sarrió– se paseaban por la plaza; con ellas estaban sus amigas; caminaban a menudos pasos, lentas, de dos en dos, de tres en tres, cogidas por la cintura, con la cabeza suavemente echada hacia atrás. [...]

Y pasaba el verano; en la huerta, los nogales, las higueras y los almendros dejaban caer sus hojas amarillas, que arrastraba el viento por los caminos; a veces, durante un día, durante dos, una lluvia menuda, persistente, monótona, ponía una cortina gris en el horizonte. [...] Y en este silencio, en esta monotonía abrumadora, unas notas lentas, lejanas, suaves, amorosas, de un piano, venían a acariciar nuestro espíritu y lo llevaban y traían por las regiones del ensueño. Este piano lo tocaba Pepita; Pepita era la mayor de las hijas de Sarrió.

Ya os he hablado de ellas este verano. Cuando yo estuve en casa de Sarrió, yo supe que Carmen se había casado, que Lola se había casado también y que Pepita había muerto. Pepita, en los días de otoño, cuando las hojas caen, cuando el cielo está ceniciento, tocaba en el piano *La prière des bardes*, o *La marcha fúnebre de una muñeca*, o la sinfonía de *El Barbero*. ¿Qué afinidad profunda, secreta, había entre esta muchacha blanca, rubia, de ojos azules, pensativos, y estas notas tristes del piano, y estos días melancólicos de otoño? Yo ya no veré más a Pepita. Todo pasa; los seres queridos desaparecen de nuestro lado; una estela de amor y de melancolía queda en nuestro espíritu.

---

1. vetusta: antigua.
2. mosca: perilla, barba pequeña.
3. tablares: faja de tierra labrada.

5. El texto es una *evocación* de unos personajes y de su entorno.

6. Señala algunos fragmentos descriptivos y analiza si estas descripciones responden al estilo de Azorín.

- Indica si aparece el tema del tiempo. En caso afirmativo, anota qué expresiones son las que aportan la visión temporal.

7. Las evocaciones y descripciones de Azorín suelen tener un tono melancólico.

- ¿Qué elementos contribuyen a dar el tono sentimental al fragmento?

8. Analiza el estilo de Azorín en el texto. Ten en cuenta el tipo de frases, los enlaces y conectores, el léxico...

Pío Baroja (1872-1956)

Retrato de Baroja (detalle), obra de Ramón Casas. Hombre apasionado y de aspecto desdichado, que hizo del dolor uno de los temas fundamentales de su obra, Baroja utilizó siempre un estilo claro y ágil para realizar una crítica feroz del mundo en el que le tocó vivir.

Baroja es el escritor que mejor encarna el **pesimismo** de la época. De joven se identificó con un anarquismo sentimental, y fue evolucionando hacia el desengaño y el escepticismo, que se acentuaron con el paso de los años.

Escribió numerosas novelas y también cuentos, memorias y algunos ensayos. Pero destaca como el **novelista** más importante del momento, especialmente brillante en el **retrato** de personajes, en la **descripción** de ambientes y en los **diálogos**.

Vida

Nació en San Sebastián, en el seno de una familia liberal. Estudió medicina, pero pronto abandonó la práctica médica, y en 1895 se trasladó a Madrid. Allí se relacionó con Azorín y Maeztu, con quienes formó el ya mencionado grupo de *Los tres*. A partir de entonces se dedicó al periodismo y la literatura, aunque también tanteó la política. Fue elegido miembro de la Real Academia durante la República. Al comienzo de la Guerra Civil, huyó a Francia. Más tarde volvió a España y mantuvo una vida aislada y sedentaria.

De carácter crítico, crispado y sincero, siempre manifestó su disgusto ante la política, la moral y la injusticia social. Al mismo tiempo, fue una persona tímida y sentimental que se interesó por la vida de los humildes, los asociales y marginados. Era un intelectual que despreciaba el intelectualismo y admiraba los caracteres activos, enérgicos y vitalistas. Su evolución ideológica mantuvo siempre una visión pesimista y amarga.

Obra

Baroja fue sobre todo novelista, aunque también escribió cuentos y ensayo.

Concibe la **novela** como el género que **puede incluir** todos los **otros géneros**: la reflexión filosófica, la aventura, la descripción, *todo absolutamente*. Según Baroja, la vida es superior a la literatura, y por eso la escritura debe supeditarse a la vida y reflejarla con el **estilo** más **claro y directo** posible. De ahí que en sus novelas se muestre un **amplio panorama social**, con numerosos personajes, ambientes, reflexiones y anécdotas. Pero, en conjunto, la realidad que recoge Baroja suele estar impregnada de su **pesimismo**.

- Los **personajes** barojianos suelen ser seres asociales o rebeldes. En conjunto, responden a dos tipos de personajes: por una parte, los hombres de **acción** que luchan para escapar de la mediocridad cotidiana; por otra, los personajes desorientados y **abúlicos** que son incapaces de actuar. En general, unos y otros acaban fracasando.

- En los **ambientes**, predominan los suburbiales, la vida de los humildes y sus problemas sociales, políticos y económicos.

- El **estilo** barojiano se caracteriza por la sencillez; recoge la **lengua viva** y emplea un lenguaje **antirretórico**, a veces descuidado, de frase y párrafo breves, y de tono ágil y espontáneo. Consigue una narración rápida, unas descripciones expresivas y un diálogo verosímil y vivo.

Novelas

Baroja clasificó su obra en trilogías, aunque, a veces, las novelas de una trilogía guardan poca relación entre sí. Las más destacadas son las siguientes:

- *La lucha por la vida*, formada por *La busca*, *Mala hierba* y *Aurora roja*. Se sitúa en Madrid, en zonas suburbiales, y presenta personajes marginales y obreros que se salvan cuando adquieren conciencia social.

- La trilogía *Tierra vasca* reúne *La casa de Aizgorri*, *El mayorazgo de Labraz* y *Zalacaín el aventurero*, y sitúa la acción en el País Vasco.

- En la línea de **novela de aventuras** se encuentran *Las inquietudes de Santi Andía* y las *Memorias de un hombre de acción*, 22 novelas en torno a Eugenio Aviraneta, conspirador y aventurero de principios del siglo XIX.

- *La raza*, compuesta por *La dama errante*, *La ciudad de la niebla* y *El árbol de la ciencia*, es una trilogía con poca unidad. *El árbol de la ciencia*, una de las novelas más interesantes de Baroja, presenta sus inquietudes existenciales a través del protagonista, que es un álter ego del autor.

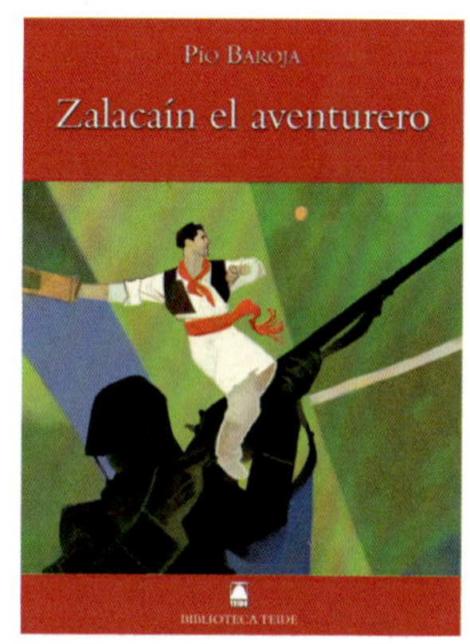

Edición en la Biblioteca Teide con ilustraciones de José M.ª Casanovas.

COMENTARIO *La busca*, de Pío Baroja

Manuel y Roberto bajaron por el paseo de los Pontones y siguieron en dirección del puente de Toledo. El estudiante no dijo nada, y Manuel quiso preguntarle.

El día estaba seco, polvoriento. El viento sur, sofocante, echaba bocanadas de calor y de arena; algunos relámpagos iluminaban las nubes; se oía el sonar lejano de los truenos; el campo amarilleaba cubierto de polvo.

Por el puente de Toledo pasaba una procesión de mendigos y mendigas, a cuál más desastrados y sucios. Salía gente, para formar aquella procesión del harapo, de las Cambroneras y de las Injurias; llegaban del paseo Imperial y de los Ocho Hilos; y ya, en filas apretadas, entraban por el puente de Toledo y seguían por el camino alto de San Isidro a detenerse ante una casa roja.

–Esto debe ser la Doctrina –dijo Roberto a Manuel señalándole un edificio, que tenía un patio con una figura de Cristo en medio.

Se acercaron los dos a la verja. Era aquello un cónclave de mendigos, un conciliábulo de Corte de los Milagros. Las mujeres ocupaban casi todo el patio; en un extremo, cerca de una capilla, se amontonaban los hombres; no se veían más que caras hinchadas, de estúpida apariencia, narices inflamadas y bocas torcidas; viejas gordas y pesadas como ballenas melancólicas; vejezuelas esqueléticas de boca hundida y nariz de ave rapaz; mendigos vergonzantes con la barba verrugosa, llena de pelos, y la mirada entre irónica y huraña; mujeres jóvenes, flacas y extenuadas, desmelenadas y negras; y todas, viejas y jóvenes, envueltas en trajes raídos, remendados, zurcidos, vueltos a remendar hasta no dejar una pulgada sin su remiendo. Los mantones, verdes, de color de aceituna, y el traje triste del ciudadano alternaban con los refajos de bayeta, amarillos y rojos, de las campesinas.

Roberto paseó mirando con atención el interior del patio. Manuel le seguía indiferente.

Entre los mendigos, un gran número lo formaban los ciegos; había lisiados, cojos, mancos; unos hieráticos, silenciosos y graves; otros, movedizos. Se mezclaban las anguarinas pardas con las americanas raídas y las blusas sucias. Algunos andrajosos llevaban a la espalda sacos y morrales negros; otros, enormes cachiporras en la mano; un negrazo, con la cara tatuada a rayas profundas, esclavo, sin duda, en otra época, envuelto en harapos, se apoyaba en la pared con una indiferencia digna; por entre hombres y mujeres correteaban los chiquillos descalzos y los perros escuálidos; y todo aquel montón de mendigos, revuelto, agitado, palpitante, bullía como una gusanera.

–Vamos –dijo Roberto–, no está aquí ninguna de las que busco. ¿Te has fijado? –añadió–. ¡Qué pocas caras humanas hay entre los hombres! En estos miserables no se lee más que la suspicacia, la ruindad, la mala intención, como en los ricos no se advierte más que la solemnidad, la gravedad, la pedantería. Es curioso, ¿verdad? Todos los gatos tienen cara de gatos, todos los bueyes tienen cara de bueyes; en cambio, la mayoría de los hombres no tienen cara de hombres.

Localización

1. Relaciona a Pío Baroja con los escritores del momento teniendo en cuenta:

- los rasgos que comparte con los noventayochistas;
- las características personales.

2. *La busca* es una novela que pertenece a la trilogía *La lucha por la vida*. ¿Qué tema trata?

Análisis del contenido y de la expresión

3. Escribe un resumen del texto.

4. El fragmento de *La busca* muestra el gusto de Baroja por la descripción de ambientes y de tipos marginales. ¿Qué visión de los pobres da Roberto?

5. Observa el estilo barojiano. Califícalo con algunos adjetivos que hagan referencia al registro léxico y al ritmo de la frase.

Valoración y creación

6. Por parejas:

- Indicad qué tipo de ambiente muestra el texto.
- Comentad oralmente las diferentes respuestas.
- ¿Con qué rasgo psicológico del autor puede relacionarse?

7. Busca ilustraciones del Madrid de 1900 en Internet y elige las tres que te parezcan más barojianas.

- El hermano de Pío Baroja, Ricardo, fue un excelente dibujante y pintor. Busca en Internet algunas de sus obras y elige aquellas que consideres más adecuadas para ilustrar el texto anterior.

8. Toma como modelo el texto de *La busca* y escribe una descripción de un ambiente pobre que hayas observado (unas quince o veinte líneas). Intenta imitar el estilo barojiano.

LOS GÉNEROS LITERARIOS DEL NOVECENTISMO Y LAS VANGUARDIAS			
SIGLO XX	lírica	Juan Ramón Jiménez Ramón Gómez de la Serna	*Diario de un poeta recién casado* *Greguerías*
	narrativa	Gabriel Miró Ramón Pérez de Ayala	*El obispo leproso* *Troteras y danzaderas; Tigre Juan*
	ensayo y periodismo	José Ortega y Gasset Eugenio d'Ors	*La rebelión de las masas; La deshumanización del arte* *Glosario*

7/3

Novecentismo y vanguardias

El novecentismo

El **novecentismo** surge hacia 1910, cuando un grupo de jóvenes intelectuales liberales manifiesta su rechazo hacia el tono visceral y subjetivo de sus mayores y hacia el arte del siglo XIX. Su objetivo es **modernizar** la sociedad mediante la exigencia intelectual aplicada al pensamiento y al arte. Representan esta corriente los mencionados Ortega y Gasset, Gregorio Marañón y Pérez de Ayala.

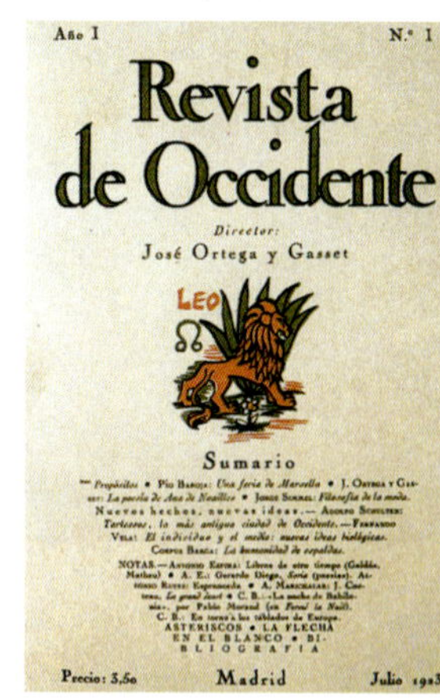

Portada del primer número de la *Revista de Occidente* (1923), fundada por Ortega y Gasset; fue la publicación de mayor influencia en la cultura española de su tiempo. La modernidad de su formato y de su tipografía eran el reflejo del talante intelectual e ideológico que intentaba transmitir el novecentismo.

Entre 1910 y 1936 se produce el relevo de modernistas y noventayochistas. En ese periodo se suceden y coexisten diversos movimientos –el **novecentismo**, las **vanguardias** y la **Generación del 27**– que coinciden en su afán de modernizar el pensamiento y el arte.

A los novecentistas se les denomina también **Generación del 14** porque sus componentes adquieren su madurez en torno a la Primera Guerra Mundial.

Otros intelectuales que se encuentran muy cercanos al novecentismo son los ensayistas Américo Castro, Salvador de Madariaga y Claudio Sánchez Albornoz, el político e intelectual Manuel Azaña y los literatos **Juan Ramón Jiménez** y Gabriel Miró. En Cataluña, el inspirador del *noucentisme* fue el escritor Eugenio D'Ors.

El novecentismo declina en la década de 1930, cuando las circunstancias históricas exigieron una actitud más comprometida.

Las **características del novecentismo** son las siguientes:

- **Intelectualismo.** Defienden la racionalidad y el rigor intelectual. Suelen tener una **sólida formación** y su pulcritud contrasta con la generación anterior: autodidacta, bohemia, irracionalista y existencial.

Europeísmo. Propugnan la **modernización intelectual** del país y su vinculación a la **cultura europea**. Por ello, critican el tradicionalismo y las ambigüedades casticistas, al tiempo que plantean la reflexión sobre la sociedad española desde una perspectiva serena y racional.

Presencia en la vida cultural y política. Aprovechan los resortes del poder (prensa, instituciones y política) para influir en la sociedad y confían en la labor dinamizadora de las **minorías cultas**: la alta cultura, la investigación científica y el **arte minoritario**.

Ideal universalista. Muestran su preferencia por la **cultura urbana**, que se opone al ruralismo noventayochista y al localismo decimonónico.

Detalle del cuadro *Apollinaire y sus amigos* (1909), obra de Marie Laurencin.

Esteticismo. La obra artística se concibe como un objeto autosuficiente y bello: el **arte puro**, alejado del sentimentalismo y del realismo, porque son *impurezas* que contaminan lo estético. Tienden hacia un arte sereno y claro, inspirado en los **modelos clásicos**. De ahí surge la defensa del distanciamiento entre el arte y la vida; Eugenio D'Ors concibe el arte como un puro juego, algo cercano a lo que Ortega denomina la *deshumanización del arte*.

Preocupación formal. Se admira el rigor intelectual de la **obra bien hecha** en todos los ámbitos (la investigación científica o la literatura), y el arte **minoritario** e **intelectual**.

La literatura novecentista

Los novecentistas defienden una literatura **deshumanizada** e **intelectual**, es decir, **depurada** en la forma y en los contenidos. Emplean un lenguaje **selectivo**, **moderno** y **eficaz**, y evitan el **realismo** y el **sentimentalismo**.
Los **géneros** más cultivados son el **ensayo** (José Ortega y Gasset) y la **poesía** (Juan Ramón Jiménez).

El ideal literario novecentista de la «obra bien hecha» se concreta en una literatura depurada en el estilo y en los temas, contraria al exaltado sentimentalismo. En este sentido, D'Ors propone abandonar la vehemencia (lo dionisíaco) y orientarse hacia la **serenidad clásica** (lo *apolíneo*).

El **estilo** novecentista muestra una acusada **preocupación formal**: huye de lo fácil y descuidado, y tiende a un lenguaje culto y minoritario.

Los novecentistas favorecieron la penetración de las vanguardias por su defensa del **arte deshumanizado e intelectual**.

El ensayo y el periodismo

Con el novecentismo culmina un periodo de gran **desarrollo del ensayo**.

En este género predominan los **planteamientos reflexivos** y el **tono objetivo**, y desaparece la vehemencia y el subjetivismo.

Tratan **temas** muy **variados** (científicos, históricos, políticos y estéticos) y, con frecuencia, publican los ensayos como colaboraciones periodísticas, por ejemplo, José Ortega y Gasset y Eugenio D'Ors.

En sus ensayos sobre el arte y la novela, Ortega realiza un examen de la narrativa de vanguardia de su época y del arte en general, al tiempo que intenta describir su idea de la literatura como un intento de crear una realidad independiente, que no se limite a imitar o reproducir la que nos rodea.

José Ortega y Gasset (1883-1955). Es considerado el inspirador del grupo. A través de sus escritos y de numerosas conferencias, difundió las nuevas corrientes del pensamiento europeo. Fue profesor universitario de metafísica. En 1913 fundó la Liga de Educación Política Española y, más tarde, diversas publicaciones, como la *Revista de Occidente*, que acoge las aportaciones artísticas y filosóficas más renovadoras. Inicialmente apoyó la República, pero luego, decepcionado, se distanció de la política. Exiliado durante la Guerra Civil, volvió a Madrid en 1945 y ejerció su magisterio en diferentes instituciones privadas, ya que no se le reconoció su cátedra.

Escribió sobre todo **ensayos** de tema **filosófico**, pero su influencia cultural se debe a los que tratan sobre **España** y sobre **estética**.

En sus reflexiones sobre **España** denuncia el aislamiento del país y se declara **europeísta** convencido. En la *España invertebrada* y *La rebelión de las masas* apunta la necesidad de una minoría selecta o **aristocracia intelectual** que impida cualquier tendencia disgregadora, ya sea territorial o de clase.

En cuanto a la **estética**, destacan *La deshumanización del arte* e *Ideas sobre la novela*, ambas de 1925. La primera es un análisis del **arte nuevo**, pero se convirtió en una justificación teórica de las vanguardias y ejerció una gran influencia en la **Generación del 27**. Para Ortega, el arte nuevo se caracteriza por ser *original*, *minoritario*, *antirromántico* y *antirrealista*, *deshumanizado* e *intrascendente*. En *Ideas sobre la novela* plantea el agotamiento de la novela realista y la aparición de un público selecto que exige una narrativa intelectual y **deshumanizada**, que reduzca la anécdota y la acción en beneficio de las ideas y la experimentación.

Eugenio D'Ors (1881-1954). Como Ortega, fue un **agitador cultural** que influyó en la aceptación de las nuevas corrientes intelectuales y artísticas. Acuñó el término *novecentismo*, que contraponía a la sensibilidad ochocentista, y, desde los diarios de Barcelona y más tarde desde los de Madrid, predicó la **doctrina de la inteligencia**.

Con el seudónimo de *Xenius* publicó, en catalán, la **novela** *La Ben Plantada*, cuya protagonista encarna el ideal clásico mediterráneo. Como periodista, fue muy conocido por las *Glosas*, breves artículos que responden a la mentalidad educadora novecentista. Parten de un hecho cultural o político de actualidad para deducir una lección filosófica; es lo que llamaba *pasar de la anécdota a la categoría*. Sus libros sobre arte reflejan tanto una sólida **formación humanística** como su pasión por lo **clásico** y lo **moderno**.

La novela

Los narradores novecentistas **abandonan la novela realista** y **experimentan** nuevos caminos a través del lirismo, del humor o del intelectualismo. Gabriel Miró se decantó por una novela sensual, de gran brillantez formal; Wenceslao Fernández Flórez inició la narrativa humorística, y Ramón Pérez de Ayala y Benjamín Jarnés crearon una novela *intelectual*.

Gabriel Miró empezó con narraciones decadentes modernistas (*Las cerezas del cementerio*). Más tarde evolucionó hacia una novela que reduce al mínimo la acción y se demora en la descripción de **sensaciones** y **ambientes** (*Nuestro padre san Daniel* y *El obispo leproso*).

Ramón Pérez de Ayala comenzó con novelas autobiográficas, al estilo de los noventayochistas (*Troteras y danzaderas*). Posteriormente tendió a una narrativa **intelectual**, donde casi no hay acción, los personajes tienen carácter simbólico y abundan las digresiones ensayísticas, como en *Tigre Juan* y *El curandero de su honra*.

La poesía

La lírica novecentista representa el fin del modernismo; rechaza lo romántico y sentimental y aspira a una **perfección** que sea fruto de la **inteligencia**. La labor de **selección** de temas y de lenguaje culmina en la **poesía pura** de Juan Ramón Jiménez.

Otros poetas, como por ejemplo Ramón de Basterra, Mauricio Bacarisse, Juan José Domenchina y José Moreno Villa, experimentaron formas **vanguardistas** y allanaron el camino a la Generación del 27.

Mención aparte merece León Felipe, contrario al arte deshumanizado y poeta apasionado que, tras la guerra, se convirtió en una de las grandes voces del exilio con obras como *Español del éxodo y del llanto*.

Juan Ramón Jiménez (1881-1958)

Juan Ramón Jiménez con su **poesía pura** realiza una revolución estética: acaba con cualquier influencia anterior y crea un **nuevo lenguaje poético**.
La **poesía pura** es producto de la inteligencia; una lírica **intelectual** y **esencial** que resulta de la eliminación de todos los elementos que no son estéticos (formales, sentimentales, anecdóticos...).

Juan Ramón Jiménez junto a su esposa, Zenobia Camprubí.

Vida

Nació en Moguer (Huelva), paisaje muy ligado a su obra. En 1900 hizo su primer viaje a Madrid, donde Rubén Darío y Villaespesa lo acogieron al considerarlo el nuevo poeta modernista. Con la muerte de su padre cayó en su primera crisis, que le llevó a diversos sanatorios. En 1911 pasó a la Residencia de Estudiantes de la Institución Libre de Enseñanza; en 1916 se casó con Zenobia Camprubí, cuya presencia se refleja en el nuevo tono de su poesía.

Al comenzar la guerra, Juan Ramón Jiménez manifestó su apoyo a la República y se exilió a América. Desde 1951 vivió en Puerto Rico, donde recibió el premio Nobel en 1956, el mismo año en que murió su esposa. En ese país murió el poeta dos años después.

Obra

Juan Ramón Jiménez es una figura fundamental para el desarrollo de la lírica del siglo XX. Fue contemporáneo de Antonio Machado y de Unamuno, pero su obra le convierte en el **nexo** entre la primera generación del siglo (**modernistas** y **Grupo del 98**) y la **Generación del 27**, que lo acogerá como maestro al orientarse hacia la poesía pura.

Retrato de Juan Ramón Jiménez, pintado por Sorolla, que se conserva en su casa museo en Moguer. El poeta supo superar el agotamiento de los gustos modernistas y dar un nuevo impulso a la lírica española.

Consagró su vida a la poesía, que identifica con la belleza y con la verdad. La creación poética le permite alcanzar sus anhelos de **belleza**, **eternidad** y **conocimiento**, pues la poesía eterniza la belleza y permite el conocimiento. Como los románticos y simbolistas, recoge la idea del poeta médium, que tiene la capacidad de percibir más allá de las apariencias. Pero en su caso, la **palabra poética** no proviene de la inspiración, sino que se consigue tras una ardua labor de la **inteligencia**, que **desvela la esencia** del mundo y de las cosas. En ese sentido, combina el **esteticismo** y el **ansia de eternidad**, de ahí el tono exaltado de sus poemas.

Su obra es un continuo **diálogo con la belleza**, tema obsesivo que le lleva a declarar: «Yo tengo escondida en mi casa, por su gusto y por el mío, a la Poesía, como a una mujer hermosa; y nuestra relación es la de los apasionados».

Algunas dedicatorias como «A la minoría, siempre», o «A la inmensa minoría», revelan el **anhelo de una perfección** que solo puede ser apreciada por las elites cultivadas, un rasgo característico del novecentismo.

Trayectoria

En 1918, Juan Ramón Jiménez escribió un conocido poema sobre su evolución poética. Aunque ofrece una visión incompleta, pues solo habla de sus primeras épocas, se recoge a continuación porque ofrece una descripción muy plástica de las etapas iniciales, así como de la relación apasionada que el poeta mantiene con la poesía.

Vino, primero pura,
vestida de inocencia.
Y la amé como un niño.

Luego se fue vistiendo
de no sé qué ropajes.
Y la fui odiando, sin saberlo.

Llegó a ser una reina,
fastuosa de tesoros...
¡Qué iracundia de yel y sin sentido!

... Mas se fue desnudando.
Y yo le sonreía.

Se quedó con la túnica
de su inocencia antigua.
Creí de nuevo en ella.

Y se quitó la túnica,
y apareció desnuda toda...
¡Oh pasión de mi vida, poesía
desnuda, mía para siempre!

Como puede verse, el poema distingue cuatro estadios: *poesía pura-inocente* (inicios becquerianos), los *ropajes fastuosos* (complicación modernista), el comienzo de depuración ornamental y, finalmente, la *poesía desnuda*.

Años más tarde, el poeta clasificó su obra en **tres épocas**: **sensitiva** (que corresponde a la que describe en las primeras estrofas), **intelectual** (la poesía desnuda-pura del final del poema) y **suficiente** (poesía posterior a la composición del poema).

Etapa sensitiva o **modernista** (desde los inicios hasta 1915). *Rimas*, *Arias tristes* y *Jardines lejanos* reflejan el influjo de Bécquer y de los simbolistas por el intimismo, la sencillez, la suave musicalidad y el tono melancólico. Hacia 1908 se intensifica la sensualidad modernista: «llegó a ser una reina, / fastuosa de tesoros».

Etapa intelectual o de **poesía pura** (1916-1936). Su objetivo es desnudar el lenguaje de ornamentos y **plasmar lo esencial**. Abandona el sentimentalismo y toda herencia anterior, y pasa a utilizar un lenguaje estándar y moderno, junto con el verso libre. En conjunto, tiende a una mayor sencillez expresiva, a una **depuración del estilo**. Sin embargo, resulta una poesía difícil, **abstracta** y **metafísica** porque el poeta, que anhela la esencia de las cosas, se mueve en el terreno de las ideas. La raíz **intelectual** de esa poesía se revela cuando el poeta apela a la inteligencia como musa inspiradora: «¡Intelijencia, dame / el nombre exacto de las cosas!».

En esta etapa destaca el *Diario de un poeta recién casado*, de 1916, escrito durante el viaje en barco a Nueva York con motivo de su matrimonio, así como *Eternidades*, *Piedra y cielo*, *Poesía*, *Belleza* y *La estación total*, culminación del periodo.

Etapa suficiente o **verdadera**, escrita en el exilio a partir de 1936. Destaca *En el otro costado*, siete libros que incluyen el poema en prosa «Espacio», cercano al surrealismo. Expresa el sentimiento de **fusión con la naturaleza** de **forma más fluida y colorista**. En 1949 publicó *Animal de fondo* y *Dios deseado y deseante*, donde culmina el tono de éxtasis místico. Al final de su vida, en *Ríos que se van*, de 1951, trata el tema del amor y la muerte.

El borriquillo Platero es, sin duda, el personaje por el que se recordará a Juan Ramón Jiménez. En la ilustración, un dibujo del capítulo de *Platero y yo* titulado «El tío de las vistas».

Poesía tradicional y prosa

Juan Ramón Jiménez combinaba la experimentación con la poesía neopopular, **romances** sobre todo, de tono humano y social. El aprecio que el poeta sentía por estas composiciones explica que las incluyera en sus diferentes *Antolojías*.

Asimismo, escribió prosa muy variada, pues establecía una distinción absoluta entre los géneros: cartas, críticas, etc. Destaca la **prosa poética** de ***Platero y yo*** y la **prosa crítica** de *Retratos*, moderna, directa, sin arcaísmos ni neologismos.

Actividades

Juan Ramón Jiménez

El viaje definitivo

...Y yo me iré. Y se quedarán los pájaros
cantando;
y se quedará mi huerto, con su verde árbol,
y con su pozo blanco.

Todas las tardes, el cielo será azul y plácido;
y tocarán, como esta tarde están tocando,
las campanas del campanario.

Se morirán aquellos que me amaron;
y el pueblo se hará nuevo cada año;
y en el rincón aquel de mi huerto florido y encalado,
mi espíritu errará nostáljico...

Y yo me iré; y estaré solo, sin hogar, sin árbol
verde, sin pozo blanco,
sin cielo azul y plácido...
Y se quedarán los pájaros cantando.

Poemas agrestes (1910-1911)

«Intelijencia, dame...»

¡Intelijencia, dame
el nombre exacto de las cosas!

Que mi palabra sea
la cosa misma,
creada por mi alma nuevamente.
Que por mí vayan todos,
los que no las conocen, a las cosas;
que por mí vayan todos
los que ya las olvidan, a las cosas;
que por mí vayan todos
los mismos que las aman, a las cosas...
¡Intelijencia, dame
el nombre exacto, y tuyo,
y suyo, y mío, de las cosas!

Eternidades (1918)

El otoñado

Estoy completo de naturaleza,
en plena tarde de áurea madurez,
alto viento en lo verde traspasado.
Rico fruto recóndito, contengo
lo grande elemental en mí (la tierra,
el fuego, el agua, el aire), el infinito.

Chorreo luz: doro el lugar oscuro,
trasmino olor: la sombra huele a dios,
emano son: lo amplio es honda música,
filtro sabor: la mole bebe mi alma,
deleito el tacto de la soledad.

Soy tesoro supremo, desasido,
con densa redondez de limpio iris,
del seno de la acción. Y lo soy todo.
Lo todo que es el colmo de la nada,
el todo que se basta y que es servido
de lo que todavía es ambición.

La estación total (1946)

1. Indica cómo trata el tema de la muerte en el primer poema.

2. Señala las partes en que podemos dividir el poema según el contenido.

3. Al ser un poema de la primera etapa, recoge la influencia simbolista. Analiza rasgos simbolistas de los siguientes elementos:
   - El valor metafórico de las palabras.
   - La tendencia a la sensorialidad.
   - El tipo de sentimiento que destila el poema.

4. El segundo poema, «Intelijencia, dame...», trata otro tema característico del autor: la poesía.
   - ¿A quién se dirige el autor para pedir el don de la palabra poética?
   - ¿Qué es la poesía para el autor? ¿Cuál es la función del poeta respecto a los demás seres humanos?

5. Elige, entre los siguientes adjetivos, los que te parezcan adecuados para calificar el lenguaje del poema «Intelijencia, dame...»: *sencillo*, *cultista*, *abstracto*, *barroco*, *retórico*, *intelectual*, *sentimental*, *popular*.

6. Observa las palabras que más veces se repiten en la composición.
   - Si el poema ofrece alguna dificultad, ¿se debe al lenguaje o al tema?

7. Resume el poema *El otoñado*. ¿Qué sentimientos expresa?

8. Señala los paralelismos de la segunda estrofa.

9. Analiza algunos rasgos sensoriales.
   - ¿Son abundantes en el poema?
   - ¿Se combinan con un planteamiento intelectual?

Las vanguardias

En torno a la Primera Guerra Mundial (1914-1918) se sucedieron numerosos movimientos vanguardistas: cubismo, futurismo, dadaísmo, expresionismo y surrealismo, que triunfaron en los *felices años veinte*. Su objetivo era crear un **arte completamente nuevo y original**, y, para lograrlo, experimentaron nuevas formas.

Cartel de Marcel Janco para un *happening* organizado por Tristan Tzara, quien leerá su obra y el Manifiesto Dadá, el 23 de julio de 1918.

Los movimientos vanguardistas se presentaron como corrientes alternativas juveniles **rupturistas**, **provocadoras** y voluntariamente **minoritarias**; así queda recogido en los abundantes *manifiestos* en que declaran sus intenciones.

Algunas vanguardias dejaron una profunda huella en el arte posterior; sin embargo, otras fueron muy efímeras. Su mayor logro fue imponer la **libertad total del artista**, herencia que ha beneficiado todo el arte posterior.

Entre las numerosas vanguardias, destacan las siguientes:

- El **futurismo** aparece en 1909, con el manifiesto del italiano **Marinetti**. En él declara su **antirromanticismo**, así como su inclinación por un arte que rompa con todas las reglas y que cante el **mundo moderno**, es decir, las máquinas, la velocidad, las fábricas, el peligro, el deporte y la guerra. En Rusia, el impulsor del futurismo fue el excelso poeta **Maiakovski**.

- El **cubismo** literario surge hacia 1913, con **Guillaume Apollinaire**. Como en pintura, presenta una **imagen descompuesta** de forma geométrica, y acumula y superpone **diferentes perspectivas**. Triunfó con los **caligramas** y ***collages***.

- El **dadaísmo** fue fundado por **Tristan Tzara** en 1916. Reivindica el **mundo infantil** anterior a toda lógica, lúdico, ingenuo, espontáneo, divertido, imaginativo y gratuito, al margen de preocupaciones sociales o morales. Propone liberar la **fantasía** y recuperar el **lenguaje incoherente**. Fue un movimiento fugaz, pero abrió el camino hacia el surrealismo.

- El **surrealismo** se basa en las teorías sobre el **subconsciente** de Freud. Fue la vanguardia más tardía (de la década de 1920); se formó en París, en torno al poeta **André Breton**. Según los surrealistas, el arte surge del subconsciente, libre de la vigilancia de la razón. Para ello, recurren a la **escritura automática** y aspiran a captar el **mundo de los sueños** (que denominan **clima onírico**), donde el subconsciente se manifiesta a través de imágenes. El surrealismo enriqueció el lenguaje con **metáforas ilógicas** sugestivas y recuperó la emoción y lo pasional.

Los movimientos vanguardistas en España

Las vanguardias que alcanzaron mayor desarrollo en España fueron el **creacionismo** y el **surrealismo**, ambas nacidas en París. Como vanguardia autóctona apareció el **ultraísmo**.

Las vanguardias españolas suelen presentar mezcladas influencias de diversas vanguardias europeas.

Los movimientos vanguardistas se difundieron rápidamente en España, gracias a las **tertulias**, como la del Café Pombo; a **revistas** como *La Gaceta Literaria* y la *Revista de Occidente*, atentas a cualquier novedad, y a la labor de algunas figuras como **Ramón Gómez de la Serna**, precursor y promotor de las vanguardias, y el poeta chileno **Vicente Huidobro**.

«La emoción debe nacer de la sola virtud creatiz. Hacer un poema como la Naturaleza hace un árbol.» *Retrato de Vicente Huidobro*, obra del pintor cubista Juan Gris.

El final de las vanguardias se produjo en la década de 1930, cuando numerosos vanguardistas se inclinaron hacia una poesía comprometida y humana, por ejemplo Rafael Alberti. La guerra y el exilio acentuaron la tendencia a la poesía ética o social.

En el vanguardismo español se distinguen dos **periodos**:

Nacimiento y auge del vanguardismo (1908-1925). Las primeras manifestaciones vanguardistas aparecieron hacia 1908, con R. Gómez de la Serna. Hacia 1918 proliferaron los *ismos*, los manifiestos y las revistas efímeras, y triunfaron el **ultraísmo** y el **creacionismo**, que recogieron el tono lúdico y vital de los dadaístas, así como la adoración por las máquinas y la velocidad de los futuristas. En ese momento se valoraba el arte *deshumanizado*.

- **El creacionismo.** Lo difundió **Vicente Huidobro**, poeta chileno que llegó a España en 1918, procedente de París. Defiende la capacidad creadora de las imágenes, pues la poesía *es creación* y cada poema es un mundo creado mediante **imágenes yuxtapuestas**. En el marco de esa estética, **Gerardo Diego** escribió *Imagen*.

- **El ultraísmo.** Fue introducido por Guillermo de Torre, uno de los poetas y teóricos más activos del momento. Según el *Manifiesto Ultra*, de 1919, la literatura se basa en la **metáfora**, pues pretende captar la realidad mediante **percepciones fragmentarias** y con **imágenes ilógicas**. En realidad, el ultraísmo mezcla influencias cubistas, dadaístas y futuristas. Tuvo un momento brillante, pero pasó rápidamente.

Surrealismo y rehumanización (1926-1936). La influencia surrealista inició la *rehumanización*, pues recoge las **emociones**, la **angustia** y la **rebeldía** ante la sociedad moderna. Fue el movimiento más fructífero e influyente en la Generación del 27. Su huella se refleja en la libertad imaginativa y formal, y, sobre todo, en las nuevas **imágenes irracionales**, sin significado lógico, pero muy emotivas.

Ramón Gómez de la Serna (1888-1963)

Fue la **figura central del vanguardismo** por su incesante actividad en los primeros años de las vanguardias. Lo más conocido de su obra son las *Greguerías*, pequeñas composiciones que su autor definió como la suma de **humorismo y metáfora**.

Portada de la edición de las *Greguerías*, de Ramón Gómez de la Serna, que se conserva en la Fundación Gerardo Diego, en Santander.

Su actitud vital respondía al modelo vanguardista, marginal y provocador, que le llevó a pronunciar conferencias montado sobre un elefante o a celebrar un banquete en un quirófano.

Entre 1908 y 1912, dirigió la revista *Prometeo*, en la que aparecieron los primeros manifiestos vanguardistas; escribió cuentos, novelas y teatro vanguardista, pero lo más interesante son sus *Greguerías*.

Ramón Gómez de la Serna.

La *greguería* se basa en una metáfora audaz, inesperada, insólita y humorística, es decir, breves e ingeniosas asociaciones que transforman la realidad. Las greguerías responden al momento de **revalorización de la metáfora** y de la **intrascendencia del arte**, ya que son juegos de ingenio originales y antisentimentales, que no pretenden plantear temas trascendentes o comprometidos como, por ejemplo, «El platillo es el sol de la orquesta» o «Las gaviotas nacen de los pañuelos que dicen ¡adiós!, en los puertos». Algunas son líricas, otras son juegos conceptuales, frases ingeniosas y chistes. Según Gómez de la Serna, «la greguería no debe parecerse a nada de lo ya dicho y no debe haber en ella sentimentalismo».

Las *Greguerías* influyeron en las metáforas de los poetas del 27; por ejemplo, en Salinas, cuando dedica un poema a una bombilla (35 *bujías*), mediante las metáforas, la convierte en «musa dócil del poeta, artificial princesa, amada eléctrica en su claro castillo de cristal».

Actividades

***Greguerías*, de Ramón Gómez de la Serna**

Gómez de la Serna fotografiado en una trapería. Fue uno de los primeros escritores españoles en quienes se advierte el paso hacia las orientaciones llamadas «de vanguardia». A la derecha, uno de sus dibujos para su libro *El circo* (1916).

El desierto se peina con el peine del viento; la playa con peine de agua.

Las libélulas llevan en vez de alas velos de novia.

Las golondrinas entrecomillan el cielo.

Las espigas son langostinos vegetales.

Las narices son los enchufes de las personas.

Las pasas parecen uvas octogenarias.

Lo peor del golpe en la cabeza es la burla del chichón.

Los mejillones son las almejas de luto.

De la nieve caída en los lagos nacen los cisnes.

Los nudistas llevan en la mano un diario por si llega una visita.

10. Comprueba si la definición de *Greguería = metáfora + humorismo* es aplicable a los ejemplos anteriores.

11. Señala en qué greguerías predomina lo humorístico y en cuáles el aspecto lírico.

12. Apunta algún rasgo de la literatura vanguardista que aparece en las *Greguerías*.

13. Por el tono y los temas de las *Greguerías*, ¿con qué vanguardias se pueden relacionar?

14. Inventa alguna greguería humorística y alguna poética, al modo de las de Gómez de la Serna.

COMENTARIO

Caligrama de Gerardo Diego

Cronos (1920)

Y de mi corazón
una
a
una
van
cayendo
todas
las hojas.

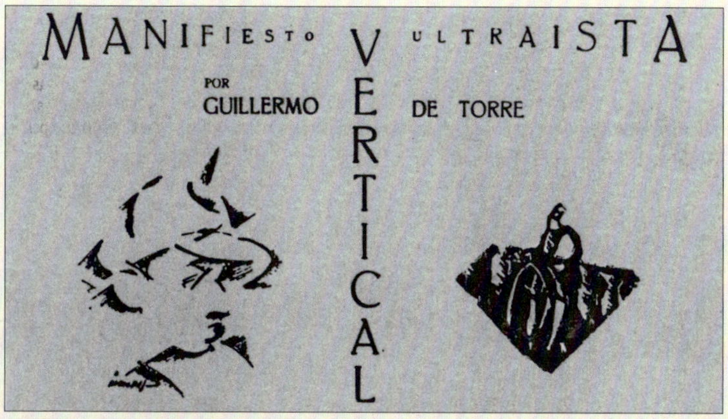

Fragmento del *Manifiesto ultraísta,* de Guillermo de Torre.

Caligrama de Guillermo de Torre

Hélices (1921)

SINOPSIS
Estratos subcutáneos de las praderas celestes
Franjas sidéreas de las entrañas telúricas
Albatros en las jarcias
Velívolos del horizonte
¿Cómo hallar la clave energética?
El Orbe renaciente trepida ascensional
Hangar sideral
Las cumbres destrenzan sus senderos
Las llanuras brincan invisibles
ANTENAS
Alguien enciende
el reóforo plenisolar
Y hay un espasmo terráqueo
de afirmación occidental

Localización

1. Guillaume Apollinaire popularizó la disposición de los poemas en forma de caligrama.

- Revisa la unidad y sitúa a este autor dentro de la vanguardia europea a la que se le adscribe.

2. ¿A qué periodo de las vanguardias hispánicas pertenecen estos poemas?

3. Busca información sobre Gerardo Diego y Guillermo de Torre.

- Comprueba si se inscriben en alguna vanguardia determinada y si evolucionaron hacia una poesía más humana.

Análisis del contenido y de la expresión

4. ¿Cuál de las dos composiciones te parece más vanguardista? Recuerda que las vanguardias pretenden la originalidad y la ruptura total respecto al arte anterior en temas y formas.

5. Si el arte deshumanizado se entiende como un arte que no debe explicar anécdotas ni reflejar contenidos humanos, ¿cuál de las dos composiciones responde mejor a la deshumanización del arte?

Valoración y creación

6. Comprueba la distancia abismal que existe entre la primera generación del siglo (modernistas y noventayochistas) y los vanguardistas. Los primeros, a través de la literatura, expresaban sus preocupaciones políticas, morales, estéticas, filosóficas o históricas, mientras que los vanguardistas reducen la obra a un chispazo de ingenio expresado de forma original.

- ¿Qué postura te parece más interesante? Razona tu respuesta en una redacción de unas 10 líneas.
- Leed al resto del grupo las diversas respuestas y comentad los aspectos que os parezcan interesantes.

7. Por parejas, acceded a las siguientes direcciones electrónicas sobre caligramas, en las que se da información y se pueden observar muestras interesantes:

http://qr.teide.eu/03IS

- Escoged el caligrama que os parezca más interesante.
- Inventad un caligrama. Buscad la originalidad tanto en la forma como en el contenido.

LOS GÉNEROS LITERARIOS DE LA GENERACIÓN DEL 27			
SIGLO XX	lírica	Pedro Salinas	*La voz a ti debida; Razón de amor*
		Jorge Guillén	*Aire nuestro: Cántico, Clamor, Homenaje*
		Gerardo Diego	*Manual de espumas; Soria*
		Federico García Lorca	*Romancero gitano; Poeta en Nueva York*
		Rafael Alberti	*Marinero en tierra; Sobre los ángeles*
		Luis Cernuda	*La realidad y el deseo*
		Vicente Aleixandre	*La destrucción o el amor; Sombra del paraíso*
		Dámaso Alonso	*Poemillas de la ciudad; Hijos de la ira*
		Miguel Hernández (poeta de transición)	*El rayo que no cesa; Cancionero y romancero de ausencias*
	teatro	F. García Lorca	*Yerma; La casa de Bernarda Alba*

7/4

La Generación del 27

Características de la Generación del 27

El nombre Generación del 27 alude al año en que se celebró el homenaje a Góngora, con la participación de casi todos los poetas del grupo.

Los poetas mencionados, a pesar de su fuerte personalidad, forman una **generación** o **grupo poético** porque, desde el principio, mostraron **inquietudes y gustos comunes** que les diferenciaban de los otros escritores del momento. Los **rasgos** que los cohesionan afectan tanto a lo biográfico como a las ideas y a la estética:

- Tienen **edades similares**: Salinas, el mayor, nació en 1891 y Cernuda, el menor, en 1902. Tienen una **gran cultura** literaria y curiosidad intelectual, y su **origen familiar acomodado** les permite su dedicación a la poesía.

- En conjunto, mantuvieron actitudes **liberales en política** y durante la Guerra Civil apoyaron a la República.

- Trabaron **amistad** entre ellos, sobre todo en Madrid, en la **Residencia de Estudiantes** de la Institución Libre de Enseñanza krausista. Fue un lugar de amistad y de formación cultural, pues en ella se ofrecieron numerosas conferencias, conciertos, etc. Allí estuvieron, entre otros, Juan Ramón Jiménez, el pintor Dalí y el cineasta Luis Buñuel.

- Participaron en **acontecimientos culturales**, como la celebración del tercer **centenario de Góngora**, en diciembre de 1927, en Sevilla. También colaboraron en las mismas **revistas** (*La Gaceta Literaria, Revista de Occidente*...).

- Todos comparten su afán de **modernizar la poesía**; así se recoge en la *Antología* (1931) de Gerardo Diego, donde expusieron su estética. Además, reconocen como **maestros** a **Juan Ramón Jiménez** y a **Ortega**.

Portada de la *Antología* (1931) de Gerardo Diego. En este libro los poetas del 27 expusieron su estética.

Fotografía del grupo de poetas que, en 1927, con motivo de la conmemoración del tercer centenario de Luis de Góngora, se reunieron en el Ateneo de Sevilla. Esta fecha dio nombre a una nueva generación, la Generación del 27.

- Crearon un **lenguaje generacional**, a pesar de las variantes personales. Así, todos conceden importancia al estilo, cultivan la **metáfora** y consideran la **poesía** en su vertiente **estética**; es decir, como manifestación autosuficiente e intrascendente, no como medio de expresión de problemas morales, sociales o biográficos.

- Comparten su **admiración por lo clásico y lo moderno**. Ese equilibrio entre lo nuevo y lo antiguo es la característica más original del grupo y la que le confiere un tono compacto.

Síntesis de tradición y vanguardia

El Grupo del 27 se caracteriza por combinar lo **tradicional** y lo **renovador**, el gusto por lo **popular** y lo **culto**, el interés por la **literatura hispánica** y por las **literaturas europeas**.

Los poetas del grupo, además de conocer la poesía clásica española y las nuevas corrientes europeas, **asimilan esas influencias** en creaciones profundamente personales y diferentes. Por ejemplo, tanto Aleixandre como Lorca y Cernuda asimilan el surrealismo y la tradición hispánica, pero sus creaciones son inconfundibles.

- De la **literatura tradicional** valoran tanto lo **culto** como lo **popular**. En parte, este hecho se explica por la sólida formación literaria de muchos de los componentes del grupo.

  - Entre los **clásicos** cultos, prefieren a Manrique, Garcilaso, Fray Luis, San Juan de la Cruz, Quevedo, Lope y, sobre todo, **Góngora**, el maestro en el arte de la **metáfora**.
  - De la literatura **popular**, aprecian el *Cancionero*, el *Romancero* y las cancioncillas tradicionales de Gil Vicente, Lope o Góngora. Lorca, Alberti y Gerardo Diego muestran la influencia de la tradición popular.
  - En cuanto a la poesía más **cercana**, muestran interés por Bécquer, Rubén Darío y, sobre todo, **Juan Ramón Jiménez**.

Federico García Lorca fotografiado en el Patio de los Arrayanes, en la Alhambra de Granada, en 1927. Él y muchos otros poetas del 27 encontraron mucho material poético en la literatura popular.

- De las **vanguardias** se toma lo novedoso, lo original y provocador, el juego de ingenio y la ruptura humorística. También deriva de ellas la total libertad en la métrica, la puntuación, los temas y el uso de imágenes ilógicas. En general, en las primeras publicaciones se encuentran rasgos dadaístas y futuristas (Gerardo Diego, Alberti y Salinas), que coinciden con las características del arte nuevo, que Ortega había señalado en *La deshumanización del arte*: afán de originalidad, hermetismo, autosuficiencia del arte, predominio de la metáfora, surrealismo, intrascendencia, antirrealismo, etc.

Trayectoria

Arriba, homenaje del pintor Juan Gris a Góngora y portada de la revista *Litoral*. Abajo, foto de los principales integrantes de la generación del 27 junto al torero Ignacio Sánchez Mejías (en el centro, con sombrero): Salinas, Guillén, Bergamín, Gerardo Diego, Aleixandre, Lorca y Dámaso Alonso.

En la evolución del grupo se pueden distinguir **tres periodos**:

- el juvenil, de poesía *deshumanizada*;
- el de madurez, de lírica *humanizada* bajo la influencia del **surrealismo**,
- la etapa **posterior a la Guerra Civil**, muy diferente en cada poeta.

A pesar de las diferencias individuales entre los componentes del grupo, en casi todos ellos se distinguen los **tres periodos**, que vinieron impuestos por las condiciones históricas que marcaron profundamente sus vidas:

Etapa inicial, hasta 1927. Se impone el ideal de **poesía pura** de Juan Ramón Jiménez y la influencia **vanguardista**; es el momento del arte *deshumanizado*. Al mismo tiempo, coexiste con una poesía neopopular (Lorca, Alberti y Gerardo Diego).

De 1928 a la Guerra Civil. Con la **influencia surrealista** comienza la *rehumanización* de la lírica que expresa la angustia, la rebeldía del poeta y los problemas sociales. La revista de Pablo Neruda y Vicente Aleixandre, *Caballo verde para la poesía*, recoge esa lírica *humanizada*. En los años de la Segunda República y la Guerra Civil, la poesía social alcanza su auge, con Rafael Alberti y Miguel Hernández, poeta más joven que no pertenece al grupo.

Tras la Guerra Civil. Puede considerarse deshecho el grupo, aunque mantuvieron la amistad y crearon obras importantes. La guerra provoca el asesinato de Lorca y el exilio de Salinas, Guillén, Alberti y Cernuda, quienes tratan en numerosas ocasiones el **tema del exilio**. En España, Dámaso Alonso, Vicente Aleixandre y Gerardo Diego se convierten en el punto de partida de la poesía de posguerra. En conjunto, la poesía tras la Guerra Civil refleja **angustia existencial** y **preocupaciones éticas y sociales**.

Aportaciones poéticas de la Generación del 27

Al margen de la variedad de cada autor, todos contribuyeron a la renovación poética con dos elementos comunes: consideran que la **imagen** es la esencia del poema y experimentan **innovaciones métricas**.

La **imagen** –o la metáfora– se convierte en la base expresiva de la poesía. Ello explica la admiración por Góngora y por las vanguardias. Como ellas, crean imágenes en las que no existe una relación lógica entre el término real y el poético: es la *imagen irracional*.

En la **métrica**, quedan definitivamente incorporados el **verso libre** y el **versículo**, cuyo precedente en solitario había sido Juan Ramón Jiménez. También combinan las estrofas tradicionales con un lenguaje moderno: Lorca y Gerardo Diego componen sonetos y romances magistrales, y Guillén, décimas perfectas, al mismo tiempo que todos ellos usan el verso libre.

LOS POETAS DE LA GENERACIÓN DEL 27

Pedro Salinas (1891-1951)

Salinas escribe una poesía **intelectual**, concebida como un **diálogo** que el poeta entabla con el mundo o con la amada. Ese diálogo le permite acceder a la **esencia** de las cosas, más allá de los accidentes externos.

Su **estilo** es **antirretórico**; el lenguaje es familiar, moderno y cotidiano; las imágenes, sencillas, y el ritmo, ligero, con versos cortos, sin rima o asonantados.

Vida

Nació en Madrid y, a partir de 1918, fue profesor de literatura en la Universidad de Sevilla. En 1932 fundó la revista *Índice literario*, y entre 1933 y 1936 fue secretario de la Universidad Internacional de Santander. Cuando empezó la Guerra Civil se encontraba en Estados Unidos como profesor visitante. Allí permaneció hasta su muerte.

Obra

En la **trayectoria** de Salinas se distinguen tres épocas:

- La **primera etapa** es de influencia **vanguardista**, con *Presagios*, *Seguro azar* y *Fábula y signo*.

- En la **segunda etapa** predomina el **tema amoroso**, con *La voz a ti debida*, *Razón de amor* y *Largo lamento*, que le convierten en el gran **poeta amoroso** del grupo.

El **amor** aparece como una fuerza prodigiosa que ordena y **da sentido al mundo**. Es la correspondencia entre lo **más esencial y auténtico** de los enamorados, el **tú** y el **yo**, más allá de lo superficial o anecdótico representado en lo social. El **lenguaje** es **conceptual** y denso, pues matiza mediante paradojas, juegos de ideas, etc. Es un conceptismo interior.

Sobre estas líneas, retrato de Pedro Salinas. Abajo, el poeta a su llegada a Santo Domingo.

- La **tercera etapa** se corresponde con las obras escritas en el **exilio**. *El contemplado* es un diálogo con el mar de Puerto Rico. *Todo más claro* muestra su desagrado por una sociedad deshumanizada, y en él combina el tono trágico y el humorístico. En *Confianza*, vuelve al optimismo tras el desaliento.

Escribió también un teatro vanguardista, relatos y numerosos ensayos sobre literatura.

Actividades

***La voz a ti debida*, de Pedro Salinas**

Para vivir no quiero
islas, palacios, torres.
¡Qué alegría más alta:
vivir en los pronombres!

Quítate ya los trajes,
las señas, los retratos;
yo no te quiero así,
disfrazada de otra,
hija siempre de algo.
Te quiero pura, libre,
irreductible: tú.
Sé que cuando te llame
entre todas las gentes
del mundo,
solo tú serás tú.
Y cuando me preguntes
quién es el que te llama,
el que te quiere suya,
enterraré los nombres,
los rótulos, la historia.
Iré rompiendo todo
lo que encima me echaron
desde antes de nacer.

Y vuelto ya al anónimo
eterno del desnudo,
de la piedra, del mundo,
te diré:
«Yo te quiero, soy yo».

1. Señala las partes en que puede dividirse el poema.
2. Analiza qué quiere decir Salinas con «vivir en los pronombres» (verso 4). ¿Lo explica en el poema?
3. Identifica el campo semántico que se relaciona con los pronombres. ¿Qué elementos obstaculizan llegar al *tú* y al *yo*?
4. ¿Por qué se dice que Salinas hace una poesía intelectual?

Jorge Guillén (1893-1984)

«He sufrido. No importa. / Ni amargura ni queja. / Entre salud y amor / Gire y zumbe el planeta». Jorge Guillén, fotografiado en 1955.

En su primera etapa, con *Cántico*, es el máximo representante de la **poesía pura**; es una obra **optimista** que expresa el gozo de la existencia.

A partir de *Clamor*, escrita en el exilio, su poesía cambia profundamente: refleja el mundo moderno con **pesimismo**, con un estilo más **sencillo**.

Vida

Nació en Valladolid. Ejerció de profesor de literatura en las universidades de Murcia, Oxford y Sevilla. La Guerra Civil le sorprendió en esta ciudad y fue encarcelado, pero en 1938 logró salir hacia Estados Unidos, donde permaneció durante muchos años como profesor de literatura.

Obra

En la **trayectoria** de Guillén se distinguen tres etapas:

- La **primera**, representada en *Cántico*, recoge su obra desde 1928 hasta 1950. A diferencia de sus compañeros, Guillén mantuvo durante treinta años una sorprendente unidad de estilo y de temas. Por su estilo, la poesía de *Cántico* es **deshumanizada** e **intelectual**, que supedita lo emocional a lo artístico, en la línea de J. R. Jiménez y, sobre todo, del poeta francés Paul Valery. Por su tono, refleja una actitud **vital** y **optimista**, el placer de observar el mundo y de sentirse vivo: «Ser nada más. Y basta / es la absoluta dicha... El mundo está bien hecho».

El **estilo** es muy **elaborado** y resulta **difícil por la densidad**. El poeta se inclina por los **nombres abstractos** y expresa su dicha mediante **exclamaciones**. En general, renuncia a la musicalidad y al sentimentalismo. Se ha relacionado esta tendencia con el **cubismo**, pues presenta la realidad y sus emociones de forma **estilizada**. Combina un lenguaje **intelectualizado** y **moderno** con **estrofas clásicas**, sobre todo, décimas.

- En la **segunda etapa** escribe *Clamor*, que consta de *Maremágnum*, *Que van a dar a la mar* y *A la altura de las circunstancias*. Supone un cambio intenso porque aparece la **protesta contra el caos y la destrucción**: la guerra, el dolor, la amenaza atómica, etc., con un lenguaje más coloquial.

- En la **tercera etapa**, con *Homenaje*, **atenúa el tono pesimista**; habla de lecturas y escritores, de ciudades y de la amistad con sus compañeros de generación. En 1968 edita *Cántico*, *Clamor* y *Homenaje* con el título de *Aire nuestro*.

Actividades

***Cántico*, de Jorge Guillén**

Las doce en el reloj

Dije: ¡Todo ya pleno!
Un álamo vibró.
Las hojas plateadas
sonaron con amor.
Los verdes eran grises,
el amor era sol.
Entonces, mediodía,
un pájaro sumió
su cantar en el viento
con tal adoración
que se sintió cantada
bajo el viento la flor
crecida entre las mieses,
más altas. Era yo,
centro en aquel instante
de tanto alrededor,
quien lo veía todo
completo para un dios.
Dije: Todo, completo.
¡Las doce en el reloj!

5. Indica el tema. ¿Responde a la temática de *Cántico*? ¿En qué versos se sintetiza el tema?
6. ¿Cuál es la actitud del poeta ante el mundo? ¿En qué parte del poema lo expresa?
7. Señala otros rasgos de *Cántico* que aparecen en la composición (ten en cuenta el lenguaje y la forma).

Gerardo Diego (1896-1987)

Lo que caracteriza a Gerardo Diego es la maestría con que **combina estilos** muy **variados**: lo **vanguardista** y lo **clásico**, lo **culto** y lo **popular**, las **formas tradicionales** (sonetos, romance) junto al **verso libre**.

Gerardo Diego fue galardonado con el premio Cervantes en 1979.

Vida

Nació en Santander y pronto se sintió atraído por las vanguardias, sobre todo por el creacionismo. En 1925 ganó el Premio Nacional de Literatura con *Versos humanos*.

Colaboró activamente en el ambiente literario de su generación: en el homenaje a Góngora, como director de la revista *Carmen* y con su *Antología*, que se convirtió casi en un manifiesto de la nueva poesía. En los años de posguerra mantuvo una intensa actividad periodística y crítica; en 1948 ingresó en la Real Academia.

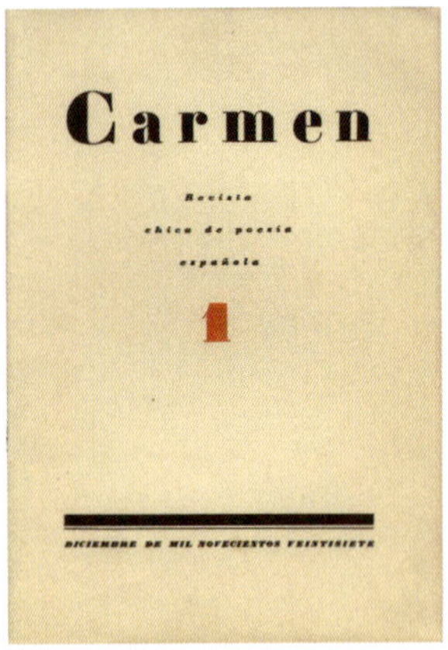

Gerardo Diego colaboró activamente en el ambiente literario de su generación: la revista *Carmen* y la edición del homenaje a Góngora son dos claras muestras de ello.

Obra

En una misma época, Gerardo Diego compuso tanto libros en la más clara línea vanguardista como obras de tono grave y claro contenido humano; a veces, incluso aúna estos rasgos en un único poema.

Los **temas** suelen centrarse en su **mundo próximo**, sus emociones, experiencias y recuerdos. También trata el tema **religioso**, poco cultivado en su época.

- La **obra vanguardista** se inscribe en el **creacionismo** con libros como *Imagen* y *Manual de espumas*. Une lo tradicional y el creacionismo en *Fábula de Equis y Zeda*, que recoge el entusiasmo gongorino de 1927, y en *Poemas adrede*, libros que para muchos críticos es lo más interesante de su producción.

- La **obra tradicional** es muy variada en temas y formas. Emplea sonetos, canciones y romances, y dominan las composiciones amorosas, religiosas o paisajísticas. Destaca *El romancero de la novia*, *Soria*, *Versos humanos*, *Versos divinos*, *Ángeles de Compostela* y *Alondra de verdad*, considerada su obra maestra, donde el soneto alcanza una extraordinaria perfección.

Actividades

***Soria*, de Gerardo Diego**

Romance del Duero

Río Duero, río Duero
nadie a acompañarte baja,
nadie se detiene a oír
tu eterna estrofa de agua.

Indiferente o cobarde,
la ciudad vuelve la espalda.
No quiere ver en tu espejo
su muralla desdentada.

Tú, viejo Duero, sonríes
entre tus barbas de plata,
moliendo con tus romances
las cosechas mal logradas.

Y entre los santos de piedra
y los álamos de magia
pasas llevando en tus ondas
palabras de amor, palabras.

Quién pudiera como tú,
a la vez quieto y en marcha,
cantar siempre el mismo verso,
pero con distinta agua.

Río Duero, río Duero,
nadie a estar contigo baja,
ya nadie quiere atender
tu eterna estrofa olvidada,

sino los enamorados
que preguntan por sus almas
y siembran en tus espumas
palabras de amor, palabras.

8. El *Romance del Duero* responde a la vertiente tradicional de Gerardo Diego. Comprueba la estrofa. ¿Qué tradición representa?

9. Indica a qué rasgo característico de la Generación del 27 responde el uso del romance.

10. Resume el poema.

11. ¿Recuerdas qué poeta ha cantado a Soria y a los álamos del río Duero?

Federico García Lorca (1898-1936)

Lorca es un excelente **poeta** y **dramaturgo**. Su obra presenta unos **temas** constantes: el **amor**, la **frustración** y el **destino trágico**, y abundan los seres marginados, abocados al dolor, a la soledad y a la muerte. Su **estilo** es personal y brillante, con **imágenes** plásticas y sugerentes.

Durante la Segunda República, García Lorca dirigió la compañía teatral La Barraca, con la que recorrió muchos lugares de la Península, en su propósito de acercar el arte al pueblo.

Vida

Nació en Fuentevaqueros (Granada). De 1919 a 1928 estuvo en la Residencia de Estudiantes, donde entabló amistad con el pintor Dalí y el cineasta Luis Buñuel. En 1932 dirigió el teatro universitario La Barraca, que llevó por pueblos y ciudades obras del teatro clásico. Fue un defensor de la República, pese a su escasa afición a la política. Al comenzar la Guerra Civil, se fue a Granada y a los pocos días los sublevados lo fusilaron.

Obra

La **poesía** de Lorca es **dramática** en el doble sentido de la palabra, es decir, es **teatral** y **trágica**. Por un lado, es teatral porque el poeta a menudo se expresa a través de **personajes**, como en el teatro; por otro, es trágica porque refleja **fatalismo**, pues presenta al ser humano en lucha contra un destino adverso. Junto al tema del **destino trágico**, aparecen la **frustración** y el **deseo imposible**, presentes en composiciones intimistas como *Poeta en Nueva York* o encarnados en personajes como, por ejemplo, los gitanos del *Romancero gitano*.

El **teatro** de Lorca es un **teatro poético** que presenta una realidad estilizada. En general, bajo diversos argumentos, plantea un **único tema**: el **enfrentamiento** entre el **individuo** y su **entorno**. El individuo encarna el anhelo de libertad, de sueño, fantasía y amor; el entorno es el símbolo del poder represor social, y a menudo es representado por la madre, los vecinos o el ambiente. Del conflicto entre el individuo y lo social surge el drama, resuelto casi siempre con la destrucción del individuo y sus sueños. Obras destacables son las piezas vanguardistas: *Así que pasen cinco años* y *El público*, y los dramas de tono trágico *Bodas de sangre*, *Yerma* y *La casa de Bernarda Alba*.

Federico en 1919. Un año antes, el poeta había publicado un primer libro en prosa titulado *Impresiones y paisajes*. Tanto este como sus primeros poemas presentan influencias románticas y del modernismo de Juan Ramón Jiménez y Antonio Machado.

En la **trayectoria** poética de Lorca se distinguen dos etapas:

- La **primera etapa** se extiende hasta 1928, y se caracteriza porque **funde** lo **popular** y lo **culto**, la **tradición** y la **modernidad**, en *Libro de poemas*, *Canciones*, *El poema del cante jondo* y el *Romancero gitano*. En este último, Lorca exalta la dignidad del pueblo gitano marginado y abocado a un destino fatal. Ofrece la visión de una Andalucía trágica y mítica mediante un estilo que combina la **tradición** (el argumento, la estrofa...) y la **renovación** (metáforas irracionales, simbolismo y tipos pasionales y trágicos).

- La **segunda etapa** recoge la **influencia surrealista**, que se manifiesta en las audaces imágenes irracionales, en la actitud de rebeldía y protesta, así como en el predominio del verso libre y el versículo. *Poeta en Nueva York* refleja la experiencia de Lorca durante el curso 1929-1930, en que coinciden una crisis del poeta y el *crack* económico de 1929. La ciudad aparece como símbolo de la civilización materialista y mecanizada; un mundo que destruye lo humano, la libertad y el contacto con la naturaleza y con las personas. El libro **combina** el **testimonio** de «la esclavitud del hombre y máquina» con el tema **intimista** de la frustración del poeta.

De sus últimos años son *Llanto por Ignacio Sánchez Mejías*, una excelente elegía, *Seis poemas gallegos*, *Diván del Tamarit* y *Sonetos del amor oscuro*.

Actividades

Federico García Lorca

Canción del jinete

Córdoba.
Lejana y sola.

Jaca negra, luna grande,
y aceitunas en mi alforja.
Aunque sepa los caminos
yo nunca llegaré a Córdoba.

Por el llano, por el viento,
jaca negra, luna roja.
La muerte me está mirando
desde las torres de Córdoba.

¡Ay qué camino tan largo!
¡Ay mi jaca valerosa!
¡Ay que la muerte me espera,
antes de llegar a Córdoba!

Córdoba.
Lejana y sola.

Canciones

Vuelta de paseo

Asesinado por el cielo.
Entre las formas que van hacia la sierpe
y las formas que buscan el cristal,
dejaré crecer mis cabellos.

Con el árbol de muñones que no canta
y el niño con el blanco rostro de huevo.

Con los animalitos de cabeza rota
y el agua harapienta de los pies secos.

Con todo lo que tiene cansancio sordomundo
y mariposa ahogada en el tintero.

Tropezando con mi rostro distinto de cada día.
¡Asesinado por el cielo!

Poeta en Nueva York

12. Realizad una lectura expresiva de los poemas.

13. Comprobad si la *Canción del jinete* puede considerarse una poesía dramática en el doble sentido de la palabra.

▶ Según la estructura métrica y el ritmo, ¿con qué tradición literaria se relaciona?

14. ¿Qué temas característicos de Lorca aparecen en este poema?

15. Observa el estilo y, sobre todo, las imágenes de *Vuelta de paseo*:

▶ ¿Pueden entenderse lógicamente las imágenes? ¿Qué sensaciones nos transmiten? ¿Qué elementos contribuyen a transmitirlas?

▶ A pesar de la novedad del lenguaje y de las imágenes, se mantienen algunos recursos expresivos tradicionales. Señala alguno de ellos.

16. ¿Se expresa el poeta en primera persona? ¿Es habitual en Lorca esta opción?

17. Se han realizado películas interesantes sobre la vida y obra de Lorca: *Lorca, muerte de un poeta* (1987), de Juan Antonio Bardem, interesante recreación de la biografía del poeta; y adaptaciones de sus obras teatrales, como *Proceso a Mariana Pineda* (1984), de Rafael Moreno Alba, *La casa de Bernarda Alba* (1987), de Mario Camus y *La novia* (2015), de Paula Ortiz, basada en *Bodas de sangre*. Todas son recomendables para completar el estudio del autor.

Rafael Alberti y María Teresa León con Federico García Lorca en Toledo en 1932.

Rafael Alberti (1902-1999)

Alberti se caracteriza por la **variedad** de temas y estilos, por el **dominio de la técnica** y por su **fecundidad**, rasgos que comparte con Gerardo Diego. Al mismo tiempo, se le relaciona con Lorca porque aúna lo **tradicional** (culto y popular) y lo **vanguardista**.

Vida

Nació en Puerto de Santa María (Cádiz). En 1917 se trasladó a Madrid y abandonó los estudios por la pintura. En 1925 recibió el Premio Nacional por su *Marinero en tierra*. Conoció a Lorca, Dalí y Buñuel, frecuentó la Residencia de Estudiantes y participó en el homenaje a Góngora. En 1931 se afilió al Partido Comunista y puso su pluma al servicio de la política; fundó revistas como *Octubre* y *El mono azul*, y durante la Guerra Civil fue secretario de la Alianza de Intelectuales Antifascistas. Se exilió en Buenos Aires y en Roma, y en 1977 volvió a España.

Obra

Alberti cultivó la poesía, la prosa y el teatro. En su **poesía** se distinguen cuatro etapas:

- **Poesía neopopular.** Comprende *Marinero en tierra, La amante* y *El alba del alhelí*. En ellos recrea las formas de la lírica popular: estilo nominal, paralelismos, expresividad (exclamaciones, diminutivos) y sencillez léxica.

- **Vanguardismo.** Esta etapa está representada por *Cal y canto, Sobre los ángeles* y *Yo era un tonto y lo que he visto me ha hecho dos tontos*, un homenaje a diversos artistas del cine mudo: Charlot, Buster Keaton, Harold Lloyd, etc.

- **Poesía comprometida**. Con la obra *Con los zapatos puestos tengo que morir*, de 1930, comienza una poesía revolucionaria, combativa, que denuncia la injusticia y la represión. En esta misma línea se encuentran *Un fantasma recorre Europa* y *Madrid, capital de la gloria*.

- **Poesía del exilio.** Aunque continúa la poesía política, en general vuelve a la actitud lírica en la que predomina el **tema del exilio**, con *Pleamar, Ora marítima* y *Canciones y baladas del Paraná*. Otros libros recogen temas muy diferentes, como *A la pintura* y *Roma, peligro para caminantes*.

Dedicatoria de Alberti con un dibujo del propio poeta.

De su **prosa** destaca el libro de memorias *La arboleda perdida* (1949 y 1987).

Como dramaturgo escribió **teatro político** (*Noche de guerra en el Museo del Prado*), **vanguardista** (*El hombre deshabitado*) y **poético** (*El adefesio*).

Actividades

Rafael Alberti

El mar. La mar.
El mar. ¡Solo la mar!

¿Por qué me trajiste, padre,
a la ciudad?

¿Por qué me desenterraste
del mar?

En sueños, la marejada
me tira del corazón.
Se lo quisiera llevar.

Padre, ¿por qué me trajiste
acá?

Marinero en tierra

El cuerpo deshabitado

Yo te arrojé de mi cuerpo,
yo, con un carbón ardiendo.

–Vete.

Madrugada.
La luz, muerta en las esquinas
y en las casas.
Los hombres y las mujeres
ya no estaban.

–Vete.

Quedó mi cuerpo vacío,
negro saco, a la ventana.

Se fue.

Se fue, doblando las calles.
Mi cuerpo anduvo, sin nadie.

Sobre los ángeles

18. ¿Qué sentimiento expresa el primer poema?

19. Señala algunos rasgos característicos de la lírica popular que aparecen en este poema.

20. Observa que el segundo poema, *El cuerpo deshabitado*, responde a una estética muy diferente. El poeta transmite unas vivencias a través de imágenes ilógicas y extrañas.

- Señala qué sensación general transmite el poema.
- Apunta algunas expresiones que consideres que son eficaces para crear esas sensaciones.

21. ¿A qué obra de Lorca se parece *Sobre los ángeles*?

Luis Cernuda (1902-1963)

La poesía de Cernuda es siempre **intimista** y de tono **romántico**. Plantea la imposibilidad de conciliar los anhelos personales –el deseo– con la realidad. Ese es el **tema** que da el título a toda su poesía, *La realidad y el deseo*.

Vida

Luis Cernuda fue alumno de Pedro Salinas en la Universidad de Sevilla, su ciudad natal. Más tarde vivió en Madrid, y en Toulouse (1928-1929), como lector universitario. Durante la Guerra Civil manifestó su apoyo a la causa republicana. Desde 1938 hasta su muerte vivió exiliado, ejerciendo de profesor, en Inglaterra y Estados Unidos, y más tarde en México.

Luis Cernuda, dibujo de Gregorio Prieto.

Obra

En la **trayectoria** de Cernuda se distinguen cuatro etapas:

- **Inicios**. Sus primeras obras se caracterizan por dos tipos de poesía: la **poesía pura**, en *Perfil del aire*, y la **poesía clasicista**, en *Égloga, elegía y oda*.

- **Tras su estancia en Francia (1928-1929).** Aparece la **influencia surrealista** en *Un río, un amor*, que se atenúa en *Los placeres prohibidos*, uno de sus mejores libros junto a *Donde habite el olvido* e *Invocaciones*. Cernuda plantea el enfrentamiento entre sus aspiraciones y su existencia, que desemboca en el sentimiento de **soledad**, en la **nostalgia por un mundo diferente** y en el **anhelo de belleza** y, sobre todo, de amor. Buena parte de su poesía trata el tema amoroso. El estilo, en esta etapa, acentúa la **depuración de imágenes** y la expresión densa y emotiva. Se inclina por un **lenguaje hablado**, de **tono coloquial**, que esconde una enorme capacidad de sugerencia.

- **Durante la Guerra Civil.** En 1937 empezó a escribir *Las nubes*, obra que terminaría en el exilio en 1940.

- **En el exilio.** Compuso una poesía en la que se acentúa el **tema de la soledad**, que aparece mezclado con el **tema del desterrado**. La **depuración** alcanza su cima en *Como quien espera el alba*, *Vivir sin estar viviendo*, *Con las horas contadas* y *Desolación de la Quimera*, títulos que reflejan su intimismo y su actitud romántica.

Federico García Lorca, Luis Cernuda y Vicente Aleixandre posan juntos antes de que la Guerra Civil truncara sus vidas: Federico fue asesinado al principio de la contienda; Cernuda se exilió y vivió en varios países y Aleixandre permaneció en España.

Actividades

Donde habite el olvido, de Luis Cernuda

Donde habite el olvido,
en los vastos jardines sin aurora;
donde yo solo sea
memoria de una piedra sepultada entre ortigas
sobre la cual el viento escapa a sus insomnios.

Donde mi nombre deje
al cuerpo que designa en brazos de los siglos,
donde el deseo no exista.

En esa gran región donde el amor, ángel terrible,
no esconda como acero
en mi pecho su ala,
sonriendo lleno de gracia aérea mientras crece el tormento.

Allá donde termine este afán que exige un dueño a imagen suya,
sometiendo a otra vida su vida,
sin más horizonte que otros ojos frente a frente.

Donde penas y dichas no sean más que nombres,
cielo y tierra nativos en torno de un recuerdo;
donde al fin quede libre sin saberlo yo mismo,
disuelto en niebla, ausencia,
ausencia leve como carne de niño.

Allá, allá lejos;
donde habite el olvido.

Fotografía de Luis Cernuda tomada hacia 1928.

22. ¿Qué sentimiento expresa Cernuda? ¿Con qué se identifica el olvido en el poema? ¿Qué pretende dejar atrás el poeta?

23. Analiza la forma externa del poema y las imágenes. ¿Responden a la tradición o al arte nuevo?

24. «Donde habite el olvido» es un verso de Bécquer. Cernuda está haciendo un homenaje al poeta, con quien comparte tema amoroso y tono romántico. Aquí, como en la Rima LXVI de Bécquer, está presente la idea del poeta proscrito.

Busca la Rima de Bécquer, compara las imágenes de ambos poemas y señala algunas semejanzas.

25. ¿Crees que este poema responde a una lírica *intimista* y *romántica*? Justifica tu respuesta.

Vicente Aleixandre (1898-1984)

Para Aleixandre, la poesía es el medio de conectarse con el universo y con los seres humanos. Prevalece, así, la **voluntad de comunicar** por encima del anhelo de belleza. Su **estilo** se caracteriza por la **riqueza de imágenes** surrealistas y por el uso del **verso libre**.

Vicente Aleixandre.

Vida

Nació en Sevilla, pero su infancia transcurrió en Málaga, *ciudad del paraíso* en su poesía. En 1909 se trasladó a Madrid, residencia habitual del poeta desde entonces. En 1933 obtuvo el Premio Nacional de Poesía por *La destrucción o el amor*. Su permanencia en España tras la Guerra Civil fue un estímulo esencial para las nuevas generaciones de posguerra. En 1977, el premio Nobel coronó su trayectoria poética y personal.

Obra

Para Vicente Aleixandre, la poesía es el medio de conectarse con el universo y con los seres humanos. Prevalece así la **voluntad de comunicar** por encima del anhelo de belleza.

En la **trayectoria** poética de Aleixandre se distinguen tres etapas:

- **Etapa inicial.** Se inscribe, con *Ámbito*, en la **poesía pura** cercana a la línea de Salinas y Guillén.

- **Etapa surrealista.** Revela un **pesimismo** radical; el poeta reflexiona sobre el dolor y la angustia del ser humano, y **aspira a fundirse con el cosmos** para hacerse insensible. En esta etapa destacan *Espadas como labios* y *Nacimiento último*. *La destrucción o el amor* es un canto a la **naturaleza** y al **amor**, el sentimiento que rompe la radical soledad del ser humano y le permite fundirse con el ser amado y con el universo. Influido por el **surrealismo**, su estilo incorpora numerosas **imágenes** que aluden al cosmos y la naturaleza, así como el **verso libre**, cercano al amplio **versículo**.

Sombra del paraíso, publicado en la posguerra más inmediata (1944), canta la nostalgia de un edén; recuerda o imagina un paraíso al margen del dolor y de la muerte. El pesimismo se traduce en versos como «¡Humano: nunca nazcas!». Según Cernuda, «el surrealismo francés obtiene con Aleixandre en España lo que no obtuvo en su tierra de origen: un gran poeta».

- **Etapa humanista.** *Historia del corazón* (1945) señala una evolución, pues se centra en el **ser humano** y en la **comunidad**, al igual que *En un vasto dominio*, poesía de **testimonio**, humana y ética.

Actividades

La destrucción o el amor, de Vicente Aleixandre

Unidad en ella

Cuerpo feliz que fluye entre mis manos,
rostro amado donde contemplo el mundo,
donde graciosos pájaros se copian fugitivos,
volando a la región donde nada se olvida.

Tu forma externa, diamante o rubí duro,
brillo de un sol que entre mis manos deslumbra,
cráter que me convoca con su música íntima,
con esa indescifrable llamada de tus dientes.

Muero porque me arrojo, porque quiero morir,
porque quiero vivir en el fuego, porque este aire
[de fuera
no es mío, sino el caliente aliento
que si me acerco quema y dora mis labios desde
[un fondo.

Deja, deja que mire, teñido del amor,
enrojecido el rostro por tu purpúrea vida,
deja que mire el hondo clamor de tus entrañas
donde muero y renuncio a vivir para siempre.

Quiero amor o la muerte, quiero morir del todo,
quiero ser tú, tu sangre, esa lava rugiente
que regando encerrada bellos miembros extremos
siente así los hermosos límites de la vida.

Este beso en tus labios como una lenta espina,
como un mar que voló hecho un espejo,
como el brillo de un ala,
es todavía unas manos, un repasar de tu crujiente pelo,
un crepitar de la luz vengadora,
luz o espada mortal que sobre mi cuello amenaza,
pero que nunca podrá destruir la unidad de este mundo.

26. Relaciona el título *Unidad en ella* con el concepto de amor en Aleixandre.

27. Señala con qué relaciona el cuerpo y rostro de la amada en la primera estrofa.

28. Explica el significado de los fragmentos comprendidos entre los versos 9 y 12, y 17 y 20. A partir de ahí, interpreta el significado unívoco de la conjunción *o* del título *La destrucción o el amor*.

29. Anota algunas imágenes que justifiquen que Aleixandre sea considerado un poeta surrealista.

Dámaso Alonso (1898-1990)

Dámaso Alonso.

La **poesía** de Dámaso Alonso parte de la estética de la Generación del 27, pero evoluciona hacia una poesía **existencial** que **culmina en la posguerra**, con *Hijos de la ira* (1944). Esta obra le convertirá en el poeta más representativo del momento.

Vida

Nació en Madrid y fue profesor de literatura española en diversas universidades alemanas, inglesas y estadounidenses. Tras la Guerra Civil, como Aleixandre, permaneció en España, en lo que denominaba un *exilio interior*; ambos hicieron de puente entre los nuevos poetas y la brillante generación anterior. De 1968 a 1982 fue director de la Real Academia Española y, en 1978, obtuvo el premio Cervantes.

Obra

Dámaso Alonso se dedicó tanto a la poesía como a la crítica literaria. De 1927 es su obra sobre *La lengua poética de Góngora*, en consonancia con los intereses de su generación. A partir de ese momento, su labor como crítico fue incesante y fecunda.

La **poesía** de Dámaso Alonso nace en la estética de la Generación del 27, en libros como *Poemillas de la ciudad* (1921) y *El viento y el verso* (1925), de tono neopopular.

Su segunda etapa, de tono **existencial**, culmina en *Hijos de la ira* (1944), obra esencial en el desierto poético de posguerra. El mismo autor reconoció que aborrecía el esteticismo y que «hoy es solo el hombre lo que me interesa... llegar a él [...] por caminos de belleza o a zarpazos».

Actividades

***Hijos de la ira*, de Dámaso Alonso**

Monstruos

Todos los días rezo esta oración
al levantarme:

Oh Dios,
no me atormente más.
Dime qué significan
estos espantos que me rodean.
Cercado estoy de monstruos
que mudamente me preguntan,
igual, igual que yo les interrogo a ellos.
Que tal vez te preguntan,
lo mismo que yo en vano perturbo
el silencio de tu invariable noche
con mi desgarradora interrogación.

Bajo la penumbra de las estrellas
y bajo la terrible tiniebla de la luz solar,
me acechan ojos enemigos,
formas grotescas me vigilan,
colores hirientes lazos me están tendiendo:
¡son monstruos,
estoy cercado de monstruos!

No me devoran.
Devoran mi reposo anhelado,
me hacen ser una angustia que se desarrolla a sí misma,
me hacen hombre,
monstruo entre monstruos.

No, ninguno tan horrible
como este Dámaso frenético,
como este amarillo ciempiés que hacia ti clama
con todos sus tentáculos enloquecidos,
como esta bestia inmediata,
transfundida en una angustia fluyente;
no ninguno tan monstruoso
como esta alimaña que brama hacia ti,
como esta desgarrada incógnita
que ahora te increpa con gemidos articulados,
que ahora te dice:
«Oh dios,
no me atormente más,
dime qué significan estos monstruos que me rodean
y este espanto íntimo que hacia ti gime en la noche».

30. Resume el poema y justifica que este tipo de poesía se califique de existencial.

31. Señala la parte en la que el poeta habla de sí mismo en tercera persona. El citarse a sí mismo por el nombre es habitual en Dámaso Alonso. Analiza cómo aparece caracterizado en este poema.

32. El ambiente *tremendista* se crea con las imágenes desgarradas y desagradables. Identifica alguna de ellas.

33. Analiza la forma externa del poema. ¿Con qué poetas y corrientes se relaciona?

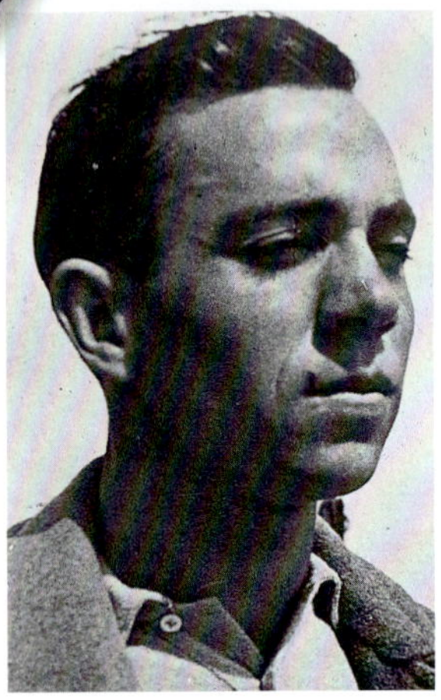

Buena parte de la obra de Miguel Hernández habla de las dolorosas experiencias de la guerra y de la cárcel. Arriba, retrato del poeta. Abajo, en un homenaje a su amigo Ramón Sijé.

Miguel Hernández (1910-1942), un poeta de transición

La poesía de Miguel Hernández se caracteriza por la **riqueza metafórica** y el **tono apasionado**, emotivo y cálido.
Combina lo **popular** con lo **culto**, y su trayectoria refleja la evolución de la lírica de aquellos años, de la **deshumanización** al **compromiso social**.

Vida

Nació en el seno de una humilde familia de Orihuela, por lo que abandonó pronto los estudios para trabajar de pastor. Se trasladó a Madrid, donde conoció a Pablo Neruda, quien influyó en su concepción comprometida de la poesía. En la Guerra Civil se alistó como voluntario, y participó en tareas culturales y de propaganda en los frentes. Al final de su vida se acumularon una serie de acontecimientos dramáticos que aparecen con insistencia en su poesía: su primer hijo murió con un año; cayó prisionero en 1938 y fue condenado a muerte. Murió de tuberculosis, a los treinta y dos años, en el penal de Alicante.

Obra

Miguel Hernández es un poeta de **transición**. Dámaso Alonso le considera un **epígono del 27,** es decir, uno de los últimos representantes del grupo, pues su obra inicial se inscribe en el gongorismo y el surrealismo; otros críticos le incluyen en la **Generación del 36**, que alcanza su plenitud tras la guerra.

En su obra se distinguen periodos claramente diferenciados:

- La **primera etapa** refleja la admiración por **Góngora**, con deslumbrantes metáforas (*Perito en lunas*).

- La **etapa de madurez** se inicia con *El rayo que no cesa*, de 1936, donde aparecen sus temas constantes: **amor**, **vida** y **muerte**. Predominan los **sonetos** clásicos, que obligan al poeta a sintetizar el tema y a **concentrar** su desbordado **apasionamiento**. Al final del libro aparece una de las mejores composiciones del autor, la «Elegía a Ramón Sijé».

En esa misma época escribió las odas a Vicente Aleixandre y a Pablo Neruda, que muestran la influencia surrealista y la vuelta a la poesía humanizada y comprometida.

- La **etapa de poesía** social abarca la obra escrita durante la Guerra Civil. Miguel Hernández pretende ser la voz del pueblo, de los pobres como él, por lo que decide hacerse eco de sus desdichas y cantar sus gestas épicas en *Viento del pueblo* y *El hombre acecha*. En esa época escribió también teatro de tema político.

- La **poesía última**, escrita casi toda en la cárcel, está recogida en *Cancionero y romancero de ausencias*, compuesto entre 1937 y 1941. El poeta **lamenta la ausencia** de la mujer y el hijo, así como la falta de libertad, en poemas que recuerdan la **lírica tradicional**. El **estilo** es **sencillo** y **concentrado**, de lenguaje sugerente y de estructuras muy rítmicas (metros cortos, paralelismos y estribillos, repeticiones, etc.). La temática **amor-vida-muerte** se repite obsesivamente. De esta época son las *Nanas de la cebolla*, dedicadas al hijo que ve crecer desde la cárcel.

Actividades

Miguel Hernández

Aceituneros

Andaluces de Jaén,
aceituneros altivos,
decidme en el alma: ¿quién,
quién levantó los olivos?

No los levantó la nada,
ni el dinero, ni el señor,
sino la tierra callada,
el trabajo y el sudor.

Unidos al agua pura
y a los planetas unidos,
los tres dieron la hermosura
de los troncos retorcidos. [...]

Andaluces de Jaén,
aceituneros altivos,
decidme en el alma: ¿quién
amamantó los olivos?

Vuestra sangre, vuestra vida,
no la del explotador
que se enriqueció en la herida
generosa del sudor. [...]

¡Cuántos siglos de aceituna,
los pies y las manos presos,
sol a sol y luna a luna,
pesan sobre vuestros huesos!

Andaluces de Jaén,
aceituneros altivos,
pregunta mi alma: ¿de quién,
de quién son estos olivos?

Jaén, levántate brava
sobre tus piedras lunares,
no vayas a ser esclava
con todos tus olivares. [...]

Viento del pueblo

Llegó con tres heridas

Llegó con tres heridas:
la del amor,
la de la muerte,
la de la vida.

Con tres heridas viene:
la de la vida,
la del amor,
la de la muerte.

Con tres heridas yo:
la de la vida,
la de la muerte,
la del amor.

Cancionero y romancero de ausencias

El cantautor Paco Ibáñez.

34. Resume el poema *Aceituneros*.

35. Señala las partes en que puede dividirse por su contenido.

36. ¿Qué función crees que desempeña este tipo de poesía?

37. Señala algunos recursos estilísticos de este poema.

38. Indica el tema del segundo poema. ¿Responde al tono del libro *Cancionero y romancero de ausencias*?

39. ¿Cuál es el rasgo más característico de la forma externa?

40. El primer poema ha sido musicado y cantado por Paco Ibáñez. Si tenéis la oportunidad de escucharlo, comentad la versión del cantante (si os parece que la música y el ritmo potencian la expresividad del poema, la selección que hace, etc.).

COMENTARIO «¡Qué gran víspera del mundo!», de Pedro Salinas

¡Qué gran víspera el mundo!
No había nada hecho.
Ni materia, ni números,
ni astros, ni siglos, nada.
El carbón no era negro
ni la rosa era tierna.
Nada era nada, aún.
¡Qué inocencia creer
que fue el pasado de otros
y en otro tiempo, ya
irrevocable, siempre!
No, el pasado era nuestro:
no tenía ni nombre.
Podíamos llamarlo
a nuestro gusto: estrella,
colibrí, teorema,
en vez de así, «pasado»;
quitarle su veneno.
Un gran viento soplaba
hacia nosotros minas,
continentes, motores.
¿Minas de qué? Vacías.
Estaban aguardando
nuestro primer deseo,
para ser en seguida
de cobre, de amapolas.
Las ciudades, los puertos
flotaban sobre el mundo,
sin sitio todavía:
esperaban que tú
les dijeses: «Aquí»,
para lanzar los barcos,
las máquinas, las fiestas.
Máquinas impacientes
de sin destino, aún;
porque harían la luz
si tú se lo mandabas,
o las noches de otoño
si las querías tú.
Los verbos, indecisos,
te miraban los ojos
como los perros fieles,
trémulos. Tu mandato
iba a marcarles ya
sus rumbos, sus acciones.
¿Subir? Se estremecía
su energía ignorante.
¿Sería ir hacia arriba
«subir»? ¿E ir hacia dónde
sería «descender»?
Con mensajes a antípodas,
a luceros, tu orden
iba a darles conciencia
súbita de su ser,
de volar o arrastrarse.
El gran mundo vacío,
sin empleo, delante
de ti estaba: su impulso
se lo darías tú.
Y junto a ti, vacante,
por nacer, anheloso,
con los ojos cerrados,
preparado ya el cuerpo
para el dolor y el beso,
con la sangre en su sitio,
yo, esperando
–ay, si no me mirabas–
a que tú me quisieses
y me dijeras: «Ya».

La voz a ti debida

Localización

1. Señala qué tipo de poesía representa Pedro Salinas en la Generación del 27.

2. Sitúa *La voz a ti debida* en la etapa a la que corresponde y señala qué tema predomina en ella.

Análisis del contenido y de la expresión

3. Tras realizar una atenta lectura del poema, resume las principales ideas.

4. ¿Es representativo de la poesía de Salinas esta forma de entender el amor? ¿Aparece la palabra *amor* en algún momento? ¿Hay algún sinónimo?

5. Señala las partes del poema.

6. ¿Crees que el verso 1 recoge el sentido de todo el poema?

7. Observa los pronombres que se refieren a los enamorados (*nosotros*, *tú-te-ti*, *yo*) y la desproporción existente entre el *tú* y el *yo*. ¿Cómo la explicas? ¿Puede relacionarse con el título del libro?

8. ¿Qué cualidad atribuye Salinas al *tú*? ¿Cómo aparece representado el *yo*? Subraya los atributos que preceden al *yo* (verso 66).

9. Analiza la métrica del poema. ¿Qué tipo de versos predomina? ¿Es característico de Salinas?

Valoración y creación

10. En grupos de dos o tres personas, sustituid los sustantivos de los versos 3-4, 15-16, 20-21 y 33-34. Procurad mantener el ritmo y crear sugerencias.

11. Redactad en prosa y con nuevas imágenes los versos que se refieren al *yo* (versos 60-65).

12. Puede ser interesante escuchar en Internet, en el sitio web *http://qr.teide.eu/03IT*, poemas de los autores estudiados en esta unidad. La audición, a su vez, proporciona un modelo de lectura para leer nuevos poemas.

GUÍA DE LECTURA

Romancero gitano, de Federico García Lorca

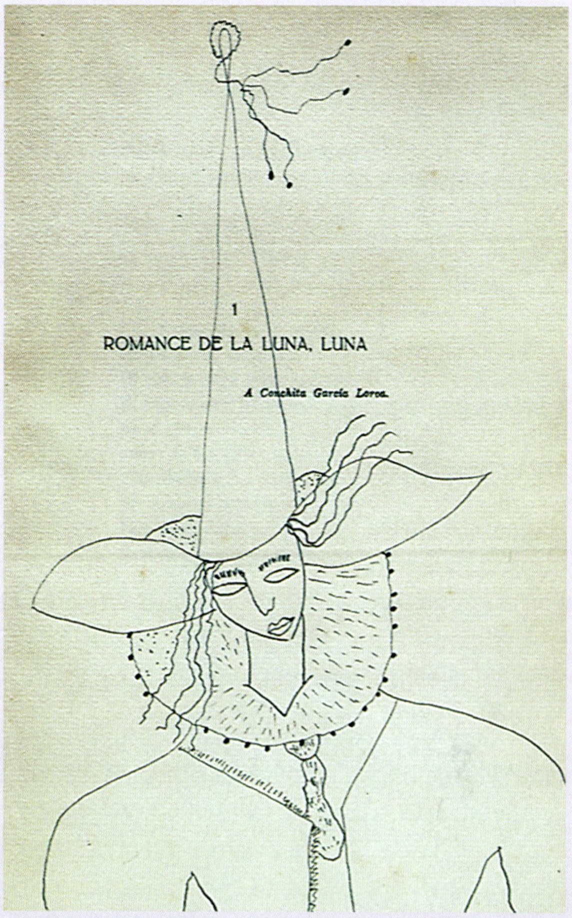

El *Romancero gitano*, escrito entre 1924 y 1927, se publicó en 1928 con un éxito rotundo. Lorca se convirtió en el poeta más popular de su tiempo, pero también recibió algunas críticas desde los círculos vanguardistas por el tradicionalismo de la obra. El éxito del libro llevó a la identificación de Lorca con el mundo gitano; eso molestaba profundamente al autor, quien llegó a declarar que no tocaría jamás el tema gitano, que solo era un tema poético.

Lo original del *Romancero gitano* es el hecho de estilizar la realidad gitana y crear un **mundo mítico**, con raíces históricas y culturales antiguas: precristianas, bíblicas, del mundo romano, de las culturas judía y musulmana. Las asociaciones míticas alejan el libro del costumbrismo o del tipismo folclórico, pues se desvanece el mundo real y aparece el **mundo atemporal y misterioso de los sueños**, donde conviven santos, vírgenes, reyertas, sexo, espera y muerte. En conjunto, los 18 romances muestran un **mundo gitano legendario**, abocado a un **destino trágico**, al dolor, la pena y la muerte, que se constituye en el tema del libro. Los **personajes** y la **naturaleza** adquieren un **carácter simbólico**. Así, los gitanos encarnan la autenticidad, los sentimientos pasionales y la sabiduría natural ligada a la tierra; frente a ellos aparecen unos antagonistas, en general, representantes de la civilización. El precedente del *Romancero* es el *Poema del cante jondo*, escrito con anterioridad, en el que Lorca comienza a crear su universo poético andaluz: la Andalucía del llanto, el misterio, el dolor, el amor y la muerte; un mundo sensual de olivares, viento, luna y caballistas, circunscrito a Córdoba, Sevilla y, sobre todo, Granada.

El *Romancero gitano* sintetiza lo **popular** y lo **culto**, la **tradición** y la **novedad**. Por una parte, responde a la corriente neopopular en la que se inscribe la poesía de Alberti y Gerardo Diego, así como la música de Falla, Albéniz o Granados. Por otra parte, la novedad de las imágenes, muchas de ellas irracionales, relacionan el *Romancero gitano* con el interés por Góngora y con las nuevas corrientes vanguardistas. A pesar de las diferencias entre los distintos romances lorquianos, en conjunto, mantienen numerosos rasgos del *Romancero viejo* tradicional. Por ejemplo, son composiciones lírico-narrativas, los diálogos confieren un tono dramático al poema, el significado es fragmentario y misterioso, y adquieren un tono épico en algunas escenas.

«Romance de la luna, luna»

Presenta procedimientos y símbolos muy habituales en el libro: la personificación de los elementos de la naturaleza, en este caso la luna; la asociación de los gitanos con la forja de metales (de ahí la reiteración de fraguas, yunques, martillos...); la piel de los gitanos es de bronce; el caballista, el olivar, etc. La presentación antropomórfica de la luna tiene una larga tradición en culturas precristianas. Lorca recoge en este poema el símbolo luna-mujer-muerte, que repite en otras composiciones (por ejemplo, en *Bodas de sangre*).

1. Distingue las partes narrativas de la dialogada.

2. Señala qué función desempeña la luna en el poema.

3. ¿Cuál es el tema del poema?

4. Anota alguno de los rasgos característicos de los romances que aparecen en este poema.

5. Los versos 21 y 22 muestran una de las metáforas más celebradas de Lorca. Observa que, además, es una aliteración que contribuye a la musicalidad y al ritmo del poema. Comenta la metáfora y la aliteración.

«Preciosa y el aire»

El nombre de la protagonista recuerda *La gitanilla*, de Cervantes. Lorca dijo de este poema que era un mito creado por él y, en efecto, recuerda algunos episodios mitológicos.

6. Resume el poema.

7. Diferencia las partes narrativas de las dialogadas. ¿Quiénes dialogan?

8. Analiza el personaje del viento y su simbolismo.

9. Anota algunas metáforas del poema.

«Reyerta»

10. Resume el poema.

11. Explica por qué puede calificarse de fragmentario este romance.

12. Los versos 29 y 30 tienen un aire irónico y, al mismo tiempo, relacionan la reyerta con las endémicas luchas intestinas hispánicas.

➤ Observa las diferencias de tono emotivo entre las tres partes del poema.

13. Analiza si la intensidad emotiva está relacionada con la aparición del mundo gitano o con la del mundo exterior.

«Romance sonámbulo»

14. Resume el poema y señala el tema.

15. Analiza a qué tiempo aluden las diferentes partes del poema.

16. ¿Qué versos funcionan como estribillo?

17. Diversos estudios señalan la relación verde-muerte que Lorca emplea con frecuencia. Apunta expresiones en las que aparece ese color.

18. Indica alguna de las características de los romances que aparecen en esta composición.

«La monja gitana»

19. Resume el romance.

20. ¿Qué conflicto plantea el poema?

«La casada infiel»

Este romance es el más anecdótico y simple del libro, y el que alcanzó mayor éxito. Lorca dijo de este poema: «Es popular hasta la desesperación y [...] lo considero lo más primario, lo más halagador de sensualidades y lo menos andaluz».

21. Resume el poema.

22. ¿Quién es el narrador? ¿Es lo habitual en el libro?

«Romance de la pena negra»

Se considera uno de los poemas más representativos del libro, ya que expresa de forma magistral el sentimiento de la pena.

23. Resume el poema.

24. Señala las partes de la composición.

25. Indica las partes narrativas y las dialogadas.

26. Comenta el tema del poema y apunta algunas imágenes con las que se expresa.

«San Miguel» (Granada), «San Rafael» (Córdoba), «San Gabriel» (Sevilla)

Forman un tríptico por su temática, aunque de tono y estilo son bastante diferentes. En el primero, Lorca aclara que se refiere a

Dibujo de Lorca para el «Romance de la pena negra».

una romería a la ermita de San Miguel, en la cumbre del Sacro Monte. Observa que el tema religioso aparece como punto de partida, para después reflexionar sobre el comportamiento social de los granadinos que acuden a la romería.

27. Señala las partes del romance «San Miguel».

28. Analiza cómo es vista la figura del santo.

29. El romance «San Rafael» es uno de los más herméticos del libro. Se interpreta que Córdoba se ve desde el puente romano, en la doble imagen que ofrecen la realidad y las aguas del río.

▶ Señala algunas imágenes del poema.

30. El romance «San Gabriel» contrasta con el tono general del libro, pues es el único que recoge la dicha de la mujer, en este caso, cuando se sabe encinta.

▶ Anota algunas expresiones que muestran rasgos de la religiosidad popular, como la familiaridad en el trato de la Virgen con el Arcángel.

«Prendimiento de Antoñito el Camborio en el camino de Sevilla»

31. El protagonista es un modelo de la estética de los gitanos de Lorca. Señala qué rasgos le caracterizan.

32. Indica las partes del poema.

33. ¿De qué se acusa al protagonista en los versos 29-38?

34. Señala algunas de las imágenes del poema, muy representativas de la plasticidad lorquiana.

«Muerte de Antoñito el Camborio»

35. Resume el poema.

36. Distingue las partes narrativas de las dialogadas. ¿Quiénes dialogan?

37. Anota algunas de las expresiones que aportan un tono trágico al poema.

«Muerto de amor»

Es uno de los romances más herméticos. Narra la agonía y muerte de un enamorado que parece ver su propia muerte antes de dictar su última voluntad.

38. Lee el poema y señala algunos rasgos temáticos y estilísticos representativos del *Romancero gitano*.

Ejemplar del *Primer romancero gitano* dedicado por su autor a Adriano del Valle, en Sevilla, en 1935.

«El emplazado»

Se basa en la historia de Fernando IV el Emplazado, rey castellano que mandó arrojar desde una peña a dos nobles de la Orden de Calatrava porque lo acusaban de haber participado en la muerte de su valido. Según la leyenda, los nobles emplazaron al rey para que se presentara ante el tribunal de Dios a los treinta días, y así ocurrió, pues el rey murió al cumplirse el plazo. Este tema quedó recogido en el *Romancero viejo* y, al mismo tiempo, se relaciona con una amplia tradición literaria sobre premoniciones de muerte. El personaje del Amargo también aparece en el *Poema del cante jondo*.

39. Lee atentamente el poema y señala cuál sería el orden lógico de las partes.

40. La presencia abrumadora de la muerte se manifiesta en numerosas imágenes. Señala algunas.

41. ¿Quién asume el papel de antagonista en este romance?

42. Indica algunos rasgos típicos del *Romancero gitano* que aparecen en esta composición.

«Romance de la Guardia Civil española»

Representa el ataque y la destrucción de la ciudad gitana por la Guardia Civil en una noche de Navidad.

43. La Guardia Civil asume el papel de antagonista del romance. Su descripción inicial se basa en imágenes metonímicas. Anota algunas de estas imágenes y señala a qué campos semánticos hacen referencia.

44. La ciudad gitana en fiesta es la protagonista positiva; a los gitanos se suman, además, los personajes religiosos y otros históricos. Comenta cómo son vistos los personajes religiosos y relaciónalo con algún otro romance.

45. Señala algunas imágenes de tono épico que aparecen hacia el final del poema.

46. ¿Cómo interpretas los cuatro últimos versos?

Tres romances históricos: «Martirio de Santa Olalla», «Burla de don Pedro a caballo» y «Thamar y Amnón»

El primer romance se refiere al martirio que la gitana santa Olalla (santa Eulalia) de Mérida sufrió durante el reinado de Diocleciano (siglo IV). La elección del tema responde a la voluntad lorquiana de dotar al mundo gitano de aspectos míticos y legendarios.

47. Resume el poema y señala las referencias a lo romano.

▶ El romance «Burla de don Pedro a caballo» es un poema enigmático. Algunos críticos lo interpretan como una reelaboración de *El caballero de Olmedo*, otros creen que alude a Pedro el Cruel, o bien a san Pedro. Se basa en romances tradicionales.

48. Tras realizar una lectura atenta, señala rasgos característicos de Lorca que aparecen en el poema.

▶ El romance de «Thamar y Amnón» es el único de tema bíblico del libro, que también tuvo difusión oral a través del romance popular de *Altas Mares* (Thamar). Relata la violación de Thamar por su hermano Amnón; la originalidad del romance lorquiano reside en la inclusión de elementos gitanos.

49. Resume el romance.

Propuestas de trabajo

Las siguientes propuestas de actividades pueden realizarse en grupos de tres o cuatro personas. Suponen una labor de **recopilación** de citas sobre los temas que se proponen para su posterior **clasificación** y **estudio**.

TEMAS:

▶ La **visión del mundo gitano** en el *Romancero* de Lorca. Procedimientos de estilización (del mundo en general: la Andalucía del *Romancero*, la naturaleza, los personajes, los temas y símbolos...).

▶ **Los personajes** del *Romancero*. Las mujeres y hombres, su descripción física; los sentimientos que expresan, sus actividades y comportamiento... Imágenes que emplea Lorca en la caracterización física y psicológica de sus personajes.

▶ **La presencia de la muerte** en el *Romancero gitano*. Expresiones e imágenes que aparecen en el libro en relación con el tema de la muerte.

▶ **La frustración y el destino trágico** como tema que recorre casi todo el libro. Sus variantes en los distintos poemas.

▶ **La plasticidad** de los romances de Lorca: selección de imágenes plásticas y sensoriales, cromatismo, musicalidad, imágenes que hacen referencia a la naturaleza, imágenes que expresan sentimientos, imágenes sinestésicas, etc. Valor simbólico o connotativo de las imágenes.

- A través de Internet, buscad imágenes de pintura surrealista de la época para «ilustrar» algunos romances de Lorca. La primera exposición surrealista se realizó en 1925, en París, con la participación entre otros de Jean Arp, Giorgio de Chirico, Max Ernst, Picasso, Joan Miró. A ellos se adhirieron Yves Tanguy, René Magritte, Salvador Dalí y Alberto Giacometti.
- Revisad también los dibujos que hizo Lorca en *http://qr.teide.eu/03IU*. A partir de ellos y del resultado del ejercicio anterior, cread una pintura o dibujo surrealista para ilustrar el romance que más os haya gustado.

LOS GÉNEROS LITERARIOS DE POSGUERRA			
SIGLO XX	lírica	Dámaso Alonso Vicente Aleixandre José Luis Hidalgo Blas de Otero Grabiel Celaya José Hierro	*Hijos de la ira* *Sombra del paraíso* *Raíz; Los muertos* *Pido la paz y la palabra* *Cantos íberos* *Tierra sin nosotros*
	narrativa	Camilo José Cela Carmen Laforet Ana M.ª Matute Ignacio Aldecoa Rafael Sánchez Ferlosio Carmen Martín Gaite	*La familia de Pascual Duarte; La colmena* *Nada* *Pequeño teatro* *El fulgor y la sangre* *El Jarama* *Entre visillos*
	teatro	Antonio Buero Vallejo Enrique Jardiel Poncela Alejandro Casona Alfonso Sastre	*Historia de una escalera* *Eloísa está debajo de un almendro* *La dama del alba* *Escuadra hacia la muerte*

La literatura de posguerra (de 1940 a 1960)

LA LÍRICA

En la **década de 1940**, tras la guerra, se manifiestan dos grandes tendencias poéticas:

- La poesía **arraigada**, **neoclasicista** o «garcilasista» de algunos poetas de la Generación del 36, que representan la poesía «oficial».
- La poesía **desarraigada** o **existencial**, de tono trágico y expresión sencilla, en la que destacan Dámaso Alonso y Vicente Aleixandre (de la Generación del 27).

Panorama de la lírica tras la Guerra Civil

Al acabar la contienda, las ausencias en el panorama poético son especialmente significativas:

- Unamuno y García Lorca **murieron** en 1936; Antonio Machado, en 1939, y Miguel Hernández, poco después, en 1942, en presidio.

- Se **exiliaron** Juan Ramón Jiménez, Pedro Salinas, Jorge Guillén, Rafael Alberti, Luis Cernuda, León Felipe, etc. En el destierro crean una buena parte de su obra y, a menudo, tratan el tema del exilio.

Pedro Salinas y Luis Cernuda en 1948.

Este dibujo de Antonio Saura podría expresar muy bien la tensión y el desarraigo que subyacía en las palabras de una literatura presa de las ataduras de un poder dictatorial, impuesto por la fuerza a los hombres y las mujeres de nuestro país.

Permanecieron en España algunos integrantes de la **Generación del 27**, como Dámaso Alonso, Vicente Aleixandre y Gerardo Diego, que escriben obras fundamentales en la posguerra. Junto a ellos se encuentra la **Generación del 36**, un grupo de poetas que comenzaron a escribir en los años treinta y que en 1939 estaban en plena madurez. Algunos de sus componentes se convierten en los máximos representantes de la poesía del momento.

La poesía de los años cuarenta. La Generación de 1936

Componen la Generación del 36 los poetas nacidos entre 1909 y 1922, formados en una época de especial florecimiento poético, que se extiende desde principios de siglo (Rubén Darío, Machado, Juan Ramón Jiménez) hasta el brillante Grupo del 27. Por su edad, vivieron la guerra en plena juventud, y la mayoría luchó en uno u otro bando, de ahí que también sean llamados *generación escindida*.

Tras la guerra, se distinguen dos corrientes poéticas: la **poesía arraigada** y la **poesía existencial o desarraigada**.

La poesía arraigada

La lírica de la **Generación del 36**, recogida en las revistas *Escorial* y *Garcilaso*, es la más representativa de la poesía **arraigada**, es decir, aquella que crece y se nutre sin angustia en un mundo que consideran armónico y ordenado. Sus componentes, que se llamaban a sí mismos *Juventud creadora*, aspiran a la serenidad clásica renacentista o *garcilasista* pero frecuentemente adquieren un tono frío y academicista. Valoran las **formas clásicas**, como el **soneto**, y tratan el tema **amoroso**, **religioso** y **patriótico**. Representan esta línea Luis Rosales, Dionisio Ridruejo, Luis Felipe Vivanco, Leopoldo Panero y Rafael Morales, poetas que, en general, evolucionarán hacia una poesía intimista y familiar.

La poesía existencial o desarraigada

Dámaso Alonso fue quien acuñó el término y lo explicó de la siguiente manera: los poetas desarraigados son como el árbol cuyas raíces han sido arrancadas de la tierra y que sufre al no tener sustento. Su lírica, de **tono trágico existencial**, manifiesta el disgusto, la angustia y la desesperación del ser humano ante un **mundo caótico**. El **tema religioso** adquiere un tono existencial en las abundantes preguntas que el poeta formula a Dios sobre el sentido del sufrimiento humano. En ocasiones, en esta poesía subyace un tono **social** cuando expresa el sufrimiento colectivo.

Cinco poetas montañeses, óleo de Gerardo Alvear y Aguirre, donde aparecen Gerardo Diego y José Hierro junto con otros poetas.

La poesía **desarraigada** aparece hacia **1944** con *Hijos de la ira*, de **Dámaso Alonso**, y con tres revistas: *Espadaña* (1944-1950), publicada en León; *Corcel* (1943), en Valencia, y *Proel* (1944), en Santander. También se publica en 1944 *Sombra del Paraíso*, de **Vicente Aleixandre**, de tono menos desgarrado, pero de concepción existencial.

El **estilo** de la poesía desarraigada se basa en un lenguaje directo, coloquial, duro, **apasionado** y con imágenes tremendistas, en clara oposición a la estética serena y armónica del *garcilasismo*. Emplean el **versículo** de tono prosaico, aunque el soneto perdura en algunos poetas.

Representan esta tendencia Dámaso Alonso, Victoriano Crémer, Eugenio García de Nora, Ángela Figuera, Carlos Bousoño, José Luis Hidalgo y, en cierta medida, José M.ª Valverde y José Hierro.

Actividades

***Canción de cuna para dormir a un preso*, de José Hierro**

La gaviota sobre el pinar.
(La mar resuena).
Se acerca el sueño. Dormirás,
soñarás, aunque no lo quieras.
La gaviota sobre el pinar
goteado todo de estrellas.
Duerme. Ya tienes en tus manos
el azul de la noche inmensa.
No hay más que sombra. Arriba,
[luna.
Peter Pan por las alamedas.
Sobre ciervos de lomo verde
la niña ciega.
Ya tú eres hombre, ya te duermes,
mi amigo, ea...
Duerme, mi amigo. Vuela un
[cuervo
sobre la luna, y la degüella.
La mar está cerca de ti,
muerde tus piernas.
No es verdad que tú seas hombre;
eres un niño que no sueña.
No es verdad que tú hayas sufrido:
son cuentos tristes que te cuentan.
Duerme. La sombra toda es tuya,
mi amigo, ea...
Eres un niño que está serio.
Perdió la risa y no la encuentra.
Será que habrá caído al mar,
la habrá comido una ballena.
Duerme, mi amigo, que te acunen
campanillas y panderetas,
flautas de caña de son vago
amanecidas en la niebla.
No es verdad que te pese el alma.
El alma es aire y humo y seda.
La noche es vasta. Tiene espacios
para volar por donde quieras,
para llegar al alba y ver
las aguas frías que despiertan,
las rocas grises, como el casco
que tú llevabas a la guerra.
La noche es amplia, duerme,
amigo,
mi amigo, ea...
La noche es bella, está desnuda,
no tiene límites ni rejas.
No es verdad que tú hayas sufrido,
son cuentos tristes que te cuentan.
Tú eres un niño que está triste,
eres un niño que no sueña.
Y la gaviota está esperando
para venir cuando te duermas.
Duerme, ya tienes en tus manos
el azul de la noche inmensa.
Duerme, mi amigo...
Ya se duerme
mi amigo, ea...

Tierra sin nosotros

1. Resume las principales ideas del poema.
2. Indica qué tipo de elementos se asocian con el sueño.
3. Algunas expresiones aluden a la figura del preso. ¿Qué informaciones sobre él se puede deducir del texto? ¿Qué actitud manifiesta el poeta hacia el preso?
4. ¿Consideras que es una poesía *arraigada* o *desarraigada*? Justifica tu respuesta.

La poesía social de los años cincuenta

En torno a 1950, la poesía existencial evoluciona hacia la **poesía social**: se pasa de expresar la angustia individual a manifestar la solidaridad con los demás, y para llegar a un **público mayoritario**, se emplea un estilo **sencillo**. Poetas representativos de esta corriente son Blas de Otero y Gabriel Celaya.

Blas de Otero.

En 1955 se publicaron dos libros que marcan la nueva poesía: *Pido la paz y la palabra*, de **Blas de Otero**, y *Cantos íberos*, de **Gabriel Celaya**. Ambas obras abandonan el tono existencial y proponen una lírica que sea testimonio de la realidad, que recoja los problemas del ser humano en su entorno. Es una literatura de **urgencias**, y se considera un **instrumento** para transformar la sociedad mediante la **denuncia** de la **injusticia** y la **solidaridad** con los oprimidos. Sus antece-

Gabriel Celaya.

dentes se encuentran en la poesía humanizada de los años treinta (Alberti, M. Hernández y Neruda).

Los **temas** que trata la poesía social son los que afectan a la **colectividad**: la **injusticia** y la **solidaridad**; también se recupera el **tema de España** en reflexiones políticas sobre la sociedad hispánica.

El **estilo** es **sencillo**, cercano al lenguaje **coloquial**, a veces **prosaico** y muy **expresivo**, pues pretende llegar a la **inmensa mayoría**. El lenguaje se supedita al contenido, que es el eje del poema.

El **auge** de la poesía social se produjo entre **1955** y **1960**, época de enorme difusión, ya que se incorporaron numerosos poetas e, incluso, cantantes.

Los poetas sociales más destacados fueron **Blas de Otero** y **Gabriel Celaya**; ambos se habían dado a conocer en la revista *Espadaña*, en la que publicaron una poesía existencial. Otros poetas se incorporaron a la poesía social procedentes de la lírica existencial de los años cuarenta; es el caso de Crémer, García de Nora, Figuera, Ramón de Garciasol, Leopoldo de Luis, etc. La influencia de la poesía social se proyecta en poetas más jóvenes, como José Agustín Goytisolo.

Actividades

***Cantos íberos*, de Gabriel Celaya**

España en marcha

Nosotros somos quien somos.
¡Basta de historia y de cuentos!
¡Allá los muertos! Que entierren como Dios manda a sus muertos.

Ni vivimos del pasado,
ni damos cuerda al recuerdo.
Somos, turbia y fresca, un agua que atropella sus comienzos.

Somos el ser que se crece.
Somos un río derecho.
Somos el golpe temible de un corazón no resuelto.

Somos bárbaros, sencillos.
Somos a muerte lo íbero
que aún nunca logró mostrarse puro, entero y verdadero.

De cuanto fue nos nutrimos,
transformándonos crecemos
y así somos quienes somos golpe a golpe y muerto a muerto.

¡A la calle!, que ya es hora
de pasearnos a cuerpo
y mostrar que, pues vivimos, anunciamos algo nuevo.

No reniego de mi origen
pero digo que seremos
mucho más que lo sabido, los factores de un comienzo.

Españoles con futuro
y españoles que, por serlo,
aunque encarnan lo pasado no pueden darlo por bueno.

Recuerdo nuestros errores
con mala saña y buen viento.
Ira y luz, padre de España, vuelvo a arrancarte del sueño.

Vuelvo a decirte quién eres.
Vuelvo a pensarte, suspenso.
Vuelvo a luchar como importa y a empezar por lo que empiezo.

No quiero justificarte
como haría un leguleyo.
Quisiera ser un poeta y escribir tu primer verso.

España mía, combate
que atormentas mis adentros,
para salvarme y salvarte, con amor te deletreo.

5. Anota las ideas que van apareciendo en el poema.

6. Observa que el poema comienza con un *nosotros*. Relaciona esta expresión con la poesía social, su objetivo, el papel del poeta, etc.

7. Indica los versos que incitan a salir a la calle, que tienen el tono de una consigna sociopolítica.
   ▶ ¿Qué representa el *nosotros*?, y, según el poema, ¿qué define a los *otros*?

8. Sería interesante escuchar y comentar, si se tiene acceso a ella, la versión musicada de este poema hecha por Paco Ibáñez, que fue conocida en los años sesenta.

LA NARRATIVA

La novela de la década de 1940

En la inmediata posguerra se cultivan tres tipos de novela: la ideológica o política, la novela realista clásica y, finalmente, la humorística.

Pocas narraciones escapan a esas tendencias; entre ellas, destacan ***La familia de Pascual Duarte***, de Cela, y ***Nada***, de Carmen Laforet. Ambas reflejan una **visión pesimista** y **existencial**, y se convierten en el punto de partida de la nueva narrativa.

Carmen Laforet.

En la inmediata posguerra se hace evidente la ruptura de la natural evolución literaria. La novela no puede enlazar con la narrativa social de los años treinta, prohibida por el franquismo, ni parece válida la estética deshumanizada de los años veinte.

En ese panorama de desconcierto abundan tres tipos de narraciones, todas de estilo tradicional: la novela **ideológica** conservadora (*La fiel infantería*, de Rafael García Serrano); la novela **realista** clásica (*Mariona Rebull*, de Ignacio Agustí; *Los cipreses creen en Dios*, de José María Gironella), y la novela **humorística**, que tuvo un amplio público con autores como Wenceslao y Darío Fernández Flórez.

Laforet, Ramón J. Sender, Miguel Delibes y Dionisio Ridruejo, durante un homenaje que se tributó a Sender en Madrid.

En la **década de 1940**, las novelas que se alejan de esas tendencias y marcan el inicio de una nueva narrativa son casos aislados: **Camilo José Cela** (*La familia de Pascual Duarte*, 1942) y **Carmen Laforet** (*Nada*, 1944). Ambas obras comparten el **tono sombrío y existencial** que contrasta con el triunfalismo o la actitud evasiva, general en la narrativa de la época. A estas nuevas voces se unen poco después las de **Miguel Delibes** y **Ana M.ª Matute**, novelistas que también reflejan el desolado **mundo de la posguerra** desde una perspectiva **pesimista y existencial**; por eso abundan en sus narraciones los **personajes desorientados**, tristes y frustrados.

Camilo José Cela (1916-2002)

Con la publicación de *La familia de Pascual Duarte*, Cela introdujo nuevos temas y puntos de vista en el estancado ambiente literario de posguerra.

Toda la obra de Cela refleja un profundo **pesimismo** que, a menudo, se enmascara bajo un **humor negro** muy característico del autor. En el estilo, destaca la **riqueza expresiva** y la habilidad en la **descripción de tipos y ambientes**. Su trayectoria muestra también su afán de experimentar nuevas técnicas narrativas.

Vida

Nació en Padrón (A Coruña) y empezó los estudios de medicina. Participó en la Guerra Civil, en el bando franquista. En la inmediata posguerra fue funcionario y, según explica el propio Cela, en los ratos de ocio de su trabajo funcionarial escribió *La familia de Pascual Duarte*; el éxito de esta obra le permitió dedicarse a la literatura con gran desahogo. Recibió el premio Nobel en 1989.

Obra

Cela es autor de poesía, libros de viajes, relatos breves, *diccionarios secretos* y, sobre todo, de novelas.

En general, Cela ofrece una **visión deformada** del mundo, cercana al esperpento de Valle-Inclán y, como Baroja, su obra trasluce **pesimismo**. Su actitud es la de un espectador distanciado y burlón, con un **humor negro**, amargo, desgarrado y cruel. Sin embargo, a veces manifiesta ternura por algunos seres desvalidos y adopta un tono lírico.

Su **estilo** es directo, aunque muy cuidado; incorpora el lenguaje coloquial y destaca en los retratos de personajes y en la descripción de tipos y ambientes.

En su **trayectoria** se aprecian varias épocas:

- ***La familia de Pascual Duarte*** (1942) es un relato ***tremendista*** por su truculencia; narra un cúmulo de crímenes y atrocidades, que parecen verosímiles por el tipo de protagonista (una persona disminuida intelectualmente) y por el ambiente que refleja (un mundo bárbaro y primitivo). La crudeza de la obra provocó una polémica en torno al *tremendismo* y el pesimismo existencial de Cela, que contrastaba con la narrativa triunfalista predominante. La línea existencial continúa en obras como *Pabellón de reposo*, novela más tradicional, y *Viaje a la Alcarria*, su primer libro de viajes.

- *La colmena* (1951) inicia la etapa de **realismo social** y de **renovación formal**. El aspecto más original de la novela es el **personaje colectivo** (salen unos trescientos personajes), la **condensación temporal** (dos días) y su carácter de **novela abierta** (sin argumento ni final). En conjunto, ofrece una **visión panorámica** del **vivir colectivo** en dos días de invierno del Madrid de 1942. Presenta una visión **pesimista** y predomina

Cela participó en la película *La colmena*, basada en su novela homónima, con un pequeño papel.

una **actitud objetiva**, ya que el autor describe desde fuera ese mundo. Se trata de una novela abierta, como la vida real; ese recurso intensifica el tema de la obra, pues refleja la **incertidumbre** de los destinos humanos. *La colmena* es una **novela social** porque es un testimonio de la insolidaridad, la impotencia y la alienación del pueblo en la posguerra; pero también es una obra **existencial** por su tremendo pesimismo y porque refleja el desamparo humano.

Evolución hacia el **experimentalismo**. A finales de los **años sesenta**, Cela intensifica la experimentación de nuevas técnicas narrativas en obras como *San Camilo 1936*, un monólogo interior esperpéntico, *Oficio de tinieblas* y *Cristo versus Arizona*.

Actividades

La colmena, de Camilo José Cela

A una señora silenciosa que suele sentarse al fondo, conforme se sube a los billares, se le murió un hijo, aún no hace un mes. El joven se llamaba Paco y estaba preparándose para Correos. Al principio dijeron que le había dado un paralís, pero después se vio que no, que lo que le dio fue la meningitis. Duró poco y además perdió el sentido en seguida. Se sabía ya todos los pueblos de León, Castilla la Vieja, Castilla la Nueva y parte de Valencia (Castellón y la mitad, sobre poco más o menos, de Alicante); fue una pena grande que se muriese. Paco había andado siempre medio malo desde una mojadura que se dio un invierno, siendo niño.

Hay personas a quienes les gusta estar atentas con los que van de luto. Aprovechan para dar consejos o pedir resignación o presencia de ánimo y lo pasan muy bien. Doña Rosa, para consolar a la madre de Paco, le suele decir que, para haberse quedado tonto, más valió que Dios se lo llevara. La madre la miraba con una sonrisa de conformidad y le decía que, bien mirado, tenía razón. La madre de Paco se llama Isabel, doña Isabel Montes, viuda de Sanz. Es una señora aún de cierto buen ver, que lleva una capita algo raída. Tiene aire de ser de buena familia. En el Café suelen respetar su silencio y solo muy de tarde en tarde alguna persona conocida, generalmente una mujer, de vuelta de los lavabos, se apoya en su mesa para preguntarle: «¿Qué? ¿Ya se va levantando ese espíritu?». Doña Isabel sonríe y no contesta casi nunca: cuando está algo más animada, levanta la cabeza, mira para la amiga y dice: «¡Qué guapetona está usted, Fulanita!». Lo más frecuente, sin embargo, es que no diga nunca nada: un gesto con la mano al despedirse y en paz. Doña Isabel sabe que es de otra clase, de otra manera de ser distinta, por lo menos.

Fotograma de la adaptación cinematográfica de *La colmena*.

9. Resume el texto (es una de las innumerables *secuencias* que componen la novela).

10. Observa cómo caracteriza Cela al personaje central. Aparentemente es una descripción objetiva; sin embargo, la perspectiva de Cela no es totalmente externa u objetiva. Señala algún fragmento en el que aparece el autor omnisciente.

11. En las dos frases que inician el segundo párrafo: «Hay personas [...] y lo pasan muy bien», ¿qué actitud adopta Cela respecto a sus personajes (y a la humanidad en general)?

12. Tomando como modelo el texto, escribe un breve retrato de un personaje.

Miguel Delibes (1920)

La narrativa de Miguel Delibes tiene un tono **ético** y humanista de base cristiana, que combina con el amor a la **naturaleza** y el rechazo a la **deshumanización**, al materialismo y al consumismo.

Su **estilo** se mantiene siempre dentro de la **sencillez**, aunque a lo largo de su extensa obra haya ido experimentando nuevas técnicas.

Vida

Nació en Valladolid, donde empezó a escribir como periodista y durante algunos años dirigió *El Norte de Castilla*. De vida y personalidad sencilla, se mantiene al margen de polémicas y modas, y ha ido construyendo una sólida obra. Su ingreso en la Real Academia, en 1974, solo significó el reconocimiento oficial de un narrador que ya era valorado por la crítica y por un amplio público.

Obra

En la obra de Delibes abundan los personajes indefensos y los ambientes humildes: los niños, los viejos, la vida del campo, la pobreza de los pueblos y del paisaje castellano. Seres y ambientes frágiles que viven en un mundo que se va deshumanizando.

A pesar de que experimentó las nuevas formas narrativas que se impusieron en los años sesenta, Delibes mantiene un estilo sencillo, pues supedita la técnica a los contenidos. Para el autor *lo importante es lo que se dice, no cómo se dice*.

Miguel Delibes. Abajo, cartel de la película *Las ratas* (1998), adaptación de la novela homónima del autor.

En su **trayectoria** se distinguen las siguientes etapas:

- Se inicia con *La sombra del ciprés es alargada*, premio Nadal de 1947; esta obra trata dos temas recurrentes en Delibes, la infancia y la muerte. Más conseguidas son las obras que combinan el tono crítico y elementos líricos: *El camino*, sobre la infancia y la vida del campo; *La hoja roja*, que presenta la perspectiva de un jubilado, y *Las ratas*, donde muestra la dura vida de un viejo y un niño en un pueblo castellano.

- *Cinco horas con Mario* (1966) aparece en un momento en el que están de moda las experimentaciones formales. Se considera la mejor novela de Delibes porque conjunta la preocupación **ético-social** y la **renovación formal**. Presenta la historia desordenadamente e incorpora el **monólogo interior** de un personaje, Carmen, una mujer que va recordando su vida mientras vela a su esposo muerto. Carmen representa un conservadurismo clasista, mientras que su esposo, Mario, es un intelectual con preocupaciones sociales y existenciales. De la incomprensión entre ambos personajes surge la **crítica irónica a las clases medias** provincianas.

- Posteriormente, Delibes hace una parodia de la deshumanización del individuo moderno en *Parábola del náufrago*. Más tarde recupera los temas y las formas anteriores en *El príncipe destronado*, y combina experimentalismo y denuncia en *Los santos inocentes*.

Actividades

***Las ratas*, de Miguel Delibes**

Junto al abuelo Román, el Nini aprendió a conocer las liebres; aprendió que la liebre levanta larga o se amona entre los terrones; que en los días de lluvia rehúye las cepas y los pimpollos, que si sopla norte, se acuesta al sur del monte o del majuelo y, si sur, al norte; que en las soleadas mañanas de noviembre busca la amorosa abrigada de las laderas. Aprendió a distinguir la liebre de los bajos –parda como la tierra de la cuenca–, de la del monte –roja como la tierra del monte–. Aprendió que la liebre ve lo mismo de día que de noche e, incluso, cuando duerme; aprendió a distinguir el sabor de la liebre cazada a escopeta, de el de la cazada a golpes, de el de la cazada a galgo, un si es no es incisivo y ácido a causa de la carrera. Aprendió, en fin, a descubrirlas en la cama con la misma rotundidad que si se tratara de un cuervo, y a definir, en el espeso silencio de la noche, su llamada áspera y gutural.

Pero también aprendió el niño, junto al abuelo Román, a intuir la vida en torno. En el pueblo, las gentes maldecían de la soledad y ante los nublados, la sequía o la helada negra, blasfemaban y decían: «No se puede vivir en este desierto». El Nini, el chiquillo, sabía ahora que el pueblo no era un desierto y que en cada obrada de sembrado o de baldío alentaba un centenar de seres vivos.

13. Resume el texto.

14. Observa la riqueza del léxico referido al campo y a la caza. Señala expresiones características de ese registro.

15. Relaciona el fragmento con la obra de Delibes. ¿Qué rasgos característicos aparecen?

16. El director de cine Mario Camus hizo una excelente versión de la novela *Los santos inocentes* (1984). Su visión y posterior comentario puede resultar interesante para conocer las preocupaciones y el universo literario de Delibes.

La narrativa de la década de 1950: el realismo social

En los años cincuenta, la **novela** abandona la visión existencial y recoge las nuevas **preocupaciones sociales**. Los temas reflejan los **problemas colectivos** de la época con un **estilo sencillo**, ya que se pretende llegar a un amplio público.

En el realismo social se distinguen dos tendencias: el **objetivismo** y el **realismo crítico**.

Carmen Martín Gaite, Josefina Aldecoa y Ana María Matute, tres escritoras que literariamente se mueven entre el costumbrismo, el intimismo y la fantasía.

Ya en **1951**, el **realismo social** que aparece en *La colmena* se manifiesta asimismo en *La noria*, de **Luis Romero**. Ambas obras también coinciden en presentar un amplio personaje colectivo: la de **Cela** refleja el Madrid de la posguerra, y la de Romero, la Barcelona de la época.

En **1954**, el tono crítico y testimonial alcanza su **auge**; se publican obras de **Ana M.ª Matute** (*Pequeño teatro*) y de otros jóvenes narradores que comienzan: **Ignacio Aldecoa** (*El fulgor y la sangre*), **Jesús Fernández Santos** (*Los bravos*) y **Juan Goytisolo** (*Juegos de manos*). A ellos les siguen **Rafael Sánchez Ferlosio** (*El Jarama*), **Carmen Martín Gaite** (*Entre visillos*), **Juan García Hortelano** (*Nuevas amistades*), etc.

El **tema** de la novela de los años cincuenta es la **propia sociedad española**: la dureza de la vida en el campo, las dificultades de la transformación de los campesinos en trabajadores industriales, la explotación del proletariado y la banalidad de la vida burguesa.

Portada de *El Jarama*, de Rafael Sánchez Ferlosio.

El **estilo** de la novela realista es **sencillo**, en el lenguaje y en la técnica narrativa, pues se pretende llegar a un amplio público. La técnica se supedita a los contenidos testimoniales o críticos.

Dentro del realismo social se distinguen dos corrientes: el objetivismo y el realismo crítico.

- El **objetivismo**, o realismo objetivo, presenta la realidad desde una perspectiva neutral, pues entiende la novela como un **testimonio** de la época. Sigue la teoría conductista o behaviorista, según la cual la literatura debe recoger solo las acciones y palabras de los personajes y los ambientes, como una cámara de filmar, sin explicar los pensamientos de aquellos. La novela objetivista se caracteriza por los siguientes aspectos: el **autor no aparece** en la obra; se limita la importancia del protagonista (que está descrito por sus rasgos externos), o bien aparece un **protagonista colectivo**; **se concentra el tiempo y el espacio**, y es una novela **sencilla** de **estructura y estilo**. Representan este tipo de narrativa Ignacio Aldecoa, Jesús Fernández Santos, Carmen Martín Gaite, Juan García Hortelano y, sobre todo, Rafael Sánchez Ferlosio (*El Jarama*).

- El **realismo crítico** es, a menudo, una evolución del objetivismo. Así pues, pretende **denunciar** de forma más explícita las **injusticias sociales**. El escritor asume un **compromiso** con la realidad, ya que intenta transformarla, siguiendo las teorías de Jean-Paul Sartre y del neorrealismo italiano. Apoyaban esta tendencia las editoriales Seix Barral y Destino, así como el crítico José María Castellet en *La hora del lector* (1958). Las obras del realismo crítico suelen presentar **personajes-tipo**, es decir, representativos de su clase, antes que seres individualizados. Autores destacados de esta narrativa fueron Lauro Olmo (*Ayer, 27 de Octubre*), Luis Goytisolo (*Las afueras*), Alfonso Grosso (*La zanja*) y José Manuel Caballero Bonald (*Dos días de septiembre*).

Ignacio Aldecoa.

EL TEATRO

Tendencias teatrales en los años cuarenta

En la inmediata posguerra, los géneros dominantes son la **comedia de evasión** y el **drama ideológico o político**, dos tendencias que se mantienen en el teatro posterior:

- El teatro humorístico, con Enrique Jardiel Poncela y Miguel Mihura.
- El drama ideológico, con Antonio Buero Vallejo y Alfonso Sastre.

Enrique Jardiel Poncela.

El teatro de los primeros años de posguerra es bastante pobre, sobre todo si se compara con el desarrollo que el género adquiere en otros lugares. Está marcado por la **ausencia de dramaturgos** insustituibles, como Valle-Inclán, Lorca, Muñoz Seca y Miguel Hernández, muertos en esos años, y por el exilio de Alejandro Casona y Max Aub. A ello se suman otros factores determinantes, como la **censura**, el **aislamiento cultural** y la dependencia respecto a los **intereses empresariales** (en los años cuarenta numerosas salas teatrales se convierten en cines).

En los años cuarenta triunfan en la escena dos géneros muy diferentes: la **comedia de entretenimiento** y el **drama ideológico** o político, que viene a justificar el orden establecido. En ambas corrientes triunfan Jacinto Benavente, José M.ª Pemán, Joaquín Calvo Sotelo y Juan I. Luca de Tena.

Esas corrientes marcan las dos tendencias del teatro posterior:

- El teatro humorístico, con Jardiel Poncela y Miguel Mihura.
- El drama ideológico, con Antonio Buero Vallejo y Alfonso Sastre.

El teatro humorístico

El teatro humorístico de posguerra responde a un humor intelectualizado; aprovecha las **posibilidades cómicas del lenguaje** (equívocos y juegos de palabras disparatados), y, a menudo, esconde una **visión amarga y escéptica** de la realidad.

Miguel Mihura.

El teatro cómico de posguerra surge en torno a un grupo de humoristas relacionados con la revista *La Codorniz*, publicación satírica que empleaba un humor bastante intelectualizado, con escritores como Jardiel Poncela, Miguel Mihura, Tono –A. Lara–, A. de Laiglesia, etc.

- **Enrique Jardiel Poncela** es novelista y dramaturgo reconocido desde antes de la guerra. Entre 1939 y 1949 es el único autor valioso que estrena de forma regular y con éxito. Su teatro se basa en un **humor disparatado**, irónico, antisentimental y futurista, de raíz vanguardista. Concibe el teatro como el **reino del absurdo**; encadena **situaciones inverosímiles**, con **personajes atípicos** y **diálogos humorísticos** muy **intelectualizados** que traslucen una visión **crítica** de la realidad. Pero los críticos le atacaron ferozmente por la falta de componentes psicológicos, sociales y morales. Obras destacadas son: *Cuatro corazones con freno y marcha atrás, Eloísa está debajo de un almendro, Los ladrones somos gente honrada*...

- **Miguel Mihura** escribió teatro y guiones de cine; también fundó y dirigió *La Codorniz*. En 1952 estrenó *Tres sombreros de copa*, escrita en 1932, que logró el éxito entre un público joven universitario. Su **humor** se basa en la **dislocación del lenguaje**, lejos del humor casticista dominante en los escenarios. Además, expone una **visión diferente de la sociedad**, por su simpatía hacia unos personajes libres de prejuicios y marginales, enfrentados con un mundo cursi y convencional, que representa el orden y la decencia. Los **personajes grotescos** y el **lenguaje vanguardista** relacionan a Mihura con Jardiel Poncela y con Gómez de la Serna; por otro lado, la **visión crítica** de la sociedad recuerdan el teatro del absurdo de Beckett o Ionesco. Otras obras destacadas son: *El caso de la señora estupenda* y *Maribel y la extraña familia*.

Actividades

Tres sombreros de copa, de Miguel Mihura

La obra se sitúa en un hotel de una pequeña ciudad. Allí se encuentra el tímido Dionisio, a punto de casarse con Margarita, una señorita del lugar, pues «todos se casan a los 27 años». Pero irrumpen en su habitación los personajes de una compañía ambulante, entre ellos, la joven bailarina Paula y varios caballeros juerguistas de la burguesía local que vienen a celebrar una fiesta con las bailarinas. Del choque entre los dos mundos, con todos sus valores simbólicos, surge el conflicto. El matrimonio de Dionisio representa su incorporación al orden de la vida provinciana, pero también el aburrimiento y la hipocresía; la farándula es la fantasía y la libertad, pero también la explotación y el desarraigo. El joven protagonista, tras una noche mágica de ensueño y enredos, se enamora de la artista y decide incorporarse a los cómicos como malabarista, con sus *tres sombreros de copa*; pero cuando amanece, se somete al orden establecido y marcha hacia su matrimonio. Este planteamiento, que tiene cierto tono trágico, se presentaba como una comedia disparatada, antisentimental, refrescante y cómica.

([...] *Dionisio cierra las maletas, mientras silba una fea canción pasada de moda. Después se tumba sobre la cama sin quitarse el sombrero. Mira el reloj.*)

DIONISIO. Las once y cuarto. Quedan apenas nueve horas... (*Da cuerda al reloj.*) Nos debíamos haber casado esta tarde y no habernos separado esta noche ya... Esta noche sobra... Es una noche vacía. (*Cierra los ojos.*) ¡Nena! ¡Nena! ¡Margarita! (*Pausa. Y después, en la habitación de al lado, se oye un portazo y un rumor fuerte de conversación, que poco a poco va aumentando. Dionisio se incorpora.*) ¡Vamos, hombre! ¡Una bronca ahora! Vaya unas horas para reñir... *(Su vista tropieza con el espejo, en donde se ve con el sombrero de copa en la cabeza y, sentado en la cama, dice:)* Sí, ahora parece que me hace cara de apisonadora...

(Se levanta. Va hacia la mesita, donde dejó los otros dos sombreros y, nuevamente, se los prueba. Y cuando tiene uno en la cabeza y los otros dos uno en cada mano, se abre rápidamente la puerta de la izquierda y entra Paula, una maravillosa muchacha rubia, de dieciocho años, que, sin reparar en Dionisio, vuelve a cerrar de un golpe y, de cara a la puerta cerrada, habla con quien se supone ha quedado dentro. Dionisio, que la ve reflejada en el espejo, muy azorado, no cambia de actitud.)

PAULA. ¡Idiota!

BUBY. *(Dentro.)* ¡Abre!

PAULA. ¡No!

BUBY. ¡Abre!

PAULA. ¡No!

BUBY. ¡Que abras!

PAULA. ¡Que no!

BUBY. *(Todo muy rápido.)* ¡Imbécil!

PAULA. ¡Majadero!

BUBY. ¡Estúpida!

PAULA. ¡Cretino!

BUBY. ¡Abre!

[...]

PAULA. ¡No!

BUBY. Está bien.

PAULA. Pues está bien. *(Y se vuelve. Y al volverse, ve a Dionisio.)* ¡Oh, perdón!... Creí que no había nadie...

DIONISIO. *(En su misma actitud frente al espejo.)* Sí...

PAULA. Me apoyé en la puerta y se abrió... Debía de estar sin encajar del todo... Y sin llave...

DIONISIO. *(Azoradísimo.)* Sí...

PAULA. Por eso entré...

DIONISIO. Sí...

PAULA. Yo no sabía...

DIONISIO. No...

PAULA. Estaba riñendo con mi novio.

DIONISIO. Sí...

PAULA. Es un idiota...

DIONISIO. Sí...

PAULA. ¿Acaso le han molestado nuestros gritos?

DIONISIO. No...

[...]

PAULA. *(Al notar su extraña actitud con los sombreros, que le hacen parecer un malabarista.)* ¿Es usted también artista?

DIONISIO. Mucho.

PAULA. Como nosotros. Yo soy bailarina. Trabajo en el ballet de Buby Barton. Debutamos mañana en el Nuevo Music-Hall. ¿Acaso usted también debuta mañana en el Nuevo Music-Hall? Aún no he visto los programas. ¿Cómo se llama usted?

[...]

DIONISIO. Sí. Antonini. Es muy fácil. Antonini. Con dos enes...

PAULA. No recuerdo. ¿Hace usted malabares?

DIONISIO. Sí. Claro. Hago malabares.

[...]

PAULA. ¿Hace usted solo el número?

DIONISIO. Sí. Claro. Yo hago solo el número. Como mis papás se murieron, pues claro...

PAULA. ¿Sus padres también eran artistas?

DIONISIO. Sí. Claro. Mi padre era comandante de Infantería. Digo, no.

PAULA. ¿Era militar?

DIONISIO. Sí. Era militar. Pero muy poco. Casi nada. Cuando se aburría solamente. Lo que más hacía era tragarse el sable. Le gustaba mucho tragarse su sable. Pero, claro, eso les gusta a todos...

PAULA. Es verdad... Eso les gusta a todos... ¿Entonces, todos, en su familia, han sido artistas de circo?

DIONISIO. Sí. Todos. Menos la abuelita. Como estaba tan vieja, no servía. Se caía siempre del caballo... Y todo el día se pasaban los dos discutiendo...

PAULA. ¿El caballo y la abuelita?

DIONISIO. Sí. Los dos tenían un genio terrible... Pero el caballo decía muchas más picardías...

PAULA. Nosotras somos cinco. Cinco *girls*. Vamos con Buby Barton hace ya un año. Y también con nosotros viene Madame Olga, la mujer de las barbas. Su número gusta mucho. Hemos llegado esta tarde para debutar mañana. Los demás, después de cenar, se han quedado en el café que hay abajo... Esta población es tan triste... No hay adónde ir y llueve siempre... Y a mí el plan del café me aburre... Yo no soy una muchacha como las demás... Y me subí a mi cuarto para tocar un poco mi gramófono... Yo adoro la música de los gramófonos...

[...]

17. Realizad una lectura dramatizada del texto.

18. ¿Qué rasgo psicológico caracteriza a Dionisio según lo presentan las primeras acotaciones?

19. Observa las primeras réplicas que da Dionisio a Paula. ¿Añaden nuevos rasgos caracterizadores de Dionisio?

20. ¿Cómo se presenta el personaje de Paula según su comportamiento y su lenguaje?

Del drama ideológico al teatro realista social

Al igual que en los otros géneros, en el teatro de los años cuarenta aparece una corriente **existencial** que evoluciona hacia el **realismo social** en la década de 1950. Sus máximos representantes son Antonio Buero Vallejo y Alfonso Sastre.

El teatro de Buero Vallejo alcanza unidad y coherencia por su tono **ético** y por la carga de **inquietud** que **renueva y dignifica la escena**.

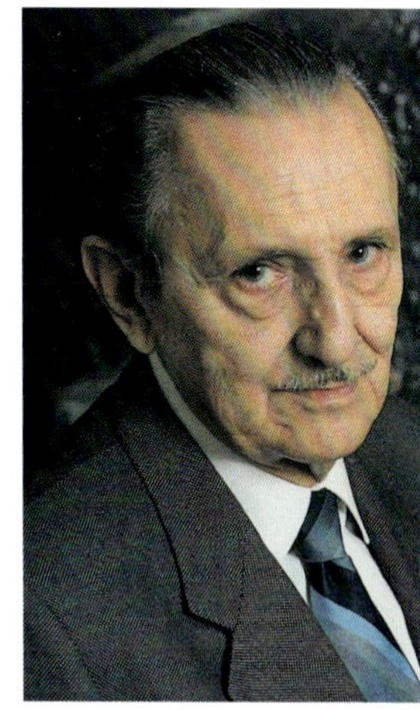

Antonio Buero Vallejo.

El estreno de *Historia de una escalera*, de Buero Vallejo, en 1949, y de *Escuadra hacia la muerte*, de Alfonso Sastre, en 1953, marcan el punto de partida de esta tendencia realista social, que será la **dominante en la década de 1950**.

Antonio Buero Vallejo (1916-2000)

En 1949, *Historia de una escalera* ganó el premio de teatro Lope de Vega e inició el teatro de **testimonio** y **compromiso**, que plantea los conflictos de la **sociedad de su tiempo**; es decir, muestra la **realidad de la posguerra**, pues pone en escena al **pueblo bajo** con sus problemas, mientras que, al mismo tiempo, ignora la realidad oficial.

A partir de entonces, Buero Vallejo escribió y estrenó con éxito. En su teatro predominan las **obras realistas**, de un realismo psicológico al estilo de Ibsen, pues presenta **caracteres problemáticos** en su **proyección social**. Algunas de sus mejores obras combinan el realismo y el experimentalismo (*El tragaluz*); otras son de carácter **histórico**, como *Las meninas*, sobre Velázquez; *El sueño de la razón*, centrada en Goya, o *Un soñador para un pueblo*, en torno a Esquilache. En otras piezas incluye la **fantasía** (*Irene y el tesoro*). Finalmente, escribió un teatro en torno a la **tortura** y la **culpa** (*La doble historia del doctor Valmy*). Su obra plantea problemas fundamentales del ser humano y transmite esa inquietud al espectador. La búsqueda de la verdad aparece como objetivo ineludible, por eso crea un **clima de desasosiego**, un mundo trágico, pero fundado en la **esperanza humana**.

Alfonso Sastre (1926)

Pertenece a la generación que no hizo la guerra y que se formó tras ella. Es el máximo representante del **teatro social**, paralelo a la poesía y a la novela testimonial y realista de la década de 1950. Se da a conocer como teórico en artículos de periódicos y revistas especializadas, donde defiende un teatro social, de denuncia y protesta, que sea un instrumento agitador y transformador de la realidad. En su obra domina el tema de la **opresión** y predomina el aspecto **social** sobre el individual. Títulos significativos son *Escuadra hacia la muerte*, *La mordaza*, *Guillermo Tell tiene los ojos tristes* y *La sangre y la ceniza* –o *Diálogos de Miguel Servet*.

Evolución del realismo social

A finales de los años cincuenta y en los sesenta, continúa haciéndose un teatro **crítico**. A los ya citados Buero Vallejo y A. Sastre, se añade una nueva generación: Carlos Muñiz, Lauro Olmo, Martín Recuerda, Rodríguez Méndez, Rodríguez Buded y, en parte, Antonio Gala. La mayoría mantiene el espíritu del realismo crítico, pero **se alejan de la estética realista**, ya que tienden hacia un teatro más **alegórico**, **expresionista** o de **farsa**, como veremos más adelante.

7/5

COMENTARIO *Pido la paz y la palabra*, de Blas de Otero

A la inmensa mayoría

Aquí tenéis, en canto y alma, al hombre
aquel que amó, vivió, murió por dentro
y un buen día bajó a la calle: entonces
comprendió: y rompió todos sus versos.

Así es, así fue. Salió una noche
echando espuma por los ojos, ebrio
de amor, huyendo sin saber adónde:
adonde el aire no apestase a muerto.

Tiendas de paz, brizados pabellones,
eran sus brazos, como llama al viento;
olas de sangre contra el pecho, enormes
olas de odio, ved, por todo el cuerpo.

¡Aquí! ¡Llegad! ¡Ay! Ángeles atroces
en vuelo horizontal cruzan el cielo;
horribles peces de metal recorren
las espaldas del mar, de puerto a puerto.

Yo doy todos mis versos por un hombre
en paz. Aquí tenéis, en carne y hueso,
mi última voluntad. Bilbao, a once
de abril, cincuenta y uno.

Localización

1. Repasa la información sobre la poesía social y anota sus características.

2. Podemos situar cronológicamente el poema por la información que ofrece en los dos últimos versos: en el año *cincuenta y uno*.

▶ ¿La poesía de Blas de Otero es representativa de esa época?

Análisis del contenido y de la expresión

3. Resume el poema.

4. Observa que el lenguaje de los últimos versos recuerda las fórmulas jurídicas, en este caso un testamento, es decir, aquel documento que recoge los deseos o las voluntades de una persona.

▶ ¿Cuál es el mensaje esencial de este *testamento*?

5. Comenta el título de la composición.

▶ ¿Qué tipo de poesía representa? Justifica tu respuesta.

6. Analiza el léxico del poema. Indica si emplea diferentes registros.

7. A pesar de la aparente sencillez, Blas de Otero emplea abundantes recursos expresivos. Señala algunos.

Valoración y creación

8. Es interesante plantear un debate o una argumentación sobre *la función social de la literatura y el arte en general* (recordad que Buero Vallejo plantea el mismo tema en *Las meninas*). ¿Hay momentos en los que es lógico que adquiera esta función?

9. Consulta en Internet estos dos enlaces sobre Blas de Otero y Antonio Buero Vallejo. Compara la información que proporcionan, la presentación y las posibilidades que ofrecen, e indica cuál te parece más útil.

http://qr.teide.eu/03IV

http://qr.teide.eu/03IW

10. Redacta un *testamento* (en verso o en prosa) que recoja tu última voluntad en el ámbito de lo colectivo y social.

LOS GÉNEROS LITERARIOS DESDE LA DÉCADA DE 1960

SIGLO XX

lírica	Ángel González	*Palabras sobre palabra*
	Claudio Rodríguez	*Don de la ebriedad*
	José Agustín Goytisolo	*Años decisivos*
	Jaime Gil de Biedma	*Poemas póstumos*
	Francisco Brines	*Palabras a la oscuridad*
	Pere Gimferrer	*Arde el mar*
	Guillermo Carnero	*Dibujo de la muerte*
	Antonio Colinas	*Sepulcro en Tarquina*
	Luis García Montero	*El jardín extranjero*
narrativa	Luis Martín-Santos	*Tiempo de silencio*
	Juan Goytisolo	*Señas de identidad*
	Miguel Delibes	*Cinco horas con Mario*
	Juan Marsé	*Últimas tardes con Teresa*
	Juan Benet	*Volverás a Región*
	Gonzalo Torrente Ballester	*La saga/fuga de J. B.*
	Eduardo Mendoza	*La ciudad de los prodigios*
	Javier Marías	*Corazón tan blanco*
	Antonio Muñoz Molina	*El invierno en Lisboa*
	Soledad Puértolas	*La señora Berg*
teatro	José Martín Recuerda	*Las salvajes de Puente San Gil*
	Antonio Gala	*Los verdes campos del Edén*
	Fernando Arrabal	*Pic-nic*
	Francisco Nieva	*Coronado y el toro*
	José Sanchis Sinisterra	*¡Ay, Carmela!*
	José Luis Alonso de Santos	*Bajarse al moro*
	Fernando Fernán-Gómez	*Las bicicletas son para el verano*
	grupos	Els Joglars, Tábano, Teatro Fronterizo, Els Comediants, La Fura dels Baus...

7/6

La literatura desde la década de 1960 hasta la actualidad

LA LÍRICA

La poesía de la década de 1960: la Promoción de 1955

En los años sesenta, una nueva generación inicia una «poesía de la **experiencia**», que se desmarca de la poesía social. Escriben una lírica más **intimista** y **reflexiva** que incorpora la ironía y un cierto escepticismo, con un estilo cuidado y natural.

Los poetas que marcan la lírica de los años sesenta son los componentes de la **Generación de los Cincuenta**, también conocida como la Promoción de 1955. Son poetas nacidos entre 1925 y 1934, que vivieron la guerra en la infancia e iniciaron la edad adulta en la inmediata posguerra. Por eso se les conoce también como el *Grupo de los niños de la guerra* o la *Segunda promoción de la posguerra*.

Componen el grupo Ángel González, José Manuel Caballero Bonald, José Ángel Valente, Francisco Brines, Claudio Rodríguez, Carlos Sahagún y los poetas de la **Escuela de Barcelona**: Jaime Gil de Biedma, Carlos Barral, Alfonso Costafreda y José Agustín Goytisolo.

Algunos de los representantes de la escuela poética barcelonesa de los años cincuenta: Jaime Gil de Biedma, José Agustín Goytisolo, Carlos Barral y el crítico literario Josep Maria Castellet.

Comparten unas **características** que les diferencian de los poetas sociales.

- Predominan los **temas** que tratan sobre la **experiencia personal**, aunque no abandonan lo social; temas **intimistas** como el amor, la soledad, la amistad y los recuerdos. A menudo, el poema es una reflexión sobre una anécdota de la vida cotidiana.
- La **actitud crítica**, característica de la poesía social, se manifiesta en ellos como una **reflexión cívica** o ética, en general impregnada de escepticismo. Se alejan del tono político y aparece la expresión **irónica**, confidencial o cómplice respecto al lector.
- Tienden a **valorar la expresión poética**. Frente al prosaísmo o el tono dramático de la poesía social, emplean un **lenguaje natural** y antirretórico, pero nunca vulgar ni altisonante. Escriben una poesía más **minoritaria** que la social, porque se expresa mediante cierto **simbolismo** y con **tono irónico**. En la métrica, abandonan la rima y las estrofas clásicas, aunque abundan los endecasílabos y los versos breves de cinco y siete sílabas.

Actividades

José Agustín Goytisolo

Palabras para Julia*

Tú no puedes volver atrás
porque la vida ya te empuja
como un aullido interminable. [...]

Te sentirás acorralada
te sentirás perdida o sola
tal vez querrás no haber nacido. [...]

Entonces siempre acuérdate
de lo que un día yo escribí
pensando en ti como ahora pienso.

Un hombre solo una mujer
así tomados de uno en uno
son como polvo no son nada. [...]
Nunca te entregues ni te apartes
junto al camino nunca digas
no puedo más y aquí me quedo.

La vida es bella tú verás
como a pesar de los pesares
tendrás amor tendrás amigos. [...]

Perdóname no sé decirte
nada más pero tú comprende
que yo aún estoy en el camino.

Y siempre siempre acuérdate
de lo que un día yo escribí,
pensando en ti como ahora pienso.

* Julia es la hija del poeta.

Jaime Gil de Biedma

No volveré a ser joven

Que la vida iba en serio
uno lo empieza a comprender más [tarde
–como todos los jóvenes, yo vine
a llevarme la vida por delante.

Dejar huella quería
y marcharme entre aplausos
–envejecer, morir, eran tan solo
las dimensiones del teatro.

Pero ha pasado el tiempo
y la verdad desagradable asoma:
envejecer, morir,
es el único argumento de la obra.

Francisco Brines

Poema

Ama a la tierra el hombre
con gran fuerza,
por una ciega ley del corazón.
Todos los hombres saben
que un día han de llorar
de amor por ella.
La ley del corazón es la ley mía,
y en esta tarde sola
miro la luz caer
en los pozos sombríos de los huertos.
Su último vuelo las palomas ruedan
antes de cobijarse, vienen
de descansar sobre los pinos,
de ver la mar,
y retienen sus alas al rumor
del más hermoso mar creado.
Miro los secos montes, son de plata;
por ellos van los sueños
de mi niñez, errantes
y abatidos.
Queda solo el amor.
El de penumbra de los padres
y aquellos más oscuros que trajimos
de países lejanos.

Trepa el muro el jazmín,
huele la casa a flor, y los caminos
ebrios están de rosas.
El tiempo, en sombra, es insondable.
Y es el ciprés un alto arbusto
de llamas, astros y jazmines.

1. Tras leer los poemas anteriores, escribe un breve resumen de cada uno.
2. En conjunto, ¿predomina lo intimista o lo social?
   - ¿Pueden considerarse estos poemas *poesía de la experiencia*?
3. ¿Cuál de estos poemas es más social?
4. ¿Se plantean temas morales en alguno de ellos?
5. Señala algunos rasgos estilísticos del grupo en las poesías anteriores.

La poesía de la década de 1970. El experimentalismo

A finales de los años sesenta surge una poesía **experimental**, vanguardista y, en ocasiones, culturalista, que acaba definitivamente con el realismo.

A los nuevos poetas, nacidos entre 1939 y 1948, se les conoce como **venecianos**, **novísimos**, **Generación del 68** y **Generación de los 70**. Las denominaciones proceden de temas poéticos (*venecianos*), de títulos de antologías (*Nueve novísimos*) o de consideraciones sociológicas o cronológicas (*Generación del 68*).

Los ***novísimos*** representan la tendencia más innovadora que reacciona contra el realismo social: Leopoldo María Panero, Ana M.ª Moix, Manuel Vázquez Montalbán, Pere Gimferrer, Guillermo

Carnero y Vicente Molina Foix. Otros poetas destacados son José M.ª Guelbenzu, José Elías, Fernando Millán, Ángel Fierro, etc.

El grupo se define por las siguientes **características**:

Los «novísimos», reunidos en el año 2001, treinta años después de que se editase una famosa antología de sus versos.

- Son poetas nacidos tras la Guerra Civil, cuya infancia transcurre en la posguerra, pero que se han **formado** en la **cultura de masas** desarrollista, con el **cine**, los **cómics**, la **música**, la **radio** y la **televisión**. Es la primera generación que supera las limitaciones del aislamiento y la censura de posguerra; están al corriente de los movimientos culturales extranjeros y tienen una sólida formación literaria. Ese **bagaje cultural** tan heterogéneo se convierte en una de las características del grupo.

- En su obra abundan las referencias culturales, tanto de la **cultura de masas** (estrellas de cine, héroes de cómics, elementos de la cultura pop, y de la novela negra...) como de la **alta cultura** literaria y artística. Eso confiere un tono **culturalista** y minoritario a la poesía. También combinan el **tono grave** con actitudes provocadoramente **frívolas**.

- Les preocupa la **renovación del estilo**. Experimentan nuevas formas expresivas **vanguardistas**, sobre todo surrealistas, y enriquecen el lenguaje poético recuperando la herencia del modernismo (incluyen elementos exóticos y alusiones a ciudades lejanas).

- Combinan **temas intimistas** (amor, erotismo, infancia) con temas **sociales** o políticos (el consumismo, la guerra del Vietnam) y los tratan con ironía, humor y distanciamiento. En general, reflejan una **actitud pesimista** y **escéptica**.

Actividades

Pere Gimferrer

Llevan una rosa en el pecho los enamorados

Llevan una rosa en el pecho los enamorados y suelen besarse entre un rumor de girasoles y hélices.

Hay pétalos de rosa abandonados por el viento en los pasillos de las clínicas.

Los escolares hunden sus plumillas entre uña y carne y oprimen suavemente hasta que la sangre empieza a brotar. Algunos aparecen muertos bajo los últimos pupitres.

Estaré enamorado hasta la muerte y temblarán mis manos al coger tus manos y temblará mi voz cuando te acerques y te miraré a los ojos como si llorara.

Los camareros conocen a estos clientes que piden una ficha en la madrugada y hacen llamadas inútiles, cuelgan luego, piden una ginebra, procuran sonreír, están pensando en su vida. A estas horas la noche es un pájaro azul.

Empieza a hacer frío y las muchachas rubias se miran temblando en los escaparates. Un chorrear de estrellas silencioso se extingue.

Luces en un cristal espejeante copian el esplendor lóbrego de la primavera, sus sombrías llamaradas azules, sus flores de azufre y de cal viva, el grito de los ánades llamando desde el país de los muertos.

Guillermo Carnero

Dos cruces

En los sábados noche de las costas doradas
no fuimos a los Clubs, por despojarnos
del fácil satanismo virginal
de los adolescentes a la moda,
y siempre a las verbenas de la Plaza Mayor,
donde bailan las niñas con su señora madre
y la cazalla y el Anís del Mono
parecen exigir
la justa dimensión de la ternura.
¡Qué hermoso fue intentar
esa clase de amor viejo y tranquilo
que se mece al arrullo
de las charangas de interés local!
Debimos aprender
la comprensión y el uso de la humana flaqueza
en vez de convertir aquel *Sevilla*
tuvo que ser con su lunita
plateada[1]
en nostalgia y en humo de sonrisas.

1. Fragmento de una canción española muy popular en los años cincuenta y sesenta.

6. El poema de Pere Gimferrer, como puedes ver, sugiere sentimientos, ideas y sensaciones mediante imágenes. Señala algunas de esas imágenes.

- ¿Con qué corriente o estilo se relacionan?

7. La suma de imágenes, ¿a qué sentimiento remiten?

- Escribe una pequeña lista de metáforas y señala las connotaciones positivas o negativas que sugieren.

8. Observa el estilo de Gimferrer y califica este poema según la estructura formal, el léxico y las imágenes empleadas.

9. Indica el tema del poema de Guillermo Carnero.

10. ¿Qué rasgos muestra de la poesía experimental? Ten en cuenta la forma externa, las referencias, el tono, el léxico, etc.

La poesía desde 1980 hasta la actualidad

A finales del siglo XX, la poesía se decanta hacia el **intimismo**, y abandona las formas extremas del vanguardismo y el culturalismo. Al mismo tiempo, se desarrollan tendencias variadas.

En conjunto, se detecta una vuelta a la generación anterior, la Promoción de 1955, algunos de cuyos componentes se consagran como maestros de la poesía actual, como es el caso de Jaime Gil de Biedma y Francisco Brines.

En el panorama de la lírica se distinguen varias **tendencias poéticas**, aunque con frecuencia los límites entre ellas no son claros. También debe tenerse en cuenta que hay poetas que hacen una obra al margen de tendencias y que otros evolucionan de una a otra corriente.

- **Neosimbolismo o neorromanticismo intimista**, representado por Francisco Bejarano, Clara Janés, José M.ª Parreño, José Luis Giménez-Frontín, Antonio Colinas, etc.

Portada de *La tentación de Ícaro*, libro de poemas de Luis Antonio de Villena.

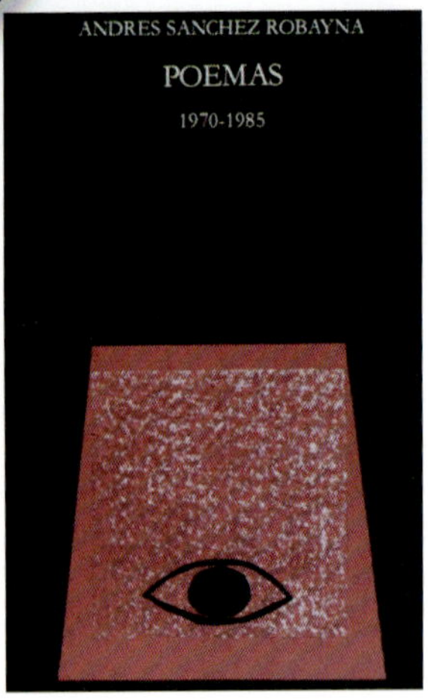

Antología de poemas de Andrés Sánchez Robayna.

Vanguardismo experimental, basado fundamentalmente en el **surrealismo**, el *collage* y la poesía visual. Destacan Félix Grande, Blanca Andreu, José Miguel Ullán, Luis Miguel Rabanal, Fernando Beltrán y Jenaro Talens.

Culturalismo clasicista o barroco. La poesía entendida como arte y cultura tuvo su auge a finales de los años setenta, con el *venecianismo* de Antonio Colinas y Guillermo Carnero, y también el **clasicismo** de Luis Alberto de Cuenca y Luis Antonio de Villena.

Minimalismo o *poesía conceptual*. Heredero de la poesía pura, el minimalismo rechaza el exceso verbalista y pretende la densidad de lo esencial y de las sugerencias. Destacan Andrés Sánchez Robayna, Julia Castillo, Álvaro Valverde, etc.

Poesía de la experiencia, de ambiente urbano, expresa de forma realista sucesos cotidianos desde una perspectiva escéptica y desencantada. Supone una vuelta a la lírica reflexiva de la Promoción de 1955, sobre todo de Gil de Biedma. Está representada por Juan Luis Panero, Andrés Trapiello o Luis García Montero.

LA NARRATIVA

La renovación de las técnicas narrativas en la década de 1960

Al comenzar la década de 1960 decae la novela realista social y se experimentan **nuevas formas narrativas**. Esa tendencia da lugar a una novela compleja y minoritaria.

La renovación de la novela pretende superar el relato realista sencillo, que había sustituido al periodismo testimonial, inexistente por razones políticas en los años cuarenta y cincuenta.

En la renovación narrativa de los años sesenta se toman como **modelo** los novelistas que iniciaron la experimentación desde los años veinte en Europa y Norteamérica: **Proust**, **Joyce**, **Kafka**, **Faulkner** o **Dos Passos**. Posteriormente, la **novela hispanoamericana** de los años sesenta se convertirá, también, en un modelo; por ejemplo, Mario Vargas Llosa (*La ciudad y los perros*, 1962), Julio Cortázar (*Rayuela*, 1963) y Gabriel García Márquez (*Cien años de soledad*, 1967).

En conjunto, en los años sesenta se tiende a una **novela más compleja**, experimental y opaca, es decir, de difícil lectura y minoritaria, pues exige la colaboración del lector para interpretarla.

La **renovación** afecta a diversos aspectos del relato: el **punto de vista** narrativo, el **tiempo**, la **estructura**, etc.

Luis Martín-Santos, en su obra *Tiempo de silencio*, manifiesta un estilo de gran originalidad y una técnica renovadora.

Inicios de la renovación narrativa

En **1962** se publicó *Tiempo de silencio*, de Luis Martín-Santos (1924-1964), novela que revolucionó el ambiente literario por sus **innovaciones formales**. Esa obra **inicia la nueva etapa** experimental que se extiende **hasta 1975**.

El **estilo** de *Tiempo de silencio* se aleja totalmente del realismo de la época. Es una **obra intelectual** y difícil, tanto por las alusiones culturales como por el lenguaje. Mantiene la **crítica social**, pero al mismo tiempo añade la **crítica cultural**, con una ironía y un sarcasmo que deja fuera de toda duda el disgusto del autor ante su entorno. La obra refleja también un **tono existencial**, ya que muestra la vida del ser humano como algo incomprensible.

El **argumento** de *Tiempo de silencio* es de tipo folletinesco, con pinceladas de relato policíaco. Lo original no es el asunto, sino el tratamiento que el novelista da a esta historia. La trama se sitúa en el Madrid de la época, y el protagonista, Pedro, es un investigador que se ve implicado en un aborto que acaba en muerte, en un suburbio de chabolas. La policía le detiene y, al demostrarse su inocencia, sale en libertad. Poco después sufre la venganza de un chabolista.

La **perspectiva** del autor es de ironía y sarcasmo. Al igual que Valle-Inclán, presenta una realidad vulgar o degradada aludiendo a prestigiosas referencias culturales, en tono majestuoso y cultista. Sorprendió el **punto de vista** narrativo, que combina la perspectiva omnisciente del **monólogo interior** con descripciones objetivas, diálogos y digresiones ensayísticas.

Tiempo de silencio significa el **final del realismo social** e inicia una novela más ambiciosa formalmente y una concepción diferente de la literatura. Aunque mantiene la visión crítica de la narrativa social, muestra la imposible e inútil solidaridad entre un intelectual y el mundo marginal; es decir, **acaba con la ilusión de la literatura comprometida**, que confiaba en la capacidad revolucionaria del arte.

Cartel de *Tiempo de silencio*, película dirigida por Vicente Aranda y basada en la novela homónima de Luis Martín-Santos.

Actividades

Tiempo de silencio, de Luis Martín-Santos

El siguiente texto se sitúa tras la descripción del poblado de chabolas. Pedro, el protagonista, y su ayudante Amador llegan a la *mansión* del Muecas, un chabolista *distinguido*.

Y tras haber contemplado el impresionante espectáculo de la ciudad prohibida con los picos ganchudos de sus tejados para protección contra los demonios voladores, descendieron Amador y D. Pedro desde las colinas circundantes y tanteando prudentemente su camino entre los diversos obstáculos, perros ladradores, niños desnudos, montones de estiércol, latas llenas de agua de lluvia, llegaron hasta la misma puerta principal de la residencia del Muecas. Allí estaba el digno propietario volviéndoles la espalda ocupado en ordenar en el suelo de su chabola una serie de objetos heteróclitos[1] que debía haber logrado extraer –como presuntamente valiosos– del montón de basura con el que desde hacía unos meses tenía concertado un acuerdo económico de aprovechamiento. Mas en cuanto les hubo advertido gracias a un significativo sonido brotado de la carnosa boca de Amador, se incorporó con movimiento exento de gracia y en su rostro, surcado por las arrugas del tiempo y los trabajos y agitado por la rítmica tempestad del tic nervioso al que debía su apodo, se pintó una expresión viva de sorpresa.

–¡Cuánto bueno por aquí, D. Pedro! ¡Cuánto bueno por aquí! ¿Por qué no me has avisado?

Siendo esa pregunta dirigida a su amigo y casi pariente.

–Adelante. Pasen ustedes y acomódense.

No de otro modo dispone el burgués los agasajos debidos a sus iguales, haciéndoles pasar a la tranquila, polvorienta y oscurecida sala, donde una sillería forrada de raso espera el honroso peso de los cuerpos de aquellas personas que, dotadas de análoga jerarquía que los propios dueños de la casa, pueden ocupar sus sitiales[2] y disponerse durante lapsos de tiempo variables a una conversación que –aunque aburrida y vacía– no deja de confortar a cuantos en ella participan a título de confirmación indirecta de la pertenencia a un mismo y honroso estamento social.

1. **heteróclitos:** irregulares, variados.
2. **sitial:** asiento de ceremonia reservado a las autoridades.

11. Escribe un breve resumen del texto con un lenguaje sencillo.

12. Señala algunas expresiones metafóricas que emplea el autor en la descripción.

13. El contraste entre el tipo de lenguaje y la realidad descrita resulta irónico. Cuando se compara al Muecas con un burgués acomodado, aparecen epítetos sarcásticos. Indica algunos y comenta su valor en el texto.

14. Observa el estilo del texto (léxico, sintaxis). ¿Cómo lo calificarías?

15. ¿Qué punto de vista narrativo se da en este texto? (Ten en cuenta quién es el narrador y si ese narrador interviene o no en la descripción, interpretándola o comentándola).

La narrativa desde los años sesenta a los setenta

Gonzalo Torrente Ballester.

A partir de *Tiempo de silencio*, y hasta mediados de los años setenta, predominan los **relatos experimentales**, aunque continúan escribiéndose novelas realistas.

El formalismo dominante convierte la narración en un texto de difícil lectura, pues, en general, se considera que la técnica es el centro de interés de la novela, en detrimento de la ficción o del tema.

En **1966** aparecieron tres novelas experimentales que alcanzaron gran resonancia: *Señas de identidad*, de **Juan Goytisolo**; *Últimas tardes con Teresa*, de **Juan Marsé**, y *Cinco horas con Mario*, de **Miguel Delibes**. A partir de ese momento, y coincidiendo con el éxito de las citadas novelas hispanoamericanas, numerosos narradores de distintas generaciones se incorporaron al experimentalismo.

Juan Benet.

Entre los novelistas que ya eran conocidos, escribieron relatos experimentales **Camilo José Cela** (*San Camilo 1936*, 1969), **Torrente Ballester** (*La saga/fuga de J. B.*, 1973), **Carmen Martín Gaite** (*Retahílas*, 1974) y el citado Juan Goytisolo (*Reivindicación del conde don Julián*, 1972).

Manuel Vázquez Montalbán y Juan Marsé en la presentación de *Un día volveré*, novela de Marsé publicada en 1982.

En los años sesenta se dieron a conocer nuevos narradores como **Juan Benet** (*Volverás a Región*, 1967); el citado Juan Marsé (*Si te dicen que caí*, 1973); **Luis Goytisolo**, que logró su momento cumbre con *Antagonía*, que comprende cuatro novelas, y Francisco Umbral (*Memorias de un niño de derechas*, 1972).

Juan Marsé.

La narrativa desde los años ochenta hasta la actualidad

Desde mediados de los años setenta, entra en **crisis** la **fiebre experimental**. A partir de la década de 1980 se vuelve a una **novela más tradicional**, en la que predominan la narración intimista y la de acción, aventura o intriga.

En los años ochenta, se detecta un cansancio de originalidad; los experimentos anteriores quedan asimilados y se emplean moderadamente, cuando parecen eficaces, pero se pierde el afán de acumular novedades y de centrar el interés de la novela en su escritura.

En conjunto, se produce cierta desorientación estética, fruto del eclecticismo de la época. Pero, a pesar de la variedad, se distinguen dos grandes tendencias narrativas: la que recupera el **intimismo** (lo subjetivo y lo psicológico), y la que centra su interés en la trama: novela de **historia**, **aventura** o **intriga**. Por el contrario, decae la preocupación por el análisis social.

En general, se vuelve a la **novela más tradicional**, de estructura simple, lineal en el tiempo, con una trama y unos personajes claros. El estilo vuelve a ponerse al servicio de la historia y los argumentos recuperan su protagonismo. Una de las novelas que inicia este nuevo rumbo es *La verdad sobre el caso Savolta* (1975), de Eduardo Mendoza.

En esa línea se inscribe el grupo que empezó a publicar a **finales de los años sesenta** junto a Eduardo Mendoza, como Javier Marías, Javier Tomeo, Manuel Vázquez Montalbán, José María Merino, Juan José Millás y Luis Landero. Y también los **narradores** que entre **1980** y el final del siglo logran una obra sólida, como Antonio Muñoz Molina, Julio Llamazares, Arturo Pérez-Reverte, Soledad Puértolas, Almudena Grandes, Alejandro Gándara, Enrique Vila Matas, Bernardo Atxaga, Manuel Rivas, etc.

Tipos de novelas

Entre la variedad de tendencias narrativas, algunas se muestran especialmente fructíferas.

- La **novela histórica**, con obras como *La isla de los jacintos cortados* (1980), de Torrente Ballester; *La ciudad de los prodigios* (1986), de Eduardo Mendoza; *La vieja sirena* (1990), de José Luis Sampedro; *Soldados de Salamina* (2001), de Javier Cercas; *Enterrar a los muertos* (2005), de Ignacio Martínez de Pisón, y *Lo que sé de los vampiros* (2008), de Francisco Casavella. También pueden incluirse las narraciones de tono autobiográfico y las memorias, como *La noche en casa* (1977), de José M.ª Guelbenzu; *El jinete polaco* (1991), de Antonio Muñoz Molina, y *La sombra del viento* (2001), de Carlos Ruiz Zafón.

Eduardo Mendoza.

- La **novela experimental**, que suele perder el radicalismo de los años sesenta. Está representada por *Escuela de mandarines* (1974), de Miguel Espinosa; *Larva* (1983), de Julián Ríos; *La orilla oscura* (1985), de José M.ª Merino y, en menor grado, en *Dos mujeres en Praga* (2002), de Juan José Millás, y *El mal de Montano* (2002) o *Exploradores del abismo* (2007), de Enrique Vila-Matas.

José Luis Sampedro.

Almudena Grandes.

Manuel Rivas.

Quim Monzó.

Belén Gopegui.

Cristina Fdez. Cubas.

Julio Llamazares.

- La **novela lírica**, de tono intimista, a veces novela autobiográfica o memorias (reales o ficticias), como las de Javier Marías (*Tu rostro mañana*, trilogía, 2002-2007), Álvaro Pombo (*El metro de platino iridiado*, 1990), José M.ª Merino (*El centro del aire*, 1991); Soledad Puértolas (*La señora Berg*, 1999), Julio Llamazares (*El río del olvido*, 1990; *El cielo de Madrid*, 2005) y Juan José Millás (*El mundo*, 2007).

- La **novela de intriga** con ambición literaria es cultivada por Antonio Muñoz Molina (*El invierno en Lisboa*, 1987; *Beltenebros*, 1989), Eduardo Mendoza (*Una comedia ligera*, 1997) y Arturo Pérez-Reverte (*La piel del tambor*, 1995). En la novela policíaca destaca Manuel Vázquez Montalbán, con su serie sobre el detective Carvalho, Vicente Molina Foix (*La mujer sin cabeza*, 1997), Belén Gopegui (*El lado frío de la almohada*, 2004), etc.

El cuento

Enrique Vila-Matas.

Desde 1939 hasta la actualidad se han publicado numerosos y excelentes cuentos, escritos muchas veces por novelistas. En los últimos años se desarrollan con gran vitalidad los «microrrelatos», es decir, los cuentos brevísimos.

En conjunto, el cuento ha seguido la misma evolución que la novela: una etapa existencial en la inmediata posguerra, realismo social en los años cincuenta y experimentalismo en los sesenta.

Entre las décadas de 1940 y 1960 destacan Cela, Ignacio Aldecoa, Ana M.ª Matute y Jesús Fernández Santos.

A partir de 1975 se produce un crecimiento del relato corto, publicado a menudo en la prensa, con autores como José M.ª Merino, Álvaro Pombo, Cristina Fernández Cubas, Enrique Vila Matas, Almudena Grandes, Luis Mateo Díez, Laura Freixas, Manuel Longares, Ignacio Martínez de Pisón, Manuel Rivas, etc.

La narrativa y el periodismo

En una época de gran auge de los medios de comunicación, las relaciones entre literatura y periodismo son estrechas. Abundan los escritores que colaboran en la prensa y, además, se cultivan géneros que mezclan la ficción y el periodismo documental. También es importante la difusión que han alcanzado algunas obras narrativas mediante su dramatización televisiva.

Entre los numerosos narradores que escriben artículos periodísticos, se encuentran Julio Llamazares, Juan José Millás, Javier Marías, Antonio Muñoz Molina, Manuel Vicent, Francisco Umbral, Manuel Vázquez Montalbán, Soledad Puértolas, Quim Monzó, Manuel Rivas, etc.

Asimismo, cada vez son más frecuentes los escritores que, a partir del periodismo, crean **ficciones** muy documentadas, cercanas al **reportaje periodístico**, como Manuel Leguineche, Rosa Montero o Manuel Vicent.

Javier Marías.

Actividades

El jinete polaco, de Antonio Muñoz Molina

El jinete polaco (1991) es como un rompecabezas, un relato fragmentado en el que todas las piezas acaban encajando. El autor evoca la vida del pueblo donde nació, entre 1870 y 1991, a través de sus antepasados y de otros personajes. Es una novela histórica, de base autobiográfica, muy representativa del momento. El siguiente fragmento recoge una escena de represión de la policía franquista.

Se nos ha olvidado cómo eran aquellos cabrones de sociales[1], dice Manuel, o hemos preferido no acordarnos: eran jóvenes, eficaces, brutales, de una chulería calculada y grosera, tan estridente como el color de sus camisas y el tamaño de sus corbatas y de las pistolas que esgrimían. Mientras uno de ellos, el que parecía mayor y más cruel, registraba las habitaciones derribando a patadas las pilas de libros y pisando los papeles y los discos tirados en el suelo, el otro, más delgado, tal vez más joven, con el pelo castaño y las patillas un poco más cortas, la condujo a ella al sofá apretándole dolorosamente un brazo y sin dejar de mirarla guardó la pistola en la sobaquera y le preguntó por él. «Si te portas bien no vamos a hacerte nada. Mi compañero es un poco bruto, así que será mejor que procures no irritarlo. No tenemos nada contra ti, por ahora. Así que será mejor que nos digas dónde está tu amigo. Estás nerviosa, a que sí. ¿Quieres un cigarrillo?» Se lo estaba encendiendo cuando el otro salió del dormitorio. Los botones del chaleco parecían a punto de reventarle sobre el torso hinchado por la ira. Adelantó una mano en la que llevaba todavía la pistola, cogida por el cañón: todo su cuerpo se encogió en el sofá al sentir que iba a ser golpeada con la culata y casi percibir el sabor de la sangre en su boca. Pero no pueden hacerme nada, pensaba, yo no soy española: era como decirse «estoy soñando» en medio de una pesadilla y no lograr sin embargo que se desvaneciera el peligro.

---

1. **sociales:** miembros de la policía secreta.

16. Antonio Muñoz Molina nació en 1956. Sitúa su biografía en la historia de España y comprueba si la visión que da de la policía franquista puede haberla conocido.

17. Escribe un breve resumen.

18. Diferencia la parte narrativa de la reflexiva.

19. Señala el fragmento que mejor recoge algún juicio sobre el pasado.

20. El conjunto de la novela tiene un aire vanguardista porque se mezclan tiempos e historias, pero en el fragmento predominan los elementos típicos de la novela tradicional (el valor de la trama y la transparencia del lenguaje). El ritmo debe mucho a la novela de acción o a la novela policíaca. Señala cómo caracteriza el autor a los policías.

- Compáralos con personajes de algunas películas.

EL TEATRO

El teatro de la década de 1960. La evolución del realismo social

A finales de la década de 1950 y durante los años sesenta, aparece una nueva generación de dramaturgos que se alejan del **realismo social**; aunque mantienen una visión **crítica** de la realidad, presentan una **estética más simbólica que realista**.

El grupo de dramaturgos que comenzó su obra en esos años está integrado por Carlos Muñiz, Lauro Olmo, Martín Recuerda, Rodríguez Méndez, Rodríguez Buded y Antonio Gala, nacidos todos ellos en torno a 1925. En conjunto, pretenden ser una **alternativa comprometida e innovadora** al teatro comercial que triunfaba en esa época, representado por Alfonso Paso, Jaime Salom o Jaime de Armiñán.

Carlos Muñiz, Rodríguez Méndez, Bertolt Brecht, Alberto Miralles y José Sanchis Sinisterra son algunos de los dramaturgos que aparecen en nuestra antología de teatro breve.

Numerosos autores del grupo tuvieron dificultades para acceder a los escenarios, ya que la censura teatral estuvo vigente hasta los últimos años del franquismo.

Los rasgos que caracterizan a estos autores son los siguientes:

- Plantean **temas** de **crítica social y denuncia**: la injusticia, la explotación, las condiciones de vida de las clases populares, los abusos del poder, etc. Los **protagonistas** suelen ser **víctimas** que acaban derrotados por el entorno social. Lo original es que los personajes que actúan como verdugos aparecen, a su vez, como víctimas de la situación global, del sistema.
- La **estética** se **aleja del realismo** y tiende hacia unas nuevas formas expresivas: **alegórica-simbólica**, **expresionista** o en tono de **farsa**. Emplean un **lenguaje violento**, desgarrado y popular, desafiante para el público más conservador, que se convierte en un medio eficaz de expresar la violencia y la crueldad del mundo.
- **Obras** destacadas son *La llanura* (1954) y *Las salvajes en Puente San Gil* (1963), de Martín Recuerda; *El tintero* (1960), de Carlos Muñiz; *Los inocentes de la Moncloa* (1961), de José M.ª Rodríguez Méndez; *La camisa* (1962), de Lauro Olmo, y *Los verdes campos del Edén* (1963), de Antonio Gala.

El teatro de la década de 1970. El experimentalismo

En los años setenta, la renovación teatral va ligada al **teatro independiente**. Este nuevo tipo de teatro liquida **definitivamente el realismo** y se lanza a la **experimentación** de nuevas formas dramáticas.

En la década de 1970 surgieron numerosas **compañías** de actores y directores que se constituían para hacer un teatro claramente diferenciado del comercial. Los nuevos grupos se inclinaban por el teatro concebido como un **espectáculo vanguardista** y **experimental**, que recogía la influencia de los dramaturgos europeos de la segunda mitad del siglo XX, como Bertolt Brecht, Antonin Artaud, E. Grotowski y, en especial, los autores del *teatro del absurdo*, como Samuel Beckett y Eugene Ionesco. A mediados de la década de 1970, la ebullición teatral queda patente en los más de 150 grupos no comerciales (teatros de aficionados, de cámara, universitarios y teatros experimentales que investigan especialmente la formación de actores).

En el **teatro-espectáculo** pierde protagonismo el *texto literario* en beneficio de la escenografía. Se desdibujan los personajes y la acción dramática, como sucedía en la novela de la época; se emplea un lenguaje alegórico y abstracto, a veces en tono ceremonial, como ocurre en el teatro primitivo. En algunos casos se incorporan importantes innovaciones en los *efectos especiales* y se difuminan los **límites entre ciertos géneros**, como el circo, el musical o el espectáculo festivo.

Entre los **teatros independientes** que se consolidaron con una oferta comercial, destacaron el CAPSA (Barcelona), el TEI (Teatro Experimental Independiente, de Madrid) y Quart 23 (Valencia).

De los numerosos **grupos** con una trayectoria estimable, solo mencionaremos algunos, como Els Joglars, Los Goliardos, Tábano, Dagoll-Dagom, La Cuadra, Teatro Estudio Lebrijano, Teatro Universitario de Murcia, Els Comediants, Teatro Fronterizo, La Máscara, Aspasia, La Araña, La Cubana y, más tardíamente, La Fura dels Baus.

Junto a los grupos teatrales destacan varios **dramaturgos vanguardistas**. Muchos de ellos no consiguieron el apoyo del público ni de la crítica, como José Ruibal, Francisco Nieva, Romero Esteo, Martínez Mediero, Luis Matilla y Alberto Miralles. Mención aparte merece la figura de Fernando Arrabal, quien desde su exilio voluntario en París destacó y triunfó con su ***teatro pánico***, de corte netamente vanguardista y provocador.

Las bicicletas son para el verano, obra de teatro de Fernando Fernán-Gómez (arriba, foto del autor). Portada e ilustraciones interiores realizadas por Estudio Fénix para la edición de la colección Biblioteca Teide.

El teatro de la década de 1980 hasta la actualidad

A partir de los años ochenta se **afianza** el **teatro de autor** y se abandonan las formas extremas del experimentalismo. No obstante, subsiste y alcanza un gran prestigio el teatro-espectáculo.

Al mismo tiempo se recuperan obras de autores exiliados (Max Aub, Alberti) y surge un teatro (y un cine) que trata el **tema de la guerra** y obtiene una gran acogida. En general, triunfan en la escena **obras realistas**, o bien de un **realismo paródico** cercano a la **farsa esperpéntica**.

En conjunto, se distinguen las siguientes tendencias:

- **Teatro de tipo tradicional.** Como autor tardío se revela el actor y escritor Fernando Fernán Gómez con *Las bicicletas son para el verano* (1982), obra situada en la Guerra Civil. El mismo tema trata *¡Ay, Carmela!* (1987), de José Sanchis Sinisterra, autor también de *Terror y miseria en el primer franquismo* (2004). Las dos primeras obras consiguieron éxito en la escena y, sobre todo, en el cine.

- **Teatro-farsa.** Recoge elementos del esperpento y del sainete, y suele plantear temas conflictivos, como el paro, las drogas o la violencia en clave trágico-grotesca. Representan esta tendencia obras como *La estanquera de Vallecas* (1981) y *Bajarse al moro* (1985), de José Luis Alonso de Santos, que cosecharon un gran éxito de público.

- **Teatro experimental.** En general, es un teatro de grupo, en el que destaca La Fura dels Baus con un teatro-espectáculo. Para la difusión de nuevas tendencias, han sido fundamentales los festivales internacionales. En esta línea, es frecuente la revisión y reinterpretación de textos clásicos de cualquier género.

Actividades

Las bicicletas son para el verano, de Fernando Fernán-Gómez

La obra se inicia en el verano del 36, a punto de comenzar la Guerra Civil, y acaba cuando finaliza el conflicto bélico, en 1939. Al empezar la obra, Luis es un adolescente de Madrid que ha suspendido la física y debe quedarse a estudiar en la ciudad, mientras que muchos de sus amigos marchan de veraneo. La dura experiencia de la guerra marca la vida y destroza las ilusiones de Luis y de toda su familia. El cuadro II, del principio de la obra, presenta a dos personajes adolescentes que hacen planes para el futuro, ajenos al drama que se avecina.

CUADRO II

Un parque. Quizá el pequeño parquecillo que hay ante el Museo de Ciencias Naturales. O el parque del Oeste.

(En uno de sus bancos están sentados Luis *y* Charito*.* Charito *tiene en sus manos unas cuartillas que* Luis *acaba de entregarle.)*

Charito. ¿Lo has escrito tú?

Luis. Claro. Es una poesía. La he escrito para ti. Para que te la lleves al veraneo. Y si quieres, la lees de vez en cuando.

Charito. Bueno.

Luis. Léela ahora.

*(*Charito *va leyendo el papel con la mirada.)*

Luis. No, pero en voz alta.

Charito. *(Empieza a leer lentamente.)* «Quiero estar siempre...». ¿Aquí qué dice?

Luis. A tu lado.

Charito. No entiendo bien la letra. ¿Por qué no la lees tú la primera vez?

Luis. Trae. *(Coge el papel y empieza a leer, aunque, en realidad, se la sabe casi de memoria.)* «Quiero estar siempre a tu lado, / quiero a tu lado estar siempre, / aunque se pasen las horas, / aunque se vayan los trenes, / aunque se acaben los días, / y aunque se mueran los meses. / Quiero estar frente a tus ojos, / quiero a tu lado estar siempre. / Quiero estar frente a tus labios, / quiero estar frente a tus dientes. / La mariposa se va, / la mariposa no vuelve. / Sé como la golondrina / para que siempre regreses, / que los caminos del cielo / los encuentra y no los pierde». *(Deja de leer.)* Ya está.

Charito. Es muy bonita. Qué bien escribes. Eres el que mejor escribe de quinto.

Luis. ¿Te gusta de verdad?

Charito. Sí, de verdad. Y me gusta mucho que la hayas escrito para mí.

Luis. ¿Te la quieres llevar?

Charito. Claro. *(Toma el papel y le echa una ojeada.)* Solo hay una cosa que no me gusta. Bueno, que me gusta menos.

Luis. ¿Cuál?

Charito. Esto... *(Busca entre los renglones.)* Esto de los dientes... Aquí: *(Lee.)* «Quiero estar frente a tus dientes».

Luis. Eso he tenido que ponerlo para que pegue. Es un romance. Y los romances tienen que tener ocho sílabas y rima asonante en los versos pares. Como he empezado con «siempre» tengo que seguir e-e, e-e, e-e. Por eso he puesto «dientes» en vez de «cara» o «pelo» o «cuerpo». Porque si no, no era un romance.

Charito. ¿Ah, no?

Luis. Claro, Charito, ¿no te acuerdas?

Charito. No; la verdad es que eso nunca me entró.

Luis. *(Vuelve a tomar el papel para ampliar sus explicaciones.)* Y eso de aquí, lo de la mariposa, es que es un lepidóptero de vida efímera, o sea que vive solo un día. Si se va, ya nunca vuelve. En cambio, la golondrina es un ave migratoria que, aunque todos los años se marcha a países más cálidos, siempre vuelve a su nido.

Charito. Sí, eso sí lo sé.

Luis. *(Habla titubeando y con cierta emoción.)* Charito... antes de que te marches de veraneo... ¿podemos vernos otra vez?

Charito. Me marcho pasado mañana. Pero mañana, para despedirnos, hacemos una excursión en bicicleta a la Casa de Campo. Vienen Coca y los otros. ¿Por qué no vienes tú también?

Luis. Ya sabes que no tengo bicicleta. Como me han suspendido...

21. Realizad una lectura dramatizada de la escena.

22. Señala los diferentes registros lingüísticos que emplea Luis en el diálogo. Indica si esa mezcla de registros puede ser una forma de caracterizar la psicología del personaje.

23. La escena precede el inicio de la guerra. Charito no había aparecido ni volverá a aparecer en la obra y Luis no podrá ir al instituto porque, tras la guerra, debe trabajar para ayudar a su familia. ¿Qué valor dramático aporta a la obra el acuerdo de verse el curso siguiente que no podrá realizarse?

24. Indica algunos rasgos característicos del lenguaje oral que aparecen en el diálogo.

COMENTARIO *Clima*, de Andrés Sánchez Robayna

Sentidos del sol

En el silencio
brotes
de claridad
se dilapidan

Crujen los ramajes
inciertos

Mediodía
abierto hacia el no ser

Te miro
ahora
aquí
bajo
la lentitud de este
clima
de inexistencia

Existimos
sobre el calmo desierto

La lentitud del aire
llama
a pájaros silentes[1]

Somos
un único rumor
de pasos
y de miradas

Agosto
llama al sol sobre estos
médanos[2]

Claman
ahora
en su vacío los golpes
de la luz
alrededor de un espacio de nada.

---

1. **silentes:** silenciosos.
2. **médanos:** dunas.

Localización

1. Revisa las corrientes de la poesía actual y sitúa la obra de Sánchez Robayna.

2. Repasa los conceptos de poesía pura, poesía o arte conceptual y minimalismo. Anota los representantes más conocidos de la poesía pura y los poetas del 27 que siguieron esa tendencia.

Análisis del contenido y de la expresión

3. Observa que el poema presenta una descripción de un paisaje y una mínima narración de un suceso. Distingue las partes descriptivas de las «narrativas».

4. Escribe una lista de los elementos descriptivos.

- Señala a qué campo semántico aluden en conjunto.
- Anota los adverbios que sitúan el poema y los sustantivos abstractos que aparecen.

5. Junto al léxico *descriptivo-narrativo*, el poeta emplea palabras que aluden a un ámbito más filosófico: la existencia o el ser, que recuerdan la poesía de Guillén y que aportan un tono conceptual o intelectual al poema. Señala a quiénes se refieren los verbos *ser/existir* y de quién dice lo contrario: *no-ser/inexistencia.*

- ¿Qué tema aclaran estas expresiones?

6. Indica si aparece el *yo* del poeta y si se dirige a alguien. ¿Qué dice el poeta sobre sí mismo?

- Teniendo en cuenta la reducción de la subjetividad, ¿calificarías esta poesía de *intimista* o de *objetivista*?

7. Anota la existencia o ausencia de conectores textuales.

- ¿Qué crees que aporta al poema este recurso?

8. Comenta la forma externa del poema.

Valoración y creación

9. A partir de los elementos analizados anteriormente (léxico, descripción, narración-anécdota, subjetivismo-objetivismo, forma externa...), redacta una breve descripción de la poesía *minimalista*.

10. Escribe un poema *minimalista*.

LOS GÉNEROS DE LA LITERATURA HISPANOAMERICANA			
SIGLO XX	lírica	Rubén Darío	*Prosas profanas, Cantos de vida y esperanza*
		Nicolás Guillén	*Sóngoro Cosongo*
		César Vallejo	*Trilce, Poemas humanos*
		Pablo Neruda	*Residencia en la tierra, Canto general*
		Octavio Paz	*Salamandra, Ladera Este*
	narrativa	Miguel Ángel Asturias	*El señor Presidente*
		Alejo Carpentier	*El siglo de las luces*
		Jorge Luis Borges	*Ficciones, El Aleph*
		Juan Rulfo	*Pedro Páramo*
		Ernesto Sábato	*El túnel, Sobre héroes y tumbas*
		Julio Cortázar	*Bestiario, Rayuela*
		Carlos Fuentes	*La muerte de Artemio Cruz*
		Gabriel García Márquez	*Cien años de soledad*
		Mario Vargas Llosa	*La ciudad y los perros*

7/7

La literatura hispanoamericana del siglo XX

LA LÍRICA

La literatura a comienzos del siglo XX. El modernismo

En los primeros años del siglo XX, con el **modernismo**, la literatura hispanoamericana alcanza un momento de esplendor. Esta corriente también refleja el deseo de afirmar su personalidad cultural.

La obra de Fernando Botero es un correlato pictórico a la obra novelística de Gabriel García Márquez: una mezcla de elementos fantásticos y de observación minuciosa de la realidad que conforma un universo personal.

En líneas generales, la literatura de los países hispanoamericanos sigue las tendencias de la española hasta el siglo XIX, cuando alcanzan su independencia. A finales del siglo XIX se produce un momento esplendoroso de la literatura hispanoamericana con el **modernismo**, que se manifiesta como un movimiento de afirmación política y cultural. Los modernistas americanos rechazan la influencia española, sobre todo la casticista, mientras que buscan nuevos modelos en la literatura norteamericana (Edgar Allan Poe, Walt Whitman...), en la italiana (Gabrielle D'Annunzio) y, sobre todo, en la francesa; asimismo, valoran las raíces americanas precolombinas: mitos, leyendas y tradiciones.

En los primeros años del siglo XX, el modernismo alcanza la plenitud con **Rubén Darío**, el gran poeta del momento; el cubano José Martí; el mexicano Amado Nervo; el argentino Leopoldo Lugones; el peruano José Santos Chocano; el uruguayo Julio Herrera y Reissig; etc. La influencia del modernismo fue muy intensa en la primera década del siglo, pero hacia 1920, con las vanguardias, puede darse por acabado.

Rubén Darío (1867-1916)

Rubén Darío fue el más destacado poeta **modernista** de su época; **sintetiza el modernismo americano** y los movimientos europeos de finales de siglo, sobre todo el **parnasianismo** y el **simbolismo** francés.

Retrato de Rubén Darío, por Vázquez Díaz.

Vida

Félix Rubén García Sarmiento nació en Metapa (Nicaragua). Como periodista y como diplomático realizó frecuentes viajes por Europa y América, lo que le proporcionó una visión excepcional de la cultura de su tiempo. Visitó España en 1892 y también en 1899, cuando ya era considerado el mejor poeta de su época, y se relacionó con los escritores españoles. Su estancia en París le permitió un profundo conocimiento de la poesía francesa. Vivió intensamente la vida bohemia y murió en 1916, en León (Nicaragua).

Rubén Darío fotografiado hacia 1910.

Obra

En su trayectoria se distinguen dos épocas:

- La **primera etapa** abarca *Azul* (1888) y *Prosas profanas* (1896). *Azul* refleja el estilo característico del **modernismo americano**: exotismo, musicalidad, erotismo, temas de mitos precolombinos, etc. *Prosas profanas* culmina esta tendencia y le añade resonancias parnasianas; resulta una poesía brillante de temas cosmopolitas, exóticos o paganos. La profunda **renovación** en los **temas**, en el riquísimo **lenguaje** y en la **métrica** provocó reacciones opuestas, bien de rendida admiración o de desprecio. Sorprendió, sobre todo, la deslumbrante **sensualidad**, el **vitalismo** paganizante, la fantasía, el aristocraticismo y, a veces, cierta frivolidad.

- La **segunda etapa**, que se desarrolla tras su segundo viaje a España, se recoge en *Cantos de vida y esperanza* (1905) y muestra una mayor preocupación por los **contenidos humanos**. Combina **motivos españoles** cercanos al Grupo del 98 (*Letanía de Nuestro Señor Don Quijote*), poemas de **tema político** (*Oda a Roosevelt*) con otros evasivos o **esteticistas** (*La marcha triunfal*) y, finalmente, composiciones graves de **tema existencial** (*Lo fatal*).

En **prosa**, escribió numerosos artículos periodísticos y, sobre todo, cuentos, en una excelente prosa poética modernista.

Actividades

***Cantos de vida y esperanza*, de Rubén Darío**

Lo fatal

Dichoso el árbol que es apenas sensitivo,
y más la piedra dura, porque esa ya no siente,
pues no hay dolor más grande que el dolor de ser vivo,
ni mayor pesadumbre que la vida consciente.

Ser, y no saber nada, y ser sin rumbo cierto,
y el temor de haber sido y un futuro terror...
Y el espanto seguro de estar mañana muerto,
y sufrir por la vida y por la sombra y por

lo que no conocemos y apenas sospechamos,
y la carne que tienta con sus frescos racimos,
y la tumba que aguarda con sus fúnebres ramos,
¡y no saber adónde vamos,
ni de dónde venimos!...

Ilustración de una edición facsímil de poesías de Rubén Darío.

1. Señala las ideas principales del poema.
2. ¿Cuál es el tema principal? ¿Cómo puede calificarse este tema?
3. Por el tema que trata, señala a qué etapa pertenece.
4. Indica algunos recursos expresivos del poema.

La poesía hispanoamericana tras el modernismo

Desde el primer tercio de siglo, tras el modernismo, se distinguen varias **corrientes poéticas**: la **intimista** y **costumbrista**, la **vanguardista**, la **poesía pura** y la **poesía de la negritud**.

Gabriela Mistral y Alfonsina Storni.

La poesía **intimista** y **costumbrista**, de forma **sencilla**, se centra en temas de la **vida cotidiana** y del **amor a la tierra**. En esa línea se encuadran la obra del mexicano Ramón López Velarde y la *poesía femenina* de las uruguayas Juana de Ibarbourou y Delmira Agustini, de la argentina Alfonsina Storni y, en especial, de la chilena Gabriela Mistral. En esta tendencia se inician también César Vallejo y Pablo Neruda.

La **poesía vanguardista** de los **años veinte**, la cultivan Vicente Huidobro, fundador del *creacionismo*, y Jorge Luis Borges. Desde finales de la década de 1920, el **surrealismo** aparece a menudo como expresión de la poesía social y existencial en la obra de César Vallejo y Pablo Neruda. Más tardíamente, en los años cincuenta y sesenta, continúan esa corriente los mexicanos Octavio Paz y Marco Antonio Montes de Oca, quienes revitalizan el **vanguardismo** experimental hasta finales del siglo XX.

La **poesía pura** tiene menor desarrollo que las otras tendencias. Sus iniciadores, coetáneos de la Generación del 27, comparten con el grupo español el interés tanto por lo tradicional como por lo vanguardista, y la influencia de Paul Valéry y de Juan Ramón Jiménez. Destacan en esta corriente José Gorostiza y Eduardo Carranza, y también algunos libros de Jorge Luis Borges y José Lezama Lima. En las últimas décadas pervive esa corriente en poetas como el mexicano Alí Chumacero.

La **poesía de la negritud** reacciona contra el cosmopolitismo y busca la inspiración en las raíces mestizas de las Antillas, de herencia africana e hispánica: el folclore, sus ritmos, sus tradiciones y mitos. Logra especial relevancia el cubano Nicolás Guillén, con libros como *Sóngoro Cosongo* (1931) y *La paloma de vuelo popular* (1958), que mezcla el ritmo y la sensualidad con las preocupaciones sociales y políticas.

Otros poetas destacados de la poesía actual son: Nicanor Parra, lírico chileno de tono social y sencillo; el paraguayo Elvio Romero, que sigue los pasos de Neruda, y el cubano Fernández Retamar, autor de una poesía de tono político.

Nicolás Guillén.

Actividades

Nicolás Guillén

Son n.º 6

Yoruba[1] soy, lloro en yoruba
lucumí.
Como soy un yoruba de Cuba,
quiero que hasta Cuba suba mi llanto yoruba;
que suba el alegre llanto yoruba
que sale de mí.
Yoruba soy,
cantando voy,
llorando estoy,
y cuando no soy yoruba,
soy congo, mandinga, carabalí.
Atiendan, amigos, mi son, que empieza así:
Adivinanza
de la esperanza:
lo mío es tuyo,
lo tuyo es mío;
toda la sangre
formando un río.
La seiba[2] seiba con su penacho;
el padre padre con su muchacho;
la jicotera en su capacho.
¡Que rompa el son caliente,
y que lo baile la gente, [...]
Yoruba soy, soy lucumí,
mandinga, congo, carabalí.
Atiendan, amigos, mi son, que acaba así:
Salga el mulato,
suelte el zapato,
díganle al blanco que no se va:
de aquí no hay nadie que se separe;
mire y no pare,
oiga y no pare,
beba y no pare,
coma y no pare,
viva y no pare,
¡que el son de todos no va a parar!

1. **yoruba:** pueblo africano, como lucumí, congo, etc.
2. **seiba:** árbol africano trasplantado a Cuba.

5. Comenta algunos procedimientos que emplea el poeta para marcar el ritmo del poema.

6. Señala algunos temas que aparecen en la composición anterior.

7. Observa que alude a diversos pueblos africanos: yoruba, mandinga, lucumí... ¿Qué crees que pretende el poeta con esas enumeraciones?

César Vallejo (Perú, 1892-1938)

César Vallejo.

La poesía de Cesar Vallejo sintetiza los **contenidos humanos y sociales** con la voluntad de **renovación estética**.

A los veinticinco años César Vallejo fue a París y se integró en los movimientos vanguardistas y revolucionarios. Pasó algunas temporadas en España, en contacto con los poetas del Grupo del 27. Durante la Guerra Civil, escribió *España, aparta de mí este cáliz*, que recoge el dolor y la esperanza por el pueblo español en guerra.

Su obra siempre gira en torno al **tema del dolor**, aunque su estilo evoluciona. *Los heraldos negros* (1918) refleja rasgos modernistas, pero ya tiende hacia una poesía más sencilla, de tono conversacional. Como mestizo, Vallejo se convierte en la voz de los indígenas en unos poemas tremendamente tristes. *Trilce* (1922) significó un cambio radical, un vanguardismo que explora formas expresivas al margen de la lógica y de las reglas del lenguaje, con imágenes muy originales y palabras inventadas, como la que da título al libro. En *Poemas humanos*, publicado en 1939, tras su muerte, y seguramente su mejor libro, atenúa el vanguardismo y lo combina con un tono coloquial; trata el tema del dolor humano desde la perspectiva intimista y social.

Actividades

***Poemas humanos*, de César Vallejo**

Traspié entre dos estrellas

Hay gentes tan desgraciadas, que ni siquiera
tienen un cuerpo; cuantitativo el pelo,
baja, en pulgadas, la genial pesadumbre;
el modo, arriba;
no me busques la muela del olvido,
parecen salir del aire, sumar respiros mentalmente, oír
claros azotes en sus palabras.

Vanse de su piel, rascándose el sarcófago en que nacen
y suben por su muerte de hora en hora
y caen, a lo largo de su alfabeto gélido, hasta el suelo.

Ay de tanto! Ay de tan poco! Ay de ellas!
Ay en mi cuarto, oyéndolas con lentes!
Ay en mi tórax, cuando compran trajes!
Ay de mi mugre blanca, en su hez mancomunada!

Amadas sean las orejas sánchez,
amadas las personas que se sientan,
amado el desconocido y su señora,
el prójimo con mangas, cuello y ojos!

Amado sea aquel que tiene chinches,
el que lleva zapato roto bajo la lluvia,
el que vela el cadáver de un pan con dos cerillas,
el que se coge un dedo en una puerta,
el que no tiene cumpleaños,
el que perdió su sombra en un incendio,
el animal, el que parece un loro,
el que parece un hombre, el pobre rico,
el puro miserable, el pobre pobre! [...]

Amado sea el niño, que cae y aún llora
y el hombre que ha caído y ya no llora.

Ay de tanto! Ay de tan poco! Ay de ellos!

8. El poeta a veces emplea un lenguaje lógico, mientras que otras rompe la lógica. Señala algunas expresiones que no siguen las reglas lingüísticas.

- ¿Con qué corrientes estéticas se relaciona este estilo?

9. ¿De quién o quiénes habla el poeta? ¿Qué sentimientos muestra hacia ellos?

- ¿Cuál es el tema? ¿Es el habitual en César Vallejo?

10. Realizad una lectura expresiva del poema.

11. Tomando como modelo el poema anterior, añade cuatro nuevos versos que comiencen igual que el verso 19: «Amado sea…». Procura seguir el estilo de César Vallejo.

Pablo Neruda (Chile, 1904-1973)

La obra de Pablo Neruda es muy amplia y **refleja las etapas de la poesía hispanoamericana** de su tiempo: inicios modernistas, surrealismo, poesía sociopolítica y vuelta a una mayor sencillez.

Naftalí Ricardo Reyes, nombre de Pablo Neruda, publicó sus primeros libros cuando apenas tenía veinte años y pronto alcanzó gran popularidad. Desde 1926 fue diplomático; residió en Madrid entre 1934 y 1938, y ejerció una profunda influencia en los poetas del momento, especialmente en Miguel Hernández, pues Neruda defendía la *rehumanización* y el compromiso de la literatura.

A partir de esa época, desde la militancia comunista, escribió una poesía comprometida. Recibió el premio Nobel en 1971 y murió en 1973, poco después del golpe militar contra Salvador Allende, en circunstancias penosas para el poeta.

Portada de la *Antología de poesía chilena nueva*, publicada por la editorial Zig-Zag de Santiago de Chile en 1935.

En su trayectoria se distinguen varias etapas:

- Tras un comienzo modernista, Neruda publicó con éxito *Veinte poemas de amor y una canción desesperada* (1924), un libro de amor juvenil apasionado de **estilo sencillo**. En él ya aparecen las originalísimas **metáforas** que aluden a lo natural, tan características del poeta.

- *Residencia en la tierra* (1933 y 1935) supone la asimilación del **surrealismo** que, a partir de entonces, se implanta en la poesía hispanoamericana. El libro, escrito en un momento de crisis personal, presenta una visión **pesimista** del ser humano.

- *Tercera residencia* (1935-1945) manifiesta el **compromiso político** y la superación del pesimismo, pues muestra una actitud **vitalista** y un **estilo más sencillo**. Incluye *España en el corazón*, obra sobre la guerra civil española, escrita en 1937. La poesía comprometida culmina en el *Canto general* (1950), un canto épico a las tierras americanas.

- A partir de *Odas elementales* (1954-1957), Neruda intensifica la **sencillez** y el tono **vital y optimista**; canta a los sentimientos y a los objetos más simples, humildes y cotidianos, como la alegría, la esperanza, o la cebolla, la madera, el pan, etc. Obras posteriores son *Cien sonetos de amor* (1959) y *Memorial de la Isla Negra* (1964).

Pablo Neruda en Isla Negra, Chile.

Actividades

Canto general, de Pablo Neruda

Amor América (1400)

Antes de la peluca y la casaca
fueron los ríos, ríos arteriales:
fueron las cordilleras, en cuya onda raída
el cóndor o la nieve parecían inmóviles:
fue la humedad y la espesura, el trueno
sin nombre todavía, las pampas planetarias.

El hombre tierra fue, vasija, párpado
del barro trémulo, forma de la arcilla,
fue cántaro caribe, piedra chibcha[1],
copa imperial o sílice araucana[2].
Tierno y sangriento fue, pero en la empuñadura
de su arma de cristal humedecido
las iniciales de la tierra estaban
escritas.

Nadie pudo
recordarlas después: el viento
las olvidó, el idioma del agua
fue enterrado, las claves se perdieron
o se inundaron de silencio o sangre. [...]

Yo estoy aquí para contar la historia.
Desde la paz del búfalo
hasta las azotadas arenas
de la tierra final, en las espumas
acumuladas de la luz antártica,
y por las madrigueras despeñadas
de la sombría paz venezolana,
te busqué, padre mío,
joven guerrero de tiniebla y cobre,
oh tú, planta nupcial, cabellera indomable,
madre caimán, metálica paloma. [...]

Tierra mía sin nombre, sin América,
estambre equinoccial, lanza púrpura,
tu aroma me trepó por las raíces
hasta la copa que bebía, hasta la más delgada
palabra aún no nacida de mi boca.

1. **chibcha:** pueblo indígena de Colombia.
2. **araucana:** originaria de la región chilena de Arauco.

Detalle de uno de los mascarones de proa que hay en la casa de Neruda en Isla Negra. El poeta compró esta casa a un español, capitán de navío retirado.

12. Resume este poema.

13. Observa la relación que el poeta establece con su tierra.
- Señala en qué versos la explica.

14. Analiza cómo caracteriza Neruda la tierra americana.
- Anota algunas imágenes que te parezcan expresivas.

15. ¿Con qué estilo se relaciona este poema?

Octavio Paz (México, 1914-1998)

Como Vallejo y Neruda, Octavio Paz residió en España durante la Guerra Civil y apoyó al bando republicano. Su actividad diplomática le llevó a residir en numerosos países, entre ellos la India, cuya cultura le marcaría notablemente. Se le considera el mayor poeta hispanoamericano de finales del siglo XX, y su influencia es notable en América y España. Recibió el premio Nobel en 1990.

La **obra** de Octavio Paz, como recogen sus magníficos **ensayos**, refleja a un intelectual preocupado por todos los temas que afectan al ser humano. Destacan, entre ellos, *El arco y la lira* (1956) y *Los signos en rotación* (1965), sobre la creación poética, y *El laberinto de la soledad* (1959), sobre las características de lo mexicano.

Su **poesía** hasta 1968 está recogida en tres títulos: *Libertad bajo palabra*, *Salamandra* y *Ladera Este*. Posteriormente publicó otros libros.

Libertad bajo palabra recopila la poesía escrita entre 1935 y 1957. Comienza con una lírica **social** y **existencial**, pero pronto tiende hacia el **surrealismo**, estilo de algunas de sus mejores composiciones, como *Piedra y sol* (1957), sobre la concepción azteca del tiempo circular.

Octavio Paz.

Salamandra reúne la poesía escrita entre 1958 y 1961. Es una lírica difícil y sugerente que ahonda en lo **irracional** y **misterioso**, pues el poeta trata de entender los enigmas del universo.

Ladera Este muestra la influencia de la **cultura hindú** y acentúa el **interés por el misterio**. Emplea un lenguaje libre de cualquier regla y experimenta con la tipografía en poemas como *Blanco* (1967), cuya disposición, en tres columnas, permite diferentes lecturas. Continúa el **experimentalismo** en libros de *poesía visual*, como *Topoemas* y *Discos visuales*.

Pasado en claro (1975) es un largo poema más sencillo, en el que el poeta repasa su vida.

Actividades

***Libertad bajo palabra*, de Octavio Paz**

Piedra de sol

[...]
voy por tu talle como por un río,
voy por tu cuerpo como por un bosque,
como por un sendero en la montaña,
que en un abismo brusco se termina,
y por tus pensamientos afilados
y a la salida de tu blanca frente
mi sombra despeñada se destroza,
recojo mis fragmentos uno a uno
y prosigo sin cuerpo, busco a tientas.

16. Resume las ideas del poema.

17. Observa que el fragmento tiene un tono narrativo; la sintaxis sigue las reglas usuales, mientras que el aspecto original reside en las imágenes. Anota algunas imágenes irracionales.

18. Por su estilo, ¿cómo calificarías estas metáforas?

19. Analiza algunos recursos expresivos muy tradicionales que aparecen en el texto.

LA NARRATIVA

La narrativa hispanoamericana del siglo XX

De arriba abajo, Miguel Ángel Asturias, Alejo Carpentier y Jorge Luis Borges.

En la narrativa americana del siglo XX se distinguen tres grandes etapas: el **realismo tradicional**, el **realismo mágico** y el **experimentalismo**.

El realismo tradicional

Hasta la década de **1940**, el desarrollo de la narrativa fue menor que el de la lírica. Se mantuvo la **novela realista** (costumbrista o naturalista) heredera de la del siglo XIX, con obras que presentaban el mundo rural y sus tipos. Las mejores novelas de esa línea plantean **problemas sociales y humanos** situados en una **naturaleza** grandiosa y salvaje, como *Doña Bárbara* (1929), del venezolano Rómulo Gallegos, considerada «la novela de la selva»; *La vorágine* (1924), del colombiano José Eustasio Rivera, sobre la durísima vida en la Amazonia, y *Don Segundo Sombra* (1926), del argentino Ricardo Güiraldes, en torno a la Pampa y la vida gauchesca.

La **novela indigenista** se inscribe en el realismo tradicional por su técnica, pero se distingue por la temática, pues denuncia la explotación del indio por parte de los blancos. Representan esta tendencia el boliviano Alcides Arguedas, con *Raza de bronce* (1919); el ecuatoriano Jorge Icaza, con *Huasipungo* (1934), y el peruano Ciro Alegría, autor de *El mundo es ancho y ajeno* (1941).

El realismo mágico

Entre 1940 y 1950, aparece un grupo de narradores que **combinan el realismo con elementos fantásticos**; por eso también se les conoce como los creadores de ***lo real maravilloso***. Otros rasgos los distinguen del realismo tradicional, como el predominio de los **ambientes urbanos**, el planteamiento de **preocupaciones existenciales** (no solo sociales) y el deseo de **innovación formal** (es la primera generación que inicia la renovación de las técnicas narrativas). Representan esta corriente Miguel Ángel Asturias, Alejo Carpentier, Jorge Luis Borges y Juan Rulfo.

- **Miguel Ángel Asturias** (Guatemala, 1899-1974). Inició una profunda innovación con *El señor Presidente* (1946), una *novela de dictador* de estética expresionista, en la que emplea un lenguaje barroco y abundantes imágenes y símbolos. Otras novelas destacadas son *El Papa verde* (1954) y *Los ojos de los enterrados* (1960). Recibió el premio Nobel en 1967.

- **Alejo Carpentier** (Cuba, 1904-1980). Se caracteriza por su afán de experimentar nuevas formas narrativas, por un lenguaje rico y sugerente, y por la capacidad de crear mundos y personajes muy atractivos. *Los pasos perdidos* (1953) presenta un protagonista que se aleja de la civilización y se adentra en la selva, donde encuentra lo auténtico del mundo y de sí mismo. *El siglo de las luces* (1962), ficción sobre la Revolución Francesa, es una profunda reflexión histórica y humana. También destaca como narrador de relatos breves.

- **Jorge Luis Borges** (Argentina, 1899-1986). Se inició como poeta ultraísta en los años veinte. A partir de 1930 escribió ensayos y, sobre todo, cuentos que tienen aire de ensayo, como *Historia universal de la infamia* (1935), *Historia de la eternidad* (1936), *Ficciones* (1944), *El Aleph* (1949), *El* *informe de Brodie* (1970), *El libro de arena* (1975), etc. Lo original de Borges es su concepción del **tiempo** y de la **individualidad**, que parecen no existir; en sus relatos, Julio César «revive» en un gaucho contemporáneo, o alguno de sus protagonistas alcanza la inmortalidad. Plantea el tema del destino personal y del tiempo circular en *Tlön, Uqbqr, Orbis Tertius* y *La biblioteca de Babel*. Otros escritos tratan sobre el conocimiento y la creación literaria, como *Funes el memorioso, El Aleph* y *El Hacedor*. En conjunto, Borges, escritor cultísimo, crea un **universo imaginativo** y plantea **temas metafísicos e intelectuales** con un estilo irónico, que combina el tono erudito y el conversacional.

Juan Rulfo.

Juan Rulfo (México, 1918-1986). Fue casi un autodidacta, que sufrió durante su infancia los avatares de la violenta historia mexicana. Su primera obra, *El llano en llamas* (1953), pasó casi desapercibida; pero *Pedro Páramo* (1955) pronto fue considerada un «clásico». La obra gira en torno a la muerte y se desarrolla en un **ambiente fantasmagórico**, poblado de voces y fuerzas sobrenaturales. Sorprendió la incorporación de innovaciones formales, como la ruptura de la linealidad temporal, los bruscos cambios del punto de vista narrativo y el monólogo interior. Por todo ello, se convertiría en un modelo de la **narrativa experimental** de los años sesenta.

Actividades

***The unending gift*[1], de Jorge Luis Borges**

Un pintor nos prometió un cuadro.

Ahora, en New England, sé que ha muerto. Sentí, como otras veces, la tristeza y la sorpresa de comprender que somos como un sueño. Pensé en el hombre y en el cuadro perdidos.

(Solo los dioses pueden prometer, porque son inmortales).

Pensé en un lugar prefijado que la tela no ocupará.

Pensé después: si estuviera ahí, sería con el tiempo esa cosa más, una cosa, una de las vanidades o hábitos de mi casa; ahora es ilimitada, incesante, capaz de cualquier forma y cualquier color y no atada a ninguno.

Existe de algún modo. Vivirá y crecerá como una música, y estará conmigo hasta el fin. Gracias, Jorge Larco.

(También los hombres pueden prometer, porque en la promesa hay algo inmortal).

---

1. El regalo inacabado.

20. Resume este texto.

21. Señala en el texto la parte narrativa y la reflexiva.
- ¿Cuál es la fundamental del relato?

22. Observa cómo Borges nos hace seguir su pensamiento: parte de una afirmación para llegar a la conclusión contraria. Señala la afirmación primera y la conclusión.

23. ¿Qué parece ser más importante para Borges: los objetos reales o las ideas?

La novela experimental

Entre **1960** y **1980** se publicó un conjunto de excelentes novelas, todas ellas **innovadoras** en la forma. En general, intensifican las tendencias de la generación anterior, pues continúan el **realismo mágico**, pero profundizan en la **experimentación** de nuevas **formas narrativas**.

Para aludir al auge espectacular de la novela de esos años, se acuñó la expresión *boom de la narrativa hispanoamericana*.

Los nuevos novelistas incorporaron las innovaciones que en Europa y Estados Unidos se daban desde los años veinte (Proust, Joyce, Kafka, Faulkner...) y, además, ensayaron otras técnicas nuevas. Por ello, los narradores hispanoamericanos de la década de 1960 se convirtieron en un modelo de la novela española experimental de esos años.

Los **novelistas** que iniciaron este movimiento fueron, entre otros, Ernesto Sábato, Julio Cortázar, Juan Carlos Onetti, José Lezama Lima, Carlos Fuentes, Augusto Roa Bastos, Gabriel García Márquez, Mario Vargas Llosa, Mario Benedetti, Guillermo Cabrera Infante, Manuel Mújica Laínez, etc.

Destacamos a continuación aquellos que han alcanzado mayor resonancia.

Ernesto Sábato.

- **Ernesto Sábato** (Argentina, 1911-2011). Escribe una **narrativa intelectualizada** cercana al ensayo, que cuaja en obras como *El túnel* (1948), breve novela de amor y locura; *Sobre héroes y tumbas* (1961), extensa narración que incluye una visión apocalíptica del mundo, y *Abaddón el exterminador* (1974), de un experimentalismo radical, donde se confunden la autobiografía y la ficción, la realidad y los sueños, la narración y el ensayo. Su obra supone una reflexión crítica sobre la sociedad actual.

- **Julio Cortázar** (Argentina, 1914-1984). Sobresale por sus relatos breves, **cuentos fantásticos** en la línea de Kafka o de Borges, con títulos como *Bestiario* (1951), *Las armas secretas* (1959), *Todos los fuegos, el fuego* (1966), etc. En su novela *Rayuela* (1963) crea un mundo y unos personajes muy sugerentes. Además, incorpora una curiosa novedad estructural: la obra puede ser leída de diferentes formas; es decir, el autor propone varias posibles lecturas según se siga un orden de lectura u otro. Esta obra marca lo que será la narrativa de Cortázar, su **visión crítica de la sociedad** y su postura de **innovación estética** permanente.

Gabriel García Márquez.

- **Carlos Fuentes** (México, 1928-2012). Comparte con los escritores anteriores la **actitud crítica** y la voluntad de **renovación formal**. *La región más transparente* (1958) presenta una visión caleidoscópica de la ciudad de México; *La muerte de Artemio Cruz* (1962) rememora una parte de la historia mexicana a través de los recuerdos de un hombre poderoso, y en ella combina numerosas innovaciones narrativas, como la yuxtaposición de diversos puntos de vista o los saltos cronológicos. Posteriormente, siguió esa línea en novelas como *Cambio de piel* (1967).

- **Gabriel García Márquez** (Colombia, 1928-2014). Con *Cien años de soledad* (1967) se convirtió en uno de los más conocidos novelistas del momento. La novela recoge personajes y escenarios (el pueblo de Macondo) que habían aparecido en relatos breves escritos con anterioridad, como *La hojarasca* (1955) o *El coronel no tiene quien le escriba* (1961). *Cien años de soledad* narra la historia de la familia Buendía, paralela a la creación y destrucción del mundo mítico de Macondo. La obra combina elementos variadísimos: el **realismo mágico**, la **visión lírica**, la **crítica social**, el **humor** y la **tragedia**. Otros títulos son *El otoño del patriarca* (1975), *Crónica de una muerte anunciada* (1981), *El amor en los tiempos del cólera* (1985) y *Del amor y otros demonios* (1994). También es autor de una amplia obra periodística. En 1982 recibió el premio Nobel.

Mario Vargas Llosa.

- **Mario Vargas Llosa** (Perú, 1936). Se dio a conocer con *La ciudad y los perros* (1962), novela experimental que presenta la violencia y corrupción de un colegio militar. Continuó mostrando un **mundo brutal** en otras narraciones **formalmente innovadoras**, como *La casa verde* (1966) y *Conversación en la catedral* (1969). La experimentación formal se combina con una visión **irónica** en *Pantaleón y las visitadoras* (1973) y *La tía Julia y el escribidor* (1977). Sorprende su capacidad de **variación**, al recrear movimientos, personajes o sucesos históricos. *La guerra del fin del mundo* (1981) trata sobre una especie de profeta que arrastra a las multitudes del norte de Brasil; *Lituma en los Andes* (1993), sobre unas extrañas desapariciones en un poblado andino, y *La fiesta del Chivo* (2000), sobre el dictador dominicano Trujillo.

El relato breve

En el siglo XX, el cuento y las narraciones breves (*microrrelatos*) experimentan un gran desarrollo en la literatura hispanoamericana.

Como hemos visto, gran parte de los novelistas destacados cultivan el género, como Benedetti, Borges y Cortázar, así como Augusto Monterroso (1921-2003), escritor guatemalteco nacido en Tegucigalpa (Honduras), considerado uno de los grandes escritores hispanoamericanos de cuentos y narraciones breves del siglo XX.

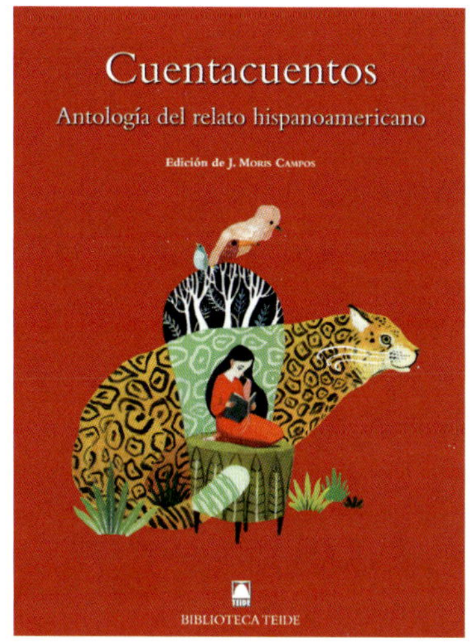

Actividades

***Instrucciones-ejemplos sobre la forma de tener miedo*, de Julio Cortázar**

En un pueblo de Escocia venden libros con una página en blanco perdida en algún lugar del volumen. Si un lector desemboca en esa página al dar las tres de la tarde, muere.

En la plaza del Quirinal, en Roma, hay un punto que conocían los iniciados hasta el siglo XIX, y desde el cual, con luna llena, se ven moverse lentamente las estatuas de los Dioscuros que luchan con sus caballos encabritados.

En Amalfí, al terminar la zona costanera, hay un malecón que entra en el mar y la noche. Se oye ladrar a un perro más allá de la última farola.

Un señor está extendiendo pasta dentrífica en el cepillo. De pronto ve, acostada de espaldas, una diminuta imagen de mujer, de coral o quizá de miga de pan pintada.

Al abrir el ropero para sacar una camisa, cae un viejo almanaque que se deshace, se deshoja, cubre la ropa blanca con miles de sucias mariposas de papel.

Se sabe de un viajante de comercio a quien le empezó a doler la muñeca izquierda, justamente debajo del reloj de pulsera. Al arrancarse el reloj, saltó la sangre: la herida mostraba la huella de unos dientes muy finos.

El médico termina de examinarnos y nos tranquiliza. Su voz grave y cordial precede los medicamentos cuya receta escribe ahora, sentado ante su mesa. De cuando en cuando alza la cabeza y sonríe, alentándonos. No es de cuidado, en una semana estaremos bien. Nos arrellanamos en nuestro sillón, felices, y miramos distraídamente en torno. De pronto, en la penumbra debajo de la mesa vemos las piernas del médico. Se ha subido los pantalones hasta los muslos, y tiene medias de mujer.

24. Observa el título del texto. ¿Te parece representativo del contenido?

- Propón un nuevo título coherente con el texto.

25. En literatura, como en el cine, el miedo puede ir asociado a diversas situaciones: de violencia, de terror ante seres monstruosos, de inquietud ante el misterio o lo desconocido, etc. ¿Con qué sensación se asocia el miedo en estos relatos?

26. Intenta establecer la similitud que existe entre los dos primeros ejemplos: ¿qué tipo de suceso provoca inquietud en ellos? También hay cierto parecido entre los dos últimos, ¿cómo calificarías la resolución de ambos?

27. ¿Qué «ejemplo» te parece más conseguido? Justifica la elección aduciendo dos argumentos.

28. Tomando como modelo algún «ejemplo» de Cortázar, escribe un microrrelato inquietante. Puedes inspirarte en algunos textos de Cortázar, o bien en los de Augusto Monterroso que puedes encontrar en las siguientes direcciones de Internet: *http://qr.teide.eu/03IX* y *http://qr.teide.eu/03IY.*

COMENTARIO *Veinte poemas de amor y una canción desesperada*, de Pablo Neruda

POEMA XV

Me gustas cuando callas porque estás como ausente,
y me oyes desde lejos, y mi voz no te toca.
Parece que los ojos se te hubieran volado
y parece que un beso te cerrara la boca.

Como todas las cosas están llenas de mi alma
emerges de las cosas, llena del alma mía.
Mariposa de sueño, te pareces a mi alma,
y te pareces a la palabra melancolía.

Me gustas cuando callas y estás como distante.
Y estás como quejándote, mariposa en arrullo.
Y me oyes desde lejos, y mi voz no te alcanza:
déjame que me calle con el silencio tuyo.

Déjame que te hable también con tu silencio
claro como una lámpara, simple como un anillo.
Eres como la noche, callada y constelada.
Tu silencio es de estrella, tan lejano y sencillo.

Me gustas cuando callas porque estás como ausente.
Distante y dolorosa como si hubieras muerto.
Una palabra entonces, una sonrisa bastan.
Y estoy alegre, alegre de que no sea cierto.

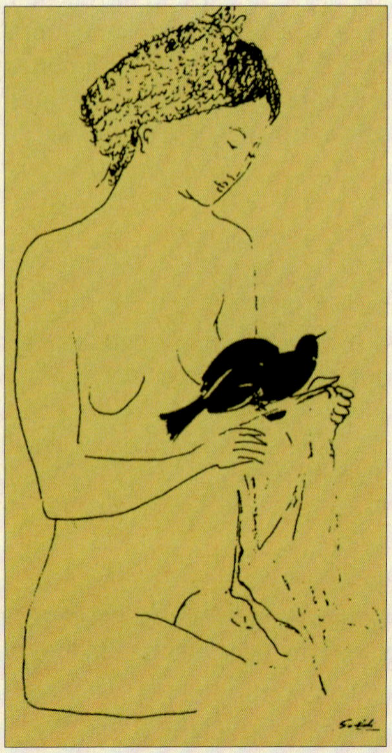

Localización

1. Repasa la unidad anterior y apunta las grandes corrientes de la poesía hispanoamericana del siglo XX.

2. Indica las etapas de la poesía de Neruda y sitúa *Veinte poemas de amor y una canción desesperada* en la que le corresponda.

Análisis del contenido y de la expresión

3. ¿Cuál es el tema de la composición?

4. Observa que el poeta relaciona el silencio de la amada con algunos elementos positivos, pero también aparecen otros elementos negativos vinculados al silencio.

▶ Escribe una lista de algunas imágenes o comparaciones positivas, y otra de las negativas.

5. Comenta los dos últimos versos.

▶ ¿Cómo relacionas su significado con el resto del poema, sobre todo con el repetido «Me gusta cuando callas...»?

6. Señala la estructura del poema.

7. ¿Cómo calificas el estilo según el léxico, el tipo de frase que predomina, la estructura...?

8. Neruda es un poeta con gran facilidad para la creación de imágenes, muchas de las cuales aluden a la naturaleza. En este poema, sin embargo, predominan las comparaciones. Escribe una lista de elementos con los que relaciona a la amada, ya sea a través de metáforas o de comparaciones.

Valoración y creación

9. *Veinte poemas de amor y una canción desesperada* es el libro de poesía amorosa que seguramente ha sido más leído. Dicen que todos los jóvenes chilenos saben de memoria alguno de sus poemas. ¿Qué puede deducirse de este éxito?

10. Puede ser interesante, al acabar el curso, hacer una lectura expresiva de los poemas de Neruda. Por supuesto, aún sería mejor intentar un recital.

GUÍA DE LECTURA

Cien años de soledad, de Gabriel García Márquez

Cien años de soledad se publicó en 1967 y obtuvo un éxito inmediato. Supuso la consagración definitiva de García Márquez, narrador que nos recuerda el origen del arte novelístico, el gusto por explicar historias. La obra muestra una genial capacidad de fabular, pues entreteje innumerables sucesos y combina la fantasía, el relato histórico-social y la reflexión sobre la soledad, el tiempo, el amor y la muerte.

La novela presenta **veinte capítulos** o **secuencias** sin numerar, que relatan la historia de **Macondo** y de la **familia Buendía** desde el nacimiento o *génesis* hasta su final o *apocalipsis*. Está **narrada** como los **antiguos cuentos** y **mitos**; es decir, el narrador nos adelanta información y conoce el pensamiento de sus personajes, y el relato pierde las dimensiones temporales. También tiene numerosas **resonancias religiosas**, especialmente bíblicas, y de la **literatura culta**, como el recurso de la historia narrada en un manuscrito que debe descifrarse. En ese mundo, los sucesos verosímiles adquieren carácter *mágico* (como el conocimiento del hielo) y los milagros son narrados con la naturalidad de lo habitual. La abundancia desbordante de datos, anécdotas y personajes que repiten nombres y caracteres convierte la novela en un laberinto que parece repetirse cíclicamente. Sin embargo, en su **estructura** se distinguen **tres secuencias**:

- El **tiempo de los fundadores** de tono grandioso y mítico, que se convierte en **histórico** cuando recoge las guerras civiles.
- El **periodo de conflictos sociales** que aparece con la compañía bananera, en el que desaparecen los fundadores y se transforma el pueblo.
- La **decadencia** y **destrucción** de Macondo y los Buendía, que coincide con el desciframiento de los manuscritos.

Por su utilidad, a continuación recogemos el cuadro genealógico de los Buendía.

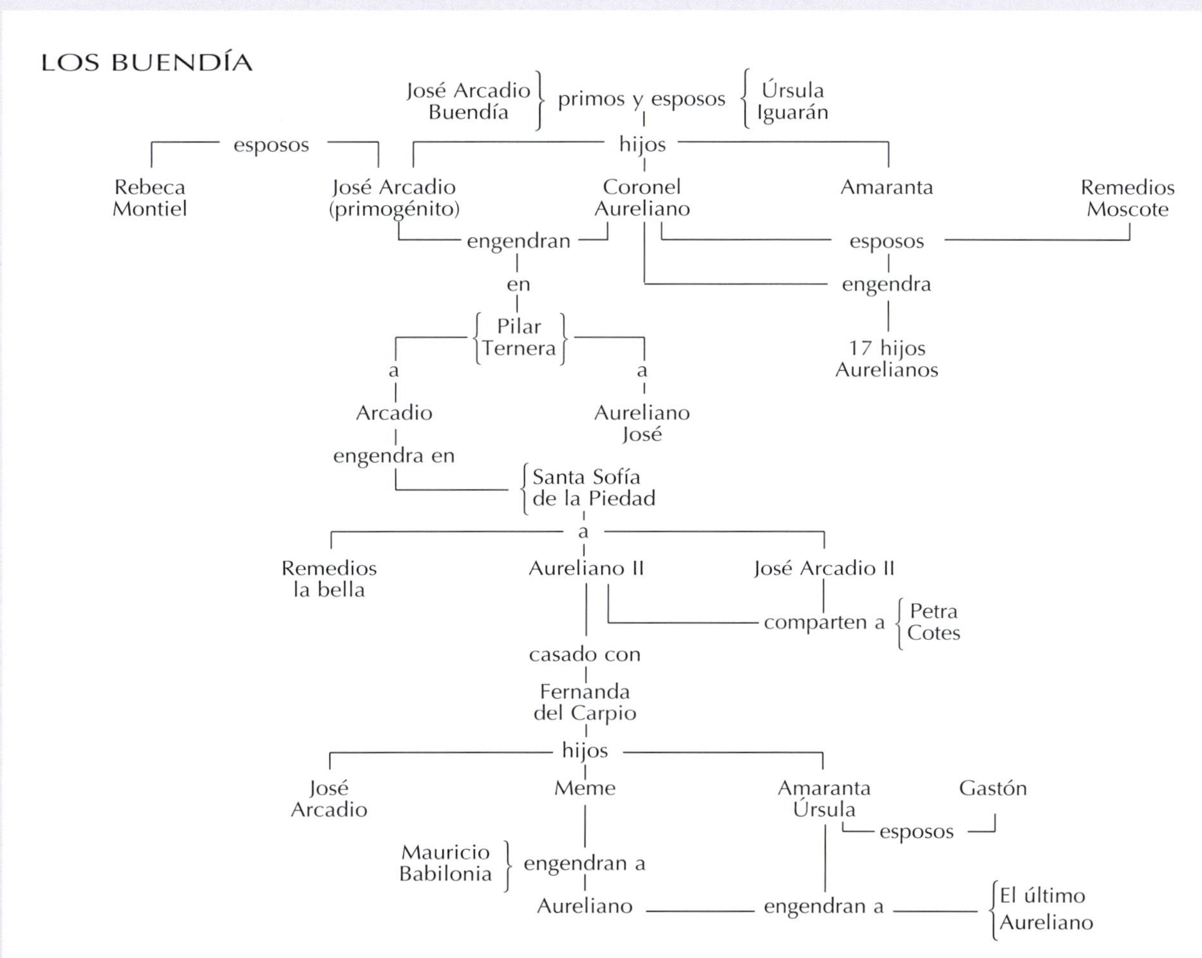

Introducción

Por la complejidad y extensión de esta novela, planteamos la guía de lectura como un instrumento que ayude a reflexionar sobre los temas recurrentes de la obra, sin estorbar el placer de la lectura.

A efectos prácticos, si se trabaja la novela en clase, es aconsejable que los alumnos utilicen la misma edición para que las referencias a las páginas coincidan. Nosotros seguimos la de Espasa-Calpe (Austral), muy asequible. Asimismo, para aludir a los capítulos-secuencias, resulta cómodo numerarlos; a partir de ahora nos referiremos a ellos con la numeración romana.

A la hora de abordar la novela parece conveniente plantear una serie de tareas que se realizarán paralelamente a la primera lectura. Ello facilita el trabajo posterior, pues diversos materiales quedan clasificados, lo que permite trabajar sobre ellos sin obligar a una segunda lectura. Por la extensión del libro resulta adecuado distribuir las tareas por grupos.

Así, proponemos las siguientes **actividades para realizar durante la lectura**:

- Elaborar un **breve resumen de cada capítulo-secuencia**. Todos los resúmenes deberían recoger sintéticamente las transformaciones de la familia Buendía y del mundo exterior.
- Adelantamos una serie de **motivos recurrentes** en la obra. Durante la lectura, cada grupo se encargará de apuntar cuándo aparece alguno de esos temas (la página y el párrafo). La lista de fragmentos sobre esos motivos será la base para trabajos posteriores. Entre otros rasgos sería interesante señalar los siguientes:
  - Lo mágico y maravilloso.
  - El tratamiento hiperbólico o exagerado de sucesos, caracteres, sentimientos...
  - La soledad.
  - Los elementos religiosos, literarios y míticos.
  - El tiempo (real, subjetivo y cíclico –repeticiones–). Las reflexiones sobre el tiempo.
  - El amor y la muerte.
  - La violencia (en lo social y en lo individual).

Capítulo I

1. La primera frase de la novela se refiere a un recuerdo. ¿Quién narra?
   - ¿Quién es el protagonista de los sucesos que se explican?

2. Indica los rasgos que caracterizan a Melquiades y a los gitanos en su presentación.

Macondo, según la pintora colombiana Lucy Tejada. Macondo es el universo imaginario creado por Gabriel García Márquez, un lugar en el que se confunden la realidad y la ficción.

3. Señala la caracterización psicológica de José Arcadio y Úrsula.

4. ¿Quién decide quedarse en Macondo? ¿Por qué?

Capítulo II

El capítulo se inicia remontándose a los bisabuelos de José Arcadio y de Úrsula.

5. ¿Qué profetizan los parientes sobre la descendencia de la pareja? ¿Por qué?

6. ¿Qué consecuencias comporta la marcha de José Arcadio y Úrsula del pueblo de sus padres?

7. ¿Por qué razón José Arcadio decide fundar la ciudad de Macondo?

8. ¿Cómo reacciona Úrsula ante la fuga de su primogénito?
   - ¿Qué implica esto para Macondo?

9. ¿Cómo se alude a la llegada de la civilización tras abrirse las rutas del comercio?

Capítulo III

10. ¿Quién trae la peste del sueño?

▶ ¿Cómo reaccionan?

▶ ¿A quiénes culpan?

▶ ¿Quién los salva?

11. ¿Qué tipo de parentesco tienen las personas que se incorporan a la casa familiar, Arcadio y Rebeca?

12. ¿Qué significa la aparición del corregidor en Macondo?

▶ ¿Cómo logra quedarse?

Capítulo IV

13. ¿Cómo consigue Aureliano el amor de Remedios?

▶ ¿Qué motivo enfrenta a Amaranta y Rebeca?

14. ¿Cómo muere Melquiades?

15. ¿Qué indica la aparición de Prudencio Aguilar para José Arcadio?

▶ ¿Cómo aparece José Arcadio al final del capítulo?

Capítulo V

16. Comenta cómo entra de nuevo en la familia José Arcadio, tras su larga ausencia.

17. Sintetiza la visión política de liberales y conservadores que aparece en las conversaciones entre Aureliano y su suegro.

▶ ¿Por qué decide Aureliano entrar en acción?

Capítulo VI

18. Señala las diferencias entre el coronel Aureliano y Arcadio durante la guerra.

19. Comenta la actitud de Úrsula ante los sucesos de la guerra.

20. ¿Cómo acaba Arcadio?

▶ ¿Qué significa su última voluntad?

Capítulo VII

21. ¿Cuándo cae prisionero el coronel Aureliano Buendía?

▶ ¿Por qué pide que le fusilen en Macondo?

▶ ¿Cuándo había aparecido ante el pelotón de fusilamiento evocando la primera vez que vio el hielo?

▶ ¿Cómo acaba el fusilamiento?

22. Comenta la conversación entre Aureliano y Gerineldo Márquez sobre la razón de sus luchas.

23. Indica los detalles de la muerte de José Arcadio: presentimientos, apariciones...

Capítulo VIII

24. Se desata la pasión entre Amaranta y Aureliano José. ¿Qué parentesco tienen?

▶ ¿Qué tema aparece?

▶ ¿Cómo resuelve teóricamente el problema Aureliano José?

25. ¿Qué relación establecen el general Moncada y el coronel Buendía?

▶ Señala sus ideas sobre las guerras.

26. ¿Cómo ve Úrsula a su hijo cuando vuelve de las guerras?

▶ ¿Cómo reaccionan las mujeres del pueblo respecto al general Moncada?

▶ Sintetiza las reflexiones del general sobre los militares.

Capítulo IX

27. Indica la actitud del coronel hacia Gerineldo Márquez.

▶ ¿Cómo reacciona Úrsula?

Gabriel García Márquez consideraba que *Cien años de soledad* no podía ser adaptada cinematográficamente. En cambio, *Crónica de una muerte anunciada* y *El amor en los tiempos del cólera* sí han sido objeto de sendas adaptaciones a la gran pantalla.

28. Observa la ironía sobre cuánto cuesta acabar una guerra. Anota algunas ideas.

29. Indica los detalles mágicos que rodean el suicidio frustrado del coronel.

- ¿Es habitual esto?

Capítulo X

30. Los gemelos José Arcadio y Aureliano pasan por fases similares y diferentes, pero siempre comparten el aire de soledad. ¿Qué piensa Úrsula sobre los nombres de la familia?

31. Indica los rasgos más característicos de Petra Cotes.

32. Remedios es uno de los personajes más hiperbólicos. Señala algunas exageraciones.

Capítulo XI

33. Señala los contrastes que existen entre las figuras de Petra Cotes y Fernanda.

34. Aparecen 17 hijos del coronel. ¿Adónde va a vivir Aureliano Triste?

35. Aureliano Triste trae el tren. ¿Qué aportará al pueblo, según el último párrafo?

Capítulo XII

36. Indica algunas transformaciones del pueblo y las reacciones de los Buendía ante ellas.

37. ¿Qué destino espera a los enamorados de Remedios?

- ¿Qué reacciones produce su desaparición?

Capítulo XIII

38. Úrsula evoca el pasado familiar. Señala el fragmento en que aparecen estas evocaciones.

39. Anota algunos detalles sobre la vejez de Úrsula y Aureliano.

- ¿Cómo acaba el coronel?
- ¿Qué simboliza el castaño?

Capítulo XIV

40. Indica algunos detalles de la historia de Amaranta.

- ¿Por qué teje su mortaja?
- ¿Cómo repara el dolor que ha causado a lo largo de su vida?

41. ¿Cómo acaba Mauricio Babilonia?

- ¿Qué acompañaba siempre a este joven?

Capítulo XV

42. Resume el final de Meme.

- ¿Qué paisaje aparece cuando se la llevan del pueblo?

43. ¿Qué explican sobre el hijo de Meme?

- ¿En qué suceso bíblico se inspira?

44. Resume las causas del estallido social.

- ¿Cómo acaba?
- ¿Qué se explica del suceso?

45. Comenta las reflexiones de José Arcadio sobre la guerra (en el penúltimo párrafo).

Capítulo XVI

46. La lluvia asola Macondo. El entierro de Gerineldo Márquez resume la desolación. Comenta el fragmento.

47. ¿Qué nueva generación de los Buendía cobra protagonismo?

Capítulo XVII

48. Comenta lo que significa la muerte de Úrsula.

49. ¿Qué ideas transmite José Arcadio Segundo al pequeño Aureliano?

Capítulo XVIII

50. ¿Qué vida llevan el joven Aureliano y Fernanda tras la muerte de Úrsula?

51. ¿Cómo acaba Aureliano Amador, único superviviente de los 17 hijos del coronel?

52. ¿Cómo muere José Arcadio, el hijo de Fernanda que ha vuelto tras la muerte de su madre?

Capítulo XIX

53. El regreso de Amaranta Úrsula incita al joven Aureliano a salir de su casa. ¿Qué Macondo vemos a través de sus ojos?

- ¿Con quiénes se comunica?

54. ¿Qué comenta Pilar Ternera cuando Aureliano le confiesa su amor por Amaranta Úrsula?

Capítulo XX

55. ¿Qué supone para Aureliano la muerte de Pilar Ternera y la partida de los amigos?

- ¿Cómo está Macondo?

56. El amor entre Aureliano y Amaranta Úrsula es simultáneo a la destrucción de la casa. ¿Qué significa para la pareja la carta que preludia la muerte del sabio catalán?

57. ¿Cuándo comprende Aureliano el significado de los papeles de Melquiades?

- ¿Qué suponen para él?

Propuestas de trabajo

- Los alumnos, en grupos, pueden recopilar el material sobre los motivos señalados anteriormente: lo mágico, lo hiperbólico, el amor y la muerte, la soledad, etc., y elaborar trabajos sobre esos temas.

- Además, tras la lectura completa de la obra, sugerimos comentar algunos aspectos:
  - La realidad social de Hispanoamérica a través del libro.
  - Los personajes que representan caracteres extremos, muchos de ellos femeninos; el vitalismo maternal de Petra Cotes o Pilar Ternera, la fortaleza de Úrsula, el sacrificio de Santa Sofía de la Piedad, la frustración y mojigatería de Fernanda del Carpio...
  - El contraste que existe entre Aurelianos y Arcadios.
  - El carácter cíclico del libro: génesis y apocalipsis de una familia y una sociedad, y repeticiones cíclicas de situaciones.

Sin duda, el denominado «boom» es el fenómeno de las literaturas hispánicas más destacado de la segunda mitad del siglo XX. Esta fotografía, tomada en 1972, muestra a tres de los grandes escritores miembros del *boom*: Gabriel García Márquez y Mario Vargas Llosa, quienes, años después, serían galardonados con el Premio Nobel de Literatura, y Julio Cortázar. En primer término, observándolos, aparece José María Castellet y, al fondo, Carlos Barral, dos editores clave en el desarrollo de este fenómeno editorial.

APÉNDICE

La métrica

Recordemos que, al estudiar la métrica de un poema, deberemos valorar los siguientes factores: el número de sílabas, la rima y la estrofa.

A) Para saber el número de **sílabas métricas** de un verso hemos de tener en cuenta:

1. El **acento** de la última palabra del verso:
   - Si es aguda, se suma una sílaba: *Andaluces de Jaén*: 7 + 1 = 8.
   - Si es llana, no varía el número de sílabas: *Nuestras vidas son los ríos*: 8.
   - Si es esdrújula, se resta una sílaba: *Arriba canta el pájaro*: 8 – 1 = 7.
2. **La sinalefa.** Enlace que se produce al pronunciar como una sola sílaba la vocal final de una palabra y la vocal inicial de la palabra siguiente:
   Recuerde el alma dormida...
3. **La diéresis y la sinéresis.** El poeta, cuando le conviene, fuerza el número de sílabas métricas:
   - Deshace un diptongo y lo cuenta como dos sílabas. **Diéresis**: *ruïdo* = tres sílabas métricas: *ru-ï-do*.
   - Reúne dos vocales fuertes en una sola sílaba. **Sinéresis**: *ahora* = dos sílabas métricas: *aho-ra*.
4. **Arte mayor y arte menor.** Según el número de sílabas, los versos se clasifican en:
   - Versos de arte mayor: los que tienen nueve sílabas métricas o más de nueve. Son, en general, majestuosos y elegantes, y se usan sobre todo en la literatura culta.
   - Versos de arte menor: los que tienen hasta ocho sílabas. Son versos rápidos, muy flexibles y ligeros. Aparecen frecuentemente en la literatura popular, a veces en combinaciones de 7 y 5 o de 8 y 4.

Cada verso, según el número de sílabas de que consta, se clasifica en: bisílabo, trisílabo, tetrasílabo, pentasílabo... Los versos más usuales son los pentasílabos (5 sílabas métricas), los heptasílabos (7 sílabas métricas) y, sobre todo, los **octosílabos** (de 8 sílabas: verso muy habitual en la poesía de tipo tradicional popular, como los romances o las redondillas) y los **endecasílabos** (de 11 sílabas: el verso culto que queda más natural al castellano). El verso de 14 sílabas métricas recibe el nombre de **alejandrino**.

B) **La rima.** Se dice que unos versos tienen rima cuando coinciden los últimos sonidos del verso (a partir de la última vocal acentuada).

Hay dos tipos de rima, según el grado de coincidencia:

- Rima **asonante**: se repiten sólo las vocales: *be so - hie rro*.
- Rima **consonante**: coinciden los sonidos vocálicos y los sonidos consonánticos: *llanto - canto*.

Los versos que no riman se denominan **versos sueltos** o **blancos**.

C) **La estrofa.** Está compuesta por versos que se agrupan de forma determinada, según medidas y rimas.

Hay estrofas muy variadas:

- algunas son rígidas y, como el soneto, marcan el número de versos, la medida de cada uno de ellos y un tipo determinado de rima;
- otras estrofas, como el romance, no prefijan el número de versos;
- también las hay que dejan a gusto del autor la combinación de versos de distinta medida como, por ejemplo, la **silva**, que combina versos de 7 y de 11 sílabas.

Finalmente, llamamos **composición en verso libre** la que no sigue ninguna pauta determinada.

Recordemos que, para representar esquemáticamente una estrofa, se designa cada rima con una letra:

- **mayúscula** si es de arte mayor,
- **minúscula** si es de arte menor.

Cuando un verso no rima con ningún otro, se representa con un guión.

Por ejemplo:

11A
11 –
11A

representa una estrofa de tres versos de once sílabas: el primero rima con el tercero, y el segundo queda suelto.

–
a
–
a

representa una estrofa de arte menor: el segundo verso rima con el cuarto, y los versos impares quedan sueltos.

La poesía popular se inclina, en general, por el uso de combinaciones de versos de arte menor, irregulares en cuanto a la medida, y por la rima asonante. La poesía culta, en cambio, prefiere las estrofas de versos regulares –o sea, con el mismo número de sílabas– y la rima consonante.

De entre todas las estrofas existentes, debemos señalar la importancia del **romance** en la poesía tradicional, y del **soneto** en la poesía culta.

Por último cabe recordar que la poesía logra a menudo un ritmo interior muy marcado mediante los **estribillos** –repetición de unos mismos versos (1, 2 o 3) a lo largo del poema– y también a través del **paralelismo** –repetición de la misma idea mediante estrofas que alteran las rimas–. El uso de estribillos y de paralelismos es característico de la lírica de tipo tradicional.

Estrofas y poemas

ESTROFA Nº DE VERSOS	TIPO DE ARTE	RIMA	ESQUEMA MÉTRICO	EJEMPLO
PAREADO (2)	mayor o menor	consonante	aa, AA, Aa, aA	Dejadme llorar orillas del mar. L. de Góngora
TERCETO (3)	mayor (endecasílabos)	consonante	A-A	Un manotazo duro, un golpe helado, un hachazo invisible y homicida, un empujón brutal te ha derribado
TERCETO ENCADENADO	mayor (endecasílabos)	consonante	ABA/BCB/CDC...	No hay extensión más grande que mi herida, lloro mi desventura y sus conjuntos siento más tu muerte que mi vida. M. Hernández
CUARTETO (4)	mayor (endecasílabos)	consonante	ABBA	Enhiesto surtidor de sombra y sueño que acongojas el cielo con tu lanza. Chorro que a las estrellas casi alcanza devanado a sí mismo en loco empeño. G. Diego
REDONDILLA (4)	menor (octosílabos)	consonante	abba	Si yo me parezco a un rey y el vulgo por rey me tiene, citar al vulgo os conviene, pero no a mí, ante la ley. J. Zorrilla
SERVENTESIO (4)	mayor (endecasílabos)	consonante	ABAB	Era un suspiro lánguido y sonoro la voz del mar aquella tarde... El día, no queriendo morir, con garras de oro de los acantilados se prendía. M. Machado
CUARTETA (4)	menor (octosílabos)	consonante	abab	La primavera besaba suavemente la arboleda, y el verde nuevo brotaba como una verde humareda. A. Machado
QUINTETO (5)	mayor	consonante	AABAB; AABBA; ABAAB; ABABA; ABBAB	Amor, con flores ligas nuestros brazos; los míos te ofrecí lleno de penas, me echaste tus guirnaldas más amenas, secáronse las flores, vi los lazos, y vi que eran cadenas. J. de Cadalso
LIRA (5)	menor (3 heptasílabos) y mayor (2 endecasílabos)	consonante	aBabB	Si de mi baja lira tanto pudiera el son, que en un momento aplacase la ira de el animoso viento y la furia del mar en movimiento. Garcilaso de la Vega
COPLA DE PIE QUEBRADO O MANRIQUEÑA (6)	menor (octosílabos y tetrasílabos)	consonante	abcabc	Este mundo es el camino para el otro, que es morada sin pesar; mas cumple tener buen tino para andar esta jornada sin errar. J. Manrique
OCTAVA REAL (8)	mayor (endecasílabos)	consonante	ABABABCC	Gocemos, sí; la cristalina esfera gira bañada en luz: ¡bella es la vida! ¿Quién a parar alcanza la carrera del mundo hermoso que al placer convida? Brilla radiante el sol, la primavera los campos pinta en la estación florida: truéquese en risa mi dolor profundo... Que haya un cadáver más, ¡qué importa al mundo! J. Espronceda

ESTROFA N.º DE VERSOS	TIPO DE ARTE	RIMA	ESQUEMA MÉTRICO	EJEMPLO
DÉCIMA O ESPINELA (10)	menor (octosílabos)	consonante	abbaaccddc	Suele decirme la gente que en parte sabe mi mal que la causa principal se ve escrita en la frente; y aunque hago de valiente, luego mi lengua desliza por lo que dora y matiza; que lo que el pecho no gasta ningún disimulo basta a cubrirlo con ceniza. V. Espinel
SONETO (14)	mayor (endecasílabos)	consonante	dos cuartetos y dos tercetos	Un soneto me manda hacer Violante, y en mi vida me he visto en tal aprieto; catorce versos dicen que es soneto; burla burlando van los tres delante. Yo pensé que no hallara consonante, y estoy en la mitad de otro cuarteto; mas si me veo en el primer terceto, no hay cosa en los cuartetos que me espante. Por el primer terceto voy entrando, y aun parece que me entré con pie derecho, pues fin con este verso le voy dando. Ya estoy en el segundo y aun sospecho que voy los trece versos acabando; contad si son catorce, y ya está hecho. Lope de Vega
ROMANCE (variable)	menor (octosílabos)	asonante	-a-a-a	De Francia partió la niña, de Francia la bien guarnida; íbase para París, do padre y madre tenía. Errado lleva el camino, errada lleva la vía; arrimárase a un roble por esperar compañía. Vio venir un caballero, que a París lleva la guía. Anónimo
SILVA (variable) Cuando la silva repite un mismo esquema, a cada una de estas estrofas se le llama **estancia**.	menor (heptasílabos) y mayor (endecasílabos)	consonante (pueden quedar versos sueltos)	serie de versos más o menos extensa que no sigue un esquema fijo	Pura, encendida rosa, émula de la llama que sale con el día, ¿cómo naces tan llena de alegría, si sabes que la edad que te da el cielo es apenas un breve y veloz vuelo? Y no valdrán las puntas de tu rama ni tu púrpura hermosa a detener un punto la ejecución del lado presurosa. F. de Rioja
ZÉJEL (8)	menor	consonante	aa (estribillo) bbba (mudanza y vuelta) aa (estribillo)	Que no cogeré yo verbena la mañana de San Juan, pues mis amores se van. Que no cogeré yo claveles, madreselva ni mirabeles, sino penas tan crueles cual jamás se cogerán, pues mis amores se van. Anónimo
VERSO LIBRE	mayor y menor	asonante o consonante	no sigue un esquema fijo	Hermosas y vencidas soñáis, Vueltos los ciegos ojos hacia al cielo, Mirando las remotas edades De titánicos hombres, Cuyo amor os daba ligeras guirnaldas Y la dolorosa llama se alzaba Hacia la luz divina, su hermana celeste. L. Cernuda

Figuras retóricas

1. **Aliteración**	*Infame* ***tur****ba de noc****tur****nas aves.* Góngora	Repetición de sonidos iguales o parecidos.
2. **Onomatopeya**	*El* ***r****uido con que* ***r****ueda la* ***r****onca tempestad...* Zorrilla	Repetición de fonemas que imitan los sonidos reales aludidos.
3. **Paronomasia**	*Vendado que me has vendido...* Góngora	Proximidad entre dos palabras parecidas en la forma pero de significado diferente.
4. **Epíteto**	*El* ***blanco*** *lirio y la* ***colorada*** *rosa...* Garcilaso	Adjetivo innecesario porque no añade significado al mensaje; en general, va antepuesto al nombre.
5. **Enumeración**	*Llamas, dolores, guerras,* *muertes, asolamientos, fieros males* *entre los brazos cierras...* Fray Luis de León	Sucesión de elementos que, habitualmente, pertenecen a la misma clase gramatical y cumplen la misma función sintáctica. Puede ser ordenada o caótica.
6. **Anáfora**	*¿Para quién edifiqué torres?* *¿Para quién adquirí honras?* *¿Para quién planté árboles?* F. de Rojas	Repetición de una o varias palabras al inicio de los versos o frases.
7. **Paralelismo**	*Errado lleva el camino,* *errada lleva la guía.* Anónimo	Repetición de estructuras gramaticales y de significados, o de una de las dos características, con alguna variación.
8. **Hipérbaton**	*Del salón en el ángulo oscuro...* Bécquer	Alteración del orden habitual de los elementos de una frase.
9. **Elipsis**	*Lo bueno, si breve, dos veces bueno.* Gracián	Omisión de elementos de una frase que pueden ser sobreentendidos.
10. **Asíndeton**	*Acude, corre, vuela,* *traspasa la alta sierra, ocupa el llano,* *no perdones la espuela,* *no des paz a la mano,* *menea fulminando el hierro insano.* Fray Luis de León	Supresión de las conjunciones que sirven de enlace. Expresa rapidez.
11. **Polisíndeton**	*...* ***y*** *los dejó* ***y*** *cayó en despeñadero* *el carro* ***y*** *el caballo* ***y*** *el caballero.* F. de Herrera	Repetición innecesaria de la conjunción **y** (o **ni**) en una frase.

12. **Comparación**	*Ahora, que en mis labios repica la risa* *como una campana sacudida aprisa...* J. de Ibarbourou	Símil retórico que expresa la relación de semejanza entre dos elementos (A/B): A es como B.
13. **Metáfora**	• ***La cuba*** *es* ***cárcel*** *del vino* Quevedo • *El jinete se acercaba tocando* ***el tambor del llano*** Lorca • *El* ***rocío*** */ nocturno* ***llanto del cielo*** Gómez de Avellaneda • *Su* ***luna de pergamino*** */ Preciosa tocando viene* (*luna de pergamino* por **pandereta**) Lorca	Sustitución del nombre de una cosa por el de otra que es semejante en algún aspecto. Tipos: - A es B - A de B - A: B - B (directamente, en lugar de A)
14. **Metonimia**	*Tenía todo el cerebro en poder de* ***las uvas.*** (*las uvas* por **vino**) Quevedo	Designación de una cosa con el nombre de otra que no es parecida, pero con la que guarda alguna relación de causalidad, proximidad...
15. **Personificación o prosopopeya**	*... y el río besa tímidamente nuestros pies...* P. García Baena	Atribución de cualidades o de acciones de seres animados a seres inanimados o abstractos.
16. **Exageración o hipérbole**	*Al brillar un relámpago nacemos,* *dura su fulgor cuando morimos...* Bécquer	Aumento o disminución excesivos de las cualidades o acciones.
17. **Antítesis**	*Ir y quedarse, y con quedar partirse...* Lope de Vega	Contraposición de dos pensamientos o ideas.
18. **Ironía**	*Son sus padres principales,* *y es de noble descendiente,* *porque en las venas de Oriente* *todas las sangres son reales.* (El dinero) Quevedo	Figura retórica consistente en expresar lo contrario de lo que se dice, con intención humorística o burlona. A la ironía amarga o cruel se le llama **sarcasmo**.
19. **Perífrasis**	*... doméstico del sol, nuncio canoro...* (El gallo) Góngora	Figura que consiste en expresar con varias palabras, dando un rodeo, lo que podría decirse más directamente con una sola palabra.
20. **Interrogación retórica**	*¿Qué se hicieron las damas,* *sus tocados, sus vestidos,* *sus olores?* J. Manrique	Pregunta que no espera respuesta.
21. **Sinestesia**	*¡Qué dulce la* ***hora fresca y gris****,* *llena de* ***olores húmedos*** *y de siseo de pájaros!* J. R. Jiménez	Cruce de dos imágenes sensoriales que proceden de sentidos distintos.